山东省泰山学者、孔子研究院特聘专家温海明教授项目

中华优秀传统文化

大家谈 第一辑

温海明 赵洪 主编

多元一体的社会儒学

中华优秀传统文化大家谈 第一辑

温海明 赵薇 主编

涂可国 著

作为一种儒学的新兴形态。

社会儒学须顾及源远流长的儒学历史形态，从而建构一种贯通古今、中外的儒学形态。社会儒学的建构何以可能？意义何在？其基本意蕴、方法论路径是什么？掀开本书，全面了解"多元一体的社会儒学"。

山东城市出版传媒集团·济南出版社

图书在版编目(CIP)数据

多元一体的社会儒学/涂可国著. —济南：
济南出版社, 2020.1
（中华优秀传统文化大家谈/温海明，赵薇主编. 第一辑）
ISBN 978-7-5488-4019-0

Ⅰ.①多… Ⅱ.①涂… Ⅲ.①儒学—研究
Ⅳ.①B222.05

中国版本图书馆 CIP 数据核字（2019）第 258730 号

图书策划	杨　峰
出 版 人	崔　刚
责任编辑	赵志坚　李文文　董慧慧
装帧设计	侯文英

出版发行	济南出版社
地　　址	山东省济南市二环南路1号（250002）
编辑热线	0531-82803191
发行热线	0531-86131728　86922073　86131701
印　　刷	山东临沂新华印刷物流集团有限责任公司
版　　次	2020年1月第1版
印　　次	2020年3月第1次印刷
成品尺寸	170mm×240mm　16开
印　　张	29.25
字　　数	441千字
印　　数	1—3000 册
定　　价	57.00元

（济南版图书，如有印装错误，请与出版社联系调换。联系电话:0531-86131736）

出版前言

"文化是一个国家、一个民族的灵魂。文化兴国运兴,文化强民族强。"党的十九大报告强调,中国特色社会主义文化源自中华民族五千多年文明历史所孕育的中华优秀传统文化,要加强对中华优秀传统文化的研究阐释与普及教育。中共中央办公厅、国务院办公厅印发的《关于实施中华优秀传统文化传承发展工程的意见》,明确要求加强中华文化研究阐释工作,深入研究阐释中华文化的历史渊源、发展脉络、基本走向,着力构建有中国底蕴、中国特色的思想体系、学术体系和话语体系。深入研究和阐发中华优秀传统文化,彰显中华文化魅力,坚定文化自信,成为摆在每一个从事文化研究和出版传播者面前的重要课题。

当前,对中华优秀传统文化的研究阐释正形成一股全国热潮,涌现出一大批有影响力的专家学者。他们从不同视角深研中国传统文化,汲取精华,关照现实,展望未来,取得丰硕研究成果。系统地挖掘整理他们的研究成果,集中展示他们的学术观点,有助于推动中华优秀传统文化研究的纵深发展。

为此,我们精心策划了《中华优秀传统文化大家谈》项目,搭建中华优秀传统文化研究平台,集中介绍国内名家学者关于中华优秀传统文化研究的核心思想、观点,较为系统、全面地反映当前中国传统文化研究尤其是儒学研究的整体状况和发展趋势,以期推动学术交流,服务学术创新,同时使广大读者能够了解、感受、领略中华优秀传统文化的深邃内涵和精神魅力。名为"大家谈",意在汇聚名家、大家,选取的作品均为当代中华传统文化研究的名家名作;同时也有"众人谈"之意,意在百家争鸣,繁荣学术研究。

却顾所来径,苍苍横翠微。项目从策划到出版,皆赖专家学者们的学术热情与鼎力支持。对此,我们深为感佩,并衷心感谢! 同时也希望更多学界大家加入我们的行列,使更多高水平、高质量的研究成果能够与广大读者见面。

《中华优秀传统文化大家谈》项目组

2019 年 12 月

目录

上篇　儒学创造性转化与创新性发展

第一章　重建儒家哲学 / 3

第二章　社会儒学建构 / 14

第三章　多元一体的社会儒学 / 35

第四章　社会儒学视野中的儒家民说 / 58

第五章　社会儒学视域中的荀子"群学" / 79

第六章　文化儒学：当代儒学新形态 / 98

第七章　从正义论到责任论 / 123

第八章　论儒学的社会本位与个人本位悖论及其影响 / 146

第九章　儒学的人文—反人文二重性与人的全面发展 / 161

第十章　儒学的伦理—非伦理二重性与人的全面发展 / 173

第十一章　儒家道德本体论与人的道德发展 / 185

第十二章　儒家财富观新释 / 204

下篇　儒家文化与社会发展

第一章　儒家自然道德思想与当代生态文明发展 / 225

第二章　孟荀人性伦理的多维哲学解读 / 243

第三章　从重理轻欲、重欲轻理走向理欲并重 / 287

第四章　儒学、人情文化与人际关系优化 / 308

第五章　儒家诚信伦理及其价值观意蕴 / 328

第六章　儒家德治思想传统 / 344

第七章　儒家德治文化与中国社会治理 / 369

第八章　儒家社会中和思想与人的全面发展 / 386

第九章　儒家社会理想与中国梦的圆成 / 415

第十章　儒家文化的层次性与先进性 / 437

上篇

儒学创造性转化与创新性发展

第一章　重建儒家哲学

在当代世界经济政治文化不断向全球化与本土化双向扩展的历史背景下，加强儒家哲学研究是发展中国哲学事业的迫切要求与重要途径。儒家哲学自从孔子创立以来经历了2000多年的发生、发展、演变过程，其内容随着不同历史时期儒家人物的不断诠释与重构，愈来愈丰富多样、博大精深；其叙述方式与主题形态也不断发生着变化。虽然儒家哲学的系统化研究从20世纪初至今已有100多年的历史，但是对今天来说，加强儒家哲学研究仍然"任重而道远"。

一、儒家哲学的基本内涵及主要特征

在我看来，"中国哲学"大致具有广义、中义和狭义三种指向。狭义的"中国哲学"主要是指近代以前的中国古代哲学；中义的"中国哲学"是指由中国学人通过创造性思维所生发出来的各种哲学思想，包括从古到今的各种哲学，如先秦儒家哲学、两汉经学、魏晋玄学、宋明理学、现代新儒学，以及近代以来中国哲学家自身所提出来的各种哲学创新性理论（如新时期在中国本土发展起来的人学、社会哲学、价值哲学、经济哲学、政治哲学等）；而广义的"中国哲学"除了包括中义中国哲学所容纳的各种哲学思想外，还包括作为研究形态的外国哲学（主要是西方哲学）和马克思主义哲学。儒家哲学也有广义、中义和狭义之分。狭义的儒家哲学单指中国古代不同历史时期儒家所创立的哲学思想；中义的儒家哲学不仅包括古典儒家哲学理论，还包括现代新儒家所创造的各种哲学思想；广义儒家哲学则在中义的儒家哲学基础上还容纳了各种儒家哲学研究成果。应当承认，古典儒家哲学文本尚没有发现有系统化的哲学理论建构，而现代新儒家有许多站在理论理性层面提出了较为体系化的哲学思想。

从儒家哲学的基本内容和逻辑结构来看，按以往的哲学分类，它包括以天人合一为特质的本体论、以知行合一为特征的认识论、以阴阳五行为基本内容的辩证法和以以民为本为主体内涵的社会历史观。我曾在《社会哲学》一书中提出，如果按照哲学对象来构建哲学理论体系，那么可以把它看作是由一总（即研究整个世界一般本质和普遍规律的本体论哲学）、二分（即自然哲学和社会哲学）构成的知识体系。自然哲学包括物理哲学、化学哲学、宇宙哲学、自然辩证法等分支。而社会哲学，即广义社会哲学，它包括历史哲学、人类哲学和中义社会哲学。中义社会哲学则由文化哲学（文艺哲学、宗教哲学、科技哲学、语言哲学……）、狭义社会哲学（经济哲学、政治哲学、法律哲学、管理哲学……）所组成。广义社会哲学也可称为普通社会哲学（或一般社会哲学），其他社会哲学则可称为分支社会哲学。[①] 根据上述对一般哲学内容的规定，儒家哲学大致应包括儒家自然哲学、历史哲学、道德哲学、人类哲学、文化哲学、经济哲学、政治哲学、法律哲学、管理哲学、宗教哲学、教育哲学等。由邵汉明等主编的《儒家哲学智慧》（吉林人民出版社2005年版）也对儒家哲学进行了全面的梳理，把儒家哲学分为儒家政治哲学、自然哲学、认识哲学、人生哲学、道德哲学、历史哲学、教育哲学、艺术哲学、军事哲学九个方面。

对于儒家哲学的主要特征，前贤已做了大量有价值的分析与概括。我认为它大致表现在以下几个方面。

一是社会性。在某种意义上可以说，儒家哲学就是社会哲学，这一点，南开大学已故中国哲学史家刘文英教授早已指出。尽管儒学体系中并没有排除对宇宙自然的思考，如天道学说，但是，儒家对天道的追问是为了推演人道及社会历史的常道常理，这是其一；其二，儒家往往把自然之天伦理化、人道化、社会化；其三，儒家致思的重心与进路主要放在对人伦政治与理想社会的构建上。历代儒家不断提出各种有关经济的、政治的、社会的或伦理的观点，孔子、孟子、荀子等先秦儒家阐发了仁政德治、轻敛

[①] 参见涂可国：《社会哲学》，山东人民出版社2001年版，第4—5页。

薄赋、礼乐教化、安邦定国等政治制度与施政原则，汉代经学也提出了社会体制之学，因而儒家哲学从总体上表现为社会政治哲学。

二是人文性。作为一种弱宗教人学或强人文文化，儒家哲学不同于西方文艺复兴时期与正统神学和中世纪宗教相颉颃的强世俗化人文主义，而在不否定神学的前提下致力于对人生哲学的阐释。在价值世界与现实世界的关系上，儒家哲学呈现为内在超越型，而区别于西方的外在超越型。在天人关系上，儒家哲学在"天人合一"主题上辩证地认识到天人分立，并把人道置于天道之上。儒家哲学的人文性还表现在：在致思方式方面侧重于对直观、体验、顿悟等人文学方法的运用；在对人的文化心理结构的思考方面，偏重于情感、信念、理想等非认知方面而忽视生物本能、欲望及理智层面；致力于对伦理型知识的探寻，不太追求纯粹的知识论体系；缺乏科学理性精神，而人文精神较为发达；等等。儒家哲学的主体形态是人学。正如杜维明先生所指出的，儒学一定意义上就是人学。作为中华文化的主干与核心，儒家哲学源远流长、博大精深，其中主要包括两个方面。一是政治哲学思想。历代儒家人物提出了大量关于国家与社会的治道、政道等政治智慧。二是人学思想。儒学提出并阐发了极为丰富的有关人生哲学的智慧思想。其中最引人注目的是儒学所提出来的关于为什么要做人、做什么样的人以及如何做人等人学思想。从哲学上说，儒家所阐发的做人思想深刻揭示了做人的意义、目的、理想、途径、方法等为人之道，它展现了人为何存在、向何存在、怎样存在等涉及人的生存与发展的问题。在儒家看来，真正的学问就是学做人，从某种意义上说儒学就是为人之学，其理论的基本旨趣就是讲述做人的道理。历朝历代儒家人物把主要精力放在对心性、天人、情欲、身心、境界、修养、生死、待人、处世等对人的根本性问题的思考上。

三是伦理性。这一点可以从以下几个方面进行理解：首先，儒学本质上是一种以家族主义伦理为核心的道德哲学，由"四书五经"所凸现出来的根本命题就是以伦理为本位，以成就圣贤、君子、大丈夫、大人等道德人格为旨归，从而展现出泛伦理主义的思想倾向；其次，儒家道德哲学在整个儒学体系中内容最全、创获最大、影响最广，它最为广泛地阐述了诸如仁、义、礼、智、信、诚、孝、亲、敬、忠等伦理范畴，深刻地提出了仁者爱人、忠恕而行、见利思义、诚以待人、孝亲为大、和而不同、存理灭欲等道德规范,其伦理学说对儒家文化圈乃至西方世界产生了很大影响;再次,儒家把伦理推及整个社会生活领域,尤其是儒家哲学致力于政治伦理化与伦理政治化,在为政之道上,它强调"德治"和"礼治",强调外王必须立足于内圣,强调齐家治国平天下应以诚心正意修身为根基。

四是直观性。作为生长在中华民族国度里的本土哲学,儒家哲学自有其特有的治学传统、思维模式、文化土壤与社会基础。与西方哲学注重知识性的论证和概念性的思辨不同,儒家哲学具有以下特点:第一,儒家哲学实践理性发达,侧重于生活实践,极力倡导人的圆善智慧与待人处世之道这类现实品格修行,追求知行合一、学行合一,因而可称为生命的学问;第二,儒家哲学的运用及思考方式凸显直观性与模糊性,讲究随机点拨,注重运用自己民族特有的符号系统与言、象、意之辨,直观地去把握和领会对象的底蕴,强调感悟、直觉与体知,而不太注重概念的清晰性和逻辑性,尽管儒家也大量运用如阴阳、动静、心性、善恶、理气、一多、内外、常变等哲学对偶范畴,对宇宙人生的常道常理进行理性思考,但缺乏概念的逻辑推演;第三,如果说西方哲学侧重于强调主客二分的两极思维模式的话,那么儒家哲学则更加注重天、地、人、物、我之间的相互感通与整体和谐,强调天、地、人、物、我主客身心的相依相待与相济相成,致力于把天与人、身与心、自然与名教、个体与整体、生命与意境有机结合起来;第四,儒家哲学宗教性特征较为明显,在传统中国社会,儒学虽然不是严格意义上的宗教,但它承担着宗教的功能,可以视之为准宗教和亚宗教,尽管子不语怪、力、乱、神,并提出"未知生,焉知死""未能事人,焉能事鬼"等论断,后世儒家也较为排斥道、佛等宗教,但是在儒家哲学思想体系中也容纳了一些天命论、神道论等宗教神学内容,特别是宋明理学吸收了道家、佛家等宗教义理的内容,况且,儒家也提出了一些类似于宗教教义、用于指导人安身立命的终极关怀和道德信仰思想,这些都表明儒家哲学具有宗教性特点。

二、 重建儒家哲学的必要性和可能性

自从中国哲学学科创立以来,中国哲学的合法性就遭到一些人的怀疑

与否定。进入新世纪，中国哲学合法性重新被提了出来。在中国哲学合法性危机的语境下，重建儒家哲学是否必要与可能，是一个值得深思的问题。

我认为，重建儒家哲学具有极其重要的意义，这主要表现在以下三个方面。

一是有助于丰富与完善中国哲学体系。尽管儒家哲学是从属于中国哲学的三级学科，但它是主干，具有悠久的历史性和丰富的多样性，历代儒家根据特定的思想传统、文化资源、社会条件与历史背景推动着儒家哲学的发展。在先秦，儒学即为显学，儒家学派就成为中国哲学思想史中最重要的学派。儒学以强势的道德意识及政治理想成为贯穿中华民族历史的主流价值观。儒家的创始者孔子提出"为仁"的原理以后，各个时代的儒家学者都对人类自我修养及超越的可能提出各种设计，他们所共同承认并以此为基础而发展其本身的思想观点，就是透过这些人类自身由内而外的功夫修养，追求并达到儒家理想的社会政治体制和文化理想。原始儒家是继承中华远古文明思想而来，并特别重视国家社群的维护及个人修养的实践。先秦儒学的理论重点在于思想生活化的落实（如孔子的《论语》与儒家社会哲学精神之提出，孔子的礼乐教化思想及孟子的行仁政观点等）。简言之，《论语》标出圣人境界的理想，《孟子》说出修养功夫哲学及性善主张的人性论观点，《中庸》明确提出化天道为有德的德性本体论主张，而《易传》则基于上述的德性思想而提出宇宙论世界观。汉儒在解经的过程中加入当时的科学知识所提供的宇宙论观点，强调天人的互动性。汉以后儒家理论衰微，中国哲学思想的主要课题转向佛、道两教的宗教哲学之中。北宋五子的出现，反映了整个时代的精神生活文明已回到儒家本位中来。儒学发展至当代，当代新儒家熊十力、牟宗三、唐君毅等哲学家在经历西方哲学挑战之后重建理论体系，成为当代中国哲学发展中最具有创造力的一套哲学思想，现代新儒家的哲学思想如新理学、新道学等本身就构成了儒家哲学的现代形态。同时，加强对儒家哲学的研究，不仅可以为马克思主义哲学和西方哲学的研究提供参照系、精神动力和思想资源，还可以为中国哲学各分支学科的发展提供思想素材、知识背景与方法规范。

二是有助于推动儒家哲学事业的发展。对儒家哲学文本进行创造性解读与分析，可以为儒家哲学重建提供丰富的思想资源。现有的儒家哲学研究也存在着许多薄弱环节与问题：除邵汉明等人编著的《儒家哲学智慧》之外，对儒家哲学进行系统化、体系化的研究论著还比较少；对儒家许多二线思想家哲学思想的挖掘还有待进一步开拓；有关儒家哲学的一些范畴、命题、概念、观点也没有真正做到客观地认知与真切地把握，例如《论语》中的"仁"字到底是否是"人"字的误用，还存在很大的争议。为此，儒家哲学的重建工作就成为一个较为迫切的时代课题。虽然学者中把儒家哲学作为信仰体系来加以倡导和构建的人不多，但是选择儒家哲学研究作为终生职业却被越来越多的人所接受，而这本身即有力地促进了儒家哲学的发展。

三是为当代人提供人生智慧、道德规范、行为指导和精神动力。儒家哲学并不是无用的、过时的哲学，它对于当前的社会发展与个人发展都具有现实作用。这主要取决于以下两点。首先，儒家哲学具有普世性。我认为，儒家哲学之所以具有普遍性特质，是因为儒家哲学虽然生长在中国传统的自然经济和小农经济基础之上，然而它所要面对和解决的问题如天人、身心、善恶、己他、公私、义利、贫富等，在当代仍在困扰着人的心智；无论是古人还是今人都具有共同的实践结构、社会关系结构和社会环境结构，这些反映到哲学思想中来，使得传统儒家哲学的思想内容在当代仍具有借鉴和启发作用，仍可以为当代人的生存和发展提供人生智慧、行为规范和精神动力；哲学的最大特点在于传承性、抽象性和普遍性，为儒家哲学所创造和运用的各种哲学范畴与原理仍然可以为当代人进行合理的思维和实践活动提供世界观背景和方法论规范。其次，儒家哲学具有丰富性。儒家哲学历史悠久、博大精深、学派林立——孔子之后，儒分为八，从纵向上看，儒家哲学也经历了先秦儒学、汉代经学、魏晋玄学、宋明理学、清代朴学以及现代新儒学等不同的发展形态，这些都为儒家哲学宝库增加了丰富的思想内涵。如前所述，儒家哲学包含着对自然、社会、历史、人生、文化、教育、科技、法律、政治、道德、管理等众多问题的形而上思考，提出了多种多样的哲学命题、哲学范畴与哲学观点，这些至今仍闪耀着真理的光辉，仍是值得吸取的宝贵精神财富，如儒家的民本思想、忠恕之道、礼让情怀、仁义精神、天地境界、诚信观念、求实风格、经世思想、权变态度、中庸方法、贵和理念等，对于现实人生导向与社会理想构建都具有普遍的指导意义。

那么，重建儒家哲学具有多大的可能性呢？

儒学思想体系中包含着大量的哲学知识。很多人主张要远离乃至抛弃儒家哲学的研究范式，而专注于中国儒家思想；有的主张应从儒家哲学回归儒家研究，以对儒家经史子集的研究代替儒家哲学研究。我认为，对儒家思想与儒家经学的研究，既无必要也无可能排斥对儒家哲学的研究，这两方面可以并行不悖、共同发展。要知道，在儒学体系中，本身就包含着极为丰富的哲学思想。在我看来，任何对自然、宇宙、人生、文化等对象领域根本性与普遍性问题（本源、规律、过程、结构等）进行概念、逻辑、理性和抽象式思考、体念与追溯，都可以构成哲学。按此理解，不仅儒家对一些普遍性概念、理念、范畴的探讨是一种哲学，而且对一些社会人生大课题的思考也可以构成哲学。就辩证法而言，儒家哲学的主体内容不是自然辩证法，而是社会历史辩证法、人生辩证法和实践辩证法。既然传统儒家所提出来的哲学思想已成为既成性事实，那么以此为对象和基础进行儒家哲学重建工作就有了前提与条件。况且，儒家哲学作为生成性的开放事业也处在不断的发展之中，特别是现代新儒家所创建的哲学新形态为我们重建儒家哲学提供了现实的资源。

近代以来许多哲学家、哲学史家对儒学进行了深入研究。早在20世纪初，梁启超先生不仅提出了"儒家哲学"概念，而且对此进行了较为系统的整理。胡适的《中国哲学史大纲（上）》、冯友兰先生的《中国哲学史》、张岱年的《中国哲学大纲》都涉及儒家哲学问题。例如，胡适的《中国哲学史大纲（上）》专门探讨了孔子的哲学思想。中华人民共和国成立以后出版的各种中国哲学史论著，都把儒家哲学作为主要内容进行阐述，并对孔子哲学、孟子哲学、荀子哲学、二程哲学、阳明哲学进行了分门别类的研究。

纵观近百年来儒家哲学的研究，大体呈现出以下情形和特点：

一是儒家哲学得到了不同层面与维度的研究。有学者立足于中国哲学通史和断代史角度对儒家哲学的重塑与重构，其代表性著作有冯友兰的《中国哲学史新编》、任继愈主编的《中国哲学发展史》、冯契的《中国古代哲学的逻辑发展》等；有学者从专题方面对儒家哲学进行研究，其中有葛荣晋的《中国哲学范畴史》、张立文的《中国哲学范畴发展史（天道篇）》、张岱年的《中国古典哲学概念范畴要论》、方立天的《中国古代哲学问题发展史（上、下）》、庞朴的《儒家辩证法研究》等；还有学者从儒学学术或儒家文化维度展开对儒家哲学的研究，如赵吉惠等的《中国儒学史》、刘蔚华等主编的《中国儒家学术思想史》、姜林祥主编的7卷本《中国儒学史》等；同时还有学者直接从儒家哲学思潮、人物、文本、断代史、专题方面进行探索，如梁启超的《梁启超论儒家哲学》、兰自我的《孔门一贯哲学概论》、蔡尚思的《孔子哲学之真面目》、杨大膺的《孔子哲学研究》、杨荣国的《孔墨的思想》、胡适的《戴东原的哲学》、邹化政的《先秦儒家哲学新探》、杨泽波的《孟子性善论研究》、李景林的《教养的本原——哲学突破期的儒家心性论》、刘宗贤的《陆王心学研究》、董根洪的《儒家中和哲学通论》等。

二是儒家哲学研究呈现阶段性特点。20世纪初，胡适、冯友兰等人开创了儒家哲学的新事业。进入20世纪20年代以后，随着西学的传入，人们纷纷从科学主义、人文主义、马克思主义角度研究儒家哲学，实现了儒家哲学研究的现代转换。从科学主义经验论哲学角度研究儒家哲学的代表人物是胡适，而立足于人文主义思潮探讨儒家哲学的代表人物是梁漱溟，借用马克思主义唯物辩证法模式研究儒家哲学的代表人物是范寿康。中华人民共和国成立以后，从20世纪50年代到改革开放之前，儒家哲学研究侧重在马克思主义理论范式下进行，并主要从唯物主义与唯心主义、辩证法与形而上学角度探讨儒家哲学的内容、作用、性质、地位、属性等问题。这一时期，儒家哲学研究的开创性成果并不多，只是在资料和文献方面有了一些新进展。改革开放以来，儒家哲学研究逐渐呈现出繁荣的局面，不仅拓展了儒家哲学研究的新领域、新问题，系统化理论化的儒家哲学研究成果不断涌现，儒家哲学研究水平也不断提高，儒家哲学还参与到与西方哲学、马克思主义哲学的对话与交流当中。儒家哲学研究的重点，既涉及孔、孟、荀哲学，也涉及董仲舒、朱熹、王阳明哲学，而儒家人生哲学、道德哲学、心性哲学、价值哲学等成为关注的焦点。应当指出，中国儒家哲学研究一直以来主要采用西方哲学（马克思主义哲学在一定意义上也是一种西方哲学）的概念、范畴、命题、原理进行分析、诠释、重构，这虽然带来了简单化、片面化、去本土化等弊端，但是它毕竟为儒家哲学研究提供了较为合理的理论研究框架，使研究者能够较好地揭示、澄明中国古典哲学的概念、命题、学说中的内在理论意蕴，赋予它可以理解、讨论的形式，并进一步激发当代的哲学沉思[①]。同时，为我们提供了极为丰富的儒家哲学研究成果，有力地推动了儒家哲学研究事业，为我们进一步重建儒家哲学打下了良好的学术基础。

第三，儒家哲学的丰富多样性为我们重建儒学提供了可能。毫无疑问，按照现代学科分类体系，对儒学分别进行哲学、文学、政治学、社会学、经济学、史学、伦理学、美学等方面的研究，难免有断章取义、削足适履、片面割裂等局限性。但是一则儒家思想体系内容极为庞杂，包含着多种学科的内容，它为我们从不同学科角度进行研究提供了理论基础；二则作为认识主体，儒学研究者具有抽象能力、分析能力与理论建构能力，完全可以从儒家思想中剥离出哲学思想加以专门研究。儒家哲学的研究并不排斥从一般高度对儒家思想进行探讨，也不排斥对儒家经史子集的传统研究方式，完全可以把多种对儒学的研究方式有机整合起来。

三、重建儒家哲学的基本方略

为了更好地重建儒家哲学体系，有力地促进儒家哲学的现代发展，应采取以下几种方略。

其一，深入挖掘儒家文献与儒家思想中的哲学内涵。儒家经典文本是传达儒家哲学思想的重要载体，要实现儒家哲学的重建必须对儒家文本进行客观的理解与科学的解读，做好小学功夫，要在训诂的基础之上深刻揭示儒家哲学的丰富义理，尤其要对新发现的儒家地下考古资料（如荆门竹简与上博竹简）进行认真解读。由于儒家哲学思想同其他思想往往有融合，因而既要注意不把一些非儒家哲学思想纳入儒家哲学对象域之中，又要防止对儒家哲学思想的遗漏。

其二，不断丰富儒家哲学研究者的理论素养。要对儒家哲学进行深入、

[①] 杨国荣：《中国哲学：一种诠释》，载《天津社会科学》2004年第1期。

客观、科学的探索，既要有深厚的国学修养，又要具备西学知识背景，同时也要对哲学的基本原理有较好的把握与了解，这就要求从事儒家哲学的研究者要注重培养立体式的、多方面的哲学涵养与知识储备。现代新儒家之所以能够在儒家哲学研究方面有创造性的贡献，就在于他们不仅有中国哲学的底蕴，还具有西方哲学的涵养。

其三，从不同的理论层面加强儒家哲学研究。我们既要立足于中国哲学史这一、二级学科背景把儒家哲学作为重要的组成部分加以研究，还要从儒家哲学的思潮、人物、文本、专题、通史、断代史等角度进行深入研究。应当说，现有的儒家哲学研究成果在专门性方面有了很大的进展，如对儒家的心学、理学、气学、礼学、仁学等的研究已经出版了大量的有分量的论著，但是也存在许多不足。正如北京大学教授陈来先生所指出的，我们对宋代张载和明清之际王夫之的思想仍然没有真正理解。为了更好地推进儒家哲学研究事业，就要构建儒家自然哲学、历史哲学、道德哲学、人类哲学、文化哲学、经济哲学、政治哲学、法律哲学、管理哲学、宗教哲学、教育哲学等学科体系，以实现儒学适应现代化诉求的创造性转换和创新性发展。

其四，采用不同的理论范式。首先，要运用各种人文社会科学如社会学、文化学、政治学、经济学、人类学等理论成果，对儒家哲学进行实证考察与理论探索。例如，我们可以利用社会学的研究方法做到"知人论世"，深入探讨儒家哲学发生、发展的历史渊源、社会背景、历史作用、主要内容等问题。其次，要采用西方哲学新的理论成果对儒家哲学进行新的诠释与解读。最近几年，许多学者运用西方现象学、解释学的范式对儒家哲学进行了认真探讨，提出了一些很有价值的儒家哲学新形态，如成中英的本体诠释学、陈来的仁学本体论、吴光的民主儒学、黄玉顺的生活儒学、干春松的制度儒学，以及本人和韩星、谢晓东创建的社会儒学等。再次，采取不同的理论范式和路径对儒家哲学进行多角度探讨。存在的就是合理的。100多年来，中国学者采用西方哲学的模式研究儒家哲学取得了丰硕的成果，这一点具有相当的合理性与现实性，在目前西方文化成为强势文化的背景下，对这种研究范式不应加以简单地否定。当然，我们也应该倡导"我注六经"、回归元典的经学致思模式，对儒家哲学进行"内在的理解"

与"客观的呈现"①。

除上述内容之外,我们还应具有世界性的眼光,把儒家哲学作为世界哲学的重要构成部分来加以研究,努力促进儒家哲学与西方哲学、马克思主义哲学的互动、互释、互渗,保持世界性与本土化之间的必要的张力②,努力推动儒家哲学为世界哲学做出贡献。

---

① 陈来:《"中国哲学"学科的建设与发展的几个基本问题》,载《天津社会科学》2004年第1期。
② 郭齐勇:《中国哲学:保持世界性与本土化之间的必要的张力》,载《天津社会科学》2004年第1期。

第二章　社会儒学建构

自从孔子创立原始儒学以来，随着不同历史时期儒家人物的不断诠释与重构，儒学内容愈来愈丰富，叙述方式与主题形态也不断发生着改变。由于内容、方法和存在形态的不同，儒学形成了各种各样的类型。虽然儒学的系统化建构从20世纪初伊始已达100多年的历史，但是当今儒学重建仍然"任重而道远"。根据时代特点和儒学发展的需要，要推动儒学的传承与创新，我认为应当建构社会儒学。

一、何为社会儒学

在某种意义上可以说，儒学即是社会儒学，尽管儒学体系中并没有排除对宇宙自然的思考，如天道学说，但是，一则儒家对天道的追问是为了推演人道及社会历史的常道常理，二则儒家往往把自然之天伦理化、人道化、社会化，三则儒家致思的重心与进路主要放在对人伦政治与理想社会的构建上，因而儒学从总体上表现为社会儒学。

就社会儒学的本质规定而言，国内谢晓东、韩星等学者较早对其关注。韩星从区别于治国理政的政治关怀维度把社会儒学看成是社会教化[①]。谢晓东立足于儒学定位的视角针对"政治儒学"提出了自己对社会儒学的独到认识。他依据德国社会学家藤尼斯共同体与社会的类型分析，认为儒学存在家与国之间的"社会"缺位，而把"社会"界定为外在于个人（心性）、家、国，包含学校、公司、医院与社团等在内的表现形态。据此，他提出

[①] 参见贾磊磊、杨朝明主编：《第三届世界儒学大会学术论文集》，文化艺术出版社2011年版。

社会儒学具有三层内涵：一是从儒学视角对社会生活进行反思和总体把握，二是从社会角度发掘儒学的价值，三是后共同体时代的以市民社会为立足点、以非政治化为基本特征、以人伦日用为基本关注点的形态①。在我看来，不论是儒学还是社会固然存在历史形态、内容结构的分化，但是从广义上讲它们具有稳定性的一般特征，谢晓东所理解的"社会"不过是现代性视野下的狭义形态。殊不知，"社会"可以是包括多个层面、多种要素、多种类型的大系统。据此，我认为社会儒学可以分为三个方面：作为思想内容的社会儒学、作为功能实现的社会儒学和作为存在形态的社会儒学。

（一）作为思想内容的社会儒学

所谓作为思想内容的社会儒学，就是由儒家或儒学研究者对社会及其各个层面问题进行探讨所建构起来的儒学形态，它本质上实为有关社会的思想学说。黄玉顺同仁在系统创立生活儒学这一种儒学理论抑或当代儒学形态时，正是把人的生活存在当作反思的对象或思想视域对儒学思想进行重新诠释。他指出，"生活儒学"并不是龚鹏程所说的关于生活的儒学，不是指将既有的儒学"生活化"地运用到实际生活当中去，而是指在重建儒学即建构儒学的一种当代思想理论形态时，在观念系统中将"生活"视为大本大源的"存在"，而这里所说的存在并不是存在者的存在，更不是存在者，一切存在者皆由存在所生成，即由生活所生成②。

要理解和界定作为思想内容的社会儒学，就要先弄清"社会"概念的本质特征。

对"社会"范畴的诠释历来众说纷纭，归纳起来大致有三种代表性观点。一是相互作用和相互关系说。马克思、恩格斯指出，社会"是人们交互活动的产物"③，其本质只能在人们的相互行为、相互联系中寻找；社会不过是人与人之间各种关系的总和，而生产关系又是基础，"生产关系总和起来就构成所谓社会关系，构成所谓社会"④。日本社会学家横山宁夫也从

---

① 参见谢晓东：《社会儒学何以可能》，载《哲学动态》2010年第10期。
② 参见黄玉顺：《生活儒学关键词语之诠释与翻译》，载《现代哲学》2012年第2期。
③《马克思恩格斯选集》第4卷，人民出版社1995年版，第532页。
④《马克思恩格斯选集》第1卷，人民出版社1995年版，第345页。

社会关系的总体角度去解说社会。他指出，从本源意义上说，"社，意指土地之神；社会，原来意指人们以祭神为中心而进行集合。后来，便转化为把祭神的场所称之为社，进而由此意味着以和睦为宗旨的各种集合"①。二是社会有机体说。最先把社会视为有机体的学者是孔德和斯宾塞。他们认为社会是超乎个人的，由各部分相互依存、相互联系的有机统一整体。马克思和列宁也多次称社会为有机体。三是社会共同体论。这也是由经典马克思主义提出来的科学观点。他们认为，社会作为人们交互活动的产物，也就是"人的真正的共同体"②。

综合以上关于社会本质的论述，再结合其他场合人们对"社会"概念的运用，可以得知，"社会"范畴除了在"国家—社会"语境中被运用外，还经常在三种不同对应概念的关系范式中获得自身特殊的规定性。

一是"自然—社会"关系范式。在此种语言环境下，人（包括个人、群体、人类）只是社会的一个内在要素、部分或环节，文化也是其中的构成因素。正如日本社会学家横山宁夫所言，社会"是由三个单位组成的：一、行为主体的人；二、人与人的相互关系；三、相互有关的人具有的意义、价值、规范之类的文化"③。

二是"人类—社会"关系范式。人固然离不开社会、社会关系或社会环境，因而他总是"社会人"；社会固然是由众多个人（至少两人）组成的，无个人即无社会，但是，个人却有其相对独立性、自律性，社会也并不是完全由个人叠加而成的，而是由无数关系、现象和实体组成。因此，社会就不同于个人，它是超于个人之上的有机系统。这里，个人就不包括在社会范畴之中。

三是"文化—社会"关系范式。不少人类学家、社会学家和文化学家经常在与"文化"相区别的意义上界定"社会"范畴。例如，美国社会学家格尔茨指出，文化"就社会互相作用发生的角度来说，是一个意义和象征的有序系统（ordered system）"，而社会系统就是"社会互相作用本身的

---

① [日] 横山宁夫：《社会学概论》，毛良鸿、朱阿根、曹俊德译，上海译文出版社1983年版，第29—30页。
② 《马克思恩格斯全集》第1卷，人民出版社1995年版，第487页。
③ [日] 横山宁夫：《社会学概论》，毛良鸿、朱阿根、曹俊德译，上海译文出版社1983年版，第38页。

模式"①。美国另一位著名社会学家帕森斯在研究社会结构时，把社会系统划分为四个不同的体系：行为有机体、人格体系、文化体系和社会体系。不论人们如何把握和规定"文化"的内涵与外延，它同"社会"总是有区别的。文化不过是社会的组成部分，文化是相对独立于社会系统（狭义）的以精神形态为主体的自主系统。

既然"社会"被分为广义、中义和狭义三个不同层次，那么社会儒学也就相应分为三种类型。广义社会儒学包括历史儒学、人类儒学和中义社会儒学。它是相对于自然儒学而言的，又分为两个层面：一是作为总体的普遍的社会儒学，可称为普通社会儒学（或一般社会儒学）；二是作为特殊的具体社会儒学，可称为分支社会儒学，包括生活儒学、政治儒学、法律儒学、制度儒学、宗教儒学、道德儒学、经济儒学、民主儒学等。中义社会儒学是相对于人类儒学而言的，它由文化儒学、狭义社会儒学（经济儒学、政治儒学、法律儒学、管理儒学……）所组成。狭义社会儒学是相对于人类儒学和文化儒学而言的。这样，社会儒学就是由人类儒学、文化儒学和狭义社会儒学所组成的有机体系。② 如此规定的社会儒学与黄玉顺的生活儒学、蒋庆的政治儒学、干春松的制度儒学等并非同一系列的概念，而是前者包含后者的关系。

撇开作为研究社会总体的普遍社会儒学不论，这里单就分支社会儒学做阐释。

1. 人类儒学。

人类儒学也可称为人的儒学，由于人具有个体、群体和类三种存在形态，同时人的问题涉及人的性质、地位、存在、发展、价值和意义等内容，因而人类儒学的内涵较为丰富和多样，从形态而言主要有人生儒学、心性儒学和身体儒学等。倘若从宽泛意义上来理解社会儒学，那么生活儒学也可算作人类儒学。

---

① 转引自［美］R. M. 基辛：《文化·社会·个人》，甘华鸣、陈芳、甘黎明译，辽宁人民出版社1988年版，第41页。

② 黑格尔将其哲学体系分成逻辑学和自然哲学、精神哲学。精神哲学又分为三大部分：第一，主观精神，分灵魂、意识、心灵三个环节；第二，客观精神，分法、道德、伦理三个环节；第三，绝对精神，分艺术、天启宗教、哲学三个环节。本文所说的人类儒学、社会儒学和文化儒学，大致与黑格尔所说的主观精神、客观精神和绝对精神类似，只是内容更为广泛，更为全面。

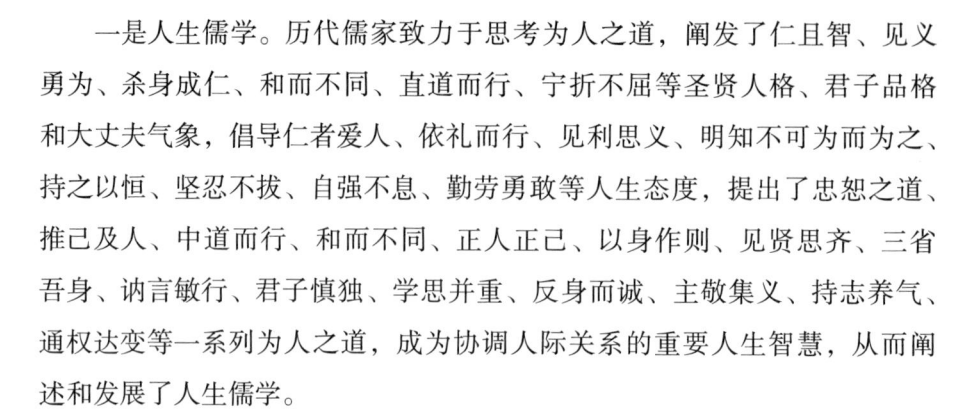

一是人生儒学。历代儒家致力于思考为人之道，阐发了仁且智、见义勇为、杀身成仁、和而不同、直道而行、宁折不屈等圣贤人格、君子品格和大丈夫气象，倡导仁者爱人、依礼而行、见利思义、明知不可为而为之、持之以恒、坚忍不拔、自强不息、勤劳勇敢等人生态度，提出了忠恕之道、推己及人、中道而行、和而不同、正人正己、以身作则、见贤思齐、三省吾身、讷言敏行、君子慎独、学思并重、反身而诚、主敬集义、持志养气、通权达变等一系列为人之道，成为协调人际关系的重要人生智慧，从而阐述和发展了人生儒学。

二是心性儒学。在儒学系统中，"性"与"心"具有内在的统一性，它们相互规定、相互渗透，有时还被视为一体两面。儒家致力于从人内在的天性中探寻伦理的根源和人学根据，更为直接地强调道德之根本在于人的心性，从而把道德置于主体的规定性之上。为儒家所张扬的心性儒学为人的道德成长与实现创设了较为坚实的主体论基石，为主体道德发展提供较为坚实的人性基础。总体而言，儒家心性儒学一般肯定人的善性、智性、仁性、理性对于人道德品质培养的积极作用，从根本上说，它为人的道德完善提供主体条件。

三是身体儒学。人是一种身心合一的统一体，因此既具有物质属性又具有精神属性。儒学一般把人性分为肉体本性和精神本性，而人的肉体本性又大致包括两方面的含义：一方面是指形体本身的特性，也就是人作为一个物质存在的性状，如身材、体重、外貌等；另一方面则是由肉体所产生的各种感性欲望、本能、机能等，如食、色（性）、暖等。孟子肯定了形色是人的天性："形色，天性也；惟圣人，然后可以践形。"① 汉代思想家董仲舒认为："身之有性、情也，若天之有阴、阳也。"② 明清时期的刘基在《诚意伯刘文成公文集》卷二中认为，天生人和万物，并赋予它们以形和性——"天生物而赋之形与性"，他把性与形区分开来。历代儒家正是从人性论角度论述了践形、修身、养身、养气、养性等身体儒学问题。21世纪以来，有的学者提出"视中国哲学为身体哲学"的说法，台湾学者黄俊杰

---

① 《孟子·尽心上》。
② 董仲舒：《春秋繁露·深察名号》，张世亮、钟肇鹏、周桂钿译注，中华书局2012年版，第380页。

对儒家身体观中的"化"与"养"两个功能性概念以及"体知"问题做了充分阐释，杨儒宾则对儒家身体观做了较为系统的研究，香港学者王庆节对儒家身体观也做了一定的关注，内地（大陆）学者格明福、徐蕾则为儒家"身体"正了名。

2. 文化儒学。

在儒学发展史上，由于不同的思想追求和时代背景，思想家建构了多种文化儒学形态，既有前后相继的先秦儒学、两汉经学、魏晋玄学、宋明理学和清代朴学，也有义理儒学、教化儒学、宗教儒学、艺术儒学、道德儒学、易学儒学、佛学儒学和实学儒学等。

近代以来，许多儒学研究者立足于不同的学术资源和研究范式建构了不同学术形态的文化儒学，如儒学本体论（成中英）、儒学道德形而上学（牟宗三）、新理学（冯友兰）、新心学（梁漱溟），以及马克思主义儒学、现象学儒学、本体论儒学、社会主义儒学等。这些文化儒学均使儒学得到了丰富和发展。

3. 社会儒学（狭义的）。

社会分为不同的层面，它不仅包含着各种人际关系的总和以及各种群体、社区，还包含各种人类创造的社会物质，同时也包含着各种关系体系、组织形态、场景、生活部门和领域（政治、经济、法律、管理……）等，这些就为儒学分为不同的类型创造了社会基础。正是顺应这一社会现实，历代儒家和后世儒学学者纷纷提出了不同的儒学类型，既有学院儒学也有草根儒学，既有法律儒学也有家族儒学，既有制度儒学也有新兴儒家经济学。[①]

（二）作为功能实现的社会儒学

儒学自从创立伊始，其命运可谓坎坷，几经沉浮。孔孟奔走诸侯列国宣扬自己的德治仁政主张，却屡遭碰壁，被认为是"迂远阔于事情"。虽然汉代"独尊儒术"，但历代有些统治者实际奉行的却是"阳儒阴法"。汉唐自佛、道两教在中土生成输入之后，逐渐发展成为上层统治者和下层民众

[①] 参见张峰：《新兴儒家经济学》，研究出版社2009年版。

的崇奉信仰，儒学一度被边缘化。宋初流传着"佛教治心，儒教治世，道家治身"的观念。宋明一大批道学家为了挽救"儒门淡泊"的景况，援佛道入儒，使儒学发展到第二期，儒家经典成为科考的必考科目。然而，进入中国封建社会中晚期，儒学因其经院化、贵族化而被认为"袖手空谈心性"，遭到具有实学倾向的启蒙思想家的怀疑、批判。鸦片战争以后，由于资本主义经济的发展，西学东渐，特别是科举制的取消，儒学在文化生存环境、政治制度依托和经济社会基础等方面遭受巨大冲击，出现了不可阻挡的衰落之势，以至于有人认为儒学是"魂不附体"。

我认为，儒学不论是在过去还是在将来，因其呈现以下四大特征而具有不可替代的社会功能。一是主位性。自从汉代"独尊儒术"之后，儒学上升为官方统治思想达2000多年，成为中华主流文化。儒学上升为政治意识形态，成为政治化儒学，使人的生存、发展和成长有了信仰支持、精神支柱和基本规范。二是普适性。儒家创造性发展出来的纲常伦理、治国理念、人生准则、教育方法等由于建立在超越时代的文化心理结构、社会关系结构、生存环境等基础之上，使之具有普遍适用性。三是丰富性。儒家思想博大精深、流派众多，它涉及人类思想的各个方面，人们从中可以汲取各种各样的有益精华。四是独特性。虽然世界各国思想家提出了许多同儒学共同或相近的思想观念，例如亚里士多德的"中道"原则、罗梭的"同情心"，但儒家基于道德人文主义做了独到的解释，尤其是对诸多伦理范畴之间的辩证相互规定做了深刻的揭示，如"仁者必有勇，勇者不必有仁""知耻近乎勇"等，同时儒家的经典名言精辟凝练，它们大多可成为人生格言。

儒家之所以建构不同形态的社会儒学，之所以建构不同形态的道统、学统，并非"为知而知"，而在于用之于世，在于治统、政统，这就是"修道之为教"。作为功能实现的社会儒学，它着眼于寻求社会文治教化、长治久安之策和"南面之术"，从而对中国乃至世界社会发展产生重大的作用和影响，主要表现在其所具有的社会分析功能、社会批判功能、社会重建功能、社会激励功能、社会规范功能、社会教化功能和社会奖惩功能上。由于篇幅所囿，这里重点论述儒学的社会激励功能、社会规范功能、社会教化功能和社会奖惩功能。

1. 社会激励功能。

儒家文化中的入世情怀、进取精神和家族伦理等，蕴含着许多促进社会发展的动力。一是入世情怀。儒家文化轻鬼神重人事，讲究正德、利用、厚生，提倡内圣外王，修身以达到齐家治国平天下，以关心民事民瘼为己任，反对消极遁世，追求现世社会的秩序及人的生命安顿。这种积极入世的社会情怀和经世致用的传统是推动人们去建树事功、发展工商业经济的重要精神力量。二是进取精神。中国古代文化元典《周易》提出"天行健，君子以自强不息"的著名论断；儒家也倡导"我欲仁，斯仁至矣""人能弘道，非道弘人"等道德自律精神；孔子要求人们"学而不厌，诲人不倦""发愤忘食，乐以忘忧"，称道颜回不畏艰难、以苦为乐的人格；孟子不仅提出"天将降大任于是人也，必先苦其心志，劳其筋骨，饿其体肤，空乏其身，行拂乱其所为"的吃苦理念，还倡导"富贵不能淫，贫贱不能移，威武不能屈"的大丈夫气概。这些自强不息的人格品质，是推动人们为了国家振兴和民族富强而艰苦奋斗的精神力量，是实现经济现代化的根本动因。三是家族伦理。儒家文化倡导以家为本，要求做到父慈子孝，兄友弟恭，孝亲为大，光宗耀祖，慎终追远，为了家族的名誉、声望和繁衍发展，个人应不懈努力甚至勇于牺牲。这种家族主义伦理不仅促进家族成员努力建立和发展家族式企业（包括家族作坊），也在极其广泛的意义上推动人们参与各种经济活动以实现发家致富。

2. 社会规范功能。

从孔子的"君君、臣臣、父父、子子"到《中庸》的"五达道"、《大学》的"五止"以及"三纲领"和"八条目"，从《礼记》的"十义"到孟子的"五伦"，最后由董仲舒提出系统性的"三纲五常"到宋元明清时期流传的"新四德"和"古八德"，儒家的纲常伦理经历了不断的变革、发展过程，历代儒家也曾进行过不懈探索。《左传》的"五教"、孟子的"五伦"、《大学》的"五止"虽然不及马王堆帛书《五行》篇和郭店楚墓竹简《五行》篇的仁、义、礼、智、圣"五行"和圣、智、仁、义、忠、信"六德"，以及董仲舒的仁、义、礼、智、信"五常"，后三者更具有普遍性，但它们作为调整各种人际关系的行为规范，至今仍具有一定的作用。以礼教为基石、以五常德（仁、义、礼、智、信）和五常伦（君臣、父子、夫妇、兄弟、朋友）为主要内容的儒家道德规范，不只具有建构社会秩序、约束个人行为的功能，它还有激励人、感召人、凝聚人、教育人、指导人的多种作用，它能够培养人在社会实践中学会进行合理的角色定位，学会正确的待人处世。

3. 社会教化功能。

历代儒家本身重视人文社会教化，并对社会教化思想进行了大量阐述，而且儒学也具有社会教化功能。基于此，在当权者的支持下，不仅设立了许多如乡校、私塾、文庙、书院等文化机构对民众进行德化教育，教之以"六艺"及种种为人处世之道，还借助于科举考试让民众掌握儒家的人伦知识，同时还通过书信、图片等方式对民众进行道德教化、感化，努力把儒家的伦理纲常转化为人的内在道德自觉。正是根据儒学呈现出较为强烈的社会教化功能，韩星才提出了"社会儒学"概念①。

汉代"以名为教"，以儒化民，从而发展出名教化的儒学。汉代推崇孝治，《孝经》一经问世就受到历代重视。二十四史多有《孝友传》《孝义传》，集中表彰历代孝悌力行的人。宋代以后，儒学的教化不再限于政治教化而进一步延伸到一般社会教化，《孝经》被尊为"十三经"之一，进学读书必须诵习，科举考试从此出题。从宋代至明清，社会上流传《朱子治家格言》之类的家书，出现了如《三字经》《千字文》《名贤集》《改良女儿经》《童蒙须知韵语》《四言杂字》《教儿经》《小儿论》《增广贤文》《劝孝歌》《二十四孝图》《劝孝文》等蒙书，用生动的语言和形象宣传孝道之类的儒家道德文化。文以载道。宋明以后流传的各种小说（如《水浒传》《三国演义》等）也宣扬"忠""孝""义"等儒家伦理，对人们的品德修养起到了浸润作用。即便是致力于张扬佛道观念的神怪小说《西游记》，也引用了大量儒家的经典名言，在一定程度上培养了人的儒家伦理品格。

4. 社会奖惩功能。

儒学的社会奖惩功能主要表现在两方面。一方面是作为儒家思想形态对社会所起到的奖惩作用。在儒学主导下，往往援德入法，礼法一体，把缺德行为如不孝作为犯罪加以惩处，促使人们扬善抑恶。不论是传统儒学

---

① 参见贾磊磊、杨朝明主编：《第三届世界儒学大会学术论文集》，文化艺术出版社2011年版。

还是当代儒学，均树立了大量理想人格让人们学习仿效，利用人见贤思齐的心理，激励民众培养向善之心，培植人的德性。儒家诸如为政以德、以道抗君、从道不从君、诛一夫、格君子之非、天谴、正己以正人、民贵君轻、和而不同、举贤荐能、闻过则喜、从谏如流等思想，对上至帝王下至士大夫也起到了批判、奖惩、约束作用。

另一方面是作为意识形态所起到的奖惩作用。儒学独尊之后，它就成为礼仪教化、典章制度、朝廷文告等的思想依据而实现褒扬或惩罚的功效，儒学经典也被奉为不可移易、不可亵渎的"圣经"而对人的言行起到规约作用。自从实行科举制以后，一般士人以至百姓通过学习儒学经典以博取功名，从而对人的行为发挥某种导向作用。

（三）作为存在形态的社会儒学

儒学各种社会功能的实现，必须借助于儒学的社会化或外在建制，融入社会各个领域，从而建构作为存在形态的、不同层面的社会儒学，这主要表现在以下四方面。

1. 融入社会文化领域。

儒学作为重要的传统文化被纳入教育体系（如科举）、渗入各类读物、融入文艺作品（文以载道）乃至潜入百姓习俗文化之中，为个人做什么样的人及怎样做人（为人之道）提供有用的思想资源、生存智慧、行为规范和人文环境，从而发展出文化儒学。经过长期的历史演化，儒学逐渐融入精神文化领域，发展出以儒家思想为核心，以儒家观念、儒家信仰、儒家情感、儒家思维、儒家态度（如对儒学的认同或排斥）、儒家精神（如儒商精神）、儒教、儒学文艺、儒家道德等为主要内容的观念形态的精神儒学。同时，通过经典诵读、国学普及、传唱活动以及组织编写新三字经等方式，通过对儒学道德文化传统的转化，赋予"五伦"以新的内涵、新的生命力、新的要素，把儒学融入思想道德建设之中，发展出道德儒学。

2. 融入社会经济领域。

利用现代科学技术手段对儒家文化资源进行加工复制，加以整合、互补、烘托、再造，生产出精美的工艺品；发展与孔子相关的文化旅游、文化演艺、孔府餐饮等文化产业，打造寻根朝觐游、成人之旅等旅游品牌；

开发楷雕如意、竹简《论语》等文物复仿制品，不断设计和推出新的儒家文化商贸产品，如金版《论语》、银版《论语》、石版《论语》、金版《文韬武略》等，这些在一定意义上有助于培育经济儒学。日本属于儒教文化圈。日本企业注重运用儒家伦理融入管理之中，构建了企业儒学和管理儒学。日本、韩国等国家和地区的许多企业家努力从儒家经典中寻找智慧。不少企业家把《论语》作为工商企业的圣经，主张以儒治厂，以儒治企，提出了人本管理、自我管理、忠信管理、礼治管理及和谐管理。涩泽荣一是日本具有深厚儒学修养的著名企业家，他撰著的《论语加算盘》（又名《道德经济合一》）一书还被当作"致富经国之大本"，被称为"实践论语"。

3. 融入社会政治领域。

自汉独尊儒术以后，儒学就受到统治者的重视，他们在治国理政中奉行仁治、礼治和孝治，逐渐形成了传统中国的德孝文化传统。汉唐两代君主对礼的重视和遵从，在客观上也引导民众重礼、循礼，不仅对中国形成"礼仪之邦"起到了引导作用，也对中国人的礼行、礼德发挥了范导功效。从尧舜时期的"克明俊德"，到孔孟的"德治""仁政"，再到明清时代儒家对德治思想的承继，儒学不断丰富完善，并成为占据统治地位的意识形态。儒家通过为当权者的为政之道提供行为准则、道德规范，将之外在化、社会化，达到政治伦理化和伦理政治化，建构了政治儒学。同时，通过制度化，也发展出所谓制度儒学。它既包括有关儒家文化的制度化规定，如汉武帝的"独尊儒术"、隋唐宋元明清的科举考试制度，以及秦汉时期的博士制度和儒生制度；也包括制度儒学化层面的条例规定，如以孝治天下、礼制等，以及按照儒家思想所制订的乡规民约、家规族规、校训学规等。制度儒学是实现儒家齐家治国平天下的理想向现实社会转化的重要途径和建制。新时期以来，许多学者出于不同的理论旨趣提出了各自不同的儒学样态，例如政治儒学、民主儒学等。

4. 融入社会生活领域。

从孔子创立儒学之后，通过历代儒家不断地加以阐发，构成了历史悠久的文化传统，这一传统可分成精英文化和平民文化，它们即为余英时所讲的大传统和小传统。① 一方面，儒学是由文化精英所创造的，用杜维明的话说它是"士的自觉"的产物，它代表了士大夫阶层的精神追求、社会理想、价值观念，因而在某种意义上儒家文化即士大夫文化，儒学也就是贵族儒学。另一方面，儒学又具有实用性特征，它致思的对象不离人伦日用，它的思想宗旨讲究经世致用，它不仅可以为统治者作为安邦定国工具所用，也为普通民众待人处世提供人生智慧、道德规范、行为准则和精神家园，因而通过统治者的推动以及社会教化，儒学文化融入婚丧嫁娶之中，融入衣食住行之中，逐渐转化到平民的文化心理结构之中，借助生理性遗传和社会获得性遗传，成为代代相传的平民文化传统。这些平民文化传统既有如讲究婚礼、祭礼，注重敬祖，推崇孝道等，又包括重男轻女、人情往来等。这些日常生活文化构成了今人所说的"平民儒学"或"草根儒学"。

此外，儒学文化在中国古代又融入为了宣传、推行、尊奉、传播儒家思想和儒家人物而建造的物态事物之中，如府学、文庙、乡校、书院、私塾、碑刻、牌位、文物等，构成物化存在形态的儒学。当代中国一些有识之士致力于儒学在社会层面的推广和普及，由此生成了所谓的校园儒学、公园儒学、都市儒学、乡村儒学、社区儒学、墙体儒学和公交论语，等等。这些物质化儒学作为重要的儒家文化载体、象征和平台，对于利用儒学教化民众、传播知识、传承文化等都具有重要的作用。

另外，从社会总体来说，在国际社会也存在不同的儒学样态，如中国儒学、韩国儒学、日本儒学、美国儒学等。即使是同一个国家，儒学也分为不同的样式。例如中国就有大陆儒学、台湾儒学和香港儒学之别，在美国则有波士顿儒学和夏威夷儒学之分。

综上所述，儒学与社会呈现出相互作用、相互依存的态势，正是二者的双向互动，才使社会儒学得以生成、存在和发展，并赋予社会儒学三重意蕴：一是关于社会的儒学，这就是以社会及其经济、政治、文化等为致思或研究对象的儒学形态；二是社会的儒学，也就是由社会各个领域、层面、场域等所承载和展现的儒学形态；三是功能的儒学，这就是在儒学对社会的分析、批判、重建、激励、规范、教化和奖惩中所体现出来的儒学

---

① 参见余英时著、辛华等编：《内在超越之路》，中国广播电视出版社1992年版。

形态。

二、 建构社会儒学的意义

儒家虽不乏家国天下礼治秩序和社会价值建构的追求和构想,在其思想体系中蕴含着较为丰富的社会儒学理念,但从总体上心性儒学更为发达,以至牟宗三等现代新儒家认为心性之学是儒学尤其是宋明儒学的核心和本源。而现代以来,对上而言,儒学界缺乏对传统儒家社会思想的探究,由此带来忽视历史上儒家关于社会发展、秩序、稳定、变迁、规律、控制、治理、整合等这些社会儒学问题的研究,而仅仅停留在从纵贯维度、立足于历史哲学参考框架去触及传统儒家的社会思想,从而使得其社会儒学思想受到社会学家的重视,儒学界不过是在谈论历史观时偶尔涉及一下,未见有从总体上研究社会的比较系统、比较专门的社会儒学论著问世;对下而言,儒学界较为关注诸如生活儒学、政治儒学、法律儒学、制度儒学、宗教儒学、道德儒学、经济儒学、民主儒学等之类的中观层面的分支社会儒学,而对经验形态的社会生活各个领域的大众化儒学则疏于概括、总结和提炼,这也是导致社会儒学相对落后的重要原因之一。实际上,多元一体的社会儒学对于儒学的发展、传播、普及、应用具有极其重大的意义。

(一) 助成儒学的结构优化

儒学博大精深、源远流长。从内容上说,它是由天人之学、人学思想(主要是人性论、人生哲学、人格论等)、伦理思想、政治思想、教育思想、宗教思想(如子不语怪、力、乱、神)、文化思想(如博学于文)、审美思想(特别是乐论)、法律思想、经济思想(如孟子提出"井田制")等所组成的庞大体系。与之相应,儒学可以分为天人儒学、人学儒学、伦理儒学、政治儒学、教育儒学、宗教儒学、文化儒学、审美儒学、法律儒学和经济儒学等。以往学术界只是笼统地谈论儒学,并没有严格科学地梳理不同类型儒学之间的关系,以致造成了某种对儒学认知的思想混乱。例如,陈来提出"作为哲学的儒学"和"作为文化的儒学",认为前者是学术思想的存在，后者是社会化、制度化、世俗化的整合的文化形态①。显然他没有意识到哲学也是文化的组成部分，因而把儒学如此分类不够准确，实际上哲学儒学从属于文化儒学。

按照我上面对社会结构的分析，儒学是由自然儒学和社会儒学所组成的二元一体系统，社会儒学又是由人类儒学、文化儒学和狭义社会儒学所构成的体系。除自然思想外，儒学各种思想可以划入社会儒学的不同类型之中，这样使之得到合理的定位，理清不同儒学形态之间的关系。刘述先认为儒家可以分为三种传统，即精神的儒家、政治化的儒家和民间的儒家②，如果把"儒家"换成"儒学"，那么刘氏所说的精神儒家就是学术形态的文化儒学，而政治化的儒家和民间的儒家则为狭义的社会儒学。

崔大华把儒学的理论形态主要分为天人之学、自然之学和性理之学，提出儒学的理论结构分成社会的理论层面、心性的理论层面和超越的理论层面三大部分③。这尽管揭示了儒学的核心内容，却忽视了以礼为主的儒家文化思想。我在《儒学与人的发展》一书中指出，如果用圆圈来表示的话，那么，可以认为伦理学说构成了儒家文化的核心层，人生学说和政治学说则为第二层，其他的则为第三层④。站在社会儒学的高度来看，这说明道德儒学是儒学的核心，人生儒学和政治儒学是儒学的副核心，而这三者分别代表文化儒学、个人儒学和社会儒学。不过，根据对儒学新的体会，我认为与其说人生儒学是个人儒学的核心，不如说心性儒学是个人儒学的核心更准确些。

(二) 强化儒学的整合统一

开创儒学研究新局面，就必须推动儒学的创新性发展；而要实现儒学的创新性发展，一个重要途径就是建构一种新的儒学形态或者儒学样态。儒学具有悠久的历史性和丰富的多样性，历代儒家根据特定的思想传统、文化资源、社会条件与历史背景推动着儒学的发展，形成了不同形态的社

---

① 参见干春松：《制度儒学》序言，上海人民出版社2006年版。
② 参见刘述先：《儒家思想开拓的尝试》，中国社会科学出版社2001年版，第16页。
③ 崔大华：《儒学引论》，人民出版社2001年版。
④ 参见涂可国：《儒学与人的发展》，齐鲁书社2011年版。

会儒学。在社会多样化或者多元化的背景下，毫无疑问，按照现代学科分类体系，可以对儒学分别进行哲学、文学、政治学、社会学、经济学、史学、伦理学、美学等方面的专门研究，进而发展出各种类型的社会儒学。它们之间并不是绝对的你死我活的互相排斥，而是各有其存在的合理性，在"理一分殊"的理念下，根据"多元一体"的致思理路，可以共生共进、殊途同归，从不同方面丰富和发展整个儒学体系，在不同文明的对话和交流中，共同为人类提供有益的精神资源。

但是，各种形态的社会儒学（如生活儒学、心性儒学、制度儒学、政治儒学、乡村儒学等）之间毕竟在思想主旨、参考框架、致思模式、理论重点等方面存在差异，它们仅是儒学系统中的组成部分，难免有相对局限性。如果任其完全自由发展，甚至互争高下，呈现多元并存的状态，不仅不利于儒学的统一，反而引致儒学的离散乃至分裂。任何社会都是一个有机系统，任何子系统之间都是相互联系的，一个子系统只有在与其他子系统及其要素的相互联结中，才能获得特有的规定性，才能获得合理的说明，才能发挥应有的功能。即便是儒家文化中的"仁"与"礼"也是彼此关联、互相规定的。因而有必要对各种社会儒学进行有机整合。社会儒学具有良好的整合功能。它作为儒学大系统中第二层次的亚系统，一是通过不同类型儒学的相互吸收、涵化、融会、调和而趋于社会一体化，逐渐整合为社会儒学体系，给儒学带来新鲜的血液，提高儒学内部凝聚力；二是通过儒学所彰显的社会之道、社会之理，而把生活儒学、心性儒学、制度儒学、政治儒学等不同儒学样态借助社会儒学的价值追求、社会理想、人伦秩序等统合起来，达成儒学乃至社会和谐健康发展的终极目标。

（三）促进儒学的经世致用

在一些人看来，儒学同实用性是不搭界的。这一则是因为儒学"迂远而阔于事情"，它所创设的圣贤君子人格、仁义礼信等德性伦理、仁政德治的政治主张等过于理想化，难以同现实合拍；二则是因为许多儒者空谈心性、理气、有无、一多、道器等"玄学"问题，不仅离百姓日常生活太远，且不易被大多数民众所理解和接受；三则儒家坚持伦理本位，具有泛伦理主义流弊，把伦理价值作为唯一的评价尺度，因而同人丰富多样的社会生活和多变的思想观念（现代尤甚）相脱节，难以真正发挥其规范指导作用。应当说，这些否定儒学实用性的说法并非没有一点道理，因为儒学确乎有着过于高远、过于理想化的一面，尤其是宋明后学更是流于空谈和玄虚。但是，从另外一个角度看，儒学又呈现出较强的实用性，它在致思对象上强调不离人伦日用，在理论主张上追求学以致用，在治学目的上强调经世致用，从而强调不离日用、学以致用、明体达用、经世致用、实事求是等，足以表明儒学不失为一种实用之学。现代新儒学为人所诟病的是它过于重学理，追求利用西学范式重建儒学理论体系，而其发展起来的经院儒学往往同普通民众的生活相脱离，儒学的实用性遭到削弱乃至消解。为此，有人提出应建立一门实用儒学，以使儒学中有价值的内容能为现代社会利用①。

我之所以断言社会儒学能够促进儒学的经世致用，不仅在于它本身具有实用性，还在于：第一，社会儒学所阐发的齐家、治国、平天下等理念涉及社会发展、社会秩序、社会分工、社会治理、社会整合等重大问题，它们将为治国安邦、经世济民提供可资借鉴的思想资源和行为规范；第二，社会儒学由于发散在社会经验的各个层面，具有强烈的可感性、可接受性，能够为普通民众提供"日用而不知"的儒学环境，使之在潜移默化中接受儒学教育；第三，当代社会儒学在传播方式上发生了革命性的变化，它可以借助现代性的科技手段如影视、网络、手机、动漫等使之传播更加迅速、更有效率、更为多样，推动儒学更好地进入人们的精神世界，创建用以安身立命的精神家园。

三、 如何建构社会儒学

要积极推动社会儒学的当代重建，对于作为思想内容的社会儒学来说，要推动儒学与不同社会科学的融合，强化各种具体社会儒学的整合，挖掘传统社会儒学的丰富资源，这一点前贤做了多种阐述，故无须赘述；而对于作为功能实现的社会儒学和作为存在形态的社会儒学，则要完善儒学社

---

① 参见刘宗贤、蔡德贵主编：《当代东方儒学》，人民出版社 2003 年版。

会化的通道与机制，这里做重点阐述。

（一）政治化

所谓儒学政治化并不是要求国家大政方针奉行王道主义，更不是要恢复儒家政统，而是一方面要让儒家主导价值观如仁爱、贵和、尊礼、尚中等成为主流文化核心价值体系不可或缺的价值支撑和价值基础，成为全球价值观的有机构成；另一方面，则是成为国家领导人在对外文化交往中的重要政治智慧和文化精华，使儒家名言被引用、被宣传、被推广；再一方面则是把儒家德治思想整合到"以德治国"的基本方略之中，吸收传统中国"举孝廉"、以德选官的某些做法，把具备儒家伦理品性的人选入干部队伍，纳入人事考核和管理范围。只有将儒学政治化，建构特色鲜明的政治儒学和制度儒学，才能使之像古代中国"独尊儒术"一样，成为国家统治意志和统治思想的要素而在更大范围内得到重视和推广，成为民族的集体意识和众趋人格。

（二）人文化①

俗话说"文以载道"。虽然在当前世俗化的更为开放文明的公民社会，不能强求所有文学艺术的作品、大众传媒等文化产品均要宣传纲常伦理、理想道德，但从客观上说，文化产品不能不传播某种价值观念、人生态度、道德追求和审美情趣。当前，要想使儒学通过文化的传播、润泽、教育、范导而吸纳进中国以至世界主流文化之中，使之成为绝大多数国民所奉行的灵魂性东西，从而发展出覆盖广泛、内容多样的文化儒学，就务必做到：在大学、中学、小学课程中加大儒家经典的分量，不能仅满足于把四书五经作为语文范本来读，而是要像新加坡那样考虑把儒学或儒教作为专门课程来让学生选择；要充分利用好文庙、孔庙、乡校、府学、碑刻、标语、口号、墙体等载体，宣传儒家文化，为广大民众提供日迁善而不知的儒学

---

① 郑可君指出，国外在如何培养小公民方面大致有八种模式，即以传统深厚著称的法国公民教育、理论经验丰富成熟的美国公民教育、拓宽视野关注欧洲的英国公民教育、"多维公民"理念独特的加拿大公民教育、公民学加公民身份的澳大利亚公民教育、东方德育与西方价值兼备的新加坡公民教育、阶段特征鲜明的日本公民教育和突出国民精神教育的韩国公民教育，载《中国社会科学报》2010年11月2日。

环境，孔子的故乡曲阜的做法值得向全社会推广；利用影视、动漫、图书等形式传播儒家人物事迹；加强儒学学科建设力量，培养一大批儒学大师、专家，使之成为传道解惑的文化人才，发展好各种儒学研究机构和学术团体，使之成为传播研究乃至信仰儒学的中坚力量，从而发展出不同样态、不同层面的文化儒学。

（三）大众化

在当前，由于科举制等依托制度的废止、语言文字的障碍、社会经济基础的变更、多次激进反传统运动的破坏以及主流意识形态、西方文化和现代化等的冲击，导致儒学在许多大众心理层面出现了疏离、陌生、冷待甚至排斥，因而，要使儒学成为绝大多数中国人的精神信仰、人格操守、价值向导、观念支撑，成为大众化的儒学，就不能将儒学博物馆化、学院化，而要使它走入大众日常生活之中，内化成为他们内心世界中的重要组成元素，这在某种意义上也就是在全民中进行儒学普及。从修身齐家达至治国平天下的内圣外王之道固然令人向往，但如果难以做到，则由格物致知、诚心正意达至修身齐家也是可为可取的。要将儒家思想转化为人们的内心信仰，应借助于向大众普及儒学使之成为人们的日常生活价值准则。自20世纪90年代以来，儒学普及工作正逐步展开，诸如读经班、儒学讲坛、儒学普及读物、中华美德教育实验、经典诵读活动等形式，都有力地推动了儒学在全国的推行。这里我们只想指出的是，目前在致力于普及儒学的人士之中，有一种泛伦理主义的倾向，把儒学普及的主题归结为"儒家伦理＝公民道德＝建设精神家园"。诚然，儒家伦理是儒学的核心，也是它的现实价值所在，但是儒学精神不等于儒家伦理精神，它还蕴含着人文主义精神、民本主义精神等。儒学也不能完全归结为道德，它还有为政之道和为人之道。在普及儒学以使其成为全民族共同的价值诉求、伦理品格的过程中，不仅要大力宣扬它的伦理价值和行为规范作用，同时也要把它当成人生智慧和政治智慧向全社会推广普及。当然，儒学的普及以及实用儒学、大众儒学的复兴也应注意防止当前"国学热"中出现的赶时髦、功利化（商业炒作）、装门面、浮躁化等不正之风。

（四）现代化

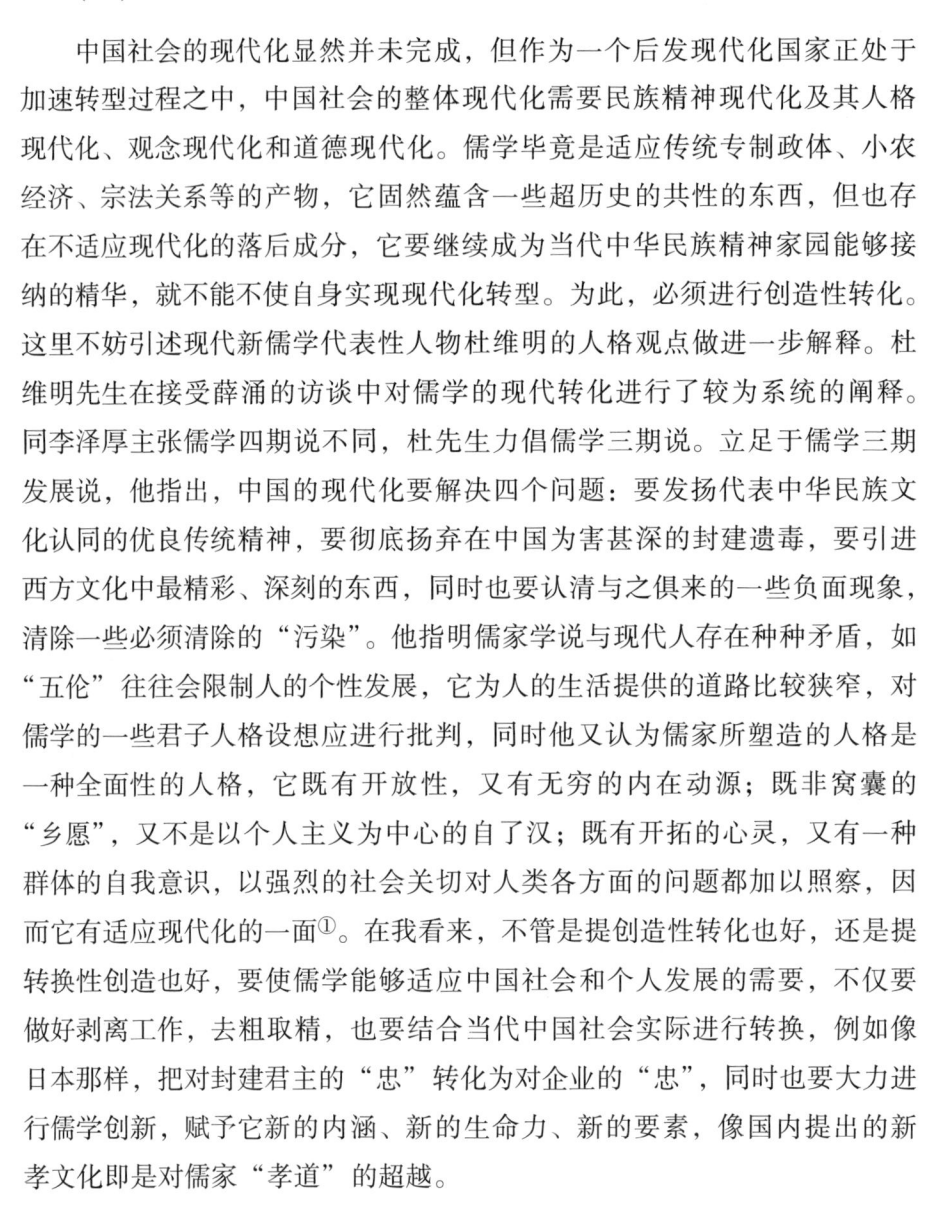

中国社会的现代化显然并未完成，但作为一个后发现代化国家正处于加速转型过程之中，中国社会的整体现代化需要民族精神现代化及其人格现代化、观念现代化和道德现代化。儒学毕竟是适应传统专制政体、小农经济、宗法关系等的产物，它固然蕴含一些超历史的共性的东西，但也存在不适应现代化的落后成分，它要继续成为当代中华民族精神家园能够接纳的精华，就不能不使自身实现现代化转型。为此，必须进行创造性转化。这里不妨引述现代新儒学代表性人物杜维明的人格观点做进一步解释。杜维明先生在接受薛涌的访谈中对儒学的现代转化进行了较为系统的阐释。同李泽厚主张儒学四期说不同，杜先生力倡儒学三期说。立足于儒学三期发展说，他指出，中国的现代化要解决四个问题：要发扬代表中华民族文化认同的优良传统精神，要彻底扬弃在中国为害甚深的封建遗毒，要引进西方文化中最精彩、深刻的东西，同时也要认清与之俱来的一些负面现象，清除一些必须清除的"污染"。他指明儒家学说与现代人存在种种矛盾，如"五伦"往往会限制人的个性发展，它为人的生活提供的道路比较狭窄，对儒学的一些君子人格设想应进行批判，同时他又认为儒家所塑造的人格是一种全面性的人格，它既有开放性，又有无穷的内在动源；既非窝囊的"乡愿"，又不是以个人主义为中心的自了汉；既有开拓的心灵，又有一种群体的自我意识，以强烈的社会关切对人类各方面的问题都加以照察，因而它有适应现代化的一面[①]。在我看来，不管是提创造性转化也好，还是提转换性创造也好，要使儒学能够适应中国社会和个人发展的需要，不仅要做好剥离工作，去粗取精，也要结合当代中国社会实际进行转换，例如像日本那样，把对封建君主的"忠"转化为对企业的"忠"，同时也要大力进行儒学创新，赋予它新的内涵、新的生命力、新的要素，像国内提出的新孝文化即是对儒家"孝道"的超越。

（五）世俗化

世俗化同现代化是相伴相生的。随着现代化的发展，一个国家公民会

[①] 参见杜维明：《儒家传统的现代转化》，中国广播电视出版社1992年版。

更加关注日常生活中的享受、发展，追求平民化的生活方式，关心现世的人生体验；与之相应，民族文化也会变得更加务实，更为契合普通大众的个人正当利益追求，更加现实化、入世化。在这样的生存背景下，儒学也必须做出相应的调整和更新，使其日益平民化、去魅化，只有这样，才能为广大民众所理解、认同和接受，进而上升为一种民族集体品格。20世纪90年代以来，中国许多人致力于儒学世俗化的探索，这一努力对于如何吸收儒学的合理成分以建构中华民族精神家园具有重要意义。儒学的世俗化，即通俗化。不过通俗化并不等于庸俗化，它无非是要求把儒家经典用文言文形式所传达的义理之学变成易懂的现代话语，这就是改变儒学的言说方式，使老百姓喜闻乐见、易于接受。对此，应当学习明清时期的做法，编写新的三字经之类的蒙学读物，同时把儒学的一些精神要素融贯到民规民约、标语口号、座右铭等中去。至于利用故事、小说、评书等方式也不失为儒学通俗化的好形式，这样能做到雅俗共赏。当然在儒学通俗化过程中，也要注意传播者的儒学功夫修养，防止出现对儒学的误读误解。陈卫平先生所讲的于丹《论语心得》出现的回避孔子儒学内在矛盾的问题确实值得我们警惕。

（六）全球化

中国儒学早在汉代就开始传播到韩国和日本，进而向越南、马来西亚等国输出，到了15世纪被一些传教士带到欧洲，以至于对欧洲的启蒙运动产生了影响。日本和亚洲"四小龙"的经济腾飞也引发了马克斯·韦伯关于儒家伦理阻碍资本主义兴起思想的重新评估，有的论者甚至提出了"儒教资本主义"概念。20世纪末以来，世界经济全球化步伐进一步加快，文化全球化已成为一种必然的经验事实。全球化固然会造成文化的某种同质化，但它也为不同民族文化在全球范围内展现自身的魅力和价值提供了机会和舞台。近年来，令世人瞩目的是孔子学院实现跨越式发展，已达400多家，孔子早已成为世界文化名人。儒学在国际上普遍受到重视，为世人所了解和接受，它已不再是地方性知识，而成为世界性精神资源。这些为建构全球化的社会儒学和世界儒学创造了良好的条件，提供了良好的平台。

应将传统儒学经过去粗取精、去伪存真的改造后融入世界民族精神价值体系之中，成为全球价值、普世伦理的重要一元，成为全人类可以共享的精神资源，以更进一步增强世人对儒家传统文化的认同感，在文明对话中反观社会儒学，建构社会儒学，发展社会儒学。

第三章　多元一体的社会儒学

进入 21 世纪，伴随着以儒学为核心的中国传统文化的复兴，儒学呈现出多样化的发展态势，其中具有标志性的重大事件就是生活儒学、社会儒学和民间儒学的相继生成。我掌握的材料证实，作为一个标识性概念，"社会儒学"提出已经有 10 多年了，但是，作为一种儒学的新兴形态，社会儒学尚处于初创阶段，还不能说业已成熟，这主要表现在：社会知名度还不高，需要加大宣传力度；社会儒学的基本概念范式尚未构建起来，其对象问题域有待于进一步确立；对于一些重大社会儒学问题如儒家的社会变迁思想、社会系统思想、社会主体思想等的研究未能充分展开，相关成果不多；社会儒学与其他儒学形态之间的关系没有梳理清楚，如何定位社会儒学在整个儒学体系中的地位、作用、价值也需要阐明；等等。我在上一章阐述了社会儒学的内涵、建构社会儒学的意义和如何建构社会儒学等问题，下面我将立足于多元一体角度对社会儒学的本质规定、社会儒学的基本内容、建构社会儒学的可能性和方法路径三个方面进一步加以补充、完善和拓展。

一、 社会儒学的本质规定

关于"社会儒学"这一概念究竟是何时提出的，学界认识并不一致，也有一个逐步深化的过程。我原以为最早是由我在 2008 年提交给当年在韩国召开的中韩儒学交流大会的论文中提出来的，然而根据最新掌握的材料，这一看法必须给予修正。目前来看最早使用"社会儒学"概念的是李维武，他在 2000 年就使用了这一概念。然后陈壁生 2005 年在《谁是儒家的真正敌人?》一文中指出，今天在"国"的领域儒学明显已经不适应了，但是可以把"国"转化为"社会"，把"政治儒学"转化为"社会儒学"；"社会儒学"包括了家庭和正在式微的家族以及现代大学两种单位①。随着新材料的发现，也许还会证实有更早的"社会儒学"提出者。尽管我较早提出了"社会儒学"范畴，也曾经在2012年由曲阜师范大学历史文化学院主办的"社会转型期儒学的重建"会议上做过"建构社会儒学"的主题发言，次年把撰写的论文《社会儒学建构：当代儒学创新性发展的一种选择》带到韩国安东大学进行学术交流，该论文经修改后发表在《东岳论丛》2015年第10期上。之后我又分别于2015年和2016年组织召开了"社会儒学和社会治理"与"社会儒学和社会关系"两次国际学术讨论会。

应当说，国内最早对社会儒学进行系统阐发的是韩星和谢晓东两位同仁。韩星不仅早在2009年提交了《社会儒学——关于儒学发展方向的思考》的会议论文，之后也陆续撰写了若干篇社会儒学的专题文章。谢晓东则在《哲学动态》2010年第10期上发表了《社会儒学何以可能》，后来又撰写了《第六伦与社会儒学》发表在《东岳论丛》2015年第10期上。迄今为止，国内社会儒学的倡导者主要是我和韩星、谢晓东三位，当然得到了吴光、黄玉顺两位先生及其他同道的赞许和响应。然而，即便在我、韩星和谢晓东之间对社会儒学概念的理解也不一致，这主要出于两方面的原因。

（一）对"社会"概念理解存在差异

谢晓东并没有对"社会"做出明确界定，从他的立论来看似乎是指"后共同体时代的市民社会"。如果真是这样，那么他的"社会"范畴虽然体现了现代化特征，却未免过于狭隘了。韩星同样没有给"社会"以明确界定，但他表示他的社会儒学是在心性儒学、政治儒学的对照中提出的，是面向大众的，以日常伦理为基本构成；他强调修身是社会儒学的根本，家庭是社会儒学的基石，社群组织是社会儒学的展开领域。结合韩星的多篇论文，可以看出，他所理解的"社会"应当包括个体、家庭和社群组织，

---

① 陈壁生：《谁是儒家的真正敌人?》，载《南方都市报》2005年11月19日。

尤其是乡村社区和城镇社区。韩星对"社会"的理解固然较为宽泛，可也存在不够周延之处：他既然说社会儒学是在心性儒学、政治儒学的对照中提出的，那么社会儒学就应把个体排除在外，可是他又强调社会儒学的逻辑起点是个体的人，这有点自相矛盾；而且，他不太关心社会对儒学的影响和儒学对社会的反映，而单向度地强调儒学对社会组织的干预、整治和完善。

我根据《社会哲学》[①]一书的理论构想从社会学角度把"社会"理解为一个由多个层面、多种要素、多种类型组成的有机系统，据此将社会儒学分为三个方面：一是作为思想内容的社会儒学，二是作为功能实现的社会儒学，三是作为存在形态的社会儒学。在作为思想内容的社会儒学方面，我又提出广义、中义、狭义之分——相对于自然而言的是广义的社会儒学，它由人类儒学（包括人生儒学、心性儒学和身体儒学等）、文化儒学（包括义理儒学、教化儒学、宗教儒学、艺术儒学、道德儒学等）和狭义社会儒学（包括经济儒学、政治儒学、法律儒学、管理儒学等）构成，相对于个人而言的是中义的社会儒学，相对于文化而言的是狭义的社会儒学。我的目的既是为了助成儒学的结构优化、强化儒学的整合统一，也是为了凸显儒家具有普遍性的而又为人们所忽视的社会思想，更是为了凸显儒学的社会化。

我所说的社会儒学的三个层面并非毫不相关，而是存在内在的逻辑关联：作为功能实现的社会儒学实际上就是儒学与社会（包括传统社会和现代社会）的双向互动——双向关照、双向批判、双向参与和双向影响，作为思想内容的社会儒学正是通过功能实现而转换为作为存在形态的社会儒学。需要指出的是，无论是儒学的功能实现还是作为社会存在形态的自在的儒学样态，都必须借助于儒学的社会化和社会的儒学化两个环节。所谓儒学的社会化，是指儒学的政治化、人文化、大众化和世俗化。所谓社会的儒学化，绝不是指像一些"儒学本位论"者主张的那样倡导"以儒治国"，而是通过儒学的普及、推广、教化，使社会主体自觉认同、接受儒家的思想智慧，使儒家文化资源和道德资源不断在社会中显露、展开和实现，

[①] 参见涂可国：《社会哲学》，山东人民出版社2001年版。

并转化为人的内在心性、精神、习惯和外在的习俗、规则、制度，融化在社会生活的政治、法律、经济、文化等各个层面。

　　一些人对我的系统化社会儒学提出了批评，认为它试图"包打天下"或"一网打尽"。任何事物都不可能尽善尽美，我所设想的社会儒学也是如此。它由于包含的内容极为广泛、逻辑层次众多，因而形式上给人的印象似乎较为笼统，缺乏现今流行的制度儒学、政治儒学、生活儒学等儒学样态更为具体的特殊规定性。如果说韩星和谢晓东所说的"社会"是"小社会"的话，那么我所理解的"社会"是"大社会"，它内在地包括"小社会"，由此界定的社会儒学就是大社会儒学。但是"大"并不一定就是"大而无当"，其实它具有相当的合理性。第一，它维护了"社会"这个概念的完整性。要知道，当代社会历史哲学揭示了"社会"本身就是一个复杂的大系统，不能任意将它加以割裂，使之碎片化；虽然"社会"在不同语境里和不同人心目中呈现不同面向，但是当今绝大多数人依然从总体性维度把"社会"看成一个有机体，而同自然系统相对应。第二，它充分彰显了儒学的社会性特征。儒学之所以产生和发展，正是因为它力图推动社会从无序走向有序，实现大同社会理想；儒学一旦形成，就同社会发生着互动关系，它不断影响着社会，社会也不断影响着它；系统的社会儒学不仅有助于把儒学作为特殊的文化类型置于社会大系统中加以关照，揭示它的社会地位和社会价值，也有助于还原和挖掘儒学丰富的社会内容。现今许多学者主张推动儒学融入现代社会，如郭齐勇的《当代新儒学思潮概览》、成中英的《着力建构新的世界化儒学》、楼宇烈的《儒学精华造福现代人生》等，这种融入恐怕不光是融入社区，也要融入社会成员个人的精神世界，融入社会的政治、经济、文化、法律、道德、文艺、宗教等各个层面。第三，它尊重和辐射了各种儒学形态。显而易见，系统社会儒学是一个多元一体的体系，它涵盖了韩星、谢晓东所规定的社会儒学层面，也囊括了当今学界创建的所有儒学形态，包括干春松言说的制度儒学和蒋庆倡导的政治儒学。我已指明"社会"有时在中义和狭义意义上使用，也就是在区别于个体、政治、制度、文化等的意义上使用，从而保证了我所界定的社会儒学不是排他性的、会造成割裂的儒学形态，而是具有多元一体的可伸缩性和层次性，使之成为一个开放的、动态的体系，赋予它巨大的发展空间和多元的学术生长点。

仔细寻绎，就会发现，蒋庆批评的现代新儒家的心性儒学并不完全囿于儒家的心性层面，他有时将之称为生命儒学，因而类似于我所说的人类儒学；他虽然把政治儒学常常归结为儒学外化于文物典章制度的形制，但有时也将其指向社会儒学，譬如他批评新儒家的心性儒学或生命儒学不关心社会关系①，并在论及儒教的社会、文化与历史观时广泛涉猎了儒家的政治观、法律观、婚姻观、群己观、教化观和历史观等社会内容②，认为"儒学在本质上绝不是一种关于概念的哲学理论，而是一种关于实践的社会学说"③。蒋庆新儒学的谋划最大的缺欠不仅在于他具有儒学激进主义的思想倾向，还在于他局限于生命个体"内圣外王"的线性思维，而忽视了就儒学自身的义理结构来说在心性儒学与政治儒学之间实有道德儒学作为联结的中介。要知道，假如立足于宏观社会整体视角，那么，分别代表人类儒学、文化儒学和狭义社会儒学的心性儒学、道德儒学和政治儒学呈现为虽然彼此密切相关却是平行发展的三大儒学类型，从属于社会儒学总体，其中道德儒学又是整个社会儒学体系的核心。

力主生活儒学的黄玉顺认可在某种意义上儒学即是社会儒学，肯定了我提出的"社会儒学"的概念与视野更为开阔和宏大，指出儒学最大的关切对象就是"社会"问题，即群体生存秩序的问题，但是他又强调他的生活儒学所说的"生活"远非所谓"社会"或者说"社会儒学"概念所能涵盖。在我看来，这不仅是因为他所理解的"社会"是区别于个体的传统意义的"会社"，是一个集合体或群体概念④，也是因为他吸收了《周易》的"生生之谓易""天地之大德曰生""万物资生"等生化、变易观念和宋明理学的"生生之谓仁"哲学，以及传统中国哲学中其他爱生、重生、厚生思想传统，从而把"生活"界定为宇宙本体。从根本上说，黄玉顺理解的

---

① 蒋庆：《政治儒学——当代儒学的转向、特质与发展》，生活·读书·新知三联书店2003年版，第14页。

② 蒋庆：《政治儒学——当代儒学的转向、特质与发展》，生活·读书·新知三联书店2003年版，第202—249页。

③ 蒋庆：《政治儒学——当代儒学的转向、特质与发展》，生活·读书·新知三联书店2003年版，第15页。

④ 黄玉顺：《儒学的"社会"观念——荀子"群学"的解读》，载《中州学刊》2015年第11期。

"生活"是在继承上的独创，不同于常人心目中的"日常生活"，他大力倡导的"生活儒学"本质上并非"生活的儒学"而属于"生"的儒学①，它与受到柏格森生命哲学影响的现代新儒家梁漱溟、熊十力的道德本体论极为相通②。的确，如果像黄玉顺一样把"生活"当成涵盖一切的大本大源，建构"面向生活本身的儒学"③，那么"社会儒学"就属于形而下的学问而确实无法包容形而上的"生活儒学"；但是，如果把"社会"视为由个人、文化和狭义社会组成的有机大系统，并按惯常做的那样把"生活"理解为"人的生活"而不是过于宽泛的"万物生活"或"动物生活"，而指向"个人生活"和"社会生活"④，那么社会儒学就必定包括黄玉顺极力倡导的生活儒学。

（二）理论出发点和视角各有不同

李维武所界定的"社会儒学"是礼学，是旨在通过礼乐文化建立一套完备的人与人的社会关系的学问⑤。同样，蒋庆发展了早期《政治儒学——当代儒学的转向、特质与发展》的观点，把社会儒学视为区别于心性儒学、政治儒学的，注重礼乐教化的儒学形态⑥。大概受到李维武的影响，韩星的几篇文章也是侧重于从社会教化的维度规定社会儒学，且不说他在早期《儒学的社会维度或社会儒学？——关于儒学发展方向的思考》一文中明确指出他是在心性儒学、政治儒学的对照中提出社会儒学的，认为社会儒学的"基本的含义不外强调儒学要发挥其应有的社会功能、作用和影响"，强调社会儒学是面向大众的，以日常伦理为基本构成，也可以称为"大众儒学""民间儒学""草根儒学""世俗化的儒家伦理"等等，并通过梳理历

---

① 《论语》《荀子》和《礼记》均无"活"字，《孟子》"活"字只有三例，其中一处与"生"字相连，构成了"生活"词组，即《孟子·尽心上》中的"民非水火不生活"，表示"生存"的意思；相反，儒家经典大量采用"生"字，如《论语》22 例、《孟子》21 例、《荀子》224 例、《礼记》150 例，宋明理学文献更多。

② 参见涂可国：《柏格森生命哲学与现代新儒家道德哲学》，载《儒道研究》2014 年第 1 期。

③ 实际上，黄玉顺的"生活儒学"不应说成是"面向生活本身的儒学"，而应称为"由生活生发的儒学"。

④ 当黄玉顺讲"存在就是生活，就是生活感悟，就是生活情感"，就是"作为生活情感的爱"或"本源之仁"时，已经蕴含着把"生活"理解为"社会生活"。

⑤ 李维武：《儒学生存形态的历史形成与未来发展》，载《中国哲学史》2000 年第 4 期。

⑥ 蒋庆：《政治儒学默想录》，福建教育出版社 2015 版，第 307 页。

史上儒学的社会教化来彰显社会儒学的主体性实践特征①，即使2015年他发表的《社会儒学的逻辑展开与现代转型》，也认为应将儒学扩大为更广泛的社会教化，以便在社会层面逐步展开，发挥其社会功能和社会作用②。

不难理解，韩星设想的社会儒学的社会教化内涵不再像李维武界定"社会儒学"时那样把教化仅仅归结为礼乐教化，而是凸显了整体社会教化，因而范围要宽泛一些。不过，我认为，这种教化层面的社会儒学还是太过狭窄、太过单一，容易限制社会儒学的发展空间。不错，儒学就其内容而言包括大量有关社会教化、社会教育的思想，就其功能而言它有助于教化人心，有助于敦风化俗，而且儒学的根本宗旨就是实现人文教化。但是，正像我所指出的那样，儒学具有多种社会功能，这就是社会激励功能、社会规范功能、社会教化功能和社会奖惩功能，而且就儒学的内容来说，远不是社会教化一语所能概括，它还阐发了社会变迁、社会规范、社会秩序、社会治理、社会分层等丰富多彩的内容。如果把社会儒学归结为社会教化，就会落入许纪霖把历史上的儒学加以割裂的陷阱，而"呈现出政治儒学（西汉的董仲舒）、心性儒学（宋代的朱熹）和社会儒学（明代的王阳明）等多种取向"③，从而走向否定王阳明之前的儒学具有社会儒学内容。

相对而言，谢晓东对社会儒学概念的理解要广泛一些，他认为社会儒学具有三层内涵：一是从儒学视角对社会生活进行反思和总体把握；二是从社会角度发掘儒学的价值；三是后共同体时代的以市民社会为立足点、以非政治化为基本特征、以人伦日用为基本关注点的形态，它是"以社会为存在和发展途径的现代儒学形态"④。显而易见，谢晓东与我对社会儒学的规定有许多接近之处，不过他主要站在当代社会角度从儒学和社会双向互动的视域架构社会儒学，以实现儒学的社会关照和社会价值，寻找儒学在当代赖以存在和发展的途径。毫无疑问，谢晓东所理解的社会儒学凸显了儒学的现代性乃至后现代性的一面，它与当前日益兴盛的大众儒学、民间儒学相对接、相贯通。可是它也存在不可忽视的缺陷，就是遗忘了儒家

---

① 韩星：《儒学的社会维度或社会儒学？——关于儒学发展方向的思考》，载贾磊磊、杨朝明主编《第三届世界儒学大会论文集》，文化艺术出版社2011年版，第580—594页。
② 韩星：《社会儒学的逻辑展开与现代转型》，载《东岳论丛》2015年第10期。
③ 许纪霖：《儒家宪政的现实与历史》，载《开放时代》2012年第1期。
④ 参见谢晓东：《社会儒学何以可能》，载《哲学动态》2010年第10期。

传统丰富的社会思想资源，使儒学的涵盖面十分狭窄，牺牲掉了社会儒学的强大辐射力、解释力和影响力。况且，谢晓东主要立足于与政治儒学相对应的维度提出社会儒学的构想，而忘了蒋庆等人构建的政治儒学不仅指向当代也指向传统，强调政治儒学的发展应当继承儒家的政治思想传统，就此而言，社会儒学必须顾及源远流长的儒学历史形态，而建构一种贯通古今中外的社会儒学形态。

二、社会儒学的基本内容

要建构较为完善的社会儒学，就应明确其研究的对象、范围和内容，然而遗憾的是，无论是韩星还是谢晓东对此都关注不够，缺乏自觉的理性反思。依据韩星关于社会儒学的几篇文章，他似乎把社会教化确认为社会儒学的重点内容，不过他有时也在社会儒学名义下探讨儒家关于个人的修身养性问题、家庭伦理问题、社群组织（亲缘组织、地缘组织、业缘组织、学缘组织、信仰组织等）问题和天下大同理想问题，在他看来，诸如个人、家、国、天下是社会儒学赖以展开的领域。谢晓东自我表明，他之所以提出社会儒学主要基于共同体与社会的区分、儒学缺乏"社会"一环和非政治化倾向，立足点实际上是介于家与国之间的、由人类共同体演化而来的小社会——社会组织。他虽然揭示了社会儒学的三个向度，但更为重视"以社会为存在和发展途径的现代儒学形态"意义上的"社会儒学"，强调排除政治儒学、制度儒学而容纳心性儒学和宗教儒学，认为社会儒学可以涵盖个人的自我修养、家庭、公司、学校、社团组织、乡村等[①]。由此可知，谢晓东更为凸显的是儒学的人伦内容（小的市民社会）和社会存在领域。

在谢晓东有关社会儒学构想的基础上，我建构了包括"作为思想内容的社会儒学""作为功能实现的社会儒学"和"作为存在形态的社会儒学"三元一体的社会儒学框架。对如此规定的社会儒学，黄玉顺提出了批评，他认为我提出的"作为存在形态的社会儒学"的"存在形态"概念过于含

[①] 参见谢晓东：《社会儒学何以可能》，载《哲学动态》2010年第10期。

混，会导致理论上的混乱，认为我所讲的社会儒学的"思想内容"和"功能实现"本身也是某种存在形态，尤其是作为"思想内容"的社会儒学"把人的生活存在当作反思的对象或思想视域"表明"生活存在"正是一种"存在形态"，唯有第三类"作为存在形态的社会儒学"才是"社会儒学"。

实际上，我所说的作为"思想内容"的社会儒学是一种思想观念体系，它要反映包括社会存在在内的诸多社会问题、社会现象和社会规律，可谓学术儒学，这一学术儒学早在原始儒家那里就已生成——孟荀均有心性儒学、政治儒学的论说，并非由现代新儒家创立，而且它也保存对制度、人伦日用反思的内容，因而就此意义来说，社会儒学并非如韩星所说的与制度儒学、大众儒学并立的三元和合结构①。

而作为"存在形态"的"社会儒学"是通过社会化后儒学外化到社会各个领域的客观的经验性文化存在，既包括物态化的儒学如"三孔"，又包括制度化的儒学如儒生制度，还包括精神化的儒学如儒学态度，就此而言，"社会儒学"近似于陈劲松说的"儒学社会"②——虽然不能等同。从哲学本体论来说，"存在"是绝对的整体大全，它包罗万象，即便我所讲的"作为思想内容的社会儒学"和"作为功能实现的社会儒学"也确如黄玉顺说的是两种"存在形态"。但是，相对来说，"存在"又分为不同形态，"作为思想内容的社会儒学"所反映的"存在"是一种对象性存在，而作为"存在形态"的社会儒学的"存在"是一种直接的社会存在，主要指自在自为的民间儒学、制度儒学、学校儒学等。

作为功能实现的社会儒学的问题域主要包括社会分析、社会批判、社会重建、社会激励、社会规范、社会教化、社会奖惩等，它们构成了这一意义上的社会儒学的基本理论框架。此外，犹如我在上面所指出的，这一层面的社会儒学还必须关注社会与儒学的互动问题，把儒学的社会化与社会的儒学化纳入理论系统中。基于作为存在形态的社会儒学和作为功能实现的社会儒学，韩星等人做了较为深入的阐发，加之篇幅的限制，在此我将重点阐释作为思想内容的社会儒学的问题域和基本概念范式。

---

① 韩星：《儒学的社会维度或社会儒学？——关于儒学发展方向的思考》，载贾磊磊、杨朝明主编《第三届世界儒学大会论文集》，文化艺术出版社2011年版，第580—594页。
② 参见陈劲松：《儒学社会》，中国人民大学出版社2007年版。

中国古代儒家没有严格意义上的西方式社会学，但这不等于说没有社会思想或社会观。虽然学界缺乏对儒家社会思想的系统探究，但是前人从不同角度还是有所涉及，如潘光旦就出版了《儒家的社会思想》①。作为思想内容的社会儒学是对社会及其各个层面问题进行探讨所建构起来的观念形态的儒学，它包含两层意思：一为社会儒学是关于社会总体的思想，它构成了普通社会儒学；一为社会儒学是关于社会各个层面（包括人、文化和狭义社会）的思想，它构成了诸如人类儒学、文化儒学和狭义社会儒学及其下属各种形态的分支社会儒学。作为普通社会儒学，它大体应当探讨如下问题，即社会活动、社会关系、社会治理、社会变迁、社会理想、社会规范、社会组织、社会价值、社会制度、社会结构、社会秩序等。

韩星已先我对儒家社会组织理论做了阐释，足可参考，本文不予赘述，只是想指出的是，即便现代新儒家也有许多可以发掘的社会组织内容，特别是梁漱溟旨在通过乡村建设实验改造中国社会结构方面为社会儒学积累了大量材料。至于社会儒学视野下的儒家社会治理论，鉴于前贤已经做了深入系统的探究，如黎红雷主编的《中国传统治道研究丛书》、洪涛的《心术与治道》等，我也在《荀子治道思想的主要特质分析》② 文章中以荀子治道思想为个案对儒家社会治理之道做了典型性分析，故这里也略而不论。同时，诸如社会变迁、社会制度、社会秩序等问题也囿于篇幅留待日后专门研究，本文将重点阐明社会活动论、社会理想论、社会结构论、社会关系论、社会分层论、社会规范论、社会价值论等普通社会儒学课题。我虽然基于普通社会儒学的基本思想诠释了荀子的人而能群的社会本质论、能难兼技的社会分工论、群居和一的社会理想论和明分使群的社会治理论，但有鉴于国内儒家社会思想研究的薄弱情况，这里要进一步阐述作为研究社会总体的普遍社会儒学所应关注的对象性问题。

（一）社会活动论

社会学一般把社会活动理解为以他人为对象、旨在达到预期目标的个

---

① 潘光旦：《儒家的社会思想》，北京大学出版社 2010 年版。
② 参见涂可国：《荀子治道思想的主要特质分析》，载《中原文化研究》2017 年第 1 期。

人或群体的有意义的互动行为，马克斯·韦伯把社会活动分为价值合理型、目的合理型、传统型和情感型四种；活动可以分为社会活动与非社会活动，只有当个人的活动涉及他人的活动时，才能称为社会活动。我从广义上界定社会活动，把人的一切个人性的活动和社会性的活动一概归于社会活动，如此社会生活就属于社会活动的特殊形态。不管是"社会"也好，还是作为社会系统中的"人"也好，社会活动构成了其赖以生存的基石，正如黄玉顺所说的它们是由作为大本大源的"生活"或"存在"生成的。可以说，社会活动能够为社会儒学奠基，如同实践是历史唯物主义的逻辑起点一样，更具有普遍意义的社会活动是社会儒学的逻辑起点。不过，必须指出，如果这样的"存在"或"生活"不是动物的"生活存在"，那么"生活""存在"与"社会"和"人"是融为一体的，是互为前提、难分先后的，也是相互涵摄的。①

客观地说，儒家没有系统的社会活动理论，但是有许多与之相关的思想理念，由此构成了儒家的社会本体论。对此，社会儒学应从以下方面加以探究。一是"生"的观念。既要从社会的维度去诠释儒家的生意、生德、生命、生死、重生等范畴，又要揭示个体生存、社会生活的本源和意义，同时还要阐释儒家有关社会生命、文化生命、道德生命和个体人生等论说的内涵，充分展现儒学作为"生命的学问"②的宏旨。二是"行"的观念。这主要是在儒家知与行的对说中阐释的，儒家知行观蕴含着许多需要进一步提炼的儒家社会行为思想。不过，儒家之"行"也经常独立运用，表示行为、行动的意思，如"行有余力，则以学文"③、"先行其言而后从之"④。三是"为"的观念。儒家十分重视"为"，仅《论语》就达170个用例，大多表示作为、做、治理、处理、克制等意蕴，而且代表某种社会化活动，如"为政以德"⑤、"见义不为，无勇也"⑥、"能以礼让为国乎？何有？"⑦

---

① 20世纪80年代许多人认为历史唯物主义的逻辑起点是人。
② 参见牟宗三：《生命的学问》，广西师范大学出版社2005年版。
③《论语·学而》。
④《论语·为政》。
⑤《论语·为政》。
⑥《论语·为政》。
⑦《论语·里仁》。

等。这些社会活动观念有待于从行为主义角度进行深入挖掘和整合，以发展儒家的社会活动哲学。此外，儒家也有不少社会交往、社会互动方面的观念，例如"与朋友交而不信乎？"①、"善与人交"②、"敢问交际何心也？"③、"其交也以道"④、"其交游也，缘类而有义"⑤、"上下之交不相乱"⑥等，这些都是值得社会儒学加以研究的。

（二）社会理想论

为了构建良好社会秩序、提升人的精神境界、指引人类发展方向，历代儒家提出了丰富的社会理想思想，以"大同"与"小康"为典型范式，开创了中国人文主义社会理想传统。对儒家社会理想学界尽管做过一定的揭示，却很不够，目前只有韩德民的《荀子与儒家的社会理想》⑦等少数专著，并主要集中在《礼记·礼运》社会理想思想上。发展普通社会儒学，无疑要着力阐发"大同"与"小康"思想范式，但不能限于此，还必须扩展到更为广泛的领域，发掘儒家提出的由"国泰民安""政通人和""民康物阜""安居乐业""人人亲其亲，长其长，而天下平""上下俱富""尚贤使能，等贵贱，分亲疏，序长幼"等内容所构成的社会理想思想。

同时也要探讨儒家关于达到社会理想目标的手段、路径和方法，譬如安贫乐道、等差有分、中和致平、明分使群、礼义有序、重王轻霸、重义轻利和富而后教等，分析儒家社会理想的特质、结构、层次、地位、意义、效应、方式、途径及其合理性、正当性、有效性等，比较儒家与其他诸子百家社会理想的同异，反观儒家社会理想同其他社会理想的差异、统一、吸收和融合、重建，反思其对当前人类社会和当代中国社会理想建构的启示。必须强调，应当回到儒家原典，寻找与社会理想相关的原义，这是因为，儒家经常借助"国""家""邦""天下"和"志"等范畴表达社会理

---

① 《论语·学而》。
② 《论语·公冶长》。
③ 《孟子·万章下》。
④ 《孟子·万章下》。
⑤ 《荀子·君道》。
⑥ 《荀子·儒效》。
⑦ 参见韩德民：《荀子与儒家的社会理想》，齐鲁书社2001年版。

想，如孔子提出的"老者安之，朋友信之，少者怀之"①，孟子讲的天下"定于一"②等。无疑，儒家除了"大同"和"小康"外，更多的是陈述个人理想、志向、追求，而没有其他社会理想的系统阐述，需要我们从儒家典籍中仔细爬梳。

（三）社会结构论

国内对中国传统社会结构的研究十分全面，成果丰硕，而作为思想史的社会结构研究则比较匮乏，这大概是因为中国古代思想家缺乏现代社会学意义上的社会结构意念。如此说并不等于讲儒家没有社会结构思想，在我看来，它有以下方面值得普通社会儒学纳入自身探究的范围。一是分析儒家家、国、天下的三元社会结构构想。传统儒学建立在封建血亲—宗法关系基础上，反映了中国传统社会家庭、家族和国家在组织结构、人伦结构、思想结构、政治结构等方面的同质性、同构性。正是依据这一社会特点，儒家阐释了"移孝作忠"、"忠君报国"、"先王之道，忠臣孝子之极"③、"三纲五常"等观念。这些不能仅局限于道德哲学给予诠解，也应从社会哲学维度进行阐发。另外，《大学》发明了修身齐家治国平天下这一体现内圣外王之道的社会结构理念，当代社会儒学理应遵循家—国—天下的逻辑阐释儒家的社会结构论。二是从儒家"亲亲"与"尊尊"原则解释中国传统历代社会结构维持和变化的机制，以及它们如何影响中国社会结构的稳定性。三是深入探讨儒学如何塑造中国社会结构，特别要对儒家式的社会结构进行透彻分析。四是阐发儒家社会整合思想。为维护社会结构稳定、重建社会秩序，实现天下一统，自先秦以降，儒家提出了礼乐教化、制民之产、以民为本、修身养性、德治仁政、克己复礼、尊贤使能、隆礼重法等社会控制和社会整合方案。它们不仅是儒家社会治理思想的重要组成部分，也是儒家社会结构观念的有机构成，是丰富社会儒学有关社会结构理论的重要来源。

---

① 《论语·公冶长》。
② 《孟子·梁惠王上》。
③ 《荀子·礼论》。

（四）社会关系论

在某种意义上说，儒学就是一种社会关系学，它之所以产生和发展，就是为了更好地协调人与自我、人与自然、人与人、人与社会之间的关系。处理和改善社会关系构成了儒学的核心内容之一，尤其是儒家的人伦思想最为博大精深。要建构较为完善的社会儒学，就必须从以下方面展开：

一是以人伦思想为重点。虽然儒家并不是如一些学者断言的那样一点没有论及人与群体组织的关系、陌生人与陌生人之间的关系——如儒家的亲民学说，但是它毕竟重点关注的是孟子所措意的"父子有亲，君臣有义，夫妇有别，长幼有序，朋友有信"[1]的"五伦"关系，为此社会儒学既要在徐儒宗《人和论》[2]等前贤先期成果的基础上，继续对儒家以"五伦"为代表的人伦关系思想进行再认识，挖掘《尚书·尧典》中的"慎徽五典"说法、《左传》的"父义、母慈、兄友、弟恭、子孝"五典诠释的微言大义，还要立足于当代社会发展的角度对儒家人伦思想进行补充完善，像李国鼎、谢晓东[3]那样创立第六伦甚至第七伦、第八伦，并对"三纲"是否要完全摈弃重新进行评价。

二是以角色关系为核心。角色与关系密切相关，它体现了人在社会关系体系中的权利和义务，正因如此，美国夏威夷大学的安乐哲构建的儒家角色伦理学特别凸显儒家角色理论的关系性（以关系为本）和他人导向、社会导向，不过他主要出于批判西方过于突出个人自由意志的原教旨个人主义[4]的考虑，而囿于强调个人的义务、责任，且局限于伦理学的视域，对儒家角色理论存在诸多误读、误解。我们应当本着客观公正立场，基于掌握学术话语权的战略考量，从社会哲学角度切入儒家角色理论，以建构中国自身独特的、更为完整的儒家社会角色学。

三是以家庭关系和政治关系为基础。儒学涉及社会关系的方方面面，为此台湾学者构建了儒家关系主义范式。当代中国社会儒学必须围绕社会

---

[1] 《孟子·滕文公上》。
[2] 徐儒宗：《人和论——儒家人伦思想研究》，人民出版社2006年版。
[3] 谢晓东：《第六伦与社会儒学》，载《东岳论丛》2015年第10期。
[4] 安乐哲：《儒家角色伦理学——一套特色伦理学词汇》，山东人民出版社2017年版。

关系主线深刻阐述儒家的己他观、己群观、群体观、国家观，但相形之下，儒家更为重视父子、夫妻、长幼等家庭关系和君臣、君民、官民等政治关系的调控和完善，更为重视家庭血缘、姻缘关系的伦理架构，更为重视用仁、义、礼、智、信之类的核心伦理建构良好的政治关系，因而应当加强对儒家事关家庭关系和政治关系的类型、基础、运行、原则、规范、理想等各个层面问题的研究，观照儒家在哪些方面为中国传统社会人际关系的运转提供了心性情理基础，一旦时机成熟，不妨建构儒家社会关系学。

（五）社会分层论

社会分层论本来从属于社会结构论，只是由于它在儒学中具有独特而重要的地位，故将它单独挑出来作为社会儒学研究的重要内容。所谓社会分层是指社会成员和社会群体在社会系统中呈现上下高低、等差有别的现象，它主要通过阶级、阶层、地位、角色、身份和职业等加以表征。虽然儒家并没有提出"社会分层"的概念和理论，但蕴含着丰富的社会分层思想，借以成为社会儒学建构的重要凭借，并引导我们从以下三方面展开研究。一是社会分工的思想观念。譬如孟子的"劳心者治人，劳力者治于人"①的主张、荀子的"农以力尽田，贾以察尽财，百工以巧尽械器，士大夫以上至于公侯，莫不以仁厚知能尽官职，夫是之谓至平"②的思想等。此外，儒家有关士、农、工、商的职业分工思想尤其需要关注。二是社会角色和社会身份理论。围绕君臣、父子、兄弟、夫妇等身份角色的人格修养、行为规范、价值观念、待人之道等问题，儒家做了深入全面的阐述，如孔子强调的"君君、臣臣、父父、子子"③、荀子讲的"君臣、父子、兄弟、夫妇，始则终，终则始，与天地同理，与万世同久，夫是之谓大本"④ 等，它们已经成为发展社会儒学的宝贵财富。三是社会等级思想。客观上中国传统社会存在阶级、阶层之分，正如费孝通所说，中国传统社会是一个"差序格局"的社会。孔子、孟子和荀子都肯定了社会等级，认为社会区分

---

① 《孟子·滕文公上》。
② 《荀子·荣辱》。
③ 《论语·颜渊》。
④ 《荀子·王制》。

等级和按等级分配都是合理的，而荀子对社会等级做了更加全面的论述，尤为强调社会等差级别，提出了"贵贱之等，长幼之差，知愚能不能之分"①的社会分层思想。社会儒学应当结合儒家经典的疏解，深入阐发儒家社会等级的类型、地位、作用、原因及其调控（如平均主义）等思想，特别是要为其合理性做辩护。

（六）社会规范论

为了调节人的社会关系，制导人的社会行为，儒家提出了极为丰富多样的社会规范，这些规范首先表现为各种"礼"，但不仅局限于礼，更不能像有些学者那样将儒家的规范论完全等同于礼论。儒家社会规范不少由规范判断加以呈现，如"成人之美""与人为善"等，此外还表现为箴言、戒律、命令等。一般来说，社会规范包括社会制度，这就意味着有制度规范和非制度规范之分。比较而言，用社会规范去概括儒家社会思想比用社会制度去叙说更为准确，因而我认为与其提建构儒家制度伦理学不如提建构儒家规范伦理学更为符合儒学的真义。另外，儒家社会规范外延较为广泛，包括道德规范、政治规范、文化规范、思想规范等，一定要防止把它归结为道德规范的片面化倾向。

毋庸置疑，社会儒学对儒家社会规范的研究最为优先考虑的方向是儒家之礼，包括儒家之礼的内涵、形态、类型、损益、地位、作用、价值、影响、变迁、转换、创新等问题，但是，下述方面也是不可或缺的：一是对儒家的仁、义、礼、智、信、勇、孝、悌等重要德目呈现的规范意义进行深入挖掘；二是对儒家提出的各种判断或命题——如"己所不欲，勿施于人"② 从社会规范的维度加以分析；三是广泛搜集和研究儒家的箴言、戒律和《弟子规》、家训、家语等体现儒家行为准则的社会规范。

（七）社会价值论

儒家社会价值论亦可称为社会价值观，从广泛意义上说它是与儒家自

---

① 《荀子·荣辱》。
② 《论语·颜渊》。

然价值观相对应的、包含儒家个人价值观的有机体系，是儒家关于社会的好坏、善恶、美丑、利弊、得失、祸福、荣辱、优劣、有用无用等方面的看法见解。目前，学界对儒家社会价值观的种类形态、结构层次、历史演变、作用影响和利弊得失等问题进行了分析、探讨，发表了一系列相关论著。其中，杨国荣的《善的历程——儒家价值体系的历史衍化及其现代转换》从天与人、义与利、理与欲、群与己、经与权等关系维度阐述了儒家价值观[1]；封祖盛和林英男的《开放与封闭》虽然并非直接探讨儒家价值观，但却以其作为核心依托，对中国传统社会价值取向从"外交""目标""国家""家庭""认识""政治""成就""经济""道德"和"人生"等社会领域的十个方面做了细密的剖判[2]；赵馥洁的《中国传统哲学价值论》从价值原理、学派取向、范畴系列、价值思维等方面系统论述了儒、墨、法、道四大家的价值论体系、传统哲学价值论的主要范畴和中国哲学的价值思维方式等[3]。

社会儒学要进一步建构自身的范畴体系和话语体系，就应进一步加强儒家社会价值论研究。一是着力加强对儒家所崇尚的修己安人、克己制欲（存理灭欲）、以私利公、仁者爱人、和善忠恕、义以为上、重义轻利、安贫乐道、厚德载物、均平隆礼等价值观念的阐发，批判性地分析由儒家政治价值观、法律价值观、经济价值观、外交价值观、道德价值观和个体价值观、家庭价值观、国家价值观、天下价值观等组成的社会价值观系统。二是根据当代中国社会实际、文化发展状况和价值整合的需要吸取儒家文化所展现出来的仁、义、礼、智、信、恭、宽、敏、惠、忠、孝、节、悌、中、和等合理价值观念，就如何利用这些儒家社会价值论资源培育当代核心价值观的途径、方法进行探索。三是对儒家社会价值观的基本类型、发展历程、社会影响进行客观公正的分析与评价，探讨其真实的义理结构。由于在时代背景、经济基础、政治制度、国际环境等方面发生了历史性的转换，因而对儒家社会价值观不能拿来就用，必须紧密结合中国社会现实和全球化时代背景进行创造性转换和创新性发展。四是运用当代自由、公

---

[1] 参见杨国荣：《善的历程——儒家价值体系的历史衍化及其现代转换》，上海人民出版社1994年版。
[2] 参见封祖盛、林英男：《开放与封闭》，河北人民出版社1987年版。
[3] 参见赵馥洁：《中国传统哲学价值论》，人民出版社2009年版。

平、正义、和谐、文明、平等、法治、诚信、人权等价值范畴和范式透视儒家社会价值理念，把当今学人注目的儒家正义论、自由论、公平论、文明论、平等论、法治论和人权论统一纳入儒家社会价值论之中进行把握，在社会价值观的平台上加强儒学与自由主义、生态中心主义、个人主义等思潮的对话。

三、建构社会儒学的可能性和方法路径

社会儒学的建构不仅牵涉儒学的当代定位问题，也涉及传统儒学的重诠与重构问题。如果说前面已经解读了社会儒学"是什么"和"做什么"两个问题，那么接下来就要回答社会儒学的"必要性""可能性"和"如何做"问题。我已在前面就社会儒学的必要性或重要性做了阐述，这里不再重复，现在就其可能性做出说明；另外，《"社会儒学"何以可能》一文虽然围绕社会儒学如何建构进行了一定的阐发，但语焉不详，需要给予补充论证。

在《"社会儒学"何以可能》一文中，谢晓东分析了"社会儒学"存在的三个条件：第一，儒学作为一种心灵积淀仍然普遍存在于中国人的心中；第二，多元文化结构；第三，民主制度的保护[1]。除第一条外后两条属于外部条件，这些条件对社会儒学的建构固然重要，但是就此而言还可以列举一些，如尊儒但不独尊、社会组织的发展、思想的开放、社会的信息化、精神家园建设的诉求、传统文化资源利用的需要等；在我看来，真正为社会儒学构建提供可能性或实在基础的是犹如第一条所表征的内在社会条件。

其一，儒学蕴藏着丰富的社会思想资源。上面对社会儒学基本内容的分析在一定程度上已经从应然性层面对社会儒学蕴含的社会思想内容做了某种交代，下面做进一步论证。任何学说都是时代的产物，也是对所面临的社会问题的反映，儒学也不例外。不同时期的儒家正是为了应对礼崩乐坏、贫富分化、民不聊生、战争动乱、信仰混乱、政治腐败、道德失序等

---

[1] 参见谢晓东：《"社会儒学"何以可能》，载《哲学动态》2010年第10期。

社会问题的挑战，按照《大学》创立的"正心、诚意、修身、齐家、治国、平天下"的内圣外王之道而对社会政治、经济、文化、伦理、日用等社会秩序做出思想安排，以调节人的各种社会活动和社会关系，提供指导社会主体为人和为政的合理社会规范，借以实现崇高的社会价值目标和社会理想追求，从而阐明了"仁义道德""德治仁政""以民为本""三纲五常""天下大同"等理念，创立了包括社会活动、社会理想、社会结构、社会关系、社会分层、社会规范、社会价值以及社会秩序、社会治理、社会变迁等丰富内容的社会学说，成为中国社会思想史的主干。尽管形式上儒家缺乏现代学科意义上的社会学和一套完整严谨的规范体系，也未论及"社会"范畴，即便对中国传统"社"和"会"这样的语词也很少运用①，但是它从实质内容上对传统小农社会、宗法社会表现出来的社会问题做出了独特的思考和应对，建构了虽不系统却较为深刻的作为思想内容的社会儒学。

其二，儒学的社会功能仍然在不断呈现。我在《社会儒学建构：当代儒学创新性发展的一种选择》一文中曾经对儒学的社会功能做了论说，指出儒学因其主位性、普适性、丰富性和独特性而具有普遍意义和社会功能。即便如此，仍有非儒人士会说这只能代表传统儒学一度成为官方统治思想时对社会能够发挥巨大的作用，随着中国社会的世俗化、大众化、市场化、现代化，儒学的社会化通道和联系机制被打破，儒学越来越远离公众的视野，越来越为大众所疏离、所排斥，越来越在社会生活中变得无足轻重；特别是中国已经从熟人社会走向陌生人社会、从小农社会走向工业社会、从机械联带的"差序格局"社会走向有机联带的社会（姑且用德国社会学家滕尼斯的话说从共同体社会走向"社会"社会），儒学赖以形成和展现的社会基础不复存在，在当代它不再有何价值和作用；退一步说，即使儒学还有点用处的话，也只能借助于心性儒学安顿人的心灵、慰藉人的精神、健全人的心智，像一些文化保守主义者期望的那样用政治儒学、制度儒学和社会儒学干预社会只会是空想。应当说，诸如此类的对儒学功能的质疑并非毫无道理。但是要知道，经历过挫折、沉潜，由于古今中外社会面临

---

① 《论语》中"社"的用例有三，其中《论语·先进》讲到"有民人焉，有社稷焉"，"社稷"为"国家"之义；《论语》中"会"的用例也有三，其中《论语·先进》有"会同"两处，但都表示"会盟"，另一处则是《论语·颜渊》篇曾子所说："君子以文会友，以友辅仁。"

着的共同心性结构、需求结构、问题结构,当今儒学的现实意义被越来越多的国内外人士所认知、所认同,儒学的普及推广在社会各个层面展开,儒家核心社会价值理念愈来愈被国家领导人引用,各级政府、各类社团组织、机关、社区等愈来愈重视儒学传统的发用,儒学与社会的双向交流、双向渗透已然彰显,为作为功能实现的、包含政治儒学、制度儒学在内的社会儒学的发展提供了坚实的土壤和源泉。

其三,儒学的历史遗存得到保护和充实。对于儒学在现代的历史命运与现实处境,人们的认识与评价并不一致,从负面来说出现了"衰落说""断裂说""游魂说"等。的确,由于近代以来中国社会的急剧变迁,由于"太平天国运动""五四运动""文化大革命"等历次反传统运动的冲击,由于儒学制度化的解体(如科举制的废除)和社会基础(如血缘宗法关系)的崩解,儒家文化遭到了破坏,形成了某种断裂,以致中国如同陈劲松指明的由"儒学社会"走向"后儒学社会"[1]。但是,就像"后现代社会"并非毫无现代性因素一样,"后儒学社会"也不等于"无儒学社会"。作为悠久的中华文化传统,儒学仍然在历史长河中逐渐积累、沉淀而流传至今,这不仅表现在宣扬儒家思想的物态社会遗存如府学、文庙、乡校、书院、私塾、碑刻、牌位、文物、图像等许多还保留着,还表现在根据儒家理念所制订的乡规民约、家规族规、校训学规等社会化儒学文化符号随处可见,同时传统儒学要素中有不少内化积淀为当代人的文化心理结构和行为模式的"活"态文化,一些人依然保持着对儒家观念、儒家价值、儒家情感、儒家思维、儒家精神、儒家文艺、儒家道德等的热情和认同。这些重要的儒家文化遗产既是社会儒学延续的载体和象征,也是社会儒学进一步发展的重要根基。伴随着当前"传统文化热""国学热""儒学热"的蓬勃兴起,民间儒学日渐兴盛,儒学性质的书院、讲堂、社区等不断萌生,观念层面的"学术儒学""庙堂儒学"逐渐下移并转化为"大众儒学""百姓儒学",从而不断丰富着作为存在形态的社会儒学的历史内涵和表现形式。

其四,社会儒学的学理基础扎实有力。且不说境内外学者围绕儒家有关社会生活、社会理想、社会结构、社会关系、社会分层、社会规范、社

---

[1] 参见陈劲松:《儒学社会通论》,中国人民大学出版社2007年版。

会价值、社会教化、社会互动、社会保障、社会秩序、社会治理、社会变迁等内容分门别类地进行了广泛深入的研究，这方面的成果可谓汗牛充栋、数不胜数，即使从总体性上也有不少学者尝试运用社会学、文化学、人类学、社会哲学等学科的概念范式和思维框架探究儒家的社会思想，发表了大批成果，分别阐发了孔孟荀"复礼""正名""内圣外王"和"为政以德"的社会管理思想或社会治理之道①，揭示了儒家以"仁政"为中心的社会整合方案，探讨了春秋战国时期"道之以德，齐之以礼""明德慎罚"和"养民教民"的社会运行理性规范，等等。这些为社会儒学的创建奠定了较为良好的基础。我之所以致力于对社会儒学的倡导，并不是一时心血来潮，也不是想自立山头，而是在出版了个人学术专著《社会哲学》和主编了《社会文化导论》②之后，出于对儒学复兴和儒学重建的强烈愿望和理性审视，并依此强化了我早就有的从"社会"角度关照和研究儒学的学术志向。

那么，如何构建具有生命力的社会儒学呢？方法和路径固然很多，但重点应为以下三个方面。

一为"返本开新"。所谓"返本"，既是指推动社会儒学的建构者保住儒学的核心价值、大本大源，又是指回归儒家原典或文本寻找社会理论的真实义理。传统儒家的社会教化、社会治理、社会理想、社会价值、社会变迁等思想是当代社会儒学建构的历史本源，由历代儒家阐释的社会之理、社会之道是社会儒学的灵魂，必须在正确、客观地理解与诠释儒家社会思想的基础上，在对其道统、学统、治统和政统③有所领会、有所把握的前提下，创立儒家"社统"，发展出层次有序、多维一体的系统性的社会儒学。然而，传统儒家的社会思想毕竟较为零散，也缺乏理性的自觉，更不可能具备现代学术意义上的社会学和社会哲学。正因如此，构建完善的社会儒学形态，除了要对历史上的儒家社会思想进行整合，联系当今社会实际赋予新的时代内涵、新的文化生命外，还应注重创新转化，科学回答当今人类面临的社会失序失调、社会关系恶化、社会价值混乱、社会结构失衡、社会理想匮乏、社会教化无力等各种社会问题，创造出一种既与儒家传统

---

① 参见陆琦、王心怡：《探寻儒家思想的社会治理之道》，载《科学时报》2010年12月14日。
② 参见涂可国主编：《社会文化导论》，山东人民出版社2014年版。
③ 参见牟宗三：《政道与治道》，广西师范大学出版社2006年版。

社会思想相对接又具有重大现实社会意义的社会儒学新内容、新形态。

二为"体用无间"。如果说作为思想内容的社会儒学是"体"的话,那么,作为功能实现的社会儒学和作为存在形态的社会儒学则是"用"。目前,在儒学和社会儒学体与用之间存在着割裂甚至对立的极端化倾向,有的像一些现代新儒家那样满足于埋头构筑纯学理的"经院儒学",对重大现实社会问题漠不关心,忽视以至抹杀儒学向社会普及传播的实用做法;反过来,有的认为儒学自诞生以来已有2000多年,对儒家经典的注解、诠释不可胜数,难有任何创新,真正有意义的工作是坚持"以儒化人",向广大民众、社会领域进行儒学的普及推广,利用优秀儒家思想观念进行社会教化、精神塑造和人生引导。我认为,无论是儒学的"通体"还是儒学的"达用",都是不可或缺的。就前者而言,不仅大量儒家经典需要整理,儒家义理需要重新阐释,对儒学的误读误解需要疏解、纠正,儒学的逻辑化、条理化、哲理化需要加强;即便是社会儒学的基本原理、范畴体系和思维框架也需要结合对当代社会问题的回应进行艰苦的学术建构。就后者而言,儒学从来不离日用,应更加强调儒学的学以致用、明体达用、经世致用,提倡知行合一、体用无间,犹如荀子所言"君子之学也,以美其身"①,以防止朱熹曾批评的"务讲学者多阙于践履"②的弊病;儒学只有构建通畅的社会化渠道以保持与社会的交流互鉴,只有真正见之于世、用之于民,只有实现对社区民众、社团组织、党政机关、事业单位和现代化社会背景下的公共领域的全面朗照、指导,才能发挥社会儒学基本义理的社会价值,才能使儒学变成广大社会群体可感、可知、可亲、可用的社会文化存在,从而建立起作为功能实现的社会儒学和作为存在形态的社会儒学。

三为"反向格义"。社会儒学的研究固然要采用当代中国学者自己创立的社会学、文化学、政治学、经济学、人类学等理论范式,深入探讨社会儒学发生发展的历史渊源、社会背景、历史作用、主要内容等问题,但是也要采用"反向格义"的方法,运用西学的人文社会科学概念方法对社会儒学进行诠释与解读,例如采用西方的行为主义理论分析儒家的社会活动

---

① 《荀子·劝学》。
② 《朱文公文集》卷四十六。

思想，借用国外价值哲学理念探讨儒家的社会价值观，借鉴国外的社会结构理论研究儒家的社会结构论，等等。对社会儒学的"反向格义"，一些激进文化保守主义者延续钱穆的套路而对此表示质疑，他们认为不能用建立在学科分化基础上的西学去套由经史子集所承载的、浑然一体的国学、儒学，否则难免有削足适履之嫌；还有人出于国粹主义的民族文化防御心理把儒学归结为国学的一种而视为与西学不同的思想范式，主张二者相分离、相对抗。诚然，正如陈来所指出的，应该倡导"我注六经"、回归元典的经学致思模式，对儒家哲学进行"内在的理解"与"客观的呈现"[①]，但是，在西方文化仍为强势文化的背景下，采用"反向格义"的思路阐释社会儒学，不仅可以使儒学获得新的诠释、新的结论，还能够实现与西方文化的对话、融通，因而具有相当的合理性与现实性，不应加以简单否定，只有如此才能在社会儒学本土化与全球化的双极之间保持必要的张力。

---

① 陈来：《"中国哲学"学科的建设与发展的几个基本问题》，载《天津社会科学》2004 年第 1 期。

第四章　社会儒学视野中的儒家民说

近现代以来通行的社会历史哲学往往把"社会"看成是一个包括多个层面、多种要素、多种类型的整体大系统或有机体,据此,我把社会儒学分为三个层面:作为思想内容的社会儒学、作为功能实现的社会儒学和作为存在形态的社会儒学。根据上述我关于社会儒学的基本构想,不难看出,人是人的儒学和普通社会儒学所要关注的重要对象。换言之,社会儒学既要揭示人与社会(包括家、国、天下以及王、君、官、吏等)的关系又要阐释人的性质、地位、存在、发展、价值、治理、权利、责任等问题。"人"有时被视为区别于国家、社会的独立单元,大多数时候被看成国家、社会的有机组成部分。在儒家话语系统中,"人"与"民"虽然不能等同,"人"是相对于"神"与"物"而言的普遍性人类学概念,"民"是相对于"国""君"与"官"而言的特殊性政治学范畴。但是,"民"毕竟是"人"的主体性组成部分,因而广义社会儒学不但提出了丰富多彩的人学思想,而且还将"民"纳入关照的重要对象域;正是围绕"民"范畴,传统儒家从人与社会(中义的)双向互动角度阐发和建构了蔚为大观的、层次有序的、系统化的民说,以至于立足当代儒学的构建,宋大琦提出了创新性的"新民儒学论"[①]。当代社会儒学的建构,推动儒学的创造性转换和创新性发展,不仅要根据社会结构的转型,建立完善新儒家自身的"新民说",大力发展"民间儒学""百姓儒学""大众儒学""市民儒学"等与民众密切相关的各种儒学形态,还要"返本开新",系统梳理和挖掘经典儒家源远流长、博大精深的民说,以为社会儒学的创新发展提供基础性的原始思想资源。

[①] 参见宋大琦:《新民儒学论》,载涂可国主编《中国文化论衡》2018年第1期。

一、儒家民说的总体理论结构

儒家民说主要由四大部分构成：一是历代儒家从国家、政权角度就"民"的地位、价值、作用和情实等问题展开的论述，表现为"民本说"和"民贵说"，以及"民情说""民生说""民心说""民德说""民风说""民利说"和"民权说"，等等；二是历代儒家对如何治理民众、管理民众所提出的思想观念，包括"治民说""新民说""保民说""富民说""养民说""教民说"和"化民说"，等等；三是历代儒家从价值取向角度对"民"的阐释，包括"为民说""爱民说""乐民说""安民说""顺民说""亲民说"和"利民说"，等等；四是就民众自身发展（尤其是道德发展）所阐述的思想言说，包括孔孟的"民敬""民莫敢不用情""民善""民信""民兴于仁""民服""民悦""民安""民日迁善"等论说，以及"新四民说"（王阳明），等等。

贯穿在儒家民说始终的基石和主线是民本说，民本主义因此成为儒家民说的鲜明特色。无论是管理层面的民说、价值取向层面的民说，还是民众自我发展层面的民说，都是由事实层次的，关于"民"之地位、价值、作用和情实等体现民本主义的民说所推导出来的。换言之，儒家的"治民说""新民说""保民说""富民说""养民说""教民说""化民说""为民说""爱民说""乐民说""安民说""顺民说""亲民说"和"利民说"等，一般说来是由"民本说""民贵说""民情说""民生说""民心说""民德说""民风说""民利说"和"民权说"推演出来的。这也是绝大多数学者将儒家的众多民说归结到民本主义思想框架之中加以阐释的原因。

早在20世纪初，梁启超就提出了"新民说"，后来其他学者也相继采用和诠释了儒家的"亲民说""保民说""爱民说""富民说""安民说""养民说""顺民说"和"利民说"等概念范式。这主要表现在以下三个方面。一是对儒家民说的文本诠释。这种研究路径通过对原典的文本分析、诠释，阐释儒家"民说"思想，主要是集中对《大学》民说的研究，取得了许多成果，而以《大学》"亲民"与"新民"辨说最为激烈。① 二是对儒家民说的学理研究。对古典儒家人物民说的阐释最多，尤其是对先秦孔孟荀的"治民说""贵民说""亲民说""新民说""保民说""爱民说""富民说""安民说""养民说""顺民说""教民说""乐民说"和"利民说"等的论证翔实，其中又以儒家"民本说"的阐释最多。另外，对梁启超的"新民说"的探讨也比较集中，成果颇丰。② 此外，随着阳明心学的勃兴，针对管子的"四民说"，当前一些学者致力于挖掘王阳明的"新四民说"。三是对儒家民说的当代价值研究，旨在从不同方面揭示儒家不同形态的民说在当代中国文化重构和社会发展中超越时空的价值和生命力，既有儒家对民本思想及其价值的探究③，也有对儒家富民、新民、民生等思想及其价值的分析④。

社会儒学对儒家民说的阐发一定要注意两点层次的区分，防止陷入某种认识误区：一点为儒家的民本思想实际上是由"民为邦本"⑤ 和"以民为本"⑥ 两方面组成，前者意指民为国的根本，后者既有民为国之根本的本体

---

① 参见孙钦香：《朱子、阳明与船山〈大学〉诠释之比较——以"明明德亲（新）民"关系为中心》，载《厦门大学学报（哲学社会科学版）》2016年第3期；参见赵法生：《〈大学〉"亲民"与"新民"辨说》，载《中国哲学史》2011年第1期；参见林可济：《朱熹的〈格物补传〉和王阳明的〈大学问〉——围绕〈大学〉版本的两派分歧》，载《福建论坛（人文社会科学版）》2016年第3期；参见陈力祥、杨超：《船山对朱子、阳明"亲新之辨"二元对立模式的解构》，载《中国哲学史》2016年第2期；参见张华高、祎博：《大学教育目的阐释与实现——对梅贻琦〈大学一解〉的解析》，载《扬州大学学报（高教研究版）》2015年第1期；等等。

② 参见文碧方：《〈新民说〉发表百年后的思考》，载《孔子研究》2010年第2期；参见谢伟铭：《梁启超视域中的"新民"之义——对比传统的"新民"观念》，载《中国哲学史》2014年第3期；参见顾红亮：《梁启超〈新民说〉权利概念的多重含义》，载《江苏社会科学》2010年第6期；等等。

③ 参见李存山：《对中国文化民本思想的再认识》，载《孔子研究》2016年第6期；参见张分田：《关于儒家民本思想历史价值的三个基本判断》，载《天津师范大学学报（社会科学版）》2009年第5期；参见刘清平：《儒家民本思想：工具性之本，还是目的性之本》，载《学术月刊》2009年第8期；参见张星久：《儒家"民本"与现代民主——儒家思想的现代意义与局限》，载《理论探讨》2010年第4期；等等。

④ 参见何东：《传统文化中"富民、惠民、教民"思想的现代启示》，载《黄海学术论坛》2015年第2期；参见杜艳华：《从"新民"到"四有新人"之塑造看儒学在中国文化重构中的作用》，载《吉林大学社会科学学报》2000年第2期；参见陈立胜：《"新民"与"亲民"：从传统到现代》，载《华东师范大学学报（哲学社会科学版）》2010年第3期；参见邓国元：《"新民"与"亲民"——从宋明理学到现代社会》，载《云南社会科学》2014年第1期；参见徐昌文：《先秦儒家民生伦理思想及其当代价值》，载《中华文化论坛》2012年第4期；等等。

⑤ 《尚书·五子之歌》。

⑥ 《管子·霸形》有"以人为本"之说，而汉代贾谊则有"国以民为本，君以民为本，吏以民为本"之说。

论意思,也有执政层面的以民众为根本出发点的实践论内涵;① 一点为儒家的民本思想有狭义和广义之分,狭义的主要由"民本说""民贵说""民情说""民生说""民心说""民德说""民风说""民利说"和"民权说"等构成,而广义的则还包括"保民说""富民说""养民说""为民说""爱民说""乐民说""安民说""顺民说""亲民说"和"利民说"等,二者不能完全等同。

目前,学术界对儒家各种民说的相关研究虽然成果丰硕,但是还没发现有"儒家民说"的提法,专以"儒家民说"为研究主题的文献资料尚付阙如,以一般性的"民说"为明确的概念、范式、视域为切入口对儒家"民"的思想观念进行统一阐释至今未见。我认为,当代社会儒学应当通过整理、阐述2000多年来儒家所提出的不同形态的"民说",借助于对其进行的综合性研究,将儒家之"民"放入一个崭新的"民说"的统一的框架内进行考量、分析和阐释,致力于多层次且全方位的整合,以建构一种较为系统的儒家"民说"体系。

社会儒学既侧重于对"民本""亲民""新民""保民""爱民""富民""安民""养民""顺民"等不同形态的民说进行分门别类的阐释,又加以层次划分和系统阐释,使其纳入"民说"体系之中,具有十分重要的价值。从理论上说,不但能够丰富和拓宽儒家民说研究的理论视野,赋予儒家之"民"更为宽广、深远而鲜活的学理生命力,而且能够凸显儒家民说的特色与价值。一直以来,儒家以民为本的理念被学术界当作儒家的民本观、政治观、治道观加以对待,这方面的论著数不胜数,但至今尚没有从社会儒学角度进行研究的成果。实际上,以儒家"民本说"为核心的"民贵说""民生说""民心说""治民说""新民说""保民说""富民说""安民说""养民说""教民说""化民说""利民说""为民说""贵民说""爱民说""亲民说""顺民说""乐民说"和"新四民说",既体现了儒家关注民心民意、关心民生疾苦的责任情怀,也体现了旨在通过重民、顺民、

---

① 我同意李存山关于在儒家文化中民本主义高于王权主义、中国传统民本思想与君主制结合在一起、民本并非近现代意义的民主等观点(参见李存山:《对中国文化民本思想的再认识》,载《孔子研究》2016年第6期),但不赞成他把"以民为本"说成是以人民为国家、社会的价值主体,而认为儒家的"以民为本"讲的是以民为社会主体(事实层面的)。

为民的途径实现安邦定国的社会责任和担当。一句话，儒家民说是儒家建构良好社会秩序的鲜明的理论表达。

二、民本主义层面的儒家民说

不论采取何种国家制度，国家政权的获取、巩固、维护和国家的富裕繁荣，都离不开广大民众的支持与参与。正是由于认识到人民在安邦定国中的重要作用和地位，身处王权时代和帝国时代的儒家才提出了丰富多彩的民本主义思想观念。

早在春秋之前，在人文主义逐渐萌发的时代背景之下，民本主义观念就作为一种治国的方略日渐兴起。针对当时流行的神本观念，《尚书》不仅称赞尧王具有关心民事民瘼的政治情怀——"克明俊德，以亲九族。九族既睦，平章百姓。百姓昭明，协和万邦。黎民于变时雍"①，提出了"善政养民"的政道观念——"德惟善政，政在养民"②，还明确提出了"民惟邦本，本固邦宁"③的民本思想。《左传》也有许多民本的思想言说，譬如"夫民，神之主也。是以圣王先成民而后致力于神"④、"大上以德抚民"⑤、"国将兴，听于民；将亡，听于神。神，聪明正直而一者也，依人而行"⑥等。周公更是展现出高度的重民意识，强调指出"人无于水监，当于民监"⑦、"爰知小人之依，能保惠于庶民"⑧，把民生疾苦作为检验政绩的一面镜子，力主保民、惠民。

自孔孟始，历代儒家继承了以"敬德保民"为核心的早期民本思想，不仅从总体上揭示了"民"在国家、政权中的地位，还充分阐释了民心、民意、民力、民生、民事、民利、民德、民智等在治国理政中的作用。以孟子为代表的儒家民本思想在中国哲学史上最为突出，进行了多方面的阐

---

① 《尚书·尧典》。
② 《尚书·大禹谟》。
③ 《尚书·五子之歌》。
④ 《左传·桓公六年》。
⑤ 《左传·僖公二十四年》。
⑥ 《左传·庄公三十二年》。
⑦ 《尚书·酒诰》。
⑧ 《尚书·无逸》。

发。一是提出了"民贵说"。孟子讲:"民为贵,社稷次之,君为轻。"① 这一民贵君轻的贵民说同尊卑等级的尊君说并不矛盾,因为民之所以贵,就在于它是维护君主政权的基石,贵民是为了贵君,也是为了江山社稷。二是论述了"民心说"。在讨论三代政治得失时,孟子建构了"民心决定论":"桀纣之失天下也,失其民也;失其民者,失其心也。"② 虽然孟子尊天、畏天,但他从民本出发,认为"天"和"民"均是决定政权更迭的重要因素:尧把舜介绍给"天",使舜"主祭而百神享之";尧又把舜介绍给民,使舜"主事而事治,百姓安之"③。三是直接肯定了"民本说"。朱熹注解道:"国以民为本,社稷亦为民而立,而君之尊,又系于二者之存亡。"④

近代以来,中国先进人士受到西方"民有、民治、民享"思想的启迪,进一步发展出新的民本主义观念,以至于民主革命先行者孙中山创造性地提出了"民族、民权、民生"的三民主义政治纲领。儒家民本主义思想诚然蕴含着某些由民参与政治的"民治"观念,但是它的主体内容还是依民而治的"治民"论说。要知道,"民治"建立在"民权"基础之上,而"治民"建立在"君权"基础之上。不可否认,由"民治"和"治民"构成的儒家民本思想强调重视民心、民意、民生、民事、民利、民权等,一定意义上蕴含着一些民主权利的因素,但是,民本毕竟不同于民主,它离真正的民主尚有一段距离,不能像牟宗三等现代新儒家所期许的那样从民本甚至良知中能够直接"开出"民主来⑤。

总而言之,儒家的民本主义思想彰显了某种权利,然而,它又表现出深厚的民本主义意味,更为体现的是管理者的责任。自古以来,"民"相对王、官而言,属于社会中的"弱势群体",最需要关心、爱护,这使得中国传统政治既是王官政治亦是民本政治。对儒家来讲,要治国理政,就必须处理好官与民、国与民的关系;而要处理好这两种关系,就必须使管理者更好地治民;而为了更好地治民,就必须重民、爱民、安民、养民、富民、教民等。尽管儒家提出民本的主要目的是君王王位的永存和"家天下"的

---

① 《孟子·尽心下》。
② 《孟子·离娄上》。
③ 《孟子·万章上》。
④ 朱熹:《四书章句集注·孟子集注》,中华书局2011年版,第344页。
⑤ 详见涂可国:《儒学与人的发展》,齐鲁书社2011年版,第298—302页。

稳固，民众的福利并非终极性目的，民众更多是一种工具①，而区别于现代人民主体思想，但它同时也饱含着对人民群众疾苦的同情式理解和人道式关怀，凝聚着儒家一贯的重生仁民的人文情怀。如此治国逻辑表明，治民是君主、官吏的权利和权力，与之相应，诸如重民、爱民、安民、养民、富民等则是他们的重要职责；在儒家民本思想体系中，如果说安邦治国为总的国家责任的话，那么，像重民、爱民、安民、养民、教民、富民、保民等则是服务于这一责任类型的从属责任形态。

三、人文主义层面的儒家民说

历代儒家注重从人文主义价值取向的角度关注民众的生老病死，关心民事民瘼，据此提出了"为民说""爱民说""乐民说""安民说""顺民说""亲民说"和"利民说"等，不但本身代表了儒家牵挂民生民事的伦理情怀，而且把为民、贵民、爱民、乐民、安民、顺民、亲民和利民当作各级官吏的为政之道加以凸显。

在此，我不想卷入有关《大学》古本之亲民与新民的朱王之争中，只是想指出，虽然"新民"更多体现了某种实践品格，而"亲民"更多显现了某种道德情感理性，但是，"新民"也好，"亲民"也好，无不表现了某种儒家对民众的关照。为节省篇幅，本文将把"乐民说"置于"爱民说"之下，重点讨论儒家民说所涉及的爱民、利民、顺民和安民问题。

1. 爱民说。

儒家社会儒学更为凸显的是爱民，孔子也好，孟子也好，都强调君主的一项重要职责就是爱民，也就是以仁爱之心去关心、体恤百姓。正是依据爱民的基本原则，儒家具体指明了按照伦常规范去乐民，并强调取信于民，反对暴民。

（1）仁民爱物。

"仁"是儒学之核心，是儒家伦理的基石，更是儒家道德哲学的灵魂，孔学有时被归结为仁学。儒家所倡导的"仁"是己他两爱的统一。虽然孔

---

① 参见刘清平：《儒家民本思想：工具性之本，还是目的性之本》，载《学术月刊》2009年第8期。

子认为仁没有达到"博施于民而能济众"①的圣人境界，但仁毕竟是发展为"博施于民而能济众"的本源情感基础，是广济众民责任的心性前提。

孟子阐述了亲亲、仁民和爱物是君子的重大责任："君子之于物也，爱之而弗仁；于民也，仁之而弗亲。亲亲而仁民，仁民而爱物。"②此处，孟子设立了爱、仁和亲分别与物、民和亲相对应，从字面上加以理解，似乎他对民只讲仁不讲爱。其实，在孟子那里，爱、仁和亲尽管存在细微的差别——人伦之爱有亲疏远近，本质上却是一致的，否则，他不会讲"仁者爱人"③，也不会说"亲亲，仁也"④，作为体现思孟学派思想宏旨的《中庸》也不会指明"仁者人也，亲亲为大"，更何况孟子明确指出："仁者以其所爱及其所不爱，不仁者以其所不爱及其所爱。"⑤这样，孟子对君子"仁民"责任的规定实际上就是对君子"爱民"的要求。

"爱人"在很大程度上就是"爱民"，这样孟子对君子"仁民"责任的规定实际上就是对君子"爱民"的要求。而且，孟子的"仁民说"正是他"仁政说"的具体体现，在阐释"仁政说"的过程中，他提出了"推恩说"——恩足以及禽兽、功至于百姓，极力倡导"保民而王"⑥的义务格准，强调"老吾老，以及人之老；幼吾幼，以及人之幼"⑦的爱民规范，从而鲜明地彰显了基于"仁政说"视域的"仁民说"以及以民为本的政治价值取向。

（2）取信于民。

孔子儒学认为役使民众必须建立在民众信任的基础上，这样才能取得为政的良好效果。在回答子贡问政时，孔子指出可以依此去兵、去食，万不得已才考虑去食，而"民信"是价值选择的底线。这是因为"自古皆有死，民无信不立"⑧。"民信"既是为政者权力合法性的基础，取得"民信"也是为政者的责任。这段话并不是像王充批评的那样主张为政要彻底"去

---

① 《论语·雍也》。
② 《孟子·尽心上》。
③ 《孟子·离娄下》。
④ 《孟子·尽心上》。
⑤ 《孟子·尽心下》。
⑥ 《孟子·梁惠王上》。
⑦ 《孟子·梁惠王上》。
⑧ 《论语·颜渊》。

食存信"①，而只是表明孔圣人提出的是一种假设，其本旨是把"民信"和顺从民意看成执政最为重要的基石。孔子的弟子子夏说："君子信而后劳其民，未信，则以为厉己也。"② 意思是，真正的君子必须首先取得百姓的信任，再去役使他们；如果还未取得信任就去役使百姓，百姓就会以为是虐待自己。

（3）与民同乐。

与注重内在心性修养、讲究君子人格修炼、不计个人得失、道义自足的"孔颜之乐"③ 有所不同，孟子虽然也讲"万物皆备于我矣。反身而诚，乐莫大焉。强恕而行，求仁莫近焉"④，但他同时提倡注重王与民之间和谐的外在的"与民同乐"。孟子在同齐宣王对话中提出必须与民同乐，这是因为"为民上而不与民同乐者，亦非也。乐民之乐者，民亦乐其乐；忧民之忧者，民亦忧其忧"⑤。他在与庄暴讨论如何爱好音乐时指出，老百姓之所以表现出怨恨，就是因为周王在老百姓兄弟妻子流离失散时仍独自享受音乐、打猎，而不能与民同乐⑥，再次重申了"乐民"的政治规范要求。

（4）反对暴民。

孟子认为对于那种在凶年饥岁"君之民老弱转乎沟壑，壮者散而之四方者"而"君之仓廪实，府库充，有司莫以告"的不体恤百姓是"上慢而残下"的虐民做法⑦，应"吊民伐罪"，并严厉批评了"庖有肥肉，厩有肥马，民有饥色，野有饿莩，此率兽而食人也"⑧ 的溺民政治和"及陷乎罪，然后从而刑之"⑨ 的罔民政治，揭露了无节制的横征暴敛会带来民众饥饿、流离失所的恶果："有布缕之征，粟米之征，力役之征。君子用其一，缓其二。用其二而民有殍，用其三而父子离。"⑩ 孟子特别强调，为民父母者不能"使民盻盻然，将终岁勤动，不得以养其父母，又称贷而益之。使老稚

---

① 《论衡·问孔》。
② 《论语·子张》。
③ 参见《论语·雍也》。
④ 《孟子·尽心上》。
⑤ 《孟子·梁惠王下》。
⑥ 参见《孟子·梁惠王下》。
⑦ 参见《孟子·梁惠王下》。
⑧ 《孟子·梁惠王上》。
⑨ 《孟子·滕文公上》。
⑩ 《孟子·尽心下》。

转乎沟壑,恶在其为民父母也"①。

(5) 下则爱民。

孔孟并没有使用"爱民"范畴,而荀子在儒学发展史上第一次创造性地运用了"爱民"范畴,且达 14 次之多。他提出了一系列爱民论断:"明君臣,上能尊主下爱民。"②"君人者,隆礼尊贤而王,重法爱民而霸。"③"故君人者,欲安,则莫若平政爱民矣。"④"上不隆礼则兵弱,上不爱民则兵弱。"⑤"知爱民之为安国也。"⑥ 尽管爱民主体的说法各有不同,但指向的莫不是为上者的君主,意在强调国家的最高统治者务必履行好"爱民"的政治责任。尤其是他在《君道》篇中对"爱民"的政治要求做了十分精彩的阐释:

> 君者,民之原也;原清则流清,原浊则流浊。故有社稷者而不能爱民,不能利民,而求民之亲爱己,不可得也。民不亲不爱,而求为己用,为己死,不可得也。民不为己用,不为己死,而求兵之劲,城之固,不可得也。……故人主欲强固安乐,则莫若反之民;欲附下一民,则莫若反之政;欲修政美俗,则莫若求其人。……故君人者,爱民而安,好士而荣,两者无一焉而亡。⑦

这一段正反两面的论述表露了荀子心目中理想的为君之道,这就是必须爱民,如此才能利民,才能使民亲己、爱己,才能心安,进而才能使国家不致灭亡。

上承荀子的"爱民"理念,董仲舒在《春秋繁露》中两次使用了"爱民"概念,阐述了独特的"爱民"责任观。一次是论及王霸之辩的治国思想时,他提出了"本于仁"的爱民要求。在《春秋繁露·俞序》中,他指出:"春秋之道,大得之则以王,小得之则以霸。故曾子、子石盛美齐侯,安诸侯,尊天子,霸王之道,皆本于仁。……故次以言:怨人不可迩,敌

---

① 《孟子·滕文公上》。
② 《荀子·成相》。
③ 《荀子·天论》。
④ 《荀子·王制》。
⑤ 《荀子·富国》。
⑥ 《荀子·君道》。
⑦ 《荀子·君道》。

国不可狎，攘窃之国不可使久亲，皆防患、为民除患之意也。不爱民之渐，乃至于死亡，故言楚灵王、晋厉公生弑于位，不仁之所致也。"与先秦儒家王霸观不同，董仲舒认为历史事实证明"霸王之道，皆本于仁"，如果不爱民国家就会灭亡。一次是在《春秋繁露·仁义法》中，他从"仁爱论"出发，指出："昔者，晋灵公杀膳宰以淑饮食，弹大夫以娱其意，非不厚自爱也；然而不得为淑人者，不爱人也。质于爱民以下，至于鸟兽昆虫莫不爱，不爱，奚足谓仁！仁者，爱人之名也。"这里，董仲舒强调君王既要自爱又要爱人、爱民，从而从特定角度张扬了孟子的仁政主张。

2. 利民说。

"爱民"必然导致"利民"。正如前述的荀子所讲："有社稷者而不能爱民，不能利民，而求民之亲爱己，不可得也。"① 不仅如此，荀子还把爱民和利民辩证结合起来，提出了"礼义则修，分义则明，举错则时，爱利则形。……无爱人之心，无利人之事，而日为乱人之道，百姓讙敖，则从而执缚之，刑灼之，不和人心"② 的思想。这说明，有爱人、爱民之心，必定有利人、利民之事。

"利民说"构成了儒家民说的重要组成部分，但历代儒家对其阐释并不多。《左传·文公十三年》也许最早涉及"利民"的为民思想，它有"利于民而不利于君""苟利于民，孤之利也。天生民而树之君，以利之也。民既利矣，孤必与焉"等"利民"言说。一如李存山所指出的，在迁都"利于民而不利于君"的情况下，邾文公仍然选择了迁都，这是因为他认识到"天生民而树之君"，故此其职责就是为了"利民""养民"③。"利民"作为一个完整的概念，最早出自《商君书·去强》，其含义十分简单，即指"有利于民"或"为民谋利"。

孔子、孟子均没有用到"利民"概念，不过，孔子提出了"因民之所利而利之"④ 这一影响深远的政治原则，这正是许多学者认定的儒家"利民"思想的直接来源。荀子不但提出了"爱利""利人之事"等概念范式，

---

① 《荀子·君道》。
② 《荀子·强国》。
③ 参见李存山：《对中国文化民本思想的再认识》，载《孔子研究》2016 年第 6 期。
④ 《论语·尧曰》。

还在《荀子·君道》中有一处用到了"利民"① 概念。董仲舒在《春秋繁露·止雨》中也有一处用到了"利民"概念，他引用祝之的话说："雨以太多，五谷不和，敬进肥牲，以请社灵，社灵幸为止雨，除民所苦，无使阴灭阳，阴灭阳，不顺于天，天意常在于利民，愿止雨，敢告。"这些，某种意义上弥补了早期儒家"利民说"的缺环。当然，最为重要的是，儒家众多民本思想展现了"利民"的思想特质。

3. 顺民说。

儒家强调按照顺民的合理性原则去用民。孔子认为驾驭千乘之国应当奉行三种为政之道，这就是"敬事而信，节用而爱人，使民以时"②。这表明，要为民、顺民，务必做好三件事：

（1）节用爱人。

荀子明确地承继了孔子"节用爱人"的政治思想，并出于节用是人民富裕、国家富足的必要条件的考虑，多次强调统治者应节用裕民："足国之道：节用裕民，而善臧其余。"③ "不知节用裕民则民贫，民贫则田瘠以秽，田瘠以秽则出实不半；上虽好取侵夺，犹将寡获也。"④ 在这里，"节用"的直接目的被规定为不是守财而是为了民众——虽然最终目的是使为上者能够便利地获取财富。

（2）轻徭薄赋。

儒家主张减少对百姓财富的征取，倡导减少对百姓劳力的使用。《礼记·檀弓下》中《苛政猛于虎》一文载，孔子批评国君苛刻的暴政如同吃人的猛虎，以此深刻揭露了苛政对民众的残害。论及仁政主张时，孟子同样强调执政者要做到轻徭薄赋：

> 地方百里而可以王。王如施仁政于民，省刑罚，薄税敛，深耕易耨。壮者以暇日修其孝悌忠信，入以事其父兄，出以事其长上，可使制梃以挞秦楚之坚甲利兵矣。彼夺其民时，使不得耕耨以养其父母，父母冻饿，兄弟妻子离散。彼陷溺其民，王往而征之，夫谁与王敌？

---

① 《荀子·君道》。
② 《论语·学而》。
③ 《荀子·富国》。
④ 《荀子·富国》。

故曰："仁者无敌。"①

之所以说"仁者无敌"，从正面上讲，在于君王能够施仁政于民，一方面注重孝悌忠信的道德教化，另一方面则是注重"省刑罚，薄税敛，深耕易耨"的经济生产，不至于祸害人——使民众处于"父母冻饿，兄弟妻子离散"的水深火热生活之中。孟子进一步指出："易其田畴，薄其税敛，民可使富也。"②虽然说让百姓种好田地、减轻他们的赋税就足以使百姓富足有点夸张，但这总归表达了孟子关注民众疾苦的仁者情怀，也体现了他对统治者关心民生的期待。

（3）使民以时。

执政者要按照农时（时间节令）使用民力，以免劳民伤财。如同孔子一样，孟子也指出：

> 五母鸡，二母彘，无失其时，老者足以无失肉矣。③

> 食之以时，用之以礼，财不可胜用也。民非水火不生活，昏暮叩人之门户，求水火，无弗与者，至足矣。圣人治天下，使有菽粟如水火。菽粟如水火，而民焉有不仁者乎？④

> 不违农时，谷不可胜食也⑤。

> 五亩之宅，树之以桑，五十者可以衣帛矣；鸡豚狗彘之畜，无失其时，七十者可以食肉矣；百亩之田，勿夺其时，数口之家可以无饥矣；谨庠序之教，申之以孝悌之义，颁白者不负戴于道路矣。七十者衣帛食肉，黎民不饥不寒，然而不王者，未之有也。⑥

在孟子看来，只要不夺农时，让老百姓安心生产，就必然会使物质富足，人民富裕，社会风气良好；圣人治理天下，能够确保民众满足日常所需，从而使之归仁；只要实施"无失其时""勿夺其时"的仁政，就可以使黎民百姓衣食无忧，就可以称王。

荀子倡导"以政裕民"，而在他看来"罕兴力役，无夺农时"正是完成

---

① 《孟子·梁惠王上》。
② 《孟子·尽心上》。
③ 《孟子·尽心上》。
④ 《孟子·尽心上》。
⑤ 《孟子·梁惠王上》。
⑥ 《孟子·梁惠王上》。

这种责任的基本条件之一："轻田野之赋，平关市之征，省商贾之数，罕兴力役，无夺农时，如是则国富矣。夫是之谓以政裕民。"①虽然国富不一定民强、民富，但它毕竟为民富创造了条件，因而荀子讲的"以政裕民"还是具有极大的合理性的。

4. 安民说。

既然民为邦本，那么民安则国安。要完成安邦定国的政治使命，就不能不致力于以仁爱之心去安民，使百姓安居乐业。早在《尚书·皋陶谟》中，就记载舜、禹、皋陶等在讨论如何能够治国安邦问题时，皋陶讲："在知人，在安民。"而禹说："知人则哲，能官人；安民则惠，黎民怀之。"

孔子继承了《尚书》尤其是《左传》等古籍中的安人、安民、利民的传统，从不同层面阐述了为民问题：

（1）君子应当安人。

当与弟子子路讨论君子的人格修养时，孔子不仅提出了"修己以敬"的行为准则，还指明了君子必须有志于"修己以安人"和"修己以安百姓"②。无疑，人包括百姓，可百姓是相对于官员的下层民众。君子必须有德，但不一定有位。当有德无位时，就应该修己安人；而当有德有位时，就应该安百姓，这是做一个良官的基本职责。

（2）尊老爱幼。

与子路"愿车马、衣轻裘，与朋友共，敝之而无憾"的志向不同，与颜渊"愿无伐善，无施劳"（不自我夸耀、不推卸）的愿望相区别，孔子所表露的社会理想是使"老者安之，朋友信之，少者怀之"③。自古以来，老者年迈体衰，属于弱势群体，更需要社会的关怀、照顾。让年老的安心（安度晚年）、让朋友信任和让年轻的得到关怀（另一解为少者怀我），这三者充分表达了孔子尊老爱幼的仁者胸怀，它们既可以作为普通人的人生志向和修养目标，也可以作为统治者施行仁政的基本要求。

（3）"不患贫而患不安"。

季孙氏把持朝政，担忧鲁国的附庸国颛臾助鲁君而意图兼并，孔子弟

---

① 《荀子·富国》。
② 《论语·宪问》。
③ 《论语·公冶长》。

子冉有和季路作为季孙氏的家臣打算协助。孔子认为应该责备两位犯了过错，并引用上古史官周任的话教育他们说能施展才能就担任那职位，不能胜任就该辞去；针对冉有担心颛臾城墙坚固且靠近季孙氏的封地，如果现在不夺取，后世一定会成为子孙们的忧患，孔子指出："有国有家者，不患寡而患不均，不患贫而患不安。盖均无贫，和无寡，安无倾。夫如是，故远人不服则修文德以来之，既来之，则安之。"① 由此表达了"不患贫而患不安"的忧患意识。

由此可见，孔子主张治理国家应当注重财富分配公平合理、上下各安其位，应当注重对域外人修治文教德政以使之归服、安定。且不论"不患贫"是否可取，可以肯定的是，正是出于"不患贫而患不安"的强烈忧患意识，孔子实际阐明了为政者的重要职责就是做到将财富公平分配，使百姓各安其位，且加强对域外人的道德教化、文化治理。

孟子同样重视安民，他所推崇的王道政治就是要求君王切实承担起使"黎民不饥不寒"②的政治使命，并极力倡导"老吾老，以及人之老；幼吾幼，以及人之幼"③的推恩说。在与齐宣王论及应当怎样"好勇"时，孟子推崇文王、武王那种"一怒而安天下之民"④的气概和担当，表现出"王如用予，则岂徒齐民安，天下之民举安"⑤的气概和自信。

尤为可贵的是，孟子在评价齐人伐燕这一事件时强调应当根据民众的喜悦程度做出判断，从而表达了悦民的追求："取之而燕民悦，则取之。古之人有行之者，武王是也。取之而燕民不悦，则勿取。"⑥如果"燕虐其民"，那么王往而征之，则"民以为将拯己于水火之中也，箪食壶浆，以迎王师"⑦。但若"杀其父兄，系累其子弟，毁其宗庙，迁其重器"⑧就是以强欺弱，则不可。

---

① 《论语·季氏》。
② 《孟子·梁惠王上》。
③ 《孟子·梁惠王上》。
④ 《孟子·梁惠王下》。
⑤ 《孟子·公孙丑下》。
⑥ 《孟子·梁惠王下》。
⑦ 《孟子·梁惠王下》。
⑧ 《孟子·梁惠王下》。

四、 实践主义层面的儒家民说

儒家从治民角度阐述的"新民说""保民说""富民说""养民说""教民说"和"化民说",其中"新民说"我已在《儒家责任伦理考释》[①]一文中有所涉猎,这里无须赘述;至于"保民说",我也做了探讨[②];"化民说"虽然与"教民说"侧重点不同,但二者本质上相通,因而对它不予置评,这里主要从社会儒学维度分析儒家的"养民说""富民说""教民说"。

1. 养民说。

儒家继承了《尚书》"德惟善政,政在养民"的治国传统,提出了一系列养民责任主张。必须指出,在儒家文献中,养的内涵有抚育、供给、养育、教育、训练、滋补、修补、保护和休息,养的形态有赡养、抚养、休养、营养、培养、教养、养精蓄锐,就养的对象来说有养病、养身、养心、养性、养生等,因而不能像有些注家那样把儒家所说的"养民"单纯理解为君主、官吏对民众进行物质上的供养、养育,虽然儒家之"养民"主要指用物质养民,但也包含精神养民和其他社会养民。

孟子虽然没有使用"养民"概念,但他提出了为民父母者必须切实使民众能够"得以养其父母"。荀子十分重视"养",《荀子》通篇"养"的用例达107项。身处生产力较为不发达的农业社会,古典儒家往往把"养民"视为各级官员普遍性、基础性的政治责任,从不同层面加以凸显出来,正如徐复观所言:"养民以保障人民的生存权,在荀子的政治思想中一样是人君所负的最大最基本的责任。"[③]

(1) 养民也惠。

孔子不仅如上所述强调"使民以时",还对子产养民、惠民的为政之道大加赞赏,认为子产为政"有君子之道四焉:其行己也恭,其事上也敬,其养民也惠,其使民也义"[④]。在孔子看来,子产为政之道的可赞许之处就

[①] 参见涂可国:《儒家责任伦理考释》,载《哲学研究》2017年第12期。
[②] 参见涂可国:《儒家德治思想深层义理结构》,载黄玉顺主编《儒林》,山东大学出版社2018年版。
[③] 徐复观:《荀子政治思想的解释》,载《学术与政治之间》,华东师范大学出版社2009年版,第84页。
[④]《论语·公冶长》。

是他教养人民施以恩惠，按照道义原则役使百姓。

（2）使民众"养生丧死无憾"。

孟子云："养生丧死无憾，王道之始也。"① 他把"养生丧死无憾"的民生问题视为王道政治的出发点。据此，孟子要求统治者不违农时、斧斤以时入山林以"使民养生丧死无憾"。他出于古圣崇拜的情结，基于"天下之生久矣，一治一乱"的历史大势，指出：由于民居无定所，大舜派大禹治水；而后来，由于"尧、舜既没，圣人之道衰，暴君代作，坏宫室以为污池，民无所安息，弃田以为园囿，使民不得衣食，邪说暴行又作，园囿污池，沛泽多而禽兽至，及纣之身，天下又大乱"，于是"周公相武王，诛纣伐奄"②。

（3）使民有恒产（制民以产）。

在回答滕文公问为国之道问题时，孟子之所以提出"民事不可缓"的责任戒律，是基于"民之为道也，有恒产者有恒心，无恒产者无恒心。苟无恒心，放辟邪侈，无不为己"③ 的考虑。为此，他主张给予老百姓固定财产："明君制民之产，必使仰足以事父母，俯足以畜妻子，乐岁终身饱，凶年免于死亡。然后驱而之善，故民之从之也轻。"④ 此外，孟子认为要养民还要取民有节制："贤君必恭俭礼下，取于民有制。"⑤

（4）"垂事养民"。

《荀子》十分重视"养"，尽管只有两处直接使用"养民"范畴，即"垂事养民"⑥ 和"不富无以养民情"⑦，但通篇"养"的用例达107项。如上所言，荀子所用的"养"不单是一些学者理解的那么简单，仿佛仅指养育、赡养、抚养、养家之类的物质化事项，而是还包括教育、训练、培养、教养等意蕴的养心、养性、养生、养身、养德等。他言及的"养民"从工

---

① 《孟子·梁惠王上》。
② 《孟子·滕文公下》。
③ 《孟子·滕文公上》。
④ 《孟子·梁惠王上》。
⑤ 《孟子·滕文公上》。
⑥ 《荀子·富国》。
⑦ 《荀子·大略》。

具理性上主要指"以礼养民"①，从价值理性上是调节人的欲望（荀子所说的"养人之欲"并非满足民众欲望而是调养人的欲望），其中蕴含着丰富的道德养民和精神养民内容。

荀子不仅强调君王应当遵循的法则就是必须"等赋、政事、财万物"以"养万民"②，还在论及知虑、仁厚、德音之治时，指明君主必须注重百姓的养知、养厚和养德："百姓诚赖其知也，故相率而为之劳苦以务佚之，以养其知也；诚美其厚也，故为之出死断亡以覆救之，以养其厚也；诚美其德也，故为之雕琢、刻镂、黼黻、文章以藩饰之，以养其德也。"③

2. 富民说。

作为"富"的对象性内容，儒家民说包含"富国"和"富民"。"富民"是儒家以民为本思想的重要内容，也是社会儒学提倡的治国理政的重要体现方式。孔子在回答子贡问如何从政时不仅提出"足食，足兵，民信之矣"的政治使命，还认为对民要"富之"和"教之"④，反对对百姓横征暴敛。如前所言，孟子认为"易其田畴，薄其税敛，民可使富也"⑤。

荀子特别重视富国，与之相关，他也多处论及统治者（君王）要致力于利民、裕民、富民。在《王制》篇中，他使用了"王者富民"的论断——虽然这是《荀子》唯一一次使用"富民"范畴。在《富国》篇中，从"不富无以养民情，不教无以理民性"⑥的道理出发，荀子反复论述了节用裕民对于强国的意义：

> 足国之道：节用裕民，而善臧其余。节用以礼，裕民以政。彼裕民，故多余。裕民则民富，民富则田肥以易，田肥以易则出实百

---

① 一般学者认为，"养"和"别"属于礼的不同作用，陈大齐就区分了礼的三种作用：分、养和节。邓小虎指出，"养"和"别"并非相对独立的两种作用，而实际上是同一种作用的两种描述，也就是说，"养"和"别"其实只是礼的作用的不同侧重点，"养"固然需要在"别"的规范之下进行，而"别"之所以可能也必然仰赖于"养"的不同措置（参见邓小虎：《荀子思想中的"养"与"别"》，载涂可国、刘廷善主编《荀子思想研究》，山东人民出版社2015年版）。我认为，荀子所说的礼的"分"就是"别"，而"养"，一是"节"，二是"教"，教养一体，所谓"养民"就是"教民"，因而其礼的功能作用主要体现为"养"和"别"；而在荀子那里，礼的"别"的功能又主要体现在两个方面：一方面是与"养"相联系的"别"，另一方面是与社会身份相联系的"别"。

② 《荀子·王制》。
③ 《荀子·富国》。
④ 《论语·子路》。
⑤ 《孟子·尽心上》。
⑥ 《荀子·大略》。

倍。……故知节用裕民，则必有仁圣贤良之名，而且有富厚丘山之积矣。此无他故焉，生于节用裕民也。不知节用裕民则民贫，民贫则田瘠以秽，田瘠以秽则出实不半；上虽好取侵夺，犹将寡获也。而或以无礼节用之，则必有贪利纠譑之名，而且有空虚穷乏之实矣。此无他故焉，不知节用裕民也。①

如果说"节用"是为政者所要恪守的消极责任的话，那么，"裕民"就是一种为政者所要尽到的积极责任。这一段话一共出现了五次"节用裕民"，荀子先是从正面指明了裕民可以使民富，节用裕民必有仁圣贤良之名，然后从反面讲述了如果不采用节用裕民的策略，就会带来民众贫穷、侵夺寡获和空虚穷乏的后果，从而表明荀子旨在提示统治者要达到富国强兵的目标就必须尽到节用裕民的责任。

3. 教民说。

虽然儒家所说的教民内涵广泛，包括多种多样的社会教化内容和形式，但主导的还是精神教化，尤其是道德教化。由于教化可以使统治者的价值观、道德观内化为被统治者的自觉意识，有利于国家的治理，因此，历代儒家十分重视统治者对民众进行责任伦理方面的教化。萧公权认为孔子教民重于养民，孟子养民重于教民。② 无论孔孟抑或荀子，尽管讲先富后教、先养后教，却没有在富与教、养与教之间做出地位和价值的轻重之分，而总体上坚持养民与教民并重。

孔子十分重视教民，认为如果不对老百姓进行作战训练，就等于抛弃他们："以不教民战，是谓弃之。"③ 他还进一步阐述了如何教民的问题。在同弟子冉有对话中，孔子指出，既庶又富后，应"教之"④。孔子"富而后教"的思想只不过讲的是先富民后教民的顺序，并非重富民轻教民。在回答子张问如何从政时，他明确指出必须"尊五美，屏四恶"，并把"不教而杀"当作"四恶"之一加以抨击⑤。孔子教民思想的最大特色就是以德教民，他不但提出了用庄敬、孝慈、忠善教民的理念，还提倡君子的道德示

---

① 《荀子·富国》。
② 参见萧公权：《中国政治思想史》（一），辽宁教育出版社1998年版。
③ 《论语·子路》。
④ 《论语·子路》。
⑤ 参见《论语·尧曰》。

范教育："君子笃于亲，则民兴于仁；故旧不遗，则民不偷。"① "子欲善而民善矣。"② "上好礼，则民莫敢不敬；上好义，则民莫敢不服；上好信，则民莫敢不用情。"③ 同时强调，为政必须"正名"，只有这样才不至于使"民无所措手足"④。

孟子承接孔子"富而后教"思想，提出"富而教之"论断，认为"善政，不如善教之得民也。善政民畏之，善教民爱之；善政得民财，善教得民心"⑤。他从人与动物本质区别的角度指出，古圣先贤由于忧国忧民，所以大舜命契为司徒，教育人民遵循"父子有亲，君臣有义，夫妇有别，长幼有序，朋友有信"五伦。⑥ 孟子进一步强调，如果设置学校进行教化以明人伦，并加以大力推行，就可以使国家气象一新。⑦

如同孔孟一样，荀子并没有像东方朔认定的那样在富民、养民与教民之间做出高低、轻重之分而重养民、轻教民，⑧ 何况他大量言谈的"养民"许多指向的正是"教民"，是讲对民众的教育、训练、培养、教养等，也就是"养民情""养民性""养民心""养民德"等，可谓教养一体。荀子非常重视"教"，虽然没有发明"教民"范畴，可"教"字的用例达52项。就明言的直接谈论"教民"的民说而言，其要义主要有三点。一是尽管他更多强调"平政爱民"应"学而致富"，不过，他也明确称赞尧舜是"天下之善教化者"⑨，并肯定了孔子对"不教而诛"的摒弃，认为"不教而诛，则刑繁而邪不胜；教而不诛，则奸民不惩"⑩。二是同样从"不富无以养民情，不教无以理民性"⑪ 的民说出发，他强调把"富民"与"教民"有机结合起来："故家五亩宅，百亩田，务其业，而勿夺其时，所以富之也。立大学，设庠序，修六礼，明七教，所以道之也。"⑫ 三是他反复强调教化，

---

① 《论语·泰伯》。
② 《论语·颜渊》。
③ 《论语·子路》。
④ 《论语·子路》。
⑤ 《孟子·尽心上》。
⑥ 参见《孟子·滕文公上》。
⑦ 参见《孟子·滕文公上》。
⑧ 参见东方朔：《差等秩序与公道世界》，上海人民出版社2016年12月版，第23—41页。
⑨ 《荀子·正论》。
⑩ 《荀子·富国》。
⑪ 《荀子·大略》。
⑫ 《荀子·大略》。

提出了"劝教化""广教化""本政教"等概念范式，而在阐述治国之道时，他更是把"养百姓"当作实现治国平天下责任的重要举措："案然修仁义，伉隆高，正法则，选贤良，养百姓，为是之日，而名声剸天下之美矣。"① 要知道，这里的"养百姓"正是"教百姓"。

　　以上我立足于社会儒学，分别从民本主义、人文主义和实践主义三个维度阐述了儒家民说。它表明，儒家民说是中国传统文化中极为重要的社会哲学、政治哲学和为政之道。它不仅可以为提高当代中国治理能力、完善现代化治理体系提供宝贵的政治智慧，是培育践行"以人民为中心"主流价值观的精神资源；还可以为新时代正确处理干部与群众、国家与人民之间的关系提供有益启示和借鉴，培育一代新民、新人，塑造健全的、理想的人格。

①《荀子·王制》。

第五章　社会儒学视域中的荀子"群学"

黄玉顺先生在宏文《儒学的"社会"观念——荀子"群学"的解读》[①]（以下简称《黄文》）中深刻指出，严复将"society"译为"群"而未译成"社会"，如将斯宾塞（Herbert Spencer）的 The Study of Sociology（《社会学研究》）译为《群学肄言》，虽未被人们采纳，但荀子关于"群"的社会理论却是一个有待发掘的思想宝藏。我尽管在《儒学与人的发展》[②]等论著中涉及荀子关于"群"的问题，却未专门就荀子的群学进行过探讨。受到黄先生的启示，本文将在他的基础上仿照他从生活儒学角度对荀子群学所做的解读，立足于社会儒学的参考框架诠释荀子群学，并把荀子的群学归纳为四个方面，即人而能群的社会本质论、能难兼技的社会分工论、群居和一的社会理想论和明分使群的社会治理论，以求教于黄先生及各位先进。

一、人而能群的社会本质论

这里所说的"社会本质论"内含两层意思或两个问题：一则为社会的本质，也就是"社会"是什么，更进一步追问的是"群"能不能代表"社会"的本质；二则为人的社会本质属性，也就是"社会"或"群"是不是人所独有的类特性。由于荀子思考的重心在第二个方面，这决定了本节将着意于此。

我在前文依据马克思、恩格斯、横山宁夫、孔德和斯宾塞等人的理解，

[①] 参见黄玉顺：《儒学的"社会"观念——荀子"群学"的解读》，载《中州学刊》2015年第11期。
[②] 参见涂可国：《儒学与人的发展》，齐鲁书社2011年版。

把对"社会"范畴的诠释归纳为相互作用相互关系说、社会有机体说和社会共同体说三种代表性观点。《黄文》则依据丰富的文献学材料对"社""会"和"社会"三个概念做了详实的训诂学考察,较为全景式地揭示了三者的历史文化渊源。他深刻指出,"社会"具有两种不同含义:一为最狭义的"社会"就是"会社",亦即社团组织,源于"立社"活动;二为最广义的"社会",泛指一切群体生活形式。无论关于"社会"的观念怎样演变,它总与"社"即"土"相关,这就是说,"社会"观念总是带有地域性、区域性或空间性。最后他得出结论说,所谓社会就是在某个共同空间里共同生活的群体。

究竟能不能如同黄先生所做的那样把"社会"的本质归结为"在某个共同空间里共同生活的群体"?要对此做出恰切的回答,应当弄清楚"群"的真实含义。孔子、孟子、荀子等先秦儒家并没有对"群"做严格界定,而只是沿用习惯用语而已。众所周知,"群"字从君从羊。《国语·周语》说:"兽三为群。"《诗·小雅·无羊》讲:"三百维群。""群"有时指百姓,如"群元"。《汉语大字典》把"群"界定为动物集合体。这些用法和定义表明,"群"应理解为三人以上的人类团体性的集合,它同黄先生所考证的"社会"概念十分接近。在某种意义上说,"社会"的本质规定性就是"群"或"群体",因而严复将斯宾塞《社会学研究》译为《群学肄言》不无道理。不过,"群"或"群体"仅仅是"社会"最为原初、最为直观也最为重要的本质规定性之一,抑或说是"社会"的核心内容,现代人、现代社会学往往赋予它更为宽泛的含义、更为多元的向度:一是社会是一个包含人群、人际关系、社会化物质、组织形态、场景、生活部门和领域(政治、经济、法律、管理、文化……)等多种要素、多个层面的有机系统;二是假如说过往认定只有三人以上的人数才能组成一个"群"或"群体"的话,那么当今却有"二人社会"的说法,这就意味着二人也可以构成"社会";三是现今流行"国际社会""全球社会""民族社会""民间社会""网络社会"或"虚拟社会"等各种各样的提法,它们不仅代表某种人口学意义上的"群"或"群体",也包含着土地、人权、资源等意蕴,不仅是一种人的集合体,也是一种政治集合体、文化集合体;四是正如谢晓东所指出的,现代"社会"可以界定为与"政治"相分离的,外在于个人

（心性）、家、国而包含学校、公司、医院与社团等在内，以后共同体时代的市民社会为立足点，以非政治化为基本特征，以人伦日用为基本关注点的表现形态。①

以上从语言学、历史学、文化学等角度分析了"社会"的"群"或"群体"本质。可对于儒家来说，它更为重视的是立足于为人之道和为政之道的参考框架阐释人的社会本质。在儒学发展史上，孔子第一个涉及"群"的问题，并从两个方面提出了影响甚广的有关"群"的经典性理念。一是孔子强调人不同于动物的族类特质："鸟兽不可与同群。"② 二是孔子更为直接倡导人要学会群处的待人处世之道和道德选择价值观："君子矜而不争，群而不党。"③ "君子周而不比，小人比而不周。"④ 荀子尽管也从社会集合意义上凸显群体的本位价值和地位，尽管他也立足于个体与群体关系维度阐发"群"的问题，可是他的着力点并非像孔子一样阐发如何处理个人与社会、个体与群体的关系的理想人格构造，而是根据人与动物的差别去申述人的社会本质规定性。

荀子强调人能群能分，创造性地提出了人"能群"的社会本质观：

> 水火有气而无生，草木有生而无知，禽兽有知而无义，人有气、有生、有知，亦且有义，故最为天下贵也。力不若牛，走不若马，而牛马为用，何也？曰：人能群，彼不能群也。人何以能群？曰：分。分何以能行？曰：义。故义以分则和，和则一，一则多力，多力则强，强则胜物；故宫室可得而居也。故序四时，裁万物，兼利天下，无它故焉，得之分义也。故人生不能无群，群而无分则争，争则乱，乱则离，离则弱，弱则不能胜物。⑤

荀子这段话环环相扣、观点鲜明，展现了如下的思想逻辑：首先指明了人不同于动植物的一般本质，这就是人有气、有生、有知而且有义，所以人是天下最为高贵的动物；然后指出，人尽管在某些生理功能上不如动物，但却能御使动物而为我所用，其原因就是人能群而它们不能群，而人

---

① 参见谢晓东：《社会儒学何以可能》，载《哲学动态》2010年第10期。
② 《论语·微子》。
③ 《论语·卫灵公》。
④ 《论语·为政》。
⑤ 《荀子·王制》。

之所以能群，就在于人能够以义相分；最后荀子概括了能群、义分的社会功效——"和则一，一则多力，多力则强，强则胜物"。

按照当代人学思想，不论是合群性还是角色分工在动物界是普遍存在的现象，此种意义上的社会性在有的动物身上一点也不亚于人类，某些动物如蚂蚁、蜜蜂、猿猴等也具有劳动、合群、交往等社会性，这些群居动物聚集在等级有序、组织严密的共同体中以群体合作的方式揽食和防卫，且分工十分精细，因而荀子把合群性视为人与动物两相区别的标志不太科学。但是2000年前荀子就把"能群"规定为人的社会本质，不但表现出卓越的智慧和先见之明，而且深刻揭示了人之所以"能群"归根到底就在于人类社会具有"礼义"这类文化表征，正如李泽厚所指出的，荀子突出强调了群体规范秩序作为人的族类本质的意义①，因而，"能群"论断具有相当的合理性。人本性上是一个合群的动物，这一合群本能是从群居性动物的"社会本能"演变而来的，只不过人的群体组织和社会分工更为发达完善、更具理性特征。

二、 能难兼技的社会分工论

社会分工的客观存在必然反映到孔子、孟子、荀子的思想中来，他们都具有社会分工的一些思想观念，只不过尚无自觉的、系统化的理论建构。孟子反对代表墨家思想的许行弟子陈相主张的"人人不分贵贱，都应从事生产劳动"的观点，而认为要维持国家的社会生活秩序，必须实行必要的社会分工：

> 有大人之事，有小人之事。……或劳心，或劳力；劳心者治人，劳力者治于人；治于人者食人，治人者食于人；天下之通义也。②

在社会生活中，劳心者与劳力者作为不同的社会群体类型承担着不同的社会职能，劳力者从事物质生产，劳心者则从事政治活动、管理活动及文化活动，他们各司其职。这种社会分工既是治国为政、安邦定国的社会

---

① 参见李泽厚：《中国古代思想史论》，天津社会科学院2004年版。
② 《孟子·滕文公上》。

控制手段，也是促进社会经济发展和维持社会秩序的需要。荀子尽管一直以孟子反对者自居，可是他的社会分工思想与孟子惊人一致，只是更为明确、更为多样、更有特色罢了，而最明显的特点则是将其纳入"群学"之中进行讨论，开创性地发明了"能难兼技"的社会分工思想。这主要体现在以下三个方面。

1. 社会职业分工。

自从人类社会产生以来，就存在一定的职业分工，而且这种职业分工随着社会的发展越来越细致化、越来越专业化。在任何时代、任何国家的社会生活中，职业各不相同，而不同的职业及其组成的群体所承担的职责或职守也相应有大小、种类之分。就荀子社会思想而言，他注重从仁、义、礼三大儒家极力推崇的德性伦理和规范伦理角度讲究社会职业分工问题。荀子这样说：

> 故仁人在上，则农以力尽田，贾以察尽财，百工以巧尽械器，士大夫以上至于公侯，莫不以仁厚知能尽官职。夫是之谓至平。①

这里荀子非常推重道德化"仁者"的人格力量，认为只要仁者在上、在位，那么农、工、商各种职业人群，就可以分职而治，就可以任其职、尽其责（四尽：尽田、尽财、尽械器、尽官职），就可以做到如孔子反向倡导的那样"在其位，谋其政"，尤其是士大夫以至公侯官吏更是会依靠仁厚、智能恪尽职守。荀子充满自信地说，在"仁者"的引导、感召和治理下，且"制礼义以分之"，就会促使各种职业人群尽职尽责，从而达到"至平之世"的社会环境。

荀子特别重视明"群分"的功能作用，他讲：

> 人之生不能无群，群而无分则争，争则乱，乱则穷矣。故无分者，人之大害也；有分者，天下之本利也。②

要正确把握荀子的社会分工思想，就必须厘清他经常使用的"分"的概念。犹如黄先生所深刻指明的，荀子将"能群"之道归纳为"明分使群"，而"分"包含两层意思：作为动词（fēn）的"分"，大致指对人群

---

① 《荀子·荣辱》。
② 《荀子·富国》。

加以分辨、分别、划分、区分，以及作为名词（fēn）的"分"，即各有其名分、社会角色，这就叫作"明分（fèn）"。应当说黄先生做这样的区分完全符合《荀子》一书的原意，这还可以从荀子所说的"以齐之分，奉之而不足"①、"分分兮其有终始也"② 等论断上得到印证。更进一步加以分析，我认为荀子的"群分"思想实际包括三种指向。一是"礼分"。荀子认为礼的功能除了"养"还有"分"或"别"。他说："人道莫不有辨。辨莫大于分，分莫大于礼。"③ 又说："故尚贤使能，则主尊下安；贵贱有等，则令行而不流；亲疏有分，则施行而不悖；长幼有序，则事业捷成而有所休。"④ 二是"义分"。如上面引述的荀子的一段话："故义以分则和，和则一，一则多力，多力则强，强则胜物；故宫室可得而居也。故序四时，裁万物，兼利天下，无它故焉，得之分义也。……故宫室不可得而居也，不可少顷舍礼义之谓也。"⑤ 由于荀子"隆礼义"、礼义并称，故他强调"群和"不可一刻离开礼义，所以"礼分"和"义分"可以合称为"礼义之分"。三是"职分"。荀子讲："事业所恶也，功利所好也，职业无分：如是，则人有树事之患，而有争功之祸矣。"⑥ 在现代汉语里，"职分"一般是指名词性的"职责本分"，可是荀子这里所讲的"职业无分"的"分"却是指动词性的"分"，两种并非等同，我只是把"职业无分"简称为"职分"而已。古代中国主要有士、农、工、商四种职业或四大行当。王先谦《荀子集解》注云："事业，谓劳役之事，人之所恶。职业，谓官职及四人之业也。"荀子恐怕是儒学思想史上最早提出"职业"范畴的人，不仅如此，他还对此表示忧虑，如果不专注于事业而一味追求功利，同时职业又无明确分工，就会带来立个人之事、贪他人之功的祸患。显然荀子非常重视职业分工对于社会秩序的调节作用。

2. 社会角色分工。

自从阶级社会生成以后，每一个民族、国家都存在阶级、阶层、身份、

---

① 《荀子·仲尼》。
② 《荀子·儒效》。
③ 《荀子·非相》。
④ 《荀子·君子》。
⑤ 《荀子·王制》。
⑥ 《荀子·富国》。

等级、角色等社会分层结构。"角色"一词源于戏剧，类似于剧中的某个人物。1934年美国社会学家米德首先运用角色概念说明个体在社会舞台上的身份及其行为。当代社会学往往把角色定义为"与社会地位相一致的社会限度的特征和期望的集合体"。角色包含着由个人在不同社会关系体系中所处的社会位置赋予的权利和义务，它可以由不同的职位和岗位担任。在一定意义上，社会职业即是社会角色，但两者并非同一，而是相互交叉，社会角色既有职业角色——如工人、农民等，也有非职业角色——如丈夫、妻子等。角色同身份、名分具有同一性，经常交互使用、交互诠释。名分有时指因名而分——分配利益，有时指因名而分，即名位与身份——社会身份。

荀子在"明分使群""群而无分则争"的思想框架下从三方面充分肯定了等级名分对于社会秩序的重要性。

一是立大本。在讲到"君子之治"时，荀子指出：

> 君臣、父子、兄弟、夫妇，始则终，终则始，与天地同理，与万世同久，夫是之谓大本。故丧祭、朝聘、师旅一也；贵贱、杀生、与夺一也；君君、臣臣、父父、子子、兄兄、弟弟一也；农农、士士、工工、商商一也。①

如果说荀子所言的君臣、父子、兄弟、夫妇是指社会身份的话，那么他所说的农、士、工、商显而易见是指社会职业。荀子把礼所规定的，由业缘、血缘、姻缘等社会关系构成的君臣、父子、兄弟、夫妇四种人伦称为"大本"，认为当一个人的社会角色或名分被礼确定了之后，他就拥有与之相应的权利和义务；不论是君臣、父子、兄弟、夫妇四种社会身份还是士、农、工、商各色人等，都必须履行自己的职责，并受到礼的统一节制。荀子重述的、为孔子重视的"君君、臣臣、父父、子子"的角色要求，突出的不是某一社会角色和社会身份单向的、无条件的义务，而是双向的、有条件的对等性义务，表明彼此所拥有的权利以承担各自的义务为前提；荀子所言说的由礼所规定的"君君、臣臣、父父、子子"角色无疑体现了美国汉学家安乐哲所讲的儒家角色伦理学，但不限于此，不完全是一种人

---

① 《荀子·王制》。

伦规范，而是指向更为广泛的角色社会学。

二是明分职。荀子不仅提出了"职分"观念，尤为重要的是还在治国理政的思想视域中明确地阐明了"明分职"理念。他说：

> 隆礼至法则国有常，尚贤使能则民知方，纂论公察则民不疑，赏克罚偷则民不怠，兼听齐明则天下归之；然后明分职，序事业，材技官能，莫不治理，则公道达而私门塞矣，公义明而私事息矣：如是，则德厚者进而佞说者止，贪利者退而廉节者起。书曰："先时者杀无赦，不逮时者杀无赦。"人习其事而固，人之百事，如耳目鼻口之不可以相借官也。故职分而民不慢，次定而序不乱，兼听齐明而百姓不留：如是，则臣下百吏至于庶人，莫不修己而后敢安止，诚能而后敢受职；百姓易俗，小人变心，奸怪之属莫不反悫：夫是之谓政教之极。①

这里，荀子从社会功利主义角度层层递进地阐述了"职分"和"分职"的作用：如果"明分职，序事业，材技官能，莫不治理"，那么就会"公道达而私门塞矣，公义明而私事息矣"；如果"职分而民不慢，次定而序不乱，兼听齐明而百姓不留"，那么天下所有人就会"修己而后敢安止，诚能而后敢受职"。所谓的"明分职"，也就是明确各自的职业分工；所谓的"职分"，也就是对每一个人进行职业分工，使百吏、庶人都有事可做。在荀子看来，只有严格进行职业分工，老百姓才不敢怠慢。

三是等贵贱。照比孔、孟，荀子对等级名分提倡最为有力、论述也最多，《荀子》大部分篇章都讲到等级差别。他在《荀子·君子》一篇中明确提出了"尚贤，使能，等贵贱，分亲疏，序长幼"的社会分层思想。而最值得关注的是他在阐发礼义的功能时除"养"外更多地凸显了"分"和"别"。他如此说：

> 礼者，贵贱有等；长幼有差，贫富轻重皆有称者也。②

> 故先王案为之制礼义以分之，使有贵贱之等，长幼之差，知愚能不能之分，皆使人载其事，而各得其宜，然后使谷禄多少厚薄之称，是夫群居和一之道也。③

---

① 《荀子·君道》。
② 《荀子·富国》。
③ 《荀子·荣辱》。

针对荀子这两段话，我想指明三点。第一，荀子强调的"贵贱有等"带有较为浓厚的等级制色彩。当代社会彰明的是人无论在人格上、道德上还是在权利上、政治上都是平等的。不过，即使是现代化较为发达的社会，也并非绝对平等，而是仍然存在社会地位、社会分配、社会待遇、社会身份等方面的等级差别，也存在中国传统社会具有的"差序格局"，这种差序或差异存在于家庭与社会中。这乃是不争的历史事实。"物以类聚，人以群分。"自古至今，各种社会制度（礼）往往将处于不同社会关系体系中的人划分为上下有别的利益集团。第二，如果说"贵贱有等"体现了一定歧视性的价值评判的话，那么，荀子所讲的"长幼有差""贫富轻重皆有称""知愚能不能之分"是在古今中外任何群体社会中都存在的客观事实。长幼、贫富、知愚、能不能显现了社会角色、社会身份的差异，它们可以通过制度化的规定和个人自身的努力逐步加以缩小，但不可能有根本的改变。对于荀子来说，礼义相对人的等级名分呈现出"二律背反"的价值双重化特征——既借助于礼义防止长幼、贫富、知愚、能不能走向极端的两极分化，又依赖礼义将其固化、强化。第三，荀子基于"尊王但不贱霸"的治道思维，在肯定名分等级制的同时，强调社会不同人群的互助、平等，如他说："强胁弱也，知惧愚也，民下违上，少陵长，不以德为政；如是，则老弱有失养之忧，而壮者有分争之祸矣。"① 由此体现了他悲天悯人、扶弱济困的人道主义情怀。

3. 社会技能分工。

荀子云："百技所成，所以养一人也。而能不能兼技，人不能兼官。离居不相待则穷，群而无分则争；穷者患也，争者祸也，救患除祸，则莫若明分使群矣。"②

荀子认为，个人的能力总是相对有限的，他不可能具有一切技能、从事一切工作，不可能创造各种产品；而人又具有多方面的需求，这些需求只有得到较为充分的满足，他才能够生存、发展，必须依靠许多具有不同技能的人分工合作，才能养活一个人。可见，人总是一个有限性的存在，

---

① 《荀子·富国》。
② 《荀子·富国》。

他固然具备无限的潜能，具有多种发展的可能性，但现实却是残酷的，每个人所掌握的技能总是有限度的，个人自由全面发展只能作为个体理想和社会远景去无限接近。正因如此，个人只有各安其位、各尽其职并同他人交往合作、团结共处，依靠群体的智慧和力量，才能生存，否则就会如同荀子说的"离居不相待则穷"——离群索居只会使自己陷于困顿之中。荀子之所以断定"群而无分则争"，不仅在于一个社会群体假如不能依据每个人不同的技能进行合理的社会分工，就会造成人人由于能力有限只能去抢夺他人财物来满足自己所需；还在于社会技能分工很大程度上决定着社会职业分工和社会角色分工——人的地位、职业、角色、身份有的是先赋的、世袭的，有的是个人后天修为带来的，有的则是根据技能及其表现确定的，一个真实而不虚假的集体、群体只有"明分使群"，根据人的才能、技术、智慧、德性等要素在地位、职业、角色、身份诸多方面进行分工、分化，做到像荀子所讲的那样"尚贤使能而等位不遗""德必称位""无德不贵""无能不官"，做到"论德而定次，量能而授官，皆使人载其事，而各得其所宜，上贤使之为三公，次贤使之为诸侯，下贤使之为士大夫"[①]，才能"救患除祸"，实现社会的繁荣稳定。

按照迪尔凯姆《社会分工论》中"机械社会"与"有机社会"的两分法，中国先秦社会虽然经历了马克思主义所说的三次社会大分工，但仍属于"机械社会"，此时集体意识与个人意识没有明显分化，习俗、价值、信仰、规范等具有较强的共享性、同质性，社会分工较为原始，成员个体间依靠机械联结起来，分散的小农彼此自给自足。在这样的社会情势下，荀子能够意识到三种类型的社会分工，显示了他的高超卓见。

三、群居和一的社会理想论

儒家开创了中国人文主义社会理想传统，它以"大同"与"小康"为典型范式，具有层次有序、伦理为本和与时俱变的基本特征。下面我尝试就荀子以"群居和一"为核心内容的社会理想思想展开讨论。

---

① 《荀子·君道》。

1. 合群乐群。

如前所言，荀子从人类本体论维度揭示了人的"能群"社会本质，实际上，他还站在社会价值理想立场上解释了人的"合群乐群"问题。他这样说：

> 古之所谓仕士者，厚敦者也，合群者也，乐富贵者也，乐分施者也，远罪过者也，务事理者也，羞独富者也。今之所谓仕士者，污漫者也，贼乱者也，恣睢者也，贪利者也；触抵者也，无礼义而唯权埶之嗜者也。①

和孔、孟一样，荀子富有浓厚的崇古情结，他对比古今"仕士者"的人生态度指出古代"仕士者"乐于"合群"。鉴于此处"合群"之"合"与厚、乐、远、务、羞前后照应，因此它如同"于是乎合其州乡朋友婚姻"（《国语·楚语下》）、"将合诸侯"（《周礼·秋官·司仪》）、"离则复合，合则复离"（《吕氏春秋·大乐》）、"齐桓公合诸侯"（《吕氏春秋·精谕》）、"公子即合符"（《史记·魏公子列传》）等经典文献中的"合"，当解为聚集、聚合、会聚、联合、符合、适合等含义，而不是指和睦、和谐、融洽（和合）等意思。荀子还从儒家"道统"角度论及了人的"群居"社会理想："今以夫先王之道，仁义之统，以相群居，以相持养，以相藩饰，以相安固邪。"② 对个体来说，合群、乐群不光为人的本性和需要，也反映了个人的社群主义价值取向。是选择独处、自处还是倾向群居、合群，虽然属于个人的生活方式、生活趣味和性格特质问题，他人无可指责，不能强求，但是它虽无法与集体主义价值观画等号，却未尝不牵涉个人的群体取向人生价值观。在某种意义上"合群"代表着个人更愿意追求集体生活，更关心集体的成长，更对集体抱有责任感。对群体来说，一个大的群体如民族、国家往往是由若干个小的群体组成的有机系统，社会群体所要建构的理想，既有希望社会系统中的每一个个体"合群"——期望社会成员从属于群体，遵循群体制定的各种制度规范，与群体保持一致，也希望每个小群体之间分工合作，共同维护大群体的利益，而不是像鲁迅先生批评传

---

① 《荀子·非十二子》。
② 《荀子·荣辱》。

统中国人时说的那样，每个人如同原子式个体的一盘散沙。当然，"合群"也好，"群居"也好，应是自愿的而不是被强迫的，应出以公心，而决不能结党营私，拉帮结派，搞个人小圈子，更不能搞宗派主义和小团体本位主义，以真正做到孔子所说的"群而不党"，这是一个健康社会所追求的理想群体生活状态。我认同黄先生所指出的，前现代社会以集体为重，现代性社会以个体为重，这是生活方式所决定的。然而，究竟是以集体为重还是以个体为重恐怕不能笼统而论，且不说存在由社会制度所引发的价值观差异，就是新加坡前总理李光耀所倡导的亚洲价值观也具有儒家倚重的群体至上特点，就是西方发达国家在凸显个人价值的同时也不排斥个人的"合群"或"群居"。

2. 各得其宜。

分析荀子"群学"的思想逻辑，可以看出，一个理想社会必须达到"群而有分"，因为"群而无分"必然造成社会的争夺和混乱，而要使社会"群而有分"，则必须依赖制礼行义：

> 夫贵为天子，富有天下，是人情之所同欲也；然则从人之欲，则势不能容，物不能赡也。故先王案为之制礼义以分之，使有贵贱之等，长幼之差，知愚能不能之分，皆使人载其事，而各得其宜，然后使谷禄多少厚薄之称，是夫群居和一之道也。①

在荀子看来，人人都有追求富贵的欲望，但无论社会情势还是社会资源（物）都是有限的，不可能满足所有人的所有要求；要解决欲多物少的社会矛盾，大致可采取两种办法：一则是"节养"，一则是"分别"。由于"分均则不偏，势齐则不壹，众齐则不使。有天有地，而上下有差，明王始立，而处国有制。夫两贵之不能相事，两贱之不能相使，是天数也。势位齐，而欲恶同，物不能澹则必争；争则必乱，乱则穷矣"②，所以荀子反对平等分配地位、财富、荣誉等社会福利，而主张等级之治。而制度化的礼正可以区分贵贱、长幼、知愚、能不能，对生活在社会群体中的个体的权利和义务做出明确而有差别的规定，然后据此根据正义原则合理分配相等

---

① 《荀子·荣辱》。
② 《荀子·王制》。

的社会资源（使谷禄多少厚薄之称）。这是达成社会和谐的有效治道。按照贡献、长幼、知愚、能不能等的差异进行分配，既符合人的利益驱动本性、有利于充分调动各社会成员的活力和潜能，也符合公正优先的原则，同时还能消除争乱，因而不失为当代社会的理想目标。值得指出的是，荀子在《荀子·君道》篇中再次谈到了"皆使人载其事而各得其宜"。所谓"载其事而各得其宜"，就是每个人的职责任务分明。无疑，分工明确、责权清晰、各尽其能、分际有秩是一个理想的社会所应基本具备的。一个组织有序的群体、社会不仅表现为贵贱有等、长幼有差、知愚有别、能不能有分，其内部构成井然有序、层次分明，也表现为人人各得其位、各司其职、各尽其才。

3. 救患除祸。

荀子"群学"的根本理论旨趣就是实现无争乱患祸、人民安居乐业的"至平"社会，他之所以反复强调"群而有分""群而必分""群而应分"，主要原因也在于此：

> 人之生不能无群，群而无分则争，争则乱，乱则穷矣。故无分者，人之大害也；有分者，天下之本利也。①
>
> 离居不相待则穷，群而无分则争；穷者患也，争者祸也，救患除祸，则莫若明分使群矣。②

荀子"群学"的内容主要分为两大方面：一为作为工具理性的"群分"，二为作为价值理性的"群定"。前面两段话都强调"群而无分则争"，并指出"争"必然造成祸乱，从而从反面彰显了"群分"的手段价值。尽管任何社会群体都难免争与乱、祸与患，但人类总是在理想设定上趋向于避免争与乱、祸与患，寻求社会的安定和谐。受到荀子社会儒学影响的《礼记》所构想的"大同社会"也不过是"谋闭而不兴，盗窃乱贼而不作，故外户而不闭"。荀子创建的为人之道、天人之道、君臣之道、教化之道、礼义之道、治国之道等"道学"固然散发着道德理想主义精神，但也充满了现实的功利主义气质，因而完全可以说荀子是一个合理的社会功利主义

---

① 《荀子·富国》。
② 《荀子·富国》。

者。这两段话集中体现了荀子推崇"群分"的思想,第一段话从客观角度把无分、有分上升到大害、本利的高度,而第二段话则从"救患除祸"的社会实践角度强调"明分使群"的普遍价值,从而将现实与理想、实然与应然、工具与价值结合起来。

4. 群居和一。

荀子处处强调"群分",他构想的理想社会秩序是贵贱、尊卑、长幼、亲疏有别,强调人们遵照礼义的要求过群体生活,做符合自己社会职业、社会身份、社会地位的事。然而,荀子毕竟是一个战国末期的思想集大成者和辩证法大师,他顺应天下即将统一的大势,继承并发展了孔孟儒家"大一统""定于一"的思想,在提倡社会"群分""别异"的同时又时时主张"群一""合同",并从两方面鲜明构建了"群居和一"的社会理想。

一方面是礼义同一。《荀子·乐论》提出"礼别异,乐合同",荀子礼学思想中包含着大量"礼合同"观念。如他说:

> 以类行杂,以一行万。……天地不理,礼义无统,上无君师,下无父子,夫是之谓至乱。……故丧祭、朝聘、师旅一也;贵贱、杀生、与夺一也;君君、臣臣、父父、子子、兄兄、弟弟一也;农农、士士、工工、商商一也。①

表面上,"礼别异"与"礼合同"是矛盾的,其实不然,因为二者的切入点不同。所谓"礼别异"是在功能上强调礼义能够"等贵贱,分亲疏,序长幼""少事长,贱事贵,不肖事贤",而"礼合同"则是遵循"以类行杂,以一行万"的原则——按类别治理各种纷繁复杂的事务,用统一的法则治理万事万物。就礼义之治而言,就是把"等贵贱,分亲疏,序长幼""少事长,贱事贵,不肖事贤"看成天下的通义加以推行,视礼义为维护、调节社会等级名分的普遍规范。正因如此,荀子才提出了"三个一统",即贵贱、杀生、与夺一统,君君、臣臣、父父、子子、兄兄、弟弟一统和农农、士士、工工、商商一统,借以维持社会统一的群体秩序。

另一方面是和而不同。荀子提倡的"群居和一之道"并非"同而不和",而是"和而不同",它不排斥差别,因此荀子才把用礼义分别人的贵

---

① 《荀子·王制》。

贱、长幼、知愚、能不能看成"群居和一之道"(《荀子·荣辱》)。但是，"群居和一之道"又强调同一性，强调人的群居生活应当和谐统一，强调将差异性的事务加以整合。为此荀子引述古语"斩而齐，枉而顺，不同而一"①，并将此称之为人伦，同时主张天下社会必须"总方略，齐言行，壹统类"②，以实现言行一统、思想一统、学说一统和行动一统，建设"大一统"的社会政治秩序。那么如何达至"和"呢？除了上面讲到的"义以分则和，和则一"之外，最关键的是实现礼治。因为礼具有给人以求、养人之欲、区分等级、维持秩序、促进和谐等多种作用，由礼可以"分"，由"分"可致"和"。荀子指出："凡用血气、志意、知虑，由礼则治通，不由礼则勃乱提僈；食饮、衣服、居处、动静，由礼则和节，不由礼则触陷生疾；容貌、态度、进退、趋行，由礼则雅，不由礼则夷固、僻违、庸众而野。"③ 由此可见，礼的致中和功能多种多样，不但可以使人变得文明高雅，而且还使人身心和谐。

四、明分使群的社会治理论

比较起来，孟子更为强调"内圣"一面，强调士的独立性，强调士的道统精神与政统精神的对立性，强调道统对政统的优先性和主导性；而荀子更为强调"外王"一面，强调道统与政统的统一性。在他那里，道统不只限于仁义之道，还包含君道、臣道、王道等政治之道。就社会治理主体而言，荀子明分使群的社会治理可以分为以下三种情形。

1. 君子之治。

荀子十分重视君子之治的社会和谐功能，从反向方面阐明了必须在君子的主导下强化礼义之化、法正之治和刑罚之禁。他说："今当试去君上之势，无礼义之化，去法正之治，无刑罚之禁，倚而观天下民人之相与也。若是，则夫强者害弱而夺之，众者暴寡而哗之，天下悖乱而相亡，不待顷

---

① 《荀子·荣辱》。
② 《荀子·非十二子》。
③ 《荀子·修身》。

矣。"① 如果不对人类进行礼义刑罚的管理，整个社会就会陷入以强欺弱、以众凌寡的混乱状态。荀子倡导治道思想的主要目的是为当权者提供统治术。在他看来，为君者要治理好天下国家莫过于"明分使群"。荀子首先讲明了"使群"的重要与必要：

> 君者，善群也。群道当，则万物皆得其宜，六畜皆得其长，群生皆得其命。故养长时，则六畜育；杀生时，则草木殖；政令时，则百姓一，贤良服。②

前面说过"群"字从君从羊。君、群不仅字音相近，字义也有一致之处。"君"的本义为"管事人""干事"，引申义为"地方主事人"，而"羊"指某一地方的居民。众所周知，羊具有极强的合群性，故此有"羊群"一说。《荀子》文献中"群"还有聚集、会合、联合之义，如"群天下之英杰"③，以及众多之义，如上述的"群生皆得其命"。荀子把"君"视为善于组织群体、治理群体的高位者，立足于治理之道提出了"群道"概念，且高度肯定了君子善群、为群、利群的重要作用。他认为如果"群道当"，也就是组织社会群体的原则、方式恰当，那么万物都能得到应有的合宜安排，六畜都能得到应有的繁衍生息，一切生物都能得到应有的寿命。所谓"群道当"，具体说就是饲养牲畜适时、砍伐种植适时和政令颁布适时，而做到了这三种适时，六畜就能生育兴旺，草木就能繁殖茂盛，老百姓就能被统一起来，有德才的人就能心悦诚服。可见，作为《周易》大师，荀子深得《周易》时中要义，他的君子为群之学承继了易学的"归妹愆期，迟归有时""变通莫大乎四时""时大矣哉"等观念，凸显了时中对于群道的意义。

荀子不仅讲明了"使群""善群"的价值所在，还进一步指明了实现"使群""善群"的方法、路径。他说：

> 道者，何也？曰：君之所道也。君者，何也？曰：能群也。能群也者，何也？曰：善生养人者也，善班治人者也，善显设人者也，善藩饰人者也。善生养人者人亲之，善班治人者人安之，善显设人者人

---

① 《荀子·性恶》。
② 《荀子·王制》。
③ 《荀子·非十二子》。

乐之，善藩饰人者人荣之。四统者俱，而天下归之，夫是之谓能群。不能生养人者，人不亲也；不能班治人者，人不安也；不能显设人者，人不乐也；不能藩饰人者，人不荣也。四统者亡，而天下去之，夫是之谓匹夫。①

这里，荀子直接把一般性的"道"归结为具体性的君道，而君道由前面的"使群""善群"转换成了"能群"。在他的"群学"思想系统中，所谓"能群"即实施"四统"——君王治国安民的四条准则，也就是善生养人者、善班治人者、善显设人者和善藩饰人者（善于养活抚育人、善于治理人、善于任用安置人和善于装饰区分人）；如果做到了"四统"，那么就可以达到民亲、民安、民乐、民荣的民本主义目的，进而使天下人归顺。对他来说，只有如此，才算是组织治理好社会群体，才算是真正地管理好民众，才算是治国平天下的典范。

2. 先王之治。

与孟子单纯主"法先王"有所不同，荀子诚然主"法后王"，但他如孔孟一样具有较强的崇古情结，因而也力主"法先王"。在彰明"群分"思想时荀子诠释了先王之治的治理模式。不妨看下面一段文字：

> 人之生不能无群，群而无分则争，争则乱，乱则穷矣。故无分者，人之大害也；有分者，天下之本利也。而人君者，所以管分之枢要也。故美之者，是美天下之本也；安之者，是安天下之本也；贵之者，是贵天下之本也。古者先王分割而等异之也，故使或美，或恶，或厚，或薄，或佚，或乐，或劬，或劳，非特以为淫泰夸丽之声，将以明仁之文、通仁之顺也。故为之雕琢、刻镂、黼黻文章，使足以辨贵贱而已，不求其观；为之钟鼓、管磬、琴瑟、竽笙，使足以辨吉凶、合欢、定和而已，不求其余；为之宫室、台榭，使足以避燥湿、养德、辨轻重而已，不求其外。诗曰："雕琢其章，金玉其相，亹亹我王，纲纪四方。"此之谓也。②

---

① 《荀子·君道》。
② 《荀子·富国》。

人的生存不能没有群体，有群体如果没有等级差别就会产生混乱；古代帝王把人类社会划分为不同的等级，并不是故意制造荒淫、骄横、奢侈，而是要明确崇礼尊贤的礼乐等级制度；在先王治理下，社会上创造了各种物态文化并不是追求外在形象，而是为了实现辨贵贱、辨吉凶、辨轻重的社会识别目的，为了保证人民合欢、避燥湿合理利益诉求，为了实现定和、养德各种道德化育动机。此一段话未见"礼"字，只见"仁"字，可它所讲的实质上就是礼的定分功能、调适功能，表达了礼既可以明分、养德、定和又可以明仁、通仁的礼教理想，肯定了人君作为管分之枢要的根本意义和先王分割等异、实行礼治带来的积极社会功效。

3. 圣王之治。

就荀子的群学而言，他提出的圣王之治大致可以分为两方面。一方面是赏行罚威。在论述"群而无分则争"之后，荀子进一步指出：

> 故先王圣人为之不然：知夫为人主上者，不美不饰之不足以一民也，不富不厚之不足以管下也，不威不强之不足以禁暴胜悍也，故必将撞大钟，击鸣鼓，吹笙竽，弹琴瑟，以塞其耳；必将錭琢刻镂，黼黻文章，以塞其目；必将刍豢稻粱，五味芬芳，以塞其口。然后众人徒，备官职，渐庆赏，严刑罚，以戒其心。使天下生民之属，皆知己之所愿欲之举在是于也，故其赏行；皆知己之所畏恐之举在是于也，故其罚威。赏行罚威，则贤者可得而进也，不肖者可得而退也，能不能可得而官也。若是则万物得宜，事变得应，上得天时，下得地利，中得人和，则财货浑浑如泉源，汸汸如河海，暴暴如丘山，不时焚烧，无所臧之。①

荀子为我们揭示了先王圣人的治理之道，这就是"赏行罚威"。他所依据的理由无非就是，只有美饰才能统一民众，只有富厚才能管理好下属，只有威强才能禁暴胜悍。用现代话来说，就是要建立完善惩恶扬善、奖勤罚懒的社会治理机制。在荀子那里，赏行罚威不仅可以使财富涌流、富国足民，还可以使国泰民安、社会有序，这实为富国、安国、强国之道，实

---

① 《荀子·富国》。

为治国理政的有效方略。

另一方面是等差有别。《君道》篇阐发"能群"之圣王之治时，紧接着指出：

> 圣王财衍，以明辨异，上以饰贤良而明贵贱，下以饰长幼而明亲疏。上在王公之朝，下在百姓之家，天下晓然皆知其所以为异也，将以明分达治而保万世也。①

荀子从动机和效果统一方面分析了"明分使群"的圣王之治。他认为，古圣先王控制好富饶有余的东西来彰明区分等级，装饰贤能善良的人而显示各人地位的高低，装饰老少而表明各人的亲疏关系，并不是故意制造等级差别，而是要用它来明确名分、达到治理的目的，从而保证千秋万代永远太平。这里，荀子再次重申了他所推崇的"群而有分"和"等差有别"的社会治理之道。

以上我从社会儒学视野围绕人而能群的社会本质论、能难兼技的社会分工论、群居和一的社会理想论和明分使群的社会治理论四个层面对荀子的群学思想做了初步探讨，可以说荀子建构了由分群（群分）、能群、使群、善群、为群、利群、乐群、安群等一系列重群理念所建构的群学思想，它虽不是荀子社会儒学的主流，但不失为荀子社会儒学体系的有机构成，不失为如黄先生所深刻指明的有待今人发掘的丰富的思想宝藏。

---

① 《荀子·君道》。

第六章　文化儒学：当代儒学新形态

作为现代新儒学建构的一个新向度、新形态，"文化儒学"的生发与展开据目前掌握的材料显示是21世纪产生的文化现象。"文化儒学"作为一种儒学特定形态的概念范式最早由李维武明确提出。他在《儒学生存形态的历史形成与未来发展》一文中指出，儒学在从先秦至20世纪的发展中依次形成了人生儒学、社会儒学、政治儒学、形上儒学、考据儒学、文化儒学等不同形态，未来儒学的生存形态在于根据儒学的特质和中国人生活世界的变化，重建人生儒学，进一步发展文化儒学和形上儒学，做好社会儒学、政治儒学资源的转化。① 一直以来，我由于学问致力的方向兼跨儒学和文化，试图把二者加以打通、联结，加之近10年在学界张扬社会儒学，而文化正是社会大系统中的有机构成部分，因此对文化儒学给予了特别的关注和省思。我发现，虽然致力于儒学复兴与创新的学者具有强烈的儒学情怀，也取得了令人瞩目的开创性成果，但对文化儒学的本质内涵并没有展开充分的学理讨论，对诸如文化儒学的可能性、合法性、内容框架、基本特质、历史演变以及建构文化儒学的方法路径等问题也没有进行深入的系统的反思。基于此，我力图从何谓文化儒学、文化儒学何为、文化儒学为何和何以建构文化儒学四个方面对文化儒学的本质、作用、内容和建构方法、路径展开讨论。

---

① 李维武：《儒学生存形态的历史形成与未来发展》，载《中国哲学史》2000年第4期。

一、问题的由来

当前,一些有识之士涉及文化儒学问题,概括起来大致体现在如下方面:

(一) 以陈来为代表的"文化儒学"

在《价值儒学:接着新理学的新儒学价值儒学——陈来先生儒学思想述评》的访谈中,陈来强调当代有三种在场的儒学,即学术儒学、文化儒学和民间儒学;儒学在这个时代应当优先恢复作为社会文化和生活伦理的两部分,这可以叫社会文化的儒学或者生活伦理的儒学;要区分作为哲学的儒学和作为文化的儒教,哲学的儒学是学术儒学,而作为文化的儒教,既包括社会化、制度化、世俗化等存在的整合形态,也包括社会各个方面的一些基本建制和基础文化,如私塾、书院等。他强调,儒学理应是一种价值的儒学,这个价值儒学包括共同体的伦理和个人美德,共同体的伦理主要指社会文化和生活伦理,它根源于道德性与现代性的分裂以及要求克服这种分裂的内在要求。[①] 在另一处,陈来指出文化观是现代儒学思想的基础,文化观里已经预设了对儒学价值的肯定,文化儒学是站在儒家文化的立场、通过文化思潮论辩和文化讨论等方式阐述的文化观念和文化理念。由此可见,陈来所言说的文化儒学主要包括三个方面:其一是作为社会化、制度化、世俗化的整合形态、基本建制和基础文化;其二是以共同体伦理和个人美德为核心的社会文化和生活伦理;其三是体现儒家文化、儒家精神,借助于文化论辩和文化讨论等方式阐述出来的文化观念和文化理念。

(二) 以陈明为代表的"文化儒学"

在《文化儒学:思辨与论辩》论文集中,陈明主要讨论了诸如"即用见体""公民宗教""言意之辩""国学院""丧家狗""施琅大将军"等议

[①] 陈来、翟奎凤:《价值儒学:接着新理学的新儒学价值儒学——陈来先生儒学思想述评》,载《学术界》2012 年第 5 期。

题和话题。① 周良发、杨阳评述道，与蒋庆、干春松等人致力于儒学的政治化、制度化路向不同，陈明力图从文化视角展开自己的儒学诠释以重构新的儒学体系；他以"即用见体"为立论依据，以"公民宗教"为现实进路，构建儒学新的理论形态——"文化儒学"；陈明之"文化儒学"将国人的文化认同、身心安顿与文化重建联系起来，更具开放性和灵活性，极大地拓展了儒学研究的思维路向，但也面临着挺立与完善"文化儒学"的本体形态和宗教进路的现实困境等难题。总体上说，陈明"文化儒学"的出现很大程度上标志着中国大陆儒学复兴路向的新展开。② 徐治道反对单纯将"文化儒学"作为陈明所倡导的儒学的标识概念凸显陈明注重儒家生命关切的一面，而认为"文化儒学"的称谓可能来自陈明"儒学是一种文化而不仅仅是知识"的判断与进路，又或许是基于与蒋庆政治儒学、康晓光策论儒学等相比较区隔的背景和考量，但是"文化儒学"之名似乎还不足以统摄陈明对儒学之理解、阐发的全貌与精要，用"内生儒学"取代"文化儒学"可以反映陈明儒学致思的关键与根本——因为他总是在文化系统与民族生命内在关联和双向生成中把握现实问题的解决与儒学形态的构建。③

（三）以李承贵为代表的"人文儒学"

李承贵撰文指出人文儒学应该成为当今儒学的本体形态，这是因为，儒学虽然是一个庞大而复杂的思想体系，但它的核心内容和价值是人文主义，并以人文主义思想为目标；儒家思想随着社会的演进和主体的持续性诠释而得到丰富和发展，但丰富和发展的核心内容是人文主义，在近世以来的学科分化历程中儒学实现了由百科全书儒学到人文儒学的转变；儒家思想的诠释方法可以多种多样，但最适合儒家思想特质的方法是人文主义方法；儒家思想虽然遭受着被边缘化的命运，但人文儒学的特质却益加凸显，成为儒家思想的主色调，人文儒学可以周全而成功地解释和回应儒学

---

① 陈明：《文化儒学：思辨与论辩》，四川人民出版社2009年版，第1—2页。
② 周良发、杨阳：《儒学展开的新向度——简评陈明的"文化儒学"》，载《郑州轻工业学院学报（社会科学版）》2013年第1期。
③ 徐治道：《（生命—文化）内生儒学：陈明儒学理论的一个概述》，载任重主编《儒生》（第1卷），中国社会科学出版社2011年版，第98—116页。

所遭遇的某些挑战。① 在张弘看来，无论是"人文儒学"还是"后儒学"，都因为理论本身的悖谬而会陷入困境，它们也不足以挽救当今儒学破碎化的趋势，相反，应当把儒学视为转型时期的一种文化现象，这就是"文化儒学"的宗旨所在；所谓"文化儒学"，意味着在文化与儒学的双向互动的维度上探讨儒学的过去与现在，事实必将证明把儒学当成文化的现象来研究，在当下是最为贴切的，只有系统化的"文化儒学"，才是当今儒学发展的最合适空间。②

以上三种代表性观点各自从不同角度阐发了文化儒学的本质内涵、时代背景、主要特点和地位意义，但是又都不是那么精确和周延。到底如何理解文化儒学呢？我认为必须科学解读"文化"范畴。众所周知，有关文化的定义从19世纪以来在国内外学界就是仁者见仁、智者见智，至今仍未达成共识。我曾指出，归纳起来，文化大致可以归纳为四种指向和五种有代表性的定义。所谓四种指向，即历史指向、精神指向、非自然指向和地域性指向；所谓五种代表性的定义，即人本主义释义、行为状态释义、社会价值释义、社会描述释义和人类历史释义。文化本质上体现了社会主体旨在处理社会与自然及社会系统内部各组成部分之间关系的物质活动和精神活动的特质。从符号论角度说，文化同人创造和运用符号的活动密切相关③；从结构主义角度来说，文化是由物质文化、行为文化、规范文化和精神文化所组成的四元一体的有机系统。

根据我对文化本质和结构的理解，不难看出，陈来界定的文化儒学指向的主要是作为社会化、制度化、世俗化、伦理化的当代儒学存在形态。他把学术儒学、文化儒学和民间儒学作为三种相对独立的儒学形态，虽然在特定语境中赋予了特定的含义，具有一定的解释力，可严格来讲它不太科学、准确，因为学术不过是文化的特殊样态，是从属于文化系统的组成部分，本质上来讲文化儒学内在地包括学术儒学。而民间儒学作为大众化的儒学类型经常与作为精英化的学术儒学或经院儒学相提并论，但是，从

---

① 李承贵：《人文儒学：儒学的本体形态》，载《学术月刊》2009年第12期。
② 张弘：《"文化儒学"：当代儒学新的发展空间——兼评"人文儒学"与"后儒学"价值儒学》，载《学术月刊》2011年第7期。
③ 涂可国主编：《社会文化导论》，山东人民出版社2014年版，第2—4页。

宽泛意义上说，民间儒学并不是与文化儒学同一层次上的范畴，而是从属于文化儒学，它是儒学借助于社会化、民间化而外化出来的儒家文化层面，即陈来所说的既包括社会化、制度化、世俗化等存在的整合形态，也包括社会各个方面的一些基本建制和基础文化，处于相互交叉、相互渗透的关系之中。

陈明话语体系中的"文化儒学"只是从文化视角关照儒学，将儒学视为中国传统文化的主体，作为建构公民宗教、解决文化失语和发展当代中国以至世界文化的重要资源来诠释、重构儒学体系，确定儒学的地位和价值，从而区别于蒋庆的政治儒学、康晓光的策论儒学和干春松的制度儒学。这似乎表明陈明是在文化较为狭窄的意义上界定文化儒学。然而，他实际上经常立足于广义维度规定文化和文化儒学："'文化儒学'的'文化'则属于文化人类学意义上的概念，是指一个由人创造出来用以解决其生存、生活问题的，协调其与自然、社会及自己身心关系的符号性、工具性或意义性的系统。"[①] "在文化人类学的视域里，文化在结构上呈现为一个包含知识、信仰以及艺术、习俗等等的复合体。……文化人类学还有内在视角和外在视角的区分。作者自认属于前者，即试图表达一种作为文化承担者对自身文化的认知，而不似后者是表达一种'他者'对'异文化'的分析。"[②] 由此可见，陈明把文化看成是既赋予了包括知识、信仰、艺术、习俗等在内的文化现象学意味，又赋予为主体所创造、所体认、所认同的内在的意志性、本体性意味。即便如此，他也没有对文化儒学做出明确的、定义式的解读。

相比较而言，李承贵对"人文儒学"的诠释较为到位，也较为透彻，只是以此去理解文化儒学也存在一定的局限性。一方面，他把人文主义当成古典儒学的核心内容、价值和目标，这固然符合传统儒学的原义，却并不准确。我也曾从在神人关系上表现为弱宗教、弱神学，在价值世界与现实世界的关系上呈现为内在超越型文化，在天人关系上把人道置于天道之上，在人与宇宙关系上充分重视和肯定人的地位和价值，在官与民、国与

[①] 陈明：《文化儒学：思辨与论辩》，四川人民出版社2009年版，第3页。
[②] 陈明：《文化儒学：思辨与论辩》，四川人民出版社2009年版，第3页。

民的关系上系统阐发了民本主义思想,在科学与人文关系上重视人的人文性问题而轻视其科学性问题五个方面揭示了儒学所呈现出来的人文主义特征。以杜维明为代表的新儒家也极力主张把基于儒家资源的新人文主义("精神人文主义")作为儒学创新的表达或路径。不过,且不说儒学思想系统中是否蕴含着某些非人文主义要素,即便就"人文"与"文化"、"人文儒学"与"文化儒学"两对范畴而言,彼此也存在一定的异同性。一般说来,当代语境中的"文化"只是一个名词,而"人文"一词可分为形容词和名词两义,作为形容词的"人文"相当于英文中的humanism,与"文化"相对应的英文词则是culture;作为名词的"人文"则同"文化"同义,指非自然的人工领域,如文章、文制、教育、科技、文艺等。据此,"文化儒学"主要指向儒学的特殊形态,而"人文儒学"则不仅表达一种儒学的样态和根本内容,还标志着儒学的基本特质和发展方向;"文化儒学"虽然也要关注有关人自身的儒学思想,但侧重点在儒家有关具有社会外在化、现象学意义上的文化观念、文化主张和文化思想,而"人文儒学"更为注重儒家以人为中心的人性、人生、人伦、人道、人格等方面展现出来的人文精神、人文思想、人文方法和人文成果;儒家思想诚然以人文思想为核心、为根基,建构了特色鲜明的"人文儒学",但对伦理、文艺、法律、制度、宗教、教育等文化领域同样做了深入思考,形成了极为丰富的文化思想,奠定了当代"文化儒学"的基石。另一方面,"人文儒学"某种意义上的确具有核心和本体的地位和特性,但绝不是唯一的。不可否认,如同李承贵所言,儒学既具有古典人文主义所彰显的注重以人为中心、肯定个人现世的享受快乐、个性解放自由等特质,也具有当代人文主义所强调的推崇人性完美崇高、凸显伦理至上、反对封建专制、高扬理性平等和主体性、提倡个人创造和科学知识等思想特质,但是儒学的核心不是古典人文主义倡导的感性的或物质的人文内容、特质,而是人伦道德(仁又是其中的核心),是唐君毅、杜维明等现代新儒家所表彰的当代人文主义注目的内容,因而可以承认有儒家道德本体论,抑或说道德儒学构成了儒学的本体论(如仁本体论)。在特定意义上,"人文儒学"构成了儒学的本体,而且随着近世以来的学科分化,儒学原有的内容也不断分化,但若如李承贵所说的那样,"人文儒学"是唯一的、绝对的本体,当代已经实现了由百科全书儒学到人文儒学的转变，这势必牺牲掉儒学丰富多彩的、极为宝贵的内容，造成儒学系统中本有的体用的割裂。假如说体现儒家为人之道的"人文儒学"是儒学的本体，那么"生活儒学""政治儒学""制度儒学""文化儒学""道德儒学""社会儒学""哲学儒学""宗教儒学"等并非仅仅为"用"的层面，尤其是体现儒家为政之道的政治儒学，同样构成了儒学的本体，而其中体现儒家泛伦理主义根本特质的"道德儒学"作为"人文儒学"和"政治儒学"的中介是儒学的核心和枢纽。"人文儒学"对于整治由现代化造成的过度理性主义、科学主义、个人主义、非道德主义等弊病确实具有跨时空、超情景的普遍价值，也可以在一定程度上解释和回应儒学所遭遇的某些挑战，但是它绝不是万能的，并不能包医百病；同时它不应是排他的，而必须和其他儒学形态一起以多元一体、理一分殊的姿态共同实现儒学的整体性转换创新，共同应对儒学面临的理论和实践上的双重挑战。

二、何谓文化儒学

要正确把握文化儒学的本质内涵，必须科学认知文化与社会之间的双向关系。我上面指出，"社会"范畴除了在"国家—社会"语境中被运用外，还经常在三种不同对应概念的关系范式中获得自身特殊的规定性：一是"自然—社会"关系范式，在此种语言环境下，人（包括个人、群体、人类）只是社会的一个内在要素、部分或环节，文化也是其中的构成因素；二是"人类—社会"关系范式，在此种语言环境下，人就不包括在社会范畴之中，社会是一个包括文化子系统的，由无数关系、现象和实体所组成的超于个人之上的有机系统；三是"文化—社会"关系范式，在此种语言环境下，"文化"是独立于"社会"之外的有机系统，而"社会"则将人（包括个人、群体、人类）纳入其中。我倾向于把社会视为包括人、文化和狭义社会的大系统，如此社会儒学就是一个相对于自然儒学而言的，包括人类儒学、文化儒学和狭义社会儒学的有机体系。

我曾经把社会儒学分为三个方面，即作为思想内容的社会儒学、作为功能实现的社会儒学和作为存在形态的社会儒学。既然文化儒学是从属于社会儒学的特殊儒学形态，那么它必定蕴含着这三个层面。无论是陈来还是陈明，他们所认为的"文化儒学"主要指向的是作为存在形态的儒家文化而忽视了作为思想内容和功能实现的文化儒学，倒是李承贵在阐述"人文儒学"的过程中不太自觉地涉及"文化儒学"的这三个方面。通过近年来对"文化中国"概念范式的深入思考，我认为文化儒学还应加上一个维度，这就是作为象征图像的维度。下面围绕"文化儒学"的四个层面扼要分述之。

（一）作为思想内容的文化儒学

所谓作为思想内容的文化儒学，实质上就是儒家对各种文化问题进行思考、整理、批判所产生的思想、观念或学说，简言之，就是儒家的文化思想。虽然文化与人、社会密切相关，有时很难剥离开来，但毕竟具有相对独立性，这意味着作为思想内容的文化儒学区别于儒家关于人（文）和社会的知识而指向儒家观念形态的精神文化思想，具体地说就是儒家关于文、文质、文治、人文、语言、文艺、科技、学术、知识、诗教、乐教、宗教、道德、伦理、道统、学派、经典等方面的思想，由此分别构成了语言儒学、文艺儒学、科技儒学、学术儒学、知识儒学、诗教儒学、乐教儒学、宗教儒学、道德儒学、伦理儒学、道统儒学等多种多样的儒学类型。李承贵所构想的"人文儒学"从对象性内容来说实质上是体现了人文主义特质的儒家人学，也就是我所说的人类儒学，而他作为立论基础的"仁"实为儒家伦理之核心，由此成为作为文化儒学的重要形态的道德儒学的枢纽。如果说人类儒学是儒学的根基、政治儒学是儒学的枝叶的话，那么道德儒学就是儒学的主干，这三者共同支撑起了儒学的总体框架。作为思想内容的文化儒学，既是儒家的创造性贡献之一，也是儒家思想宝库的精华所在。

（二）作为功能实现的文化儒学

这又分为两个方面。一方面，儒学作为中国传统的主导型文化同社会尤其是文化之间的双向互动，为其功能的实现提供前提。它表明，历来儒学并不是完全自主的封闭系统，而是时刻受到外在社会文化的影响与塑造，譬如东夷文化和六经之学对先秦儒学的前提性渗透、墨家和道家对原始儒家的批评、佛道对宋明理学的介入、西方新学对现当代儒学的冲击等。更为重要的是，历代儒家基于强烈的文化使命感和社会责任感关注所面临的文化的流变、文化的传承、文化的创造、文化的整合、文化的变革、文化的复兴、文化的教化等诸多文化问题（如礼崩乐坏、人文化成、学做圣贤、敦风化俗等），并将这些对象性内容纳入自身的思想体系中来，通过创造建构丰富多彩、源远流长的作为思想内容的文化儒学，或者如陈来所说的"学术儒学"；反过来，儒学也会借助各种社会化方式和途径向社会文化领域传播、转化、推广，例如尊孔读经、科举取士等，以此去干涉人的文化生活、塑造社会的文化环境、锻造人的文化心理，这一视域中的文化儒学也包含着陈来讲的站在儒家文化的立场，通过文化思潮论辩和文化讨论等方式阐述的文化观念和文化理念。另一方面，与上述紧密相关的是，儒学的思想内容、智慧精华往往借由外化实现自己的文化功能——塑造人格、行为整合、统一思想、确定目标、协调关系、人文导向、观念批判、精神改造等，像儒家纲常伦理对人行为的调节，儒家的入世情怀、进取精神、家族伦理、实用理性等对人生的激励，儒家"六艺"及其他人伦知识借助于科举考试等方式对民众的教化、感化等，都是儒学发挥文化教化、激励、塑造、批判、导向、示范等功能的重要表征。

（三）作为存在形态的文化儒学

正是在儒学与社会的双向关照、双向批判、双向参与和双向影响过程中，作为思想内容的文化儒学通过社会化、外在化、主体化实现功能展现，融入教育、道德、语言、文艺、科技、学术、宗教、习俗等各个领域，转换为各种文化存在形态，建构起物质、行为、规范和精神四个层面的文化儒学：一是为了宣传、推行、尊奉、传播儒家思想和儒家人物而建造的物态事物，如府学、文庙、乡校、私塾、碑刻、牌位、文物等，构成了物质化的文化儒学；二是有关儒学的制度化规定（秦汉时期的博士制度和儒生制度、汉武帝的"独尊儒术"、隋唐宋元明清的科举考试制度等）和根据儒家规范思想所制订的乡规民约、家规族规、校训学规等，这些形成了制度化、规范化、建制化的制度儒学；三是围绕传播、宣扬儒学精神而由不同社会群体开展的读经、会讲、教书、祭祖、家教、祭孔等活动，使儒学潜移默化地融入人们的婚丧嫁娶、衣食住行之中，建构了生活化、平民化、日常化的"平民儒学"（民间儒学）、"生活儒学"和"行动儒学"；四是经过长期的以儒化人、以儒化文、以儒化俗、以儒治国，在儒学文化圈里构建了以儒家思想为核心，以儒家观念、儒家信仰、儒家情感、儒家思维、儒家态度（如对儒学的认同或排斥）、儒家精神（如儒商精神）、儒教、儒学文艺、儒家道德等为主要内容的观念形态的精神儒学——学术儒学、道德儒学、教育儒学、文艺儒学、科技儒学、宗教儒学等。

（四）作为象征图像的文化儒学

"文化儒学"不仅指向思想内容、功能实现和存在形态，还可以指向体现良好文化质量、文化特质、文化象征、文化样貌的儒学，它既指由某种文化特质所呈现出来的儒学形象，也指不同时期中国文化体系所展现出来的儒学面相；既可以解释为历史的或现实的借由某些儒家文化符号（如"三孔""三孟"）所传达出来的儒学象征，也可以理解为未来儒学创新性发展的、理想化的图像或目标等。换言之，"文化儒学"将作为特定的学术范式、思想范式和实践范式，既成为儒学在传播、宣传、交流、吸收上赖以倚重的特殊文化符号意象，也成为用以说明儒学在中华文化乃至世界文化中重要地位的标示性概念。据此，"文化儒学"将引导普通大众立足于文化的立场把儒学作为具有旺盛生命力的文化类型、文化资源、文化遗存去体认、去接受，激励儒学研究者和爱好者坚定文化自觉、文化自信、文化自主，努力建构代表人文社会科学一定方向，饱含丰富的知识体系、文化样态和思想智慧的儒学，也推动社会上一切有识之士把儒学当作古圣先贤呕心沥血创造出来的珍贵文化资源去挖掘、利用、传播。可以相信，通过一种人文视野不带偏见地多方打量、关照建构和传扬，儒学一定将在多样性的世界文化版图中以中国文化特质、中国文化符号和中华民族气派的形象展现出来，在世界不同文明的交流、对话、互鉴中向世人充分展现自身的强大魅力。

三、文化儒学何为

有的人不仅会问文化儒学"是什么"，也就是"何谓"的问题，还会提出文化儒学"做什么"和"能做什么"("为什么"),也就是"何为"和"为何"的问题。换句话说,文化儒学的基本内容或框架到底是什么。我认为,文化儒学理应包括以下五个方面的内容:

(一) 对儒家文化思想的阐释

如果说大家对中国传统哲学包括儒家哲学的存在合法性有质疑的话,那么,儒家文化思想的存在合理性应当不会引起大的争议。对儒家文化思想的阐释又可以分为分论和总论两个层面。所谓分论就是运用文化学的基本概念、观点、范式和方法对儒家关于思想、观念、情感、道德、伦理、文艺、科技、风习、学术、宗教、规范(礼)等具体的文化现象、事态、活动的思想观念进行探讨,由此构成作为对象性内容、丰富多样的分支文化儒学;所谓总论就是对儒家有关文化本质、文化发生、文化功能、文化价值、文化动力、文化观念、文化生命、文化差异、文化冲突、文化活动、文化传播、文化采借、文化进化、文化态度、文化英雄、文化结构、文化类型、文化精神、文化整合等普遍性的重大文化问题的思想观念展开研究,据此生成普通文化儒学。

对总论性质的儒家文化思想的阐述可以从不同向度展开,从而建构完善的普通文化儒学:

一是横向上按照文化的主题论述儒家有关文化本质、文化功能、文化价值、文化动力、文化生命、文化冲突、文化结构、文化类型、文化精神、文化活动和文化整合等一系列问题。此外,还要关照儒家对文化与人(人性、人格、生命等)、文化与自然、文化与社会等一般性问题的思考。

二是纵向上探究先秦儒学、两汉经学、魏晋玄学、隋唐佛学、宋明理学及清代朴学所蕴含的文化思想。由于受到西方文化哲学、文化人类学、文化社会学等的影响,现代新儒家等对许多文化论题做了深刻的、自觉的理性思索和系统建构,值得文化儒学重点关注。

三是立足于主体维度进行儒家文化思想的个案研究,集中讨论与儒家有关的文化的本质、文化的终极依据、文化的发展规律、文化发生的机制等问题。令人高兴的是,迄今国内对梁漱溟、张君劢、马一浮、熊十力、冯友兰、贺麟、钱穆等现代新儒家文化观的个性化研究已经取得了较为丰硕的成果，如柴文华的《现代新儒家文化观研究》、洪晓楠的《张君劢对当代新儒家文化哲学思潮发展的影响——以"科玄论战"为例》等。

四是综合性研究。由朱人求撰著的国内第一本系统阐发儒家文化哲学的专著《儒家文化哲学研究》不失为这方面的典范。它既涉及儒家对文化与人性、文化与生命、文化与教化、文化与历史、文化与理想、文化与人格等问题的哲学省思，也论及由文化发生论、文化发展论、文化动力论、文化自觉论、文化生命论、文化教化论、文化方法论等所构成的儒家文化哲学逻辑体系，同时还辅以朱熹、梁漱溟、钱穆等儒家代表性人物的文化哲学进行具体的个案研究。[①]

（二）对儒学与文化双向互动关系的研究

我虽然不太赞成张弘"儒学大规模复兴及得到尊崇只可能是奢望"的观点，但认同他关于"文化儒学"必须注重对儒学与文化双向互动关系的研究的识见，肯定他就"文化儒学"系统化工程涵盖面所做的规划：儒学演变的研究、儒学影响的研究（包括儒学受到的影响和它发挥的文化影响两个方面）、儒学与权力关系的研究、儒学与现代社会的关系研究和儒学现代转型及其可能性的研究。[②] 当然，张弘这一"文化儒学"的内容构想侧重于宏观社会视野，许多属于社会儒学关照的范围，而不属于中观的文化儒学承担的职责，难免有越界之嫌。在我看来，文化儒学对儒学与文化双向互动关系的研究所应做的项目主要有以下四个方面。

首先，从整体性角度把儒学当成儒家文化的核心纳入整个中国文化系统中，考察儒家文化的沉浮兴衰、历史流变，分析儒家文化特别是儒学文化在传统中华文化大格局中所处的历史地位、所扮演的文化角色，探讨儒家文化是不是传统华夏文化的主体。思考这一主体地位又是何时、怎样确立的，还要进一步探究儒家文化向儒家文化圈——韩国、日本以及其他东南亚国家传播的历史过程、具体机制。

其次，从类型学角度阐释儒家文化与其他各种文化形态的相互冲突、

---

① 参见朱人求：《儒家文化哲学研究》，安徽人民出版社2008年版，第1—4页。
② 参见张弘：《"文化儒学"：当代儒学新的发展空间——兼评"人文儒学"与"后儒学"价值儒学》，载《学术月刊》2011年第7期。

相互竞争、相互渗透、相互融合，考察齐鲁文化包括东夷文化对孔孟荀的原始儒学、宋初三先生儒学等齐鲁儒学造成的影响，揭示中原文化、三秦文化、吴越文化、岭南文化、巴蜀文化等不同地域文化是如何塑造二程洛学、张载关学、朱熹理学、阳明心学等不同儒学流派，阐发道家文化、兵家文化、佛家文化、墨家文化以及《周易》文化等思想学术文化与儒家文化之间的交流、互鉴；同时注重研究中国传统政治文化、经济文化、法律文化、养生文化等社会文化对儒家文化的内涵、走向、特点、变迁等造成的影响，以及儒家文化对它们产生的反作用。

再次，探讨儒家文化在近现代（16世纪以来）内外文化冲击下的遭遇、困局和转型，研究中国商品经济的萌生、实学思潮的崛起、科举制的废除等给儒学命运带来的改变，把握太平天国运动（"打倒孔家店"）、洋务运动、戊戌变法、"尊孔读经"运动、"五四"新文化运动和"文化大革命"（"批林批孔""评法批儒"）等如何左右儒学发展态势的真相，分析西方基督教、天主教等外来宗教文化的传入，包括格致之学在内的西方新学的引进等对儒学产生的巨大冲击。

最后，立足于中国现代化的视域，研究在新的文化背景下不同时期儒家人物建构诸如新心学、新理学、新道学、新仁学等"新儒学""后儒学""后新儒学"的文化意蕴，以及由海内外学者构建的政治儒学、制度儒学、生活儒学、人文儒学、生命儒学、社会儒学、进步儒学、自由儒学等各种儒学形态的文化地位、文化意义。尤其要结合在当代中国文化繁荣发展、文化强国建设、文化大众化、文化世俗化、文化产业化、文化对外开放等文化现代化过程中，儒家文化的传承、适应、创新、再生、转型与复兴，认识和评价儒学对于当代中国文化体系文化奠基、文化资源、文化批判、文化融合和文化重构等方面的意义和作用，阐发儒家文化与中国文化现代化、民间信仰、价值重建、人格塑造、精神家园构建等的双向关系问题。

（三）对儒学文化功能的阐发

这里务必区分"儒学文化的功能"和"儒学的文化功能"两个概念。前者是指儒学作为一种特定的文化形态所呈现出来的各种社会功能、价值，譬如儒学的经济功能、政治功能、法律功能、外交功能、社会保障功能、生态文明功能、家庭功能等，它属于大社会儒学管辖的范围。后者既包括儒学的文化分析功能、批判功能、激励功能、整合功能、规范功能、教化功能和奖惩功能等，这一论域虽然与我从社会儒学维度阐释的儒学社会功能存在一定的差异，但大体内容和基本思路相同，因而不妨参考借鉴；还包括儒学在各个文化领域或层面所表现出来的功能价值，如儒学的思想价值、情感价值、道德价值、文艺价值、科技价值、学术价值、宗教价值、规范价值等。

这一视域的文化儒学不仅要探讨儒学在传统中国社会所产生的各种文化功能效应，如客观分析儒家的纲常伦理对传统中国人道德意志的塑造，更要站在当代文化发展的角度来评估儒学的文化作用与意义。尽管儒学近代以来随着中国社会出现了"三千年未有之变局"受到极大冲击而出现一定的崩解，但仍有一些沉淀为中国人的一种深层文化心理结构，因此它作为正在进行时的文化资源还在发挥不可否认的作用与影响。虽然自古以来儒学并不像某些文化极端保守主义者或"儒学本位论"所宣传的那样只具有纯粹的正面价值，而是正反兼具，但是它所蕴含的思想观念、人文精神、价值理念、道德规范等对当代中国文化建构仍然具有积极功效，如它对君子人格的设定、对人道德素质的提振等。儒学文化有着尊师重教的传统，它崇尚文风，注重血缘亲情，提倡善待他人、谦逊礼让、诚实守信，讲求礼乐文明等，这些古风古韵至今仍濡染着中华大地的民风民俗，为当今民众提供了日用而不知的文化环境。儒学文化更成为当今中国文化发展的重要特色和宝贵资源，这充分体现在它所具有的旅游资源、载体资源、品牌资源和要素资源上，且以此极大地提高了文化产品的附加值和知名度。

对于文化儒学，尤其需要关注的是儒学对当今价值观的融合贯通、整合功能。要知道，培育和践行由核心价值观、基本价值观和外围价值观组成的价值观体系是当代中国所面临的重大时代性课题，而儒家不仅提出了丰富多样的自然价值观、社会价值观，还创建了博大精深的个人价值观，以儒家文化的基本价值取向、价值导向为主体凝聚而成的价值观，包括仁爱孝悌、修己安人、谦和好礼、诚信友善、精忠爱国、克己奉公、修己慎独、见利思义、勤俭廉政、笃实宽厚、勇毅力行等，能够对历史上的和现代的中国价值观的重建发挥良好的怡养、涵育作用，在合理价值观的重塑中提供深厚根基、有益借鉴和有效载体。对儒学价值观给予古今价值观的涵养、培育、锻造作用的具体机制、方法路径展开深入研究，是文化儒学（尤其是价值儒学）不可推卸的重大责任。

（四）对儒学文化遗存的阐发

完成该层面的文化儒学任务需要注意如下事项：

一是从纵向的角度借鉴历史学、考古学、文献学、古典学等人文社会科学学科的研究方法和经验，通过深入挖掘、梳理儒学文化遗迹、文献、史料等"死的"文化遗存，对历史上不同类型、不同层面的儒学彼此之间的结构、联结、冲突、融通进行实证分析，展开主体性的保护、诠释、创新，使之得到"活的"创造性转化和创新性发展。与此同时，要对那些流传下来的儒学文化传统和当今各界人士创造的众多思想观念形态的儒学（如学术儒学、道德儒学、教育儒学、文艺儒学、科技儒学、宗教儒学、民间儒学等）展开经验调研和理性分析，深入探究和把握它们的构成、特点、意义、地位、成就、问题和发展方向、路径。

二是立足于主—客体视角窥视作为存在形态的文化儒学表现为个人主体形态的儒学文化（类似于波普尔所说的世界二）和由物质（类似于波普尔所说的世界一）及道德、宗教、教育等负载的客体形态（类似于波普尔所说的世界三）的儒学文化两大层面，它不可能不触及人内心世界的儒学积淀，也可以像陈明那样建构生命—文化儒学，但是应当明确，社会主体内在的儒学文化主要是李承贵言说的"人文儒学"和我提示的"人类儒学""生命儒学"研究的对象性内容，故唯有外在的物质化儒学和观念态儒学才是文化儒学真正关心的对象。

三是固然应对通过社会化、外在化、主体化生成的物质、行为、规范和精神方面的文化儒学进行全方位、立体式的挖掘、阐发，但更应把着力点放在观念形态的精神儒学研究上。这是因为，如果文化儒学不把精神存在的儒学从整个存在形态中剥离出来，一股脑地加以覆盖，那就无法同上位的社会儒学区别开来；精神形态的儒学不但影响大、易于传播，能够跨越时空界限，而且是儒学生生不息的源泉，也是儒学保持旺盛生命力的根基；况且，儒学其实是一种儒家知识分子创建的学术形态，严格意义上只有学术儒学才能被称为儒学。

（五）对儒学文化图像的探讨

毋庸置疑，儒学本身就是一种历史悠久、博大精深的传统文化和文化传统，但问题是怎样使它在激烈的文化竞争、文化冲突中更加丰满、充实，使之具备更高的文化含量、更好的文化品位，以愈加美好的文化形象示人。

为此，一要从学理上运用文化学的概念、方式、方法去透视、发现、诠释儒学。对前述作为思想内容、功能实现、存在形态和象征图像的儒学进行文化分析，待时机成熟时建构儒学文化学。这方面彭立荣的《儒文化社会学》①尽管旨在围绕儒家文化核心议题（如儒家文化的渊源、儒学发展的历史脉络等）展开社会学的探索，并非完全意义上的儒学文化学，但它毕竟涉及儒学的诸多文化层面，为儒学文化的学理构建做了某种示范。

二要大力推进儒学的人文化。文化儒学应该探讨如何借助于儒学经典诵读、影视创作、会议论辩、学术会讲、大众讲座、修学旅游等多种方式，把儒学倡导的价值观念、人生态度、道德追求和审美情趣等思想精华融入文艺作品、学校教育、大众传媒、创意产品、日常伦理、行为规范等文化领域之中，吸收进中国甚至世界主流文化之中，思考如何在实践中更加广泛地发挥儒学在文化方面的润泽、教化、范导、建构作用。

三要发掘、确立和宣传儒学的文化象征。要建构具有较强影响力、竞争力、辐射力、诠释力的儒学形象，文化儒学的一个重要使命就是深入挖掘能够代表儒学的主体文化象征，使之符号化、外在化。从物质文化来说，既可以把"四书五经"这一业已成型的儒家经典当作儒学的标志，还可以像郭沂、梁涛等学者那样从其他儒家的经史子集中进行遴选，构成新的体现儒学精华的经典体系之类的文化符号，当然诸如"三孔""三孟"之类的物态建筑是儒学象征的不二选择。从行为文化来说，虽然像曲阜的祭孔大典不够规范，但只要加以完善，还是可以纳入儒学的标识性符号意象系统中。另外，一些地方开展的成年礼仪式活动也可以作为儒学符号的选择。从规范文化来说，毫无疑问，应当经整理后将儒家"三礼"（《周礼》《仪

---

① 彭立荣：《儒文化社会学》，人民出版社2003年版，第1—3页。

礼》《礼记》）和新时期伦理标准列入儒学象征体系之中，而彰显儒家规范伦理的《洪范九畴》《弟子规》等以及三国诸葛亮的《诫子书》、北齐颜之推的《颜氏家训》、宋代司马光的《家范》、朱熹的《朱子家训》等影响甚广的家训家规也应作为儒学的主要象征加以推介。从精神文化来说，恐怕儒家所极力推崇的仁义之道、为礼之道、忠恕之道、孝悌之道等最能成为儒学文化的象征，也是最能显示儒学品格和精粹的文化符号，因而它们是儒学文化象征的必要选项。

四、 文化儒学为何

以上简明地阐述了文化儒学的基本内容框架，接着要回答它的价值、作用所在。陈来虽然指出了"潜隐"的"民间儒学"、"在场"的"学术儒学"和"文化儒学"三种儒学存在形式，却没有展开讲述"文化儒学"的意义何在。陈明一般性地揭示了在现代性和全球化的语境中儒家传统的重振必须同时承担两个方面的功能：既要为文化认同的维持提供象征，又要为自由民主的落实创造条件，而没有就"文化儒学"的价值做专门论述。不过，从他的"即用见体"和"公民宗教"核心文化理念当可以窥见他是出于文化的立场把儒学作为一种优秀文化传统本体进行建构，强调儒学由知识中心的话语思维范式转向文化中心的话语思维范式，并指明要致力于其经世致用（文化认同、身心安顿与文化重建）[1]。张弘在评述"人文儒学"与"后儒学"时提出了"文化儒学"开拓了当代儒学新的发展空间[2]的观点。比较而言，李承贵对"人文儒学"的当代意义做了较为系统的阐发。他指出，人文儒学是儒家思想生长之源，是儒学的本体形态，是被分化出来的儒学学科体系之核心，因而可以周全而成功地解释和回应儒学所遭遇的某些挑战——儒学功能诉求过多所形成的挑战、儒学开出"新外王"所形成的挑战、儒学价值遭受质疑所形成的挑战[3]。我在论述多元一体的社

---

[1] 陈明：《文化儒学：思辨与论辩》，四川人民出版社2009年版，第5—18页、第41—51页。
[2] 张弘：《"文化儒学"：当代儒学新的发展空间——兼评"人文儒学"与"后儒学"价值儒学》，载《学术月刊》2011年第7期。
[3] 李承贵：《人文儒学：儒学的本体形态》，载《学术月刊》2009年第12期。

会儒学的意义时指明了它对于儒学的发展、传播、普及、应用的价值，强调它能够促成儒学的结构优化、强化儒学的整合统一、促进儒学的经世致用，应当说这些也是文化儒学的功能所在，在此我进一步补充两点。

(一) 完善儒家思想体系

儒学既是一种文化体系，也是一种知识体系（知识是文化的有机要素），不能把二者对立起来。作为一种知识体系和文化体系合二为一的悠久传统，儒学具有博大精深的思想形态。从宏观来看，儒家文化思想与人的思想、社会思想共同构成了庞大的儒家思想系统。古典儒家的确缺乏系统化的、整体性的文化反思，更无文化哲学的自觉理性建构，但是，某种意义上儒家哲学的支柱除了人生哲学、政治哲学外，就是文化哲学。儒家大致从两个层面论及了许多重大文化问题：一方面是以仁、义、礼、智、知、信、孝、乐、技、艺、诗、歌、曲、神、言、行等为核心范畴，建构了社会生活不同领域的道德论、伦理论、智慧论、知识论、文艺论、科技论、诗歌论、宗教论、神话论等，形成了多种多样的分支文化儒学；另一方面则是针对现实中出现的文化断裂、文化无序、文化混乱、文化冲突等问题（如礼崩乐坏），历代儒家隐含地或明言地从不同角度探索和解答了有关文化本质、文化功能、文化价值、文化动力、文化冲突、文化结构、文化类型、文化模式、文化精神、文化活动、文化整合、文化转型以及文化人性、文化生命、文化教化、文化理想等问题，提出了极为丰硕的文化思想。

基于明言的维度，儒家以"文"为轴心阐述了重要的文化思想观念。其一是文化的内涵。正如朱人求指出的，古汉语中"文"有纹花、纹身、文字、文献、文学、文章、文彩、文饰、人文等多种含义，大体上相当于与自然状态相对的人为的活动及其结果；在先秦儒家典籍中，"文"一开始就与"纹"相通，带有"象征符号"的思维形式和本质特征[①]。其二是文化的功能。《周易·贲卦·象传》揭示了"观乎天文，以察时变；观乎人文，以化成天下"的观念，孔子同样意识到文化的作用，指出："言之无

[①] 朱人求：《儒家文化哲学何以可能》，载《福建师范大学学报（哲学社会科学版）》2003年第4期。

文，行而不远。"① "君子博学于文，约之以礼，亦可以弗畔矣夫。"② 其三是文化的人格塑造。在儒家看来，文化乃是培育理想人格的组成元素，于是孔子才说："质胜文则野，文胜质则史。文质彬彬，然后君子。"③ "文之以礼乐，亦可以为成人矣。"④ 颜渊不无感叹地道："夫子循循然善诱人，博我以文，约我以礼。"⑤ 其四是文化的演变。孔子表示："周监于二代，郁郁乎文哉！吾从周。"⑥ 并以强烈的文化自信声言："文王既没，文不在兹乎？天之将丧斯文也，后死者不得与于斯文也；天之未丧斯文也，匡人其如予何？"⑦ 其五是文化的教化。孔子主张用四方面的内容对人进行教育："子以四教：文，行，忠，信。"⑧ 其六是文化的交往。曾子提倡朋友之间的文化交流与互惠："君子以文会友，以友辅仁。"⑨ 除《论语》外，儒家其他典籍不乏文化方面的言论，恕不一一列举。

迄今为止，海内外对儒家文化思想的研究主要集中在文化大系统下属的子系统方面——道德论、伦理论、智慧论、知识论、文艺论、科技论、诗歌论、宗教论、神话论等，相关成果可谓汗牛充栋。可是也许由于儒家文化思想较为分散、不成系统，也没有上升到自觉的理论高度，导致学术界严重忽视了儒家隐含的事关文化本质、文化功能、文化价值、文化动力、文化冲突、文化模式、文化精神、文化活动、文化整合等问题的思想和明言的文化思想观念，只有黄玉顺、朱人求等极少数人给予了关注，以至于由傅永聚、韩忠文主编的《二十世纪儒学研究大系》中的《儒家文化思想研究》导言所讲的并非"儒家的文化思想"而是"儒家文化的思想"⑩。本来，除了基本原理外，儒家思想主要是由自然思想、人类思想、文化思想和社会思想四大部分组成的复杂系统，然而正是由于学术界对其文化思想的漠视，严重影响了它的整体性和完整性。未来，只有继续深入发掘儒家

---

① 《左传·襄公二十五年》。
② 《论语·雍也》。
③ 《论语·雍也》。
④ 《论语·宪问》。
⑤ 《论语·子罕》。
⑥ 《论语·八佾》。
⑦ 《论语·子罕》。
⑧ 《论语·述而》。
⑨ 《论语·颜渊》。
⑩ 杨春梅：《儒家文化思想研究》之《导言》，中华书局2003年版，第1—20页。

文化思想并加以系统阐发、整合，才能使儒学变得更加完善、更具魅力。

(二) 强化儒学的现代定力

其一，文化儒学具备强大的解释力，可以应对儒学面临的不少挑战。且不说李承贵所说的"人文儒学"有许多内容如儒家伦理属于"文化儒学"的范畴，因而他陈述的"人文儒学"可以解释和回应儒学所遭遇的某些挑战同样适用于证明"文化儒学"在现代所呈现的文化功能和文化定力，即便是文化儒学的其他内容也可以应对儒学受到的攻击、批判、质疑。一些人指责儒学阻碍了中国科技的发展，难道不正是儒家尊师重教的传统为当代科教兴国、科技创新提供了深厚的文化支撑吗？有的人攻击儒家的"礼教杀人"，殊不知，儒家历来主张"礼有损益""义礼合一"；还有人反对儒家"诗言志""文以载道"的理念，认定它会妨碍文艺的个性化发展和真实情感的表达，实际上，正是儒家的这一创作原则才抑制了文艺领域"三俗"（低俗、庸俗、媚俗）文化的过度膨胀。诚然，随着当代科学学科的不断分化，儒学不可能成为"百科全书"，就是整部《论语》也治不了天下，也不能指望儒学顺畅地承担科学、民主、自由、平等、人权等一切价值。但是，这并不等于李承贵所说的儒学只能退守到生命哲学、人文领域而放弃固有的文化思想、政治思想等传统领地。其实，即使是人文领地也并没为"人文儒学"所独占，像生命科学、道德科学等就介入其中；而其他领地也并不是只为非儒学学科所霸占，诸如文化儒学、政治儒学、宗教儒学等也能找到适合自己的独特位置。只有实现文化儒学、人文儒学、政治儒学、宗教儒学等不同儒学形态多样性、协调性、个性化的创新性发展，才能从整体上增强儒学的解释力、话语权，才能共同应对儒学面临的种种挑战。

其二，文化儒学赋予儒学以多种文化功效，能够满足人们的精神文化需要。儒家文化思想观念积淀着中华民族深层的精神追求和崇高的精神品格，凝聚着优秀的传统美德、健康向上的价值追求和远大的社会理想，确立了个人待人处世的行为规范和生存智慧，如此才在当代中国社会掀起了一股股"儒学热"，得到了越来越多的人认同，这为儒学站稳脚跟奠定了良好的基础。文化儒学本身蕴含着大量文化知识、文化信息，可以使人学以益智、学以修身，正如习近平总书记在中央党校建校80周年庆祝大会暨

2013年春季学期开学典礼上的讲话所言:"学史可以看成败、鉴得失、知兴替;学诗可以情飞扬、志高昂、人灵秀;学伦理可以知廉耻、懂荣辱、辨是非。"特别是在文化与经济、政治、社会越来越相互交融、越来越一体化,越来越成为民族凝聚力和创造力的重要源泉,越来越成为综合国力竞争重要因素的社会背景下,文化儒学与其他儒学形态能够一道成为民族文化自信心的必要条件、文化软实力的有力支撑、国际竞争的独特优势和社会发展的文化资源,更强化了儒学的影响力与生命力。

其三,文化儒学的建构并非多此一举,而是可以使儒学在当代的基础愈加牢靠。作为儒学的现代形态,尽管文化儒学与政治儒学、制度儒学、生活儒学、社会儒学等存在一定的分立、竞争,但并不是非此即彼的排他关系从而导致相互抵牾,而是形成互通、互联、互补的关系,一起成为儒学大家族的成员,使儒学更加丰满、强大。包括文化儒学在内的当代各具特色、各显其能的儒学形态呈现出多样化、多极化的发展态势,虽然现实中的确存在某些乱象,模式创新和理论深度也不足,但总体上并不像有的学者断定的那样使儒学陷入破碎化、边缘化的困局,而恰恰表明儒学园地已经呈现出百花齐放、百家争鸣的繁荣局面,标志着"儒学复兴运动"多元路向的新展开,各自从不同的领地拓展了儒学的生存空间,有力地夯实了儒学的根基。

五、 何以建构文化儒学

前面我分别阐述了文化儒学"是什么"(本质规定)、"做什么"(基本内容)和"为什么"(功能意义),按照逻辑接着应当说明文化儒学"如何做到"(可能性)的问题,虽然陈来、陈明构想文化儒学时对此着墨甚少,可李承贵却论证了"人文儒学"何以可能的问题[1]。不过鉴于篇幅有限,我只能阐释文化儒学"何以可能"(可能性)的问题,这里试图从操作层面提出和论证文化儒学"怎样做"(方法路径)的问题。

---

[1] 参见李承贵:《"人文儒学"何以可能——答夏锦乾编审的质疑》,载《学术月刊》2010年第7期。

（一）建构儒家文化思想本体

"本体"在中西哲学历史上具有多种规定性，既可以指本根、本质和本源，又可以指根源、来源、基础和条件。"本体"具有相对性和可变动性，在这一境遇下为本体，在另一境遇下就可能是发用。李承贵倡导的"人文儒学"固然能够确认为基础本体论，其他儒学样态为它的外在体现和经验效用，但"人文儒学"的本体形态并不是固定不变的、绝对的，有时它也会成为文化儒学、政治儒学、生活儒学等的发用。要知道，儒学的演变过程表明儒家既注重伦理的政治化也强调政治的伦理化——假如说孟子坚守政统服从道统的原则的话，那么荀子则是致力于道统和政统的互摄、互用，就此而言，文化儒学上升为儒学的本体形态可谓顺理成章。再说，世界上既有物质本体，也有思想本体和实践本体。在特定意义上，如同"人文儒学"可以视为儒学本体形态，相对于实践效用来讲，"文化儒学"也不失为儒学的重要本体形态。

那么，究竟如何建构文化儒学及其文化思想本体呢？

第一，以伦理为核心构建儒家文化思想本体。这是因为古典儒学所建立的本体论主要是道德本体论，即便是儒家的人文主义也主要表现为道德人文主义，犹如李维武所指出的，当代新儒家面对西方人文主义与科学主义关于本体论的争议而力图构建一种儒学本体论[1]——贺麟就明确指出"哲学上可以说有仁的本体论，仁的宇宙观"[2]，由此表明文化儒学框架下的儒家文化思想发展必须坚持以儒家伦理为轴心。

第二，遵循儒家一贯强调的体用无间、体用一源、知行合一的原则。既承认儒家文化思想内部不同组成部分之间（如伦理与科技）存在体用的分野，也肯定儒家文化思想作为本体与儒家政治思想、教育思想等方面呈现为本体和发用的关系。如同我在论证如何建构社会儒学时所主张的那样，应防止在文化儒学体与用之间存在的割裂甚至对立的极端化倾向，应该既讲求它的"通体"，又注重它的"达用"，真正实现文化儒学的体用无间。

---

[1] 李维武：《现代新儒学重建本体论的贡献与困境》，载丁冠之等主编《儒家道德的重建》，齐鲁书社2001年版，第332—352页。

[2] 贺麟：《文化与人生》，商务印书馆2002年版，第10页。

第三，以文化活动为大本大源来架构儒家文化思想。这不仅是因为文化最根本的含义是人类为了认识和解决人与世界之间的关系问题而进行社会活动（当然主要形式为社会实践）的过程、条件和结果等社会事象（"文化"或"人文化成"某种意义上就是一种实践性活动），也是因为文化活动构成了人赖以生存的精神基石，儒家的所有文化思想均是围绕如何指导、调节人的文化活动展开的。

第四，构建本体化的儒家文化思想要注意时空的转换。儒家文化思想本体的建立不能不注重"返本开新"，立足于儒家文化的统绪来认识儒学、在反思与批判中回归中国儒学本身，并注意到如同夏锦乾所言的儒学的人文主义是与其泛伦理主义、社会本位主义密切相关的，而迥异于西方立足于个体、从个体的人出发的人文主义[①]。

（二）推动儒学与文化的互动

促进儒学文化功能的实现，就必须推动儒学与文化的互动，以达成双方相互建构、相互融合、相互发展的目标。儒学与文化的互动既有历史的层面也有现实的层面，既有理论的层面也有实践的层面，为促进文化儒学的再展开，就要做到：

一是把儒学置于世界文化交流、互动、冲撞、融通的大背景中加以衡量、认识和把握。探讨儒家基于不同的时代特点、学术传统、流派传承、价值观念如何反映、回应当时面临的各种文化问题。历史上，面对佛、道的盛行，韩愈建构了儒学的道统说，宋明儒家构造了理学心学，这些值得我们在发展文化儒学时认真总结。

二是注重从文化的层次性维度研究儒学的传播。要借助于儒学文本、地方志、出土文献、谱牒家训、石刻画像等资料和书舍私塾、乡谣戏曲、传奇小说、年画剪纸、民间佣书、民间祭祀等史实，检视古今中外儒学向文化领域传播、推广、融合的方式、途径、脉络和机制，尤其是要借鉴传播学考述儒学对不同时期的文化秩序、民众心理、行为习惯、伦理规则、

---

① 夏锦乾：《"人文儒学"质疑——兼论如何正确认识儒学》，载《学术月刊》2010年第7期。

德行礼仪、文化生活与价值观念等产生的广泛影响。①此外，文化儒学建构的另一个面向就是立足于文化大传统与小传统、精英文化与大众文化、高雅文化与通俗文化的视角，依据民间宗教、民风乡俗、社会思潮和家学、家训、家教、家风等分析阐释精英儒学、经院儒学、道德儒学与大众儒学、民间儒学、社区儒学双向互动的关系。

三是充分发挥各类社会主体的文化作用。任何文化的发展都需要激发社会主体的文化创造活力，都需要调动不同社会人群参与文化建设的主动性、积极性和创造性，文化儒学的建构也不例外。传统中国社会，儒学之所以能够发挥塑造人格、行为整合、统一思想、确定目标、协调关系、人文导向、观念批判、精神改造等方面的作用，很大程度上是由于士、农、工、商各阶层对儒学素养的汲取、感知、认同和传播。从历史的角度看，正是通过汉唐以迄明清的察举制、九品中正制、科举制等选官制度的推行，一些人借助入仕为官而研习儒学，由此出现了"隐读山林""耕读传家"和"舍商而士"的文化现象，并致力于荀子所讲的"在本朝则美政，在下位则美俗"②。部分乡间处士、还乡之士等乡贤通过私人开筵讲学、归耕田园融入乡里生活，传播儒学义理，实现自身"化民成俗"的人生理想，极大地促进了儒学对民间社会礼仪规范、日常生活准则的范导作用。而中国人信仰的多元化也使一些善男信女在尊奉佛教、道教的传教布道过程中，不自觉地推动了儒、释、道的会通和儒家文化思想的传播。当代文化儒学的发展固然需要儒学知识分子"舍我其谁"的责任感进行文化儒学的学理建构，也需要新乡贤、儒学讲师、党政干部、儒学爱好者等社会人士以高度的文化自觉积极传播、内化儒家文化思想，发展一种新民儒学。

四是积极应对后现代文化的挑战。当代中国社会，文化类型呈现杂糅的状态，既有前现代文化、现代文化，亦有后现代文化，因而儒学要应对各种挑战进而获得新生和拓展的空间，就必须致力于儒学与后现代文化的对接、融通，建构现代新儒学理应吸收后现代文化的营养。我虽然不赞成赵建军批判"人文儒学"时悲观、绝对地认为儒学当代生存只有依托后现

---

① 汉代儒学在社会化传播过程中大体遵循"得君行道"的上行路线和"移风易俗"的下行路线。
②《荀子·儒效》。

代视界的理论介入、展开后儒学的理论突进才能寻到生存之路的见解,却认同他讲的要通过后儒学与后现代文化的深层对话形成多元化的当代儒学学科形态的观点。①

（三）完善儒学文化存在形态

一是完善儒学形象文化系统。目前侵蚀儒学良好形象的因素大多来自文化方面：认为孔子出生于"野合"②,而"野合"正是"私通";儒家"祖述尧舜,宪章文武",而在疑古派眼里尧、舜、禹不过是虚构的神话传说中的人物,不足以采信;儒学并非严格意义上的宗教,顶多为"亚宗教",儒家的宗教思想也十分零散、不成系统,因而儒学不能成为人生信仰;儒家文艺思想极为薄弱,也过于"高大上";等等。因此,要树立世人心目中的"文化的儒学"的良好形象,亟需从神话学、考古学、语言学、文艺学、宗教学的角度对儒学文化进行仔细梳理、研究,消解一些人的误解、误读,以做到"正本清源"。

二是创建儒学日用文化。应吸收日常生活理论的概念范式梳理民众日常生活、大众文化、通俗文化中的儒学样态,关注传统社会的"礼俗社会秩序"与文化儒学的关联性,结合史实对不同社会生活条件下的文化儒学存在形态的内涵、特点、价值、发展等问题进行历史阐释与客观分析,考量将文化儒学转化于现代并参与到现代人日常精神文化建设的社会机理。

三是优化儒学精神文化。发展观念形态的文化儒学,就应实施儒学融合战略,使之进入教育文艺、乡规民约、家规族规、校训学规、人伦道德等领域,融入婚丧嫁娶中,发展与儒学相关的文化旅游、文化演艺等文化产业,使儒学逐渐转化到平民的文化心理结构之中。儒学要转化为文化存在,须大胆运用儒家道德智慧安排人的伦理秩序,利用儒家礼学约束人的行为,采用儒家以"文以载道"为中心的文化观指导文艺创作。

---

① 参见赵建军：《"人文儒学"批判与后儒学当代突围——兼与李承贵、夏锦乾商榷》,载《学术月刊》2011年第1期。
② 司马迁：《史记》,中华书局2000年版,第1537页。

第七章 从正义论到责任论

自 20 世纪 80 年代以来，学者对儒家之义的研究持续不断，但关注的重心、探讨的主题以及思维的框架随着时间的推移而发生了转变。大致说来，它们经历了两个特点不同的发展阶段：一是 20 世纪 80 年代到 90 年代末期，主要着力于义利之辨，阐发儒家的义利观及其现代转换；二是进入 21 世纪之后，以郭齐勇、黄玉顺、颜炳罡、张曙光等人为代表，致力于吸收约翰·罗尔斯的正义论思想，观照中国传统与正义有关的思想文化资源，特别是注意挖掘儒家的义学要义，试图建构儒家正义论乃至中国正义论系统。我认为，对儒家之义可以进行多维解读，以丰富完善儒家义学思想。本文将引用责任伦理学的思维模式，在阐发儒家适宜之"义"、正义之"义"、从公之"义"、道义之"义"的基础上，揭示儒家之"义"所蕴含的责任精义，以为构建儒家责任伦理论提供学理支撑。

一、适宜之"义"

在建构生活儒学及其正义论的过程中，黄玉顺先生（以下简称黄先生）阐释了"义"的适宜性问题。他指出，儒家的社会正义论所讲的正义包括正当和适宜两方面，正当涵盖了公正与公平，而公正与公平并不是一回事。有两条正义原则——正当性原则和适宜性原则，正当性原则就是与仁爱之中的一体之仁密切相关的：超越差等之爱，追求一体之仁。[1] 应当说，黄先生提出的正义论深刻揭示了"义"的正当性和适宜性内涵，有力地推动了

---

[1] 参见黄玉顺：《中国正义论的形成》，东方出版社 2015 年版，第 23 页。

儒家义学的阐发和重构。

我曾经多次指出，人的行为按照道德境界标准可以划分为三个层次：不当、正当和应当。就儒家伦理而言，所谓正当就是合理的自爱自利和互惠互利，所谓应当就是超越差等之爱、体现一体之仁的他爱和泛爱。《中庸》讲："义者，宜也，尊贤为大。"这意味着在各种各样的适宜性行为当中，尊贤的义行是最为重要的。与黄先生稍有不同，我认为"适宜"是一个更为普遍性的范畴，它内在地包含正当和应当两个层次，在某种意义上它所要表达的就是道德合理性。孟子有时正是从合理性角度理解"义"，如他说："理义之悦我心，犹刍豢之悦我口。"① 同样地，荀子也立足于理性，用合理、合宜的维度把握"义"的适宜性，指明了"仁者爱人，爱人故恶人之害之也；义者循理，循理故恶人之乱之也"②。孟子、荀子这一"以理为义"的普遍主义诠释路向，既超越了《礼记·丧服四制》的"门内之治，恩掩义；门外之治，义断恩"的"恩"（可谓仁）、"义"对举解释模式，又超越了《庄子·天下》"以仁为恩，以义为理"的特殊主义思维范式，从而更为深刻揭示了"义"的适宜性特质。

不唯如此，儒家还从宜祭和宜行两个方面具体阐发了"义"所蕴含的适宜本质。

1. 宜祭。

为了完整地理解"义"所蕴含的适宜意义，不妨引用清代段玉裁《说文解字注》中的一段较为经典的话：

> 义，己之威义也。言己己者，以字之从我也。己，中宫，象人腹，故谓身曰己。义各本作仪，今正。古者威仪字作义，今仁义字用之；仪者，度也，今威仪字用之；谊者，人所宜也，今情谊字用之。郑司农注周礼肆师。古者书仪但为义，今时所谓谊。是谓义为古文威仪字，谊为古文仁义字。故许各仍古训，而训仪为度。凡仪象，仪匹，引申于此，非威仪字也。古经转写既久。肴杂难辨。据郑、许之言可以知其意。威义古分言之者，如此宫文子云有威而可畏谓之威，有仪而可

---

① 《孟子·告子上》。
② 《荀子·议兵》。

象谓之义，诗言令义令色，无非无义是也。威义连文不分者，则随处而是。但今无不作仪矣。毛诗，威义棣棣，不可选也。传曰：君子望之俨然可畏，礼容俯仰各有宜耳。棣棣，富而习也。不可选，物有其容不可数也。义之本训谓礼容各得其宜，礼容得宜则善矣。故文王，我将毛传皆曰：义，善也，引申之训也。从我，从羊。威仪出于己，故从我。董子曰：仁者，人也；义者，我也。谓仁必及人，义必由中，制也。从羊者，与善美同意。

由上可见，义，古作谊。《中庸》云："义者，宜也。""义"古字为会意字，从我，从羊，由"我"和"羊"所组成。"我"字代表有利齿的戌，即一种武器，又表仪仗，而仪仗是高举的旗帜；"羊"字是指祭祀所用的牺牲——"羊"，合起来的意思是为了我信仰的旗帜而牺牲。出土的甲骨文资料显示，"义"字含有"宜"（"适宜"）之意，"宜"即"宜祭"。如《尔雅·释天》谓："起大事，动大众，必先有事乎社而后出，谓之宜。"在殷墟卜辞中也出现过"宜牢"字眼。《左传·庄公二十二年》云："酒以成礼，不继以淫，义也。以君成礼，弗纳于淫，仁也。"这说明，合礼合度才能称为义。由于"义"与"俎"和"宜"具有关联性，所以"义"字早期的适宜性、合理性也就表现为宗教的神圣性、程序性。

2. 宜行。

现代人经常把"义"理解为公正合宜的举动。换言之，在现代话语体系中，"义"既指人的行为的正当性、合理性，又指适宜性的行为——义举、义行。《淮南子》《史记》和《后汉书》都有"义行"之说，现代有的人把"义行"等同于"仪形"，认为它是指节义或忠义的行迹。在我看来，所谓"义行"，简而言之就是依义而行、合宜的行为。上引清代段玉裁《说文解字注》中指出"义之本训谓礼容各得其宜"。义的本质规定性为"礼容各得宜"。"礼容"实为礼制仪容的简称，在一些有关儒学、儒家的经典中，它经常被采用，如《史记·孔子世家》："孔子为儿嬉戏，常陈俎豆，设礼容。"《周书·儒林传序》："帝于是服衮冕，乘碧辂，陈文物，备礼容，清跸而临太学。"我认为，"礼容各得其宜"不光指礼节、礼规、礼仪、礼貌等恰当合适，也指称人外在的尊礼、循礼、践礼等行为方式以及姿态的正当、适宜。《左传·文公七年》谈到了"义行"问题，它说："六府、三事，谓之九功。水、火、金、木、土、谷，谓之六府。正德、利用、厚生，谓之三事。义而行之，谓之德、礼。"该段话的意思无非是，按照正当性或适宜性原则去推行正德、利用、厚生这"三事"，就是道德的，就是合乎礼制的。

孔子说过："君子之于天下也，无适也，无莫也，义之与比。"① 这里的"适"不是适宜、适当的意思，而是亲近、厚待的意思。这里的"义"则有适宜、妥当之意。整段话表达了孔子不分亲疏远近对一切人和事唯义是举、唯义是行的普适性人格理想和价值追求。孟子、荀子进一步阐发了宜行和义行观念。孟子说："人皆有所不忍，达之于其所忍，仁也；人皆有所不为，达之于其所为，义也。"② 人人之所以都不干不忍心干的事和不肯去干的事，就在于它们不仁不义，就在于它们缺乏道德合理性，就在于它们是不适宜的。如果把"有所不为"的时间和精力投入到"所为"的事情上，那就是"义为""义行"，就是适合的、适宜的。换言之，不去做不应当做的事而做应当做的事，就是义——合宜的。在涉及君子人格塑造时，荀子鲜明地提出了"唯义之为行"的命题。他指出："君子养心莫善于诚，致诚则无它事矣。唯仁之为守，唯义之为行。"③ 荀子讲述的道理很简单——要致诚养心，就必须守仁行义。如果说"守仁"体现了以仁心为本的德性养成理念的话，那么，"行义"就展现了以道义和正义为修身处世准则的实践主义导向，从而彰显了仁与义二者在"养心致诚"中的守与行、体与用功能。这里，"义"虽然主要指道义，但也包含着正当、适宜的内涵。

唐代韩愈立足于先王之教，从行为主义角度对义行即宜行做了明确说明，他说：

> 博爱之谓仁，行而宜之之谓义，由是而之焉之谓道，足乎己无待于外之谓德。④

这就是讲，博爱为仁，行动适宜为义，根据仁义行事就是所谓的道，依赖自身而不求之于外即是德，进而概括地揭示了仁、义、道、德四者之间的逻辑关系，标明义不过是人修身行事的恰到好处和合理合度。

---

① 《论语·里仁》。
② 《孟子·尽心下》。
③ 《荀子·不苟》。
④ 《原道》。

二、正义之"义"

如本章开头所说,进入21世纪以来,围绕儒家义学,国内学术界许多学者致力于从正义角度加以阐释。如同"义"一样,"正义"是用以表达和评价道德关系和道德行为、政治关系和政治行为,以及其他社会关系、社会行为、社会现象(如制度)的价值范畴。就儒家的"义"同"正义"到底是不是属于是同一范畴的问题,张曙光指出,"正义"在中国古代指中正的"仁义""礼义",简约为"义",与西方的"正义"虽然相通却难以吻合,只是到近代以后,"正义"在中国才逐步与"礼义"脱离。[1] 毫无疑问,国内学者当中,黄玉顺先生对包括儒家义学在内的中国义学的研究用功最多、成果最丰,他不仅创造性地提出了有关"义"和"正义"的正当性原则和适宜性原则,还建构了较为系统的中国正义论。

就我有限所见,国外研究儒家正义思想最早的学者是美国夏威夷大学的成中英。自20世纪60年代起,成中英就开始探讨儒家正义问题。他直截了当地肯定了儒家正义观念,认为可从"义""直""中"和"正"四个维度去诠释它;他还提出了正义感问题,认为儒家正义感是一个蕴含恻隐之心的仁、恭敬之心的礼、是非之心的智和以客观事物为决定因素的主观态度。同时,他分梳了仁、义之间的复杂关系:违仁合义、合仁违义、合仁合义和违仁违义。成中英进一步强调,从"正"来说,儒家强调的重点在正人,义之为用在正己以正人,以人的修养为基础,这是正身、正心、修身观念之发展起源,当然也不应否认儒家也讲究客观化的制度以为纠正正义的凭籍。[2] 这里,成中英实际上提出了伦理正义和政治正义、行为正义和制度正义两种类型。

对成中英以及黄先生等人从"义""直""中"和"正"四个维度去诠释儒家"正义"问题,我深表认同。不过,由于篇幅所囿,本节将重点从"正"和"直"的角度论述儒家正义之"义"。

---

[1] 参见丁冠之等编:《儒家道德的重建》,齐鲁书社2004年版,第38—41页。
[2] 参见李翔海、邓克武编:《成中英文集·伦理与管理》第三卷,湖北人民出版社2006年版,第21—39页。

中国古代文献中，"正"既有平正、无偏无斜、合规的含义，也有整治、修理、使端正的意蕴。就对象性关系而言，管子有关"正"的论述极为丰富，儒家也创造了正气、正德、正政、正家、正直、正身、正心、正名、正己、正人、正义、正利等概念范式。下面我着重就儒家的正身与正心、正己与正人、正义与正利所体现出来的"义"的意蕴分述之。

1. 正身与正心。

儒家主要立足于如何从政的角度阐述了正身思想。孔子指出："其身正，不令而行；其身不正，虽令不从。"① 正因如此，他特别强调要正身："苟正其身矣，于从政乎何有？不能正其身，如正人何？"② 可见，正身具有两种功能：一是使人做到有令必从，二是可以更好地教化、教导人。

儒家对正心更为关注，论述也更为详尽，建构了较为系统的正心说，以此丰富了心性儒学的内容。孟子不但提出了"正经界""正命"的思想，还以一种强烈的历史责任感表达了"正人心"的志向和"求放心"的修己之道。为了改变"杨墨之道不息，孔子之道不著，是邪说诬民，充塞仁义也"③ 的混乱局面，孟子起而与百家诸子争辩，坚持"正人心、息邪说、距诐行、放淫辞"④。不难理解，孟子正人心的目的就是要抑制杨墨之道、泯灭异端邪说（异道异论），以使人心恢复到孔子倡导的仁义之道上来。《大学》提出了大家熟知的"明明德，亲民，止于至善"三纲领和"格物、致知、诚意、正心、修身、齐家、治国、平天下"八条目，在这一体现内圣外王理想的纲目中，正心起着承上启下的枢纽作用。正心即正德，即正身，即端正身心，使心不存邪念、私意，使之不偏离仁义之道，使之符合道德理性，可见，正心蕴含着正义的深意。董仲舒在《举贤良对策》中也强调："故为人君者，正心以正朝廷，正朝廷以正百官，正百官以正万民，正万民以正四方。四方正，远近莫敢不壹于正。"⑤ 他把"正人心"提高到治国理政的高度加以倡导。正心的目的是使心正，因而正心与心正是一体两面的关系。朱熹从人主这一特殊社会主体心正的维度继承了孟子的"格君心之

---

① 《论语·子路》。
② 《论语·子路》。
③ 《孟子·滕文公下》。
④ 《孟子·滕文公下》。
⑤ 《汉书·董仲舒传》。

非"思想，把"正心"具体化为"正君心"。他说："天下之事，千变万化，其端无穷，而无一不本于人主之心者，此自然之理也。故人主之心正，则天下之事无一不出于正；人主之心不正，则天下之事无一得由于正。"①正制度与正人心二者不可偏废，顾炎武就说过："法令其本在正人心、厚风俗。"② 如果把孟子、董仲舒的"正人心"与儒家的"正礼""正制度"有机结合起来，将为实现整个社会正义奠定良好的内外基础。

2. 正己与正人。

儒家阐发了两方面的正己与正人。一方面是作为为人之道的正己与正人，其主要目的是加强自我修养和协调人我关系。孟子的正己之说特别强调个体道德修养的主体性，指出："爱人不亲反其仁，治人不治反其智，礼人不答反其敬。行有不得者，皆反求诸己，其身正而天下归之。"③"射者正己而后发。"④"正己而物正者也。"⑤ 应当说，这些论断有益地丰富了儒家的个人正义思想。儒家认为，成人必先成己，正人先正己，治人先修己，这是因为"君子求诸己，小人求诸人"⑥、"古之学者为己，今之学者为人"⑦，也是因为如同《中庸》所讲的"正己而不求于人，则无怨"——注重自身的修养、端正自己的心性，就不会招致他人的怨恨。

另一方面是作为为政之道的，用来协调政治关系的正己与正人。在孔子看来，作为为政者的官吏，必须以修身为本，因为只有正己，才能正人："政者，正也。子帅以正，孰敢不正?"⑧ 所谓"正"，即作为名词性和形容词性的正道、义路。孔子想告诉我们的是，只要为上者走正道、行正义，就完全可以带领为下者走上正义之路。也许可以把"正"理解为"端正"，那么孔子的意思就是，如果统治者行为端正，能够以身作则，就会对社会上的其他人产生感化作用，别人的行为也就端正了。

儒家不仅展示了包括正身与正心、正己与正人的"正说"——这些话

---

① 朱熹：《朱文公文集》卷十一，四部丛刊初编缩本，上海商务出版社1937年版，第169页。
② 顾炎武著：《日知录校释》卷十一，张京华校释，岳麓书社2011年版，第373页。
③《孟子·离娄上》。
④《孟子·公孙丑上》。
⑤《孟子·尽心上》。
⑥《论语·卫灵公》。
⑦《论语·宪问》。
⑧《论语·颜渊》。

语体系中的"正"具有名词性和形容词性的价值意蕴,最为关键的是儒家还阐释了具有动词性的"正"的内涵。正什么固然不可忽视,如何正、用什么正同样重要。对此,董仲舒做出了独特的回答,提出了"以仁安人,以义正我"①的义正思想。他说:"仁之法在爱人,不在爱我。义之法在正我,不在正人。"②董仲舒把仁归结为正人、把义归结为正我显然是片面的,因为仁与义具有普适性,均存在正己、正人两面。应当肯定的是,把仁义加以区分确实有一定的价值,这便于把握仁与义各种不同的规定性。《礼记·乐记》立足于政道、治道阐述了义正的意义:"礼义立,则贵贱等矣;乐文同,则上下和矣;好恶着,则贤不肖别矣。刑禁暴,爵举贤,则政均矣。仁以爱之,义以正之,如此,则民治行矣。"持守仁义之道,以仁心去爱护,用义心去管理,就能将民众治理好,这一社会治理的义正理念凸显了儒家一贯坚持的德治传统。

3. 正义与正利。

荀子明确地说:"正义直指,举人之过,非毁疵也。"③ 正如黄先生所解释的,"正义直指"的"义"应是指"议",而与"正义"无关。④《正名》篇论及"积伪"时,荀子指出:"正利而为谓之事,正义而为谓之行。"⑤这句话的"正"不应诠释为"正当",而应当理解为"符合""出于""依据",它的意思是出于利的目的而去做,叫作事务;符合义的标准而去做,叫作行为。即便"正利""正义"的"正"解释为"正当"或"正道",也只是一般的合理性而不具有道德合理性——"义"有伦理与非伦理、正当与应当的区别,伦理强调应当性。因此,荀子这里所讲的"正义"是普通的社会正义而不是特殊的伦理正义。不过,荀子有时也在道德意义上使用"正义"范畴。他说:"有俗人者,有俗儒者,有雅儒者,有大儒者。不学问,无正义,以富利为隆,是俗人者也。"⑥荀子反对的是俗人、俗儒,推崇的是雅儒、大儒,之所以如此,是因为俗人既没有学问又没有正义心,

---

① 董仲舒:《春秋繁露·仁义法》,张世亮、钟肇鹏、周桂钿译注,中华书局2012年版,第314页。
② 董仲舒:《春秋繁露·仁义法》,张世亮、钟肇鹏、周桂钿译注,中华书局2012年版,第314页。
③《荀子·不苟》。
④ 参见黄玉顺:《中国正义论的形成》,东方出版社2015年版,第312页。
⑤《荀子·正名》。
⑥《荀子·儒效》。

只是一味追求个人不当的富贵和私利。可见，俗人就是不义之人、无才之人。荀子还讲："《传》曰：'从道不从君。'此之谓也。故正义之臣设，则朝廷不颇；谏争辅拂之人信，则君过不远。"① 这里所谓的"正义之臣"，也就是敢于谏争、具有正义感的臣子，其从道即是从义，正义就是正道。

4. 公正与正直。

正义与公正、公平、公道、正直、正当等联系密切，尤其是同公正、公平相一致。由于立场、身份、标准、时代等不一样，不同学派、人群对公正、公平和正义的理解往往并不一致。但是，一般说来，尤其是对儒家来讲，公正与公平意义基本相近，前后两个字呈现出某种因果关系，也就是因公而正与因公而平；反之，有私必然不正、不平。公正（公平）与正义因共有"正"而交集，由此构成了公→正（平）→义的递进结构。

朱熹对公正有着独特而深刻的理解，他说："子曰：'唯仁者能好人，能恶人。'唯之为言独也。盖无私心，然后好恶当于理，程子所谓'得其公正'是也。"② 朱熹认为，只有无私心才能使好恶当于理、合于义，这就是程子所说的公正。理论逻辑上，无私心并不等于有公心。但在朱子看来，无私心就是有公心，而公心源自仁爱的道德情理。仁爱发之于外并非爱所有的人，而是有所爱有所不爱甚或厌恶。可见，程朱理学认为，真正的公正并不是只有爱，也不是均等地施爱，而是有差别地爱，做到"理一分殊"。

朱熹进一步对公与正做了梳理：

> 今人多连看"公正"二字，其实公自是公，正自是正，这两个字相少不得。公是心里公，正是好恶得来当理。苟公而不正，则其好恶必不能皆当乎理；正而不公，则切切然于事物之间求其是，而心却不公。此两字不可少一。③

毋庸置疑，朱熹推崇公、正和公正，但是他也体认到：公不一定正，正也不一定公，公是心里公，正是好恶当理——一个是内在的，一个是外在的；如果公而不正，由好恶所表现出来的行为必然不合乎理，而如果正

---

① 《荀子·臣道》。
② 朱熹：《四书章句集注·论语集注》，中华书局 2011 年版，第 69 页。
③ 黎靖德编：《朱子语类》卷第二十六，王星贤点校，中华书局 1994 年版，第 645 页。

而不公，那就限于出于私心而只追求表面功夫的乡原人格，为此，朱熹主张把公与正有机结合起来。

在儒学中，"直"一般指正直、公道，公正无私为直；"直"有时也指直率、坦诚和实在，心诚、意诚才能"从容中道"①，才能真正达到正直。直率并不必然为正直，正直的人不一定遇事必然直率，而直率的人也并不是绝对出于正直。正如荀子所说："是谓是，非谓非，曰直。"②《论语》记载叶公对孔子说："吾党有直躬者，其父攘羊，而子证之。"孔子曰："吾党之直者异于是。父为子隐，子为父隐。直在其中矣。"③ 这里的"直"不应训为"直率"，而应理解为"正直"。正直总是同正义内在相关。子张问孔子士怎么做才可以"达"，孔子认为子张所讲的"在邦必闻，在家必闻"是"闻"，而不是"达"。他指出："夫达也者，质直而好义，察言而观色，虑以下人。在邦必达，在家必达。夫闻也者，色取仁而行违，居之不疑。在邦必闻，在家必闻。"④ 这里，孔子严格区分了"闻"与"达"的界限，认为前者假仁求名，达者则秉义正直，唯义是从。假如从"义"来考察孔子所说的至今仍争论不休的"父子相隐"直道，那么，父子之间相互揭发在古今某些法理框架下应是"正义""公义"的体现，但有时"父子相隐"不仅符合法理正义也合乎伦理正义，符合由血缘亲情所要求的适宜、合当、正当乃至应当的义行。犹如朱子所言："父子相隐，天理人情之至也。故不求为直，而直在其中。"⑤

三、从公之"义"

儒家不仅有义利之辨，也有公私之辨。儒家从多个层面阐发了以"崇公抑私"为核心内容的公私观，而最为重要的是将公私之辨与义利之辨相联结甚至等同。于是，在儒学发展史上，往往将"义"置于公与私的关系范式中加以诠释。早在《左传》和《国语》中就倡导"公为义"的理念，

---

① 《中庸》。
② 《荀子·修身》。
③ 《论语·子路》。
④ 《论语·颜渊》。
⑤ 朱熹：《四书章句集注·论语集注》卷七，中华书局2011年版，第137页。

如书载晋王生曰："私仇不及公，好不废过，恶不去善，义之经也。"① 晋赵宣子曰："吾闻事君者比而不党。夫周以举义，比也；举以其私，党也。"② 这里，强调的是"义"为舍私就公、好恶合度。

先秦时期，围绕伦理之公展开了一定的讨论。孔子说："宽则得众，信则民任焉，敏则有功，公则说。"③ 这里的"公"更多的是指上位者处事治国公平，而不是诸如公室、公门、公利等，不是像有的学者所理解的那样将"公"归结为"公利"进而约化为"义"的过程以此体现以私从公④。《论语》中有两次采用了"私"字。一是"私觌，愉愉如也"⑤。二是"吾与回言终日，不违，如愚。退而省其私，亦足以发，回也不愚"⑥。意指颜回下去后反省自己的"私心""私意"，以使个体性的"私"转化为社会性、伦理性的"公"。如同孔子一般，孟子虽未明确阐明义为公，但从二人有关义的论述中可以体会到，孔孟之义具有鲜明的克己、去欲、孝亲、利他等价值倾向，迥异于杨朱的为我主义。在儒家伦理思想史上，荀子第一次鲜明地提出了"公义说"，他如此讲：

> 至道大形：隆礼至法则国有常，尚贤使能则民知方，纂论公察则民不疑，赏克罚偷则民不怠，兼听齐明则天下归之；然后明分职，序事业，材技官能，莫不治理，则公道达而私门塞矣，公义明而私事息矣；如是，则德厚者进而佞说者止，贪利者退而廉节者起。⑦

虽然荀子所倚重的"公道达而私门塞矣，公义明而私事息矣"是实现善治的结果，但是，荀子将公道与私门、公义与私事对举，却创设了儒学史的"公义"范式，推进了儒学义利之辨与公私之辨的重大转折。在论及君子修身之道时，荀子则径直指明"能以公义胜私欲也"⑧。这句话言简意赅，开创了儒家"公义私欲说"的先河。值得指出的是，先秦法家持道义立君说，主张以法令立"公义"、以法治行公道。

---

① 《左传·哀公五年》。
② 《国语》卷十一《晋语》。
③ 《论语·尧曰》。
④ 参见张晓芒：《孔墨公私观的不同走向及现代启示》，载《职大学报》2004年第1期。
⑤ 《论语·乡党》。
⑥ 《论语·为政》。
⑦ 《荀子·君道》。
⑧ 《荀子·修身》。

到了宋明理学阶段，儒学家更是明确从公私维度去言说义利问题，高举"公义"的大旗。张载说："仁统天下之善，礼嘉天下之会，义公天下之利，信一天下之动。"① 这表明，张载是将"义"看成天下之公利。吊诡的是，一向扬孟抑荀的程颢和程颐竟然吸收了荀子的"公义私欲说"，在儒学发展史上最为明确地将义利关系界定为公私关系："义利云者，公与私之异也。"② 不难看出，二程把"利"视为个体特殊之私利，把"义"当作社会之公利，认定义利之别就是公私之异。他们更进一步指出：

> 义与利，只是个公与私也。才出义，便以利言也。只那计较，便是为有利害。若无利害，何用计较？利害者，天下之常情也。人皆趋利而避害，圣人则更不论利害，惟看义当为不当为，便是命在其中也。③

这里，二程以利害论义与利、公与私问题，由于义是公、利是私，因此，他们认为，圣人从不讲利害，而是心怀公而无私之心，只根据是否合乎公义、道义来决定实际行动上的当做、不当做。

在承继程颐"至公便是仁"思想的基础上，朱熹既讲义公又讲仁公。他说：

> 盖人撑起这公作骨子，则无私心而仁矣。盖公只是一个公理，仁是人心本仁。人而不公，则害夫仁。故必体此公在人身上以为之体，则无所害其仁，而仁流行矣。④

> 仁是爱底（的）道理，公是仁底（的）道理。故公则仁，仁则爱。公是仁之方法，人身是仁之材料。⑤

对朱熹来说，公是一个公理，遵循这一公理，就不会有私心而有仁心，进而使仁德流行；反之，人而不公就会损害仁心、仁性。虽然朱熹讲述的是仁与公的相互为用关系，但是，也说明了仁即公的道理。这从他在解释"仁者不忧"一句时所说的"仁者，天下之公。私欲不萌，而天下之公在

---

① 《张载集·大易篇第十四》，章锡琛点校，中华书局1978年版，第50页。
② 《二程集·河南程氏粹言》卷第一，王孝鱼点校，中华书局2004年版，第1172页。
③ 《二程集·河南程氏遗书》卷第十七，王孝鱼点校，中华书局2004年版，第176页。
④ 黎靖德编：《朱子语类》卷第九十五，王星贤点校，中华书局1994年版，第2454页。
⑤ 黎靖德编：《朱子语类》卷第六，王星贤点校，中华书局1994年版，第116页。

我，何忧之有！"① 得到佐证。当然，朱熹更多是从义的角度诠释公，进一步继承和发展了二程的义利观和义公观。他认为义利只有为人、为己之分②，并明确指出：

> 仁义根于人心之固有，天理之公也。利心生于物我之相形，人欲之私也。循天理，则不求利而自无不利；殉人欲，则求利未得而害已随之。③

在此，朱熹把仁义直接等同于天理之公、利心直接等同于人欲之私，从而将义利与公私不加区分，同时做出了因果分析：循天理则无往不利，而一味求利反而会害人害己。朱熹把"义"规定为人间"大利"和"天理"："才说义，乃所以为利。固是义有大利存焉，若行义时便说道有利，则此心只邪向那边去。"④ "义者，天理之所宜，凡事只看道理之所宜为，不顾己私。利者，人情之所欲得，凡事只任私意，但取其便于己者则为之，不复顾道理如何。"⑤ 尽管朱熹这里只是从价值事实层面就义利、公私的利害得失做了分析，凸显的是以义制利，但是既然"义是天理，利是人欲"，那么，基于"存天理，灭人欲"的理欲价值取向，朱熹必然崇义轻利、扬公抑私。

作为开创湖湘学派的著名理学家张栻立足于天理人欲对立维度强调了义利的公利差异。他在《张栻全集·孟子说》卷七中指出："夫善者，天理之公，孳孳为善者存于此而不舍也。至于利，则一己之私而已。盖其处心积虑，惟以便利于己也。然皆云孳孳者，犹言君子喻于义、小人喻于利之意。"很清楚地看出其观点同程朱并无二致，张栻认为义、利与天理之公、一己之私正相对应。陆九渊的心学力倡"义利之辨"和"辨志"，以此去明善及舍私小而志于"义"，他认为私意与公理、私欲与道义势不两立，从而同样是从公私角度去理解义利之分。王阳明固然未着重于从公私角度诠释义利问题，却也提出了相关言论："非至公无以绝天下之私，非至正无以息

---

① 黎靖德编：《朱子语类》卷第三十七，王星贤点校，中华书局1994年版，第983页。
② 黎靖德编：《朱子语类》卷第十三，王星贤点校，中华书局1994年版，第227页。
③ 朱熹：《四书章句集注·孟子集注》卷一，中华书局2011年版，第188页。
④ 黎靖德编：《朱子语类》卷第五十一，王星贤点校，中华书局1994年版，第1218页。
⑤ 黎靖德编：《朱子语类》卷第二十七，王星贤点校，中华书局1994年版，第702页。

天下之邪，非至善无以化天下之恶。"①

以荀子和程朱理学家为代表的儒家，把义利之辨转换为公私之辨，并发展出"公义说"，这诚然凸显了"义"的公理性、公利性的一面，但也带有许多不可忽视的理论和实践的局限性。一是它混淆了义利与公私的层次、性质的差别。要知道，义利主要讲的是物质功利和精神追求的关系，而公私主要讲的是个人与集体的关系。无论是私还是公，都有一个如何处理义利关系的问题。二是它容易导向否定个人对正当私利的追求。重义轻利、兴公灭私在一定程度、一定范围内是正当合理的，也是值得大力倡导的，但绝对不能将其推向极端。因为有些私利是正当的，有些公利是不义的，而我们必须将视义利为公私的思想加以剥离。

四、道义之"义"

与道家一样，儒家也强调重道、知道、体道，并提出了天道、地道、人道以及仁义之道、忠恕之道、中庸之道等观点。儒家常常从"义利之辨"出发把"义"解释为道义之"义"。在儒家伦理体系中，假如说"仁"构成了道德的大本大源的话，那么"义"就是人的立身之本，是评价行为合理性的最高标准，也是衡量各种德目的普遍尺度。可以说，仁义道德是儒家伦理的内核。

无疑，道与义并不能等同，两者存在一定的差异。正因如此，有的典籍将"道义"解释为阐明义理，如《史记·太史公自序》："《书》以道事，《诗》以达意，《易》以道化，《春秋》以道义。"有的典籍将"道义"解释为思想学说的宗旨或要义，如唐裴铏《传奇·高昱》："各谈本教道义，理极精微。"有的典籍将"道义"界定为"道德和义理"或道德正义，如《易·系辞上》中的"成性存存，道义之门"和汉代荀悦《汉纪·高祖纪一》中的"夫立典有五志焉：一曰达道义，二曰彰法式，三曰通古今，四曰著功勋，五曰表贤能"。不过，既然道与义连属组成一个合成词，说明二者是有机一体的。在我看来，建立在仁爱情感本根基础上的"道义"即道

---

① 吴光等编：《王阳明全集·山东乡试录》卷二十二，上海古籍出版社2011年版，第942页。

德的象征和代表。

道义问题引起了当今学界的关注。在西方出现了道义逻辑这一专业性的逻辑学科，至今道义逻辑研究已经经历了从经典到一元、从一元到二元、从命题到谓词、从无条件到有条件、从纯粹形式到自然语言、从道义到行为的发展进程。[①] 宋一霖的《儒家道义新解》从整体的视野和全新的角度出发，质疑以应时应事的儒家等级礼制取代永恒长存的儒家道义的解读误区，系统地揭示了儒家道义关于皇天主宰、人性为本、天人合一、奉公守则、修养德行、遏恶扬善、诚敬祭祀、权宜变化等方面的基本精义。[②]

在儒学中，道与义存在一定的区别。道比义更为广泛、广大，道内在地包括义，二者不属于同一逻辑层次。儒家重义，《论语》中多次采用"行义"一词且把"达道"联系起来，如孔子讲："见善如不及，见不善如探汤；吾见其人矣，吾闻其语矣。隐居以求其志，行义以达其道；吾闻其语矣，未见其人也。"[③] 子路也说："君子之仕也，行其义也。道之不行，已知之矣。"[④] 这里，"行义"属于工具理性，"达道"则是价值理性，两者是手段与目的的关系。但是，道与义却又经常被视为一体，道即是义，义即是道，正因如此，朱熹把道与义合称为"道义"。同"道"相同，"义"也是涵盖众多德目的总体性伦理范畴，据此历代儒家创设了忠义、仁义、礼义、道义、信义、孝义等多种概念，这其中最为重要的无疑是道义。"道"的本义是道路、道理，而孟子恰好把"义"理解为正路、人路，由此表明"道"与"义"具有内在同一性。在讲到"大丈夫"的浩然正气修养时，孟子提出了"配义与道"的理念："其为气也，至大至刚，以直养而无害，则塞于天地之间。其为气也，配义与道；无是，馁也。是集义所生者，非义袭而取之也。行有不慊于心，则馁矣。我故曰，告子未尝知义，以其外之也。"[⑤] 对于此处的"与"，有的人解读为作为连词的"和"，有的人解读为作为动词的"合""同"。不论做何种训释，并不改变孟子重视道义并将"道"与"义"看成互相关联的道德范畴的事实。

[①] 参见余俊伟：《道义逻辑研究》，中国社会科学出版社2005年版。
[②] 参见宋一霖：《儒家道义新解》，中山大学出版社2010年版。
[③]《论语·季氏》。
[④]《论语·微子》。
[⑤]《孟子·公孙丑上》。

之所以断言儒家之"义"从属于道义之"义",把"义"纳入"道"的框架之中加以阐述,还在于道与义共同体现了儒家道德理想主义的特质,传达了儒家伦理至上的价值追求。儒家的道义为上的价值观主要是在义利的关系范式中加以阐释的。义与利、道义与功利本来并不是正相对立,但是,这两者毕竟代表两种不同的社会价值,重义、重道与重利、重功体现了不同的价值取向,它们既可能相一致也可能相矛盾。

一方面,儒家贵义。一般说来,儒家并不反对利,只是摒弃特殊性质的"利",即财利、私利、君利、小利和不义之利。在义利冲突时儒家主张"义以为上""先义后利";而在义不伤利的情况下,儒家认为应"以义驭利",倡导求取合义之利,反对不义之利。正是从"君子义以为质"①、"君子义以为上"②出发,孔子才说:"不义而富且贵,于我如浮云。"③此外,孔子还提出了一系列重道贵义的行为要求——"见得思义"④、"见利思义"⑤。孟子阐述了"集义养气""惟义是从""舍生取义"等观念,在见梁惠王时他力主"王亦曰仁义而已矣,何必曰利"⑥,要求人把是否合乎仁义作为一切行动的动机和出发点,反对从"利"出发去选择行为方式。孟子的惟义主义更为强调义利之间相冲突的一面,而在义利不能两全之时他要求人要舍生取义。⑦宋明理学家较为明确地提出以义驭利的观点。二程断言"计利则害义"⑧,因而他们坚决反对为求富而害义:"富,人之所欲也。苟于义可求,虽屈己可也;如义不可求,宁贫贱以守志也。"⑨在程颐看来,作为君子圣人应当做到求利不妨义,这就是:"圣人于利,不能全不较论,但不至妨义耳。"⑩朱熹不仅从人欲和天理的角度界定义利而同孔孟一样主张重义轻利,同时他还认为义可生利:"循天理,则不求利而自无不利;殉

---

① 《论语·卫灵公》。
② 《论语·阳货》。
③ 《论语·述而》。
④ 《论语·季氏》。
⑤ 《论语·宪问》。
⑥ 《孟子·梁惠王上》。
⑦ 参见《孟子·告子上》。
⑧ 《二程集·河南程氏经说》卷第六,王孝鱼点校,中华书局2004年版,第1150页。
⑨ 《二程集·河南程氏经说》卷第六,王孝鱼点校,中华书局2004年版,第1144页。
⑩ 《二程集·河南程氏外书》卷第七,王孝鱼点校,中华书局2004年版,第396页。

人欲，则求利未得而害已随之。"① 陆九渊把仁义视为人的本心，主张人要"志于义而行在义"，从而倡导"正义不谋利"的非利主义伦理。

另一方面，儒家尚道。如上所述，在儒家看来，行义的目的是达道。而更为重要的是，儒家直接表达了对道的推崇。孔子认为只要听闻道，就是死了也无憾："朝闻道，夕死可矣。"② 他从人格修养的角度强调君子要谋道不谋食、忧道不忧贫③；在价值选择上，孔子坚持以道为标准："富与贵，是人之所欲也；不以其道得之，不处也。贫与贱，是人之所恶也；不以其道得之，不去也。"④ 他强调追求富贵与去除贫贱均要以"道"作为行为取舍的准绳。荀子不仅要求人"知道"，还要求人体道、行道，做到无为行道、无强行道，这就是"知道察，知道行，体道者也"⑤、"君子务修其内，而让之于外；务积德于身，而处之以遵道"⑥，作为一个君子，于内必须注重自身品德的修养和积淀，于外必须依道而行和谦让待人。

由上可见，不论是贵义还是尚道，无不表达了对道德理想的重视、对精神价值的追求，道义至上实质上就是"敬德"，道与义的精神实质和行为导向完全一致，它们在体与用、形而上与形而下、抽象与具体的相互映照中实现彼此贯通，一定意义上可以说"义"就是道义之"义"。

五、责任之"义"

国内通行的一些工具书一般将"义"训为"应尽的责任"。以黄玉顺先生为代表的一批学者侧重于从合理适宜和道义的角度去理解儒家之"义"，对"义"所蕴含的义务、责任的含义不太在意。实际上，儒学中的"义"暗含着现代伦理学所讲的"义务"和"责任"的意蕴。它表明，儒家伦理学不仅是一种德性伦理学，也是一种责任伦理学。

《周易·说卦》有云："立天之道曰阴与阳，立地之道曰柔与刚，立人

---

① 朱熹：《四书章句集注·孟子集注》卷一，中华书局2011年版，第188页。
② 《论语·里仁》。
③ 参见《论语·卫灵公》。
④ 《论语·里仁》。
⑤ 《荀子·解蔽》。
⑥ 《荀子·儒效》。

之道曰仁与义。"孔子儒学进一步引礼入仁、引礼入义，创立了"仁—义—礼"三位一体的人本主义伦理结构。对此，黄先生有过极为独到的诠释。《中庸》从礼的生成论角度把义嵌入"仁—义—礼"系统中揭示了三者之间的关联性，它说："仁者，人也，亲亲为大。义者，宜也，尊贤为大。亲亲之杀，尊贤之等，礼所生也。"这里，礼被视为适应亲亲、尊贤的仁义之道、仁义之责而产生的。不过，义常常分别与仁、礼相连而构成仁义和礼义的二元结构，同时还经常与利相对应，进而建构了"仁—义—礼—利"的四元义理结构，以此从三方面揭示了义是由发自人内在仁心和遵循外在社会礼法的应当行为，是由个人自身的仁爱道德情感和社会礼仪规范共同作用而提出来的道德义务和伦理责任。

1. 义以体仁。

在儒家伦理体系里，仁既是一切德性的本根基础，也是涵盖所有德目的总纲，它为人履行道德责任提供了心性伦理的可能性保障。正如王楷所言，仁是就人之情感上说，义是就人之理性而言；仁是实然之情，义是当然之则；进而言之，仁之作为实然的情感，以爱人为内容实质，义之作为理性原则，凡事求其正当。① "义以体仁"的儒家责任思想在孟荀义说中得到了论证。

一是孟子的"居仁由义"。孟子说："仁，人之安宅也；义，人之正路也。"② "仁，人心也；义，人路也。"③ "恻隐之心，仁之端也；羞恶之心，义之端也。"④ "居仁由义，大人之事备矣。"⑤ 这些论断表明孟子坚持仁义并举。尽管他反对告子的"仁内义外"说，可"仁宅义路"的思想仍透露出孟子就是主张"仁内义外"，这导致他解决此一问题上的自相矛盾。我认为，不管孟子是反对还是认可"仁内义外"⑥，不过说明他心目中，"义"

---

① 参见王楷：《处仁以义：荀子道德基础中的情感与理性》，载《哲学门》2010 年第 11 卷。
② 《孟子·离娄上》。
③ 《孟子·告子上》。
④ 《孟子·公孙丑上》。
⑤ 《孟子·尽心上》。
⑥ 《郭店楚简》主张"仁内义外"，例如"仁，内也；义，外也"（《郭店楚简·语丛一》）、"门内之治恩掩义，门外之治义掩恩"（《郭店楚简·六德》）。荀子也有此思想倾向，如他说："亲亲、故故、庸庸、劳劳，仁之杀也；贵贵、尊尊、贤贤、老老、长长，义之伦也。行之得其节，礼之序也。"（《荀子·大略》）

比起"仁"来逻辑上是在先的,"仁"制约着"义",义以显仁,以义补仁,以义体仁,从"仁"出发,人就应该承担起一定的道德责任。孟子进一步说:

> 人之所不学而能者,其良能也;所不虑而知者,其良知也。孩提之童,无不知爱其亲者;及其长也,无不知敬其兄也。亲亲,仁也;敬长,义也。无他,达之天下也。①

依照儒家仁义之道,仁义是通行于天下的大道、达道,不论是亲亲还是敬长,都属于先天的良知、良能,都既是仁又是义,孟子之所以把它们作为仁义的相应规定,目的是对二者的实质做具体解说——"仁之实,事亲是也;义之实,从兄是也"②。立足于当代伦理学来理解孟子这一论说,完全可以讲,孝敬双亲和敬爱兄长,不仅是一种道德品性、道德规范,同时还是人的一种道德义务、道德责任。

二是荀子的"处仁以义"。荀子说:

> 仁有里,义有门;仁,非其里而处之,非仁也;义,非其门而由之,非义也。推恩而不理,不成仁;遂理而不敢,不成义;审节而不和,不成礼;和而不发,不成乐。故曰:仁义礼乐,其致一也。君子处仁以义,然后仁也;行义以礼,然后义也;制礼反本成末,然后礼也。三者皆通,然后道也。③

主体内在的仁义德性与外在的礼乐虽然存在差别——仁为义质,义为行仁之法和制礼作乐依据,但在求道、致道上却是一致的。荀子虽然强调"处仁以义,然后仁也"——只有通过义、依据义,才能实现仁德、成就仁性,可他也凸显了"仁为义质"的思想特质。在他看来,秉承仁的德性品格,以之为内在本质,就能培养人的道义品质,确立人的道德责任,为人的义心、义举、义行提供以仁爱为核心内容的道德情感基础。

2. 义者循礼。

一般说来,人的权利和义务主要由各种不同层次的规范加以确定,而儒家经典用以表达社会规范的话语体系除了直接采用"礼"之外,还有就

---

① 《孟子·尽心上》。
② 《孟子·离娄上》。
③ 《荀子·大略》。

是各种体现诫命、任务、责任、要求的祈使句、命令句。譬如,《礼记·礼运》指出:"父慈、子孝、兄良、弟弟、夫义、妇听、长惠、幼顺、君仁、臣忠十者,谓之人义。"显而易见,这"十义"即十种道德义务或伦理责任。儒家之礼具有多种社会功能①,而其中一项重要功能就是为人的角色定位,提出人所应承担的社会责任、义务及其享有的相应权利。那么,儒家之礼是如何通过与义的联结来规定责任的呢?

一方面,礼决定着义。《左传·成公二年·鞌之战》载孔子言:"信以守器,器以藏礼,礼以行义,义以生利,利以平民,政之大节也。"《国语·周语》说:"行礼不疚,义也。"作为社会规范的礼,不仅决定着人的行为的正当性、合理性,或者说适宜性,也规定着人的各种义务、责任、使命,因而礼可谓义的根据和尺度。"礼以行义",意味着礼的制定是为了道义的推行、责任的确定,使正义之事、正义之行有着制度的保证;"义以出礼",说明了无论为道义、正义还是义务意义上的"义",均来源于礼的给予、规制,尽管道德义务的确立、道德责任的赋予有时可以借助于风俗习惯、主观约定,但绝大多数由作为主文化的"礼"给出;"行礼不疚,义也"表明在践履礼的过程中,如果能够做到没有心理上的愧疚之情,那么就是合理的、合义的,也就是正当适宜的、符合社会责任要求的。在这样的语境下,所谓礼义,也就是依礼成义。礼学大师荀子指出:"行义以礼,然后义也。"②"义者循礼,循礼故恶人之乱之也。"③ 只有遵循礼规履行义务,才是合理正当的;有责任心、有担当感的人懂得依礼而行,而遵照礼就会厌恶他人违规作乱。

另一方面,摄"礼"归"义"。孔子曰:"君子义以为质,礼以行之,孙以出之,信以成之。君子哉!"④ 虽然这里主要讲的是作为君子人格的道德品质修养,但也说明了义是礼的本质,义务是尊礼、谦逊、诚信等道德条目的实质内容。朱熹在《论语集注》中解释说:"义者制事之本,故以为质干。而行之必有节文,出之必以退逊,成之必在诚实,乃君子之道也。"

---

① 详见涂可国:《儒家礼学与人的发展》,载《全球视野下儒学的当代价值与未来展望》,中国社会科学出版社2016年版。
②《荀子·大略》。
③《荀子·议兵》。
④《论语·卫灵公》。

礼依义而立，义借礼以行。一个真正的君子必须根据社会礼贵来确立和把握自己的义务和责任，并加以实践。《礼记·礼运》不单经常礼义并提，如"城郭沟池以为固，礼义以为纪""故礼义也者，人之大端也"等，还以义释礼："故礼也者，义之实也。协诸义而协，则礼虽先王未之有，可以义起也。义者艺之分、仁之节也，协于艺，讲于仁，得之者强。"礼是义的实质，在礼未有之时，义就已经兴起和存在了。由此可见，礼以规义，但非礼（如习俗等）也可定义，这表明相对于礼，义具有一定的独立性。不仅如此，儒家的权变思想有时也肯定从义不从礼。荀子的责任伦理认为，"礼之理诚深矣"①，礼所依据的道理是十分深刻的，而这个理不是别的正是义，也就是义理。加以延伸解读，它的意思就是，礼要依据社会责任要求制定，对人做什么、怎么做做出规定。义理、道义、责任如此重要，以至于在荀子看来，由于桀纣"反禹汤之德，乱礼义之分"②，所以即便它违背礼法，也是一种王者的大义——"诛暴国之君，若诛独夫"③，从而展现了"从义不从父""从道不从君"的精神。

3. 以义生利。

长期以来，学界更多从义利之辨的角度把儒家所言说的"利"理解为实用性、功利性的"利"，而忽视了儒家之"利"实际上隐含着"权利"的意味，加之绝大多数人也没有发现儒家之"义"所具有的"义务"和"责任"的精义，以及儒家总体上表现出重义轻利的价值取向，使得在近代西方人权观念涌入中国社会的时代背景下，许多人指责儒学既具有过于理想化的泛伦理主义特质又具有泛义主义之嫌，与社会的现代化、世俗化格格不入。因此，我认为有必要引进义务—权利或责任—权利的概念范式重新诠释和建构儒家的义利观。

如上所说，历代儒家一般贵义轻利，提出了义以为上、先义后利、以义驭利、义以为质、见得思义、见利思义、惟义是从、舍生取义等一系列相关思想观念，如果承认儒家之"义"含有"义务""责任"的内容，再结合儒学系统中所隐含的丰富的义务思想和责任伦理，那么我们不得不肯

---

① 《荀子·礼论》。
② 《荀子·正论》。
③ 《荀子·正论》。

定儒学确实具有义务至上、责任为本的思想特质。也许有人认为，儒学具有泛伦理主义特征，它所言说的义务和责任只是道德义务和责任道德，唯有政治义务和政治权利才相匹配——没有无义务的权利，也没有无权利的义务，而道德不应讲功利，更不应讲道德权利。我认为，道德权利具有合理性、合法性①，正是由于儒家所说的"利"赋予了"权利"的内涵，使得儒家之"义"含有"义务"和"责任"的深义，这可从以下两方面得到说明。

一方面，儒家创设了互负义务论。由儒家所提出的"君君，臣臣，父父，子子"②、"君使臣以礼，臣事君以忠"③ 等角色伦理，既是一种互负义务论的思想范型，也是一种权责统一的角色伦理模式。正如叶蓬所说的以儒家为代表的义务思想所阐发的人伦关系中，义务和权利之间的对等性以隐蔽的形式通过义务和义务的对等性体现出来④。

另一方面，儒家呈现出"义以生利"的观念。孔子在为政治民上力主"因民之利而利之"，孟子强调明君要"制民之产"，荀子明确说义与利是人之所两有，董仲舒提出"利以养其体，义以养其心"⑤ 的义利两养观点，二程也肯定了"利"的生存论意义——"人无利，直是生不得"⑥，这些在一定意义上表明，儒家承认追求个人正当利益就是人的权利。荀子有"以义制事，则知所利矣"⑦、"不能以义制利，不能以伪饰性，则兼以为民"⑧ 等观点。如果我们创造性地把荀子所说的"以义制利"诠释为"制约"的话，那么它的意思就是以义务制约权利。"义以生利"之说首见于《国语·晋语一》："义以生利，利以丰民。"《国语》还有"义者，利之足也"、"废义则利不立"⑨ 等说法；《左传》也有"义以生利"⑩、"德义，利之本也"⑪ 等

---

① 详见涂可国：《社会哲学》，山东人民出版社2001年版，第365—366页。
② 《论语·颜渊》。
③ 《论语·八佾》。
④ 参见叶蓬：《传统儒家道德义务思想研究》，载《孔子研究》1997年第2期。
⑤ 董仲舒：《春秋繁露·身之养重于义》，张世亮、钟肇鹏、周桂钿译注，中华书局2012年版，第330页。
⑥ 《二程集·河南程氏遗书》卷第十八，王孝鱼点校，中华书局2004年版，第396页。
⑦ 《荀子·君子》。
⑧ 《荀子·正论》。
⑨ 《国语·晋语二》。
⑩ 《左传·成公二年》。
⑪ 《左传·僖公二十七年》。

论断。朱熹认为程颐说得明白晓畅："君子未尝不欲利，但专以利为心，则有害。惟仁义，则不求利而未尝不利也。"① 毫无疑问，这些论说中的"利"主要是指"功利""实利"，但也不能绝对否认它体现了"权利"的意味，假如真是这样，那么"义以生利"是不是可以理解为由义务和责任生成权利呢？

---

① 朱熹：《四书章句集注·孟子集注》，中华书局2011年版，第188页。

第八章　论儒学的社会本位与个人本位悖论及其影响

社会本位主义是指某种以他人、集体、国家和民族的利益为重的理论和学说，它是利他主义、集体主义（包含家族主义、团体主义、国家主义等）、民族主义等的合题。个人本位主义大约相当于常说的个人主义，它是一种把个人的个性、价值、权利置于首要位置的理论和学说。对于儒家思想是否具有社会本位主义特质的问题，虽然中国哲学界绝大多数论者表示肯定性的认同，但在具体理解和诠释上却颇具争议。关于儒学的个人本位倾向，尽管前贤也有人申论，但迄今仍被绝大多数人所忽视。我认为，儒学呈现出某种己他、己群关系二重性，它不仅具有社会本位主义的特质，而且也蕴含着与之相反相成的个人本位主义性质；儒学的社会本位与个人本位特质给人的全面发展带来了积极和消极的双重影响。

一、儒学的协调性取向

儒学的主导思想和核心内容是伦理教化，伦理主义是其最大的特点之一。这种伦理主义并不是一般地以伦理为本位，而是具体地鲜明地表现为重协调性道德而轻进取性道德。所谓协调性道德是指调节人与人、人与社会之间关系的伦理规范和道德品性，它也可以称为社会道德（狭义的），诸如诚实、公正、仁爱、同情、正义、牺牲、团结、和合等，即协调性道德。所谓进取性道德就是用以调节个人自身关系的伦理规范与道德品质，像刚毅、敏捷、勇敢、明智、节制、节俭、创新、竞争等。它也可以称为个人道德。儒家伦理主义学说总体上以突出协调性道德为其根本特色。

（一）协调道德成为儒学之重心

首先，儒家核心伦理理念凸显社会协调性道德。孔子所建构的儒学是以仁、礼互动互摄为中心的社会伦理体系结构。从某种意义上说，孔学即仁学，"仁"在实质上是以他人为导向的协调性德目。孟子对孔子提出来的"仁"做了新的发挥，并使之成为其思想的轴心之一。先秦儒学以"仁"为根本，必然导出以协调性道德为主导的伦理思想体系。在有的学者看来，孔、孟重仁，强调培养个人内心的道德自觉，注重个人的品德修养，倡导由个人伦理归向社会伦理，形成人本主义特色伦理学。① 这一观点有失偏颇。且不说孔、孟是如何重礼的，即使孔、孟儒学重仁，也是社会本位主义的。因为首先，个人的仁德和礼德都既需要个人的自觉修为，又需要社会教化，"仁"和"礼"本质上都是调节人与社会之间关系的行为规范；"仁"主要讲的是爱人，重点不在自爱，主导性不是表达个人对自身的进取性义务，而是表达一种社会伦理诉求，故而孔、孟重"仁"实质上就是重社会协调性道德。其次，儒学轻个人进取性品质而重协调性人格特质。在整个儒学框架中，用来表征个人积极进取精神的个人性道德条目较少，它不大鼓励个性的张扬、竞争意识和创新意识的培养，而偏重于强调用以处理个人与社会关系的道德，注重个人内敛性品格的锻造，推崇人的忧患意识、仁爱情怀和社会道义感。儒家一贯推重的仁、义、礼、智、信五常之德，唯有"智"勉强可以称为进取性德目；即便是温、良、恭、俭、让这一儒家道德谱系里，也只有"俭"一项可称为进取性道德。

（二）儒家思想系统中，个人道德缺乏独立性、自足性，往往从属于社会道德

儒学有时被称为"修己安人之学"及"为己之学"，有的论者据此否定儒学是"为人之学"。殊不知，儒学既强调"为己"，又强调"为人"。儒家提倡"为（wéi）己"，其"克己""求诸己"实为修己、克己，是己为和依靠自身，而不是为（wèi）己，不是为了尽个人对自身的责任（发展才

---

① 参见李欣复主编：《儒家思想与未来社会》，上海人民出版社1989年版，第294页。

智、保存生命、追求权力……），为了追求个人自我价值的实现；儒学的为（wéi）己既是为（wéi）人（做人），又是为（wèi）人，即助人利人，其修己、为己缺乏自足性目的，而只是作为一种手段，是为了达至安人、安百姓、齐家治国平天下的社会性目的。在儒者看来，即使是提高个人的各种修养，践履对自身的义务，也主要是为了承担好各种社会责任。这样，儒学就使个人对自身的义务服从于个人对社会的义务，个人伦理隶属于社会伦理，进取性道德依附于协调性道德。

儒家义务论伦理学的社会本位特点还表现在用协调性道德范畴去改铸、限定进取性道德范畴。这一点可以借助于儒家极力倡导的智、仁、勇三达德来加以诠释。智、仁、勇被儒家典籍《中庸》称为"天下之达德"，可是智与勇在儒学里不能独立存在，没有自足价值，而是从属于各种社会伦理，必须由社会协调性道德予以解释和规定。在智、仁、勇三者之中，仁是核心，是主导。孔子不但强调"仁者安仁，知者利仁"[1]，而且认为"仁者必有勇，勇者不必有仁"[2]。儒学中，勇与义并提，被谓之"义勇"。"三达德"中勇这一唯一标志着个人道德的范畴，同样必须由社会伦理赋予其崇高意义。假如说"仁义"是正向的、积极意义上的扬善，那么"义勇"即为反向的、消极意义上的抑恶。孔子讲"见义不为，无勇也"[3]、"君子有勇而无义为乱，小人有勇而无义为盗"[4]。不去履行自己应当承担的社会道义，如见死不救，就不是真正的勇。孔子还用礼去限定勇，认定"勇而无礼则乱"[5]。智在先秦儒家那里被作为与"仁勇"并举的、用来评价和调节人的行为准则而得到重视，并被后来的董仲舒纳入"五常"框架之中。可是，智往往不是指人的理智认知能力，而更多地指人的道德理智，被限定为判断善恶的认识能力，例如孟子认为："智之实，知斯二者弗去是也。"[6] 这样，智成了从属于协调性道德、完成社会道德义务的附庸。

虽然我不赞成王润生激进的反传统文化主张，但他对儒家道德重心转

---

[1]《论语·里仁》。
[2]《论语·宪问》。
[3]《论语·为政》。
[4]《论语·阳货》。
[5]《论语·泰伯》。
[6]《孟子·离娄上》。

变的分析还是令人信服的。他说:"如果说,在孔孟的言行录中多少还有一点略带进取意味的品行要求的话,那么在宋明理学盛行之后,进取性道德在封建道德结构中就完全消失殆尽了。显然,从表面上看,宋明理学家好像也强调个人品质素养,如什么'忠孝节义'中的'节',以及'温良恭俭让'等。但实际上,这些东西在本质上并非严格意义上的个人道德,不是进取性品质,而是封建的协调性道德要求于个人的内心修养。"① 倘若依照现代伦理学来观察,那么不论是先秦儒学还是两汉儒学,抑或是宋明理学,其伦理思想的共同倾向都是社会本位主义:在道德本质上,儒学把道德主要视为调节个人与社会之间关系的行为规范;在道德特征上,儒学重协调性、轻进取性,重规范性、轻主体性;在道德类型上,儒学重社会伦理、轻个人伦理,重社会义务、轻个人义务。

二、 儒学的社会本位

儒学在价值观上表现为社会本位主义。儒家虽然也倡导"罕言利",主张重道义轻功利,但是任何道德其实都是以利益为基础的,任何精神文化都无法摆脱物质的纠缠,儒家实际上就是主张利人、利家、利国、利天下,以社会功利为重,尤其是在核心价值理念上儒学更是主张以社会为本位,呈现出浓厚的他人理性、家庭理性、国家理性和天下理性等特质。

(一)"仁"的社会轴心

孔子在人类文化史上第一次全面系统地阐释了"仁"的范畴,并把它置于其思想的核心地位,"仁"同礼、义从此成为整个儒学三位一体的"内核"。首先,就"仁"的本义而言,在孔子那里,爱人为"仁"的最基本含义。孔子及其弟子还从其他不同层面阐释了"仁"的社会本位主义特征——孝亲和敬兄乃是仁道的基本要求,如"孝弟也者,其为仁之本与"②;爱亲是仁兴的条件,如"君子笃于亲,则民兴于仁"③。就"仁"的价值和

---

① 王润生:《现代化与现代伦理精神》,广西人民出版社1989年版,第31—32页。
② 《论语·学而》。
③ 《论语·泰伯》。

意义而言，孔子十分推崇仁，认为只有具备了"仁"性，才能成为扬善抑恶的伦理人，才能成为舍己为人的君子，他说："唯仁者能好人，能恶人。"① 就"仁"的实施方法而言，儒家从仁爱出发，要求人人亲其亲，注重对自己亲人的爱，做到孝悌慈祥。而施爱的方法是从关心自己的人做起，亦即"能近取譬，可谓仁之方也已"②，然后由近及远，由己推人，由爱自己的亲人推及爱其他的人，也就是孟子所言："老吾老，以及人之老；幼吾幼，以及人之幼。"就"仁"的地位而言，当己与他、己与群发生矛盾冲突时，儒家主张"杀身成仁"，即舍己为人，牺牲个体以保全他人和群体，做到"无求生以害仁，有杀身以成仁"③，充分体现了儒学的利他主义导向特质。

（二）"礼"的社会规范

孔子所推崇的"礼"主要指周礼。"礼"在客观上也会造成利己（安身立命）和损人（以礼杀人）的双重后果，不过，儒家所维护的"礼"主观上主要还是以社会为本位。其一，礼是为了维护社会的秩序和稳定而创制的。如前所述，作为一种社会规范，"礼"通过为人进行角色定位、关系定位，通过正名，达到维持社会正常秩序的目的。孔子说："礼乐不兴，则刑罚不中；刑罚不中，则民无所措手足。"④ 孔子还指出："故坏国、丧家、亡人，必先去其礼。"⑤ 礼不是为了达到维护权利等个人性目的，而是为了构建和谐的、稳定可控的社会秩序这种更为根本的社会性价值。其二，礼是一种用来调节个人与社会之间关系的外在行为准则或社会规范。孔子的弟子有子说："恭近于礼，远耻辱也。"⑥ 孟子讲："仁者爱人，有礼者敬人。"⑦ "辞让之心，礼之端也。"⑧ 可见，"礼"表示的是个人谦恭和敬让的思想和行为。在儒家那里，一方面，礼由仁义而生，仁义决定着礼。孔子

---

① 《论语·里仁》。
② 《论语·雍也》。
③ 《论语·卫灵公》。
④ 《论语·子路》。
⑤ 《礼记·礼运》。
⑥ 《论语·学而》。
⑦ 《孟子·离娄下》。
⑧ 《孟子·公孙丑上》。

说："人而不仁，如礼何？"这表示一个人假如缺乏以社会为本的仁心，礼是无用的。孔子还有一句流传久远的名言——"克己复礼为仁"。这意味着不论是克己还是复礼，最终是为了体现"仁"，为了爱人。另一方面，礼又反作用于仁义。礼既可以节制和裁度人的行为——"言非礼义，谓之自暴也"①，又可以文饰人的仁义行为——"礼之实，节文斯二者是也"。不论是要求人的行为合于礼，做到克己复礼，还是礼与仁义的相互规制，儒家礼学的主旨归根结底是为了使人的行为能够符合社会要求，使人我关系、人群关系能够和谐一致。

（三）"义"的社会导向

从根本上说，儒家倡导的是重义轻利的价值观。虽然重义轻利并不完全等同于重公轻私——前者倡导的是重伦理价值、轻功利价值的人生理念，后者倡导的是重社会价值、轻个人价值的人生哲学，但是在整个儒学框架之中，重义轻利往往导向重公轻私。将义利之辨转换成公私之辨，具有相当的合理性。正因如此，荀子提出："君子之能以公义胜私欲也。"② 张载则说："仁统天下之善，礼嘉天下之会，义公天下之利，信一天下之动。"③ 程颐更是明确指出："义与利，只是个公与私也。"④ 王守仁也教导说："必欲此心纯乎天理，而无一毫人欲之私，此作圣之功也。必欲此心纯乎天理，而无一毫人欲之私，非防于未萌之先，而克于方萌之际不能也。"⑤ 不论是先秦儒家倡导的较为温和的以义制利，还是宋明理学力主的较为极端的去欲存理（义理），抑或是戴震等人宣传的综合折中的以义节欲，其共同的思想倾向均是要求个人行为符合社会纲常要求，个人利益符合社会利益，坚持社会至上、义务本位。当然，将"义"完全等同于"公利"有失偏颇，因为"义"也蕴含着利他主义意义上的"私利"，这一点从原始儒学对"义"的本质规定也可得到佐证。孔子有一些"义"的命题主要是从义利价

---

① 《孟子·离娄上》。
② 《荀子·修身》。
③ 《张载集·正蒙·大易》，章锡琛点校，中华书局1978年版，第50页。
④ 《二程集·河南程氏遗书》卷第十七，王孝鱼点校，中华书局2004年版，第176页。
⑤ 吴光等编：《王阳明全集·传习录中·答陆原静书》卷二，上海古籍出版社2011年版，第74—75页。

值观和人格理想的角度提出的，如"见利思义""见得思义""君子义以为上""君子喻于义，小人喻于利"。他虽未就"义"本身展开论述，但他所言说的"义"显然是指符合社会利益的正当行为。孟子在继承孔子"仁"学思想的基础上提出了"仁义"范畴，并将其确立为思想核心，建构起庞大的仁义理论体系，而其倡导的舍生取义、居仁由义等贵义思想也突出地凝聚了儒学的利他主义精神。纵观儒学史，可以看出，儒学框架之下的"义"基本上缺乏康德所言说的对己的义务，本质上是社会以应然要求的形式向特定个人提出来的"应当"完成的职责、使命和任务；它指向的不是利己，更不是为我，而是利他、利家、利国。

（四）"孝"的社会基础

儒家心目中的"孝"，同样具有利他（双亲、国君）、利国（君代表国家）等特质，但主要体现为以家庭为本。儒家文化反映的是以家庭本位为基础，包括他人本位、群体本位、国家本位等在内的社会本位。一方面，儒学尤为重视倡导家族伦理。整个儒学体系在某种意义上即亲情伦理，即家族主义伦理。孔学以仁学为圭臬，但同时以"孝"为仁之大本。儒家推崇尧舜之道，可在它看来，尧舜之道"孝悌而已矣"。儒家的泛家族主义伦理往往支配其社会伦理，促使其把一切社会关系家庭化，例如主张移孝作忠、忠孝混一、把事君也称为孝的泛孝主义。另一方面，儒学凸显重家庭轻个人的价值观。儒家重光宗耀祖、重孝，为了家族亲情，孔子甚至主张不顾社会公义而"父为子隐，子为父隐"。为了尽"孝"，个人必须服长丧，讲继嗣，遵父命，守父道。再一方面，儒家所宣扬的各种家庭伦理如父慈子孝、兄友弟恭、长幼有序等，也莫不强调以他人利益为本。

除仁、义、礼、孝等中心理念具有社会本位特质外，儒家阐扬的其他许多重要思想无不表现了重社会轻个人的倾向：儒家所推重的内圣外王之道将成就外王事功作为成圣成贤的根本旨归；儒学所宣传的利国利天下、忠君报国、"穷则独善其身，达则兼善天下"等人生价值观凸显的是社会义务本位；儒家所认可、由管子首倡的礼、义、廉、耻四维明显属于他律性伦理规范；儒家推崇的无我无私、存理灭欲、重义轻利、忧国忧民等人生理想实为一种谦谦君子型人格；儒家设想的天下为公、讲信修睦、人不独亲其亲等社会大同理想，更是散发着社会本位主义的气息。因此，儒学在认识和处理人我关系和人群关系问题上，表现出的正是一种特殊的社会本位主义。

三、 儒学的个人本位

以上简要分析了儒学的社会本位主义特质。这是不是意味着儒学是非个人主义的甚至是反个人主义的呢？既是又不是。说"是"，是因为儒学确实蕴含着非个人主义乃至反个人主义的成分；说"不是"，是因为在儒学思想系统中又蕴藏着个人主义要素。

（一）儒学蕴含着非个人主义乃至反个人主义（非我主义）因素

首先，儒学用仁、义、礼、智、孝、忠等一整套规范来严厉约束个人的言行，使个性不能伸张，导致同步化、一律化。杜维明先生认为，儒家传统中的"为己之学"在"人能弘道，非道弘人""三军可夺帅也，匹夫不可夺志也""人能尽心知性知天"的基础上提出了人的独立人格和个人性，它主张不是社会性压倒个性，而是个性要成全社会性。① 我们认为，孔、孟上述人学理念强调的是片面的道德主体性，它们忽视了人的自立性、独特性、创造性等个性特征，是以人的个性服从、隶属于社会性为前提的。其次，它把人视为社会关系网的一个小小环节，没有自身独立的价值和地位，个人利益必须绝对地、无条件地服从社会利益，个人毫无价值理性可言，不过是成就社会的工具、筹码而已。朱熹认定"意是为恶先锋，我是为恶成就"②。程明道也讲："至于无我，则圣人也。"③ 这就使儒学带上了非我主义的色彩。再次，就个人自身而言，他必须时时刻刻克己、反省、自责、慎行、忍让，必须"安分守己"，必须遵循等级名分，这样个人的自由就被剥夺净尽。总之，由于受到血缘关系纠缠、等级制束缚、人身依附、王权至上及道德本位的影响，一些人几乎丧失了人格独立、个体自由及自我尊严。

---

① 参见李欣复主编：《儒家思想与未来社会》，上海人民出版社1989年版，第10—11页。
② 黎靖德编：《朱子语类》卷第三十六，王星贤点校，中华书局1994年版，第952页。
③ 《二程集·河南程氏遗书》卷第十一，王孝鱼点校，中华书局2004年版，第126页。

(二) 儒学又隐藏着某种个人主义成分

个人主义具有多种形态和提法。康德在《实用人类学》一书中认为有三种个人主义：道德个人主义（利己）、审美个人主义（孤芳自赏）和认识个人主义（自以为是）。个人主义虽然有许多类型，但它的实质却是以个人为本位，以自我为中心，强调个人利益高于他人利益、集体利益、社会利益，强调个人的尊严、权利、自由、个性等。学术界一般不承认儒学含有个人本位主义因素。然而，与社会本位主义相反又相成，儒学确实同时具有个人本位的思想倾向，譬如"人能弘道，非道弘人"的儒家理念，强调的是个人作为弘道的根本，强调不能依赖人之外的力量，包括道也不能依靠，从形而上的角度展现了儒学自力更生、自强不息的精神。这也是"为仁由己""君子求诸己"作为儒家个人主义构建的旨趣所在。儒家要求不能怨天尤人，而必须自我塑建、自我展现、成己成人，从而达至威武不屈、富贵不淫、贫贱不移的境界。这可以称为积极个人本位主义。

与此相对应，还有消极个人本位主义，这也是儒家教义中的普遍规定。儒家有一句名言，即"穷则独善其身，达则兼善天下"，将其表露无遗。孔子"乘桴浮于海"①的志向，特别是儒家一方面不遗余力地批判杨朱"拔一毛而利天下，不为也"②的主张，另一方面又大力提倡"身体发肤，受之父母，不敢毁伤"③的律令，可见其个人本位主义之一斑。无怪乎《庄子》多次把孔子的第一门人颜回放到道家"保身全生"的框架内，大力张扬颜回"坐忘"的经验和获得最高境界的过程。司马迁在《史记》中关于孔子夸奖老子"其犹龙邪"之语，似乎已经把"儒道互补"的"原型"告诉后学。在某种程度上，儒学汲取了庄子提出来的近似个人主义的"在宥"观念。儒家思想中之所以能产生消极个人主义，不仅有内在的因素，也有与道家兼容互补的部分。白居易在《与元九书》中为我们淋漓尽致地展示了这一点。他说："古人云：'穷则独善其身，达则兼济天下。'仆虽不肖，常师此语。大丈夫所守者道，所待者时。时之来也，为云龙，为风鹏，勃然突然，

---

① 《论语·公冶长》。
② 《孟子·尽心上》。
③ 《孝经·开宗明义章》。

陈力以出；时之不来也，为雾豹，为冥鸿，寂兮寥兮，奉身而退。进退出处，何往而不得哉！故仆志在兼济，行在独善……谓之'讽谕诗'，兼济之志也；谓之'闲适诗'，独善之义焉。故览仆诗者，知仆之道焉。"老子讲"柔弱胜刚强"，白居易在《遇物感兴，因示子弟》一诗中写道："吾观器用中，剑锐锋多伤。吾观形骸内，劲骨齿先亡。寄言处世者，不可苦刚强。……于何保终吉？强弱刚柔间。上遵周孔训，旁鉴老庄言。"庄子《山木篇》有"周将处乎材与不材之间"，白居易《偶作》一诗云："木雁一篇须记取，致身才与不才间。"

除了上述积极个人主义、消极个人主义外，儒学系统中还有政治个人主义。如果说消极个人主义的形成与道渗于儒相关，那么政治个人主义则是儒法互用亦即法家冷酷无情原则楔人南面之术中的必然产物。《论语》讲礼乐刑政，其极一也，既然治国平天下四者缺一不可，而儒家又是参政的主要成员，那么没有"礼乐"与"刑政"的张力，就不可能建构社会秩序、协调人际关系，不可能实现儒家政教目标。这里以韩非为例加以说明。韩非以及道法家与孔门仁学在政治上形成了"阳儒阴法""杂王霸而用之"的专制统治。韩非从《老子》的冷眼旁观的非情感态度发展到极端冷酷无情的利己主义，把一切都归入冷冰冰的利益关系的计量之中，把社会的一切秩序、价值、关系，人们的一切行为、思想、观念以至情感，都还原为冷酷的个人利害，成为衡量、考察、估计一切的尺度标准。于此韩非有大量的论述，如"与人成舆，则欲人之富贵；匠人成棺，则欲人之夭死也。非舆人仁而匠人贼也，人不贵则舆不售，人不死则棺不买，情非憎人也，利在人之死也"①。值得注意的是，韩非将上述思想理论化，认为"舆""棺"的制作和买卖，只是万事万物的"理"的个体表现，而贯穿于万事万物的"理"的总和才是"道"；主观的喜怒哀乐容易使人产生偏见，误入歧途，必须抛弃主观情绪，才能"心虚"，走入正道；在此基础上，再加以"参验"，就十拿九稳了。他所谓的"观容服，听辞言，仲尼不能以必士；试之官职，课其功伐，则庸人不疑于愚智"②，即是如此。他不仅把个人计算理

---

① 《韩非子·备内》。
② 《韩非子·显学》。

性化，而且将其实用化，把功利目的发展到自觉的极致。在韩非那里，明是非、辨真假、定对错本身是次要的，重要的是如何运用和实际处理问题以达到目的。"宋有富人，天雨墙坏。其子曰：'不筑，必将有盗。'其邻人之父亦云。暮而果大亡其财。其家甚智其子，而疑邻人之父。……非知之难也，处之则难也。"① 可见，韩非在这里不强调知识本身，也不强调对错、真假、是非，而主要讨论如何对待、处理、应用知识于具体的不同的人事关系中，讨论研究的是人情世故的复杂性和变异性，以便具体而微地对待，取得成功。儒家总结的"世事洞明皆学问，人情练达即文章"的结论，正是这一点的定型。

由上可知，儒家也讲个人本位，也有积极、消极、政治等层面上的个人主义形态。如果说积极个人主义是其正面旗帜，消极个人主义是"失落"后的无奈或者有意的选择，那么极端的政治个人主义则是"南面术"的成功诀窍。②

这里要说明一下，本书所讲的个人主义，既不是从伯林那里套来的积极—消极的自由主义框架，也非卢梭式的"天赋人权"，更不是马克思规定的市民社会涉及个人主义的商品交换形式（平等）、内容（自由）的经济基础内涵，而是主要就中国农耕社会的儒家特有的行为模式、心理状态的两重特征而言。比如说，汉代以孝治天下，结果出现了如汉民谣中讽刺的大量"举秀才，不知书；察孝廉，父别居"的现象；唐宋时代，既有"先天下之忧而忧"的表率，也不乏寡廉鲜耻的伪君子、假道学等。因此，学术界一般认为儒家是集体主义、社会整体主义的体现者的论断就显得片面了；倘若全面衡量，就会发现所谓儒家集体主义后面还有"个人主义"的隐蔽密码，如上述三种个人主义。为什么会这样呢？下面略述几点理由。

在小农经济背景下，个人处于分散状态，缺乏有机联系，个体化的私人生活较为发达，而公共生活比较贫乏，社会交往限于狭隘、固定、单一的模式之中。"小农人数众多，他们的生活条件相同，但是彼此间并没有发生多种多样的关系。他们的生产方式不是使他们互相交往，而是使他们互

---

① 《韩非子·说难》。
② 参见李泽厚：《中国古代思想史论》，天津社会科学出版社2003年版。

相隔离。"① 这些情况反映到儒学系统中来，必定使之打上个人主义印痕。

传统社会的发展，生产力的提高，交换的扩充，到战国已形成了知识分子阶层的经济基础。劳心者治人，劳力者治于人。士可以脱离自然脐带，获得相对的自由，不再束缚于土地，如孟子所言："无恒产而有恒心者，惟士为能。"② 他可以做教师，拿学费；或学而优则仕，拿俸禄。范文澜说，这些知识分子，分为四类：一是学士，二是策士，三是术士，四是食客。除了食客地位较低，其余三类地位较高，经常成为国君的座上客。士所学的知识开始是百家之学，孔、孟之后，儒家成为主流，修齐治平成了他们的理想，在社会上升时期显得生气勃勃。"鸟能择木，木焉能择鸟"成为他们身价显赫的隐喻，而"士为知己者死"则成为人身依附时代的庄严伦理承诺。前者是个人才能的显赫，后者是双向亲和的价值。如果说前者可归之于中国式积极个人主义的范畴，那么后者则是滑向集体的中国式"契约"。

儒家之所以能从道法家那里采借个人本位主义因素，就在于它作为传统社会的主流意识形态是在与其他各家既斗争又融合的过程中发展壮大起来的。在这个过程中，儒家既保持中流砥柱的核心地位，又不拒一得之见，广纳百家之长，丰富发展自己。所谓"非循一迹之路，守一隅之指，拘系牵连之物，而不与世推移"③，以及"天下一致而百虑，同归而殊涂""因阴阳之大顺，采儒、墨之善，撮名、法之要"④，都是中国文化"有容乃大"和儒家"灵活性"特征的表现。不仅儒家，其他各家如名、法、道，都非清一色。以前的中国哲学史研究，把各家作为"单打一"式的纯粹派别来看待，都失之于片面。从儒家的历史嬗变来看，先秦孔子后就有"儒分为八"，更可见一斑。陈寅恪曾经讲过，秦朝的法家（如李斯）以法家的手段完成了儒家的理想，是发人深省的，很具体地点明了各家殊途同归的互补性。

总而言之，无论是"与世推移"，还是"变则通"；无论是"经"与

---

① 《马克思恩格斯选集》第1卷，人民出版社1995年版，第677页。
② 《孟子·梁惠王上》。
③ 《淮南子·要略》。
④ 《史记·太史公自序》。

"权"的原则与灵活,还是殊途同归的"兼容",儒家都力图排除固执于个人本位与社会本位某一端的呆板僵化,以寻求柳暗花明的生动活泼。孟子讲莫执一,认为"可以仕则仕,可以止则止,可以久则久,可以速则速,孔子也"①,就是说人应当成为一个"时者"。用今天的话来说,儒家有与"识时务者为俊杰"相近的成分、因素和性质。由此观之,儒家的三种个人主义之间思想融通、角色转换便可以从这里找到原因。

四、儒学个人本位与社会本位悖论对人发展的影响

不论是儒学的社会本位主义还是其个人本位主义,都会给人的发展产生有利和有害的双重影响。在中国历史上,许多志士仁人、民族英雄无不是在儒家社会本位主义文化的熏陶下成长起来的。不过,儒家的社会本位主义学说也包含着极端化的皇权本位主义、集团本位主义和家族本位主义的因素,它较少考虑个人的合法权利、自我价值和个性发展,只知重视个人的义务。而过分强调利他,会严重削弱个人自我发展的动力。以社会为本位,不仅会阻塞个人发展的空间,也会使人养成依赖、知足、容忍、柔弱、懒怠等不良人格。为了讲孝道,为了家庭的荣誉,为了家庭的门面,为了家庭的稳定,个人的意义不被重视,个人的个性不被尊重,个人的婚姻不能自由。为了行孝,中华大地上不知上演了多少有关孝子贤孙的历史惨剧。在以家族为中心的儒家文化笼罩下,许多中国人既缺乏约束公共角色行为的公德观念(有意思的是,五伦之中没有一伦涉及社会公德),又缺乏为公的公德意识;既缺乏国家意识(有的只是愚忠),又缺乏社会公共事务意识。正如韦政通先生深刻指出的:"一个以家族为中心的社会,其人生的目的,既不外光宗耀祖,兴家立业,那末(么)人生的努力,便只变成为私而非为公,自无从培养公德观念。……中国人因重家族情谊,所以凡事重情不重理,这就是中国人情味特浓的由来,它的出发点大部分为私而非为公。好处是人与人之间可以少几分暴戾之气;坏处是往往会破坏了社会公理和公德观念。一个处处只讲人情的社会,是不公平的社会,也是不

---

① 《孟子·公孙丑上》。

健全的社会，因人情常常会排斥是非。"① 对宗法血缘观念和家族主义给人的发展带来的流弊，费孝通先生早在其《乡土中国》一书中做了深刻剖析。他指出，在中国传统社会，每个人都是他的社会影响所推出去的圈子的中心，儒家最考究的人伦就是从自己推出去的和自己发生关系的那一群人所发生的一轮轮的差序；孔子最注重推己及人的"己"字和"推"字；在中国传统思想里有的只是自我主义，一切价值均是以"己"作为中心的主义；在儒家自我主义人学思想陶铸下，个人只能培养私德而缺乏社会化的公德，只能具备有差等的爱，而达不到墨家所倡导的"兼爱"境界。

西方的个人主义是一个中性词，但它有时也会导向利己主义。儒学中的个人主义为我们每个人的成长和发展提供了十分切近的"为人之道"和"成人之道"，为个人如何待人处世提供了可行的"不二法门"。它对个性的维护（例如儒家对"乡原"的否定）也有助于人的个性发展。同时，儒学思想中的"己欲立而立人，己欲达而达人"的忠恕之道以及推己及人的涵养功夫，也有助于培植人的同情心、宽容心。经过按照康德倡言的道德普遍性要求进行改造，可以转化为道德选择的重要形式，提高人判断和践履道德义务的自律能力。但是儒学那偏激的亲情观念和利己色彩，也不利于培养个人集体主义观念和社会责任感，不利于个人确立与一切人一视同仁地进行交往的普遍主义现代观念。尤其是儒家所倡导的"有道则现，无道则隐""邦有道，危言危行；邦无道，危行言孙"等处世人生哲学，也会培养世故、圆滑、自安、退让等"外圆内方"型劣质人格，造就"事不关己，高高挂起"的自私型品质。在儒家个人主义文化和差序格局社会的共同影响下，传统中国社会滋生出一种特殊化的个人主义（实为利己主义或唯我主义），其外在表征就是为人所诟病的"独善其身""明哲保身""以邻为壑""各扫自家门前雪，莫管他人瓦上霜"等利己主义行为，以及鲁迅所批评的"看客"心理。中国社会生活中流传至今的裙带风、关系网和"熟人效应"，同儒家个人主义的浸染也不无关联。

总之，在儒学系统中，泛爱众与笃于亲，致富达贵与患不安不均，为仁由己与忠恕而行，为己与为人，这些构成了其相反相成、自我缠绕的社

---

① 韦政通：《儒家与现代中国》，上海人民出版社1990年版，第74—75页。

会本位与个人本位双重性。在儒家社会本位主义与个人本位主义的双重作用下，加上传统中国宗法社会中人与人、人与社会之间既相互依赖又缺乏有机联系，使得传统中国人虽然获得了某种"原始的丰富"，但又导致个性的"空虚"。个人要达到真正自由全面的发展，必须首先经过商品经济这一"物的依赖"时代——对物的依赖关系既造成了个人全面和丰富的社会联系、需求和能力，又严重束缚了个性的充分展示，造成人的"畸形发展"，然后到达共产主义社会的产品经济时代——只有到那时，社会生产力有了极大提高，人与人之间实现了团结一致和丰富全面的有机联系，人们的思想觉悟有了极大提高，才能为社会本位主义精神和合理个人主义精神的塑造创造充分条件。

第九章 儒学的人文—反人文二重性与人的全面发展

对儒学是否具有人文主义这一设问，近代以来的思想界争议颇大。以牟宗三、唐君毅、杜维明等现代新儒家人物为代表，力主儒学蕴含着人文主义因素和特质，而某些激进的反传统人士却断言儒家是反人文主义的，至少是非人文主义的。其实，儒学乃是一个博大精深、历经2000年流变的复杂观念文化系统，它包含着许多相反相成的思想倾向和特征，蕴含着不少文化二重性，从中既可窥测到人文主义要素和特点，又可发现不少非人文乃至反人文的文化特质。

一、儒学的人文主义特质

儒学的人文主义主要体现在以下几方面。

（一）在神人关系上，儒学表现为弱宗教、弱神学

严格意义上讲，儒学不是宗教，如它缺乏严整完善的教义、教规和祭祀传统，但它具有宗教性，在传统中国社会发挥了某种宗教信仰功能。应当说，著名学者李泽厚将之视为准宗教还是较为准确的。儒学诚然并不像某些人所认定的那样否定宗教和神学，但它确实对神、怪等"敬而远之"，缺乏浓厚的理论兴趣，而注重人的现世终极关怀。不论是孔子的"子不语怪、力、乱、神"，还是他的"未知生，焉知死？"的反问，都说明儒学具有世俗化、人文化的精神特质。作为一种弱宗教人学或强人文文化，儒学不同于西方文艺复兴时期与正统神学和中世纪宗教相颉颃的强世俗化人文

主义，而在不否定神文的前提下致力于对人生哲学的阐释。儒学的人文特征之所以产生，正是顺应了殷周时期神文主义衰落的历史趋势。缺乏宗教文化传统的周人东迁入主中原，直接冲击了东殷人的宗教型文化精神，西周代殷这一历史事件本身就是对天道观念的震撼。早在周朝时期，一些人就在"神民互补"观念下提出了"民本"思想，并重视民事力量。而到了春秋时代，"重人事，轻鬼神"的人文主义思潮开始兴起，"天人相分""以人为本"观念逐渐确立。这些都为儒学的人文主义形成和发展奠定了思想前提。

（二）在价值世界与现实世界的关系上，儒学呈现为内在超越型文化，而区别于西方外在超越型文化

由唐君毅、牟宗三等现代新儒家人物所提出并加以阐扬的"内在超越"理念[1]，用来描述儒学思想特质，大致是不差的。儒家文化同西方文化一样，均确认有一超越人间的价值源泉和神圣力量，只是儒家将之归诸于"天""帝"，而西方以基督教为代表把它归于"上帝"。就人与天、神关系而言，儒家文化只对超越源头做肯定而不去"穷根究底"，而西方文化则要做"理性的追问"或追求信仰的绝对认同；在儒学系统中，人与天、神等超越源头并无二分，超越本体内在于人心，而在西方文化中，超越世界同人间世界纯然分离、外在。余英时深刻指出，中国人不在超越世界与现实世界之间划下一道不可逾越的鸿沟，"西方哲学上本体界与现象界之分，宗教上天国与人间之分，社会思想上乌托邦与现实之分，在中国传统中虽然也可以找得到踪迹，但毕竟不占主导的地位。中国的两个世界则是互相交涉，离中有合，合中有离的"[2]。在儒学看来，"道之大原出于天"，因而人间价值源头在超越性的"天"，但如同孔子所言"为仁由己"[3]、"人能弘道，非道弘人"[4]，孟子所说"尽其心者，知其性也。知其性，则知天矣"[5]，从而把超越之路放在个人自觉修为上，表现出内在超越型、以主体

---

[1] 详见郑家栋：《断裂中的传统》，中国社会科学出版社2001年版。
[2] 余英时著、辛华等编：《内在超越之路》，中国广播电视出版社1992年版，第11页。
[3] 《论语·颜渊》。
[4] 《论语·卫灵公》。
[5] 《孟子·尽心上》。

自律为特征的人文精神特点。

（三）在天人关系上，儒学在"天人合一"主题上辩证地认识到天人分立，并把人道置于天道之上

儒学的主导倾向是重人道而轻天道，这主要体现在以下几个方面。一是孔子所言之"天"和"命"虽然包括自然界及其客观规律之含义，而更多的是指社会历史必然性和伦理客观规定性。《论语·季氏》篇曰："君子有三畏：畏天命，畏大人，畏圣人之言。"这里"天命"应是指人类社会中无法预知也无法控制的客观必然性。而孔子多处提到的"命"也是一种人类社会发展中及人的生命中不以人的意志为转移的自在必然性。二是儒学更重视人道的探求。荀子曾批评"庄子蔽于天而不知人也"而称赞"孔子仁知且不蔽"①，这表明孔子既知天又知人。不过，以孔子为代表的儒学基于"天道远，人道迩"的认识，似乎更重视人道。三是儒学主张以"人"统"天"。在儒家那里，天、地、人并称三才，人则是宇宙的中心。儒学在把人事归于"天道"的同时，又把人的伦理情感赋予天，把"天"视为"人"的投影，从而高扬了人的主体性。四是儒学逐渐形成了人定胜天的思想。在孔、孟人学系统中，存在着许多宿命论言论，如《论语·八佾》中的"获罪于天，无所祷也"。正因如此，孔、孟的天命观才遭到了墨家学派的激烈批判。不过，孔、孟并不是主张一切"听天由命"，且不说孔子在力命之辨中对人能弘道、为仁由己等道德主体性的伸张，即便是亚圣孟子也努力弥补天命观的缺陷而强调人事、人为及反求诸己、强恕而行的主观能动性。至于荀学，则在承继殷周以来关于天人关系思想的基础上，明确而又系统地提出了"天人相分"和"制天命而用之"等思想，突显了人的主观能动性在天人之际中的地位和作用，既超越了道家哲学的自然无为思想，又超越了孔、孟天人并重的理念，而显示出以人为本的精神特质。

---

① 《荀子·解蔽》。

（四）在人与宇宙关系上，儒学在"天人合一"的宇宙本体论背景下，充分重视和肯定人的地位和价值

肯定人在宇宙中的崇高地位和独特价值，反对把人仅仅当成奴隶和上帝的奴仆，尊重和维护个体的生命、尊严和权利，是西方人文主义的基本精神。在这一点上，儒学与人文主义也是可以会通的。先秦儒学主张"天人合一"，人与万物合为一体，人与天地并列为三才，唯天为大，认为"万物本乎天，人本乎祖，此所以配上帝也"①。故此，"先秦儒家虽开辟了人文的新世界，但并未能完全摆脱原始宗教中天神观念的影响，仍是在天道笼罩下的人文精神"②。但这并不妨碍它对人在宇宙万物中的独特性的肯定。从主导倾向看，儒学是重人的，呈现出人本主义特色。它一方面肯定人同天地万物一般同为天所生，例如孟子所言"天下之生久矣"；另一方面则阐明了人在宇宙中的独特价值和地位，历代儒家反复说明了人最为天下贵，高度肯定了人的主观能动作用，如《荀子·天论》讲："若夫志意修，德行厚，知虑明，生于今而志乎古，则是其在我者也。"

（五）在官与民、国与民之关系上，儒学系统阐发了民本主义思想

先秦儒家继承和发展了殷周和春秋以来的"敬德保民"的人文思潮，在"仁政"论的旗帜下系统提出了民本主义思想。有的学者断定儒家的"以民为本"思想根本不是什么人道主义或人本主义，因为人道主义作为市场经济的产物，是以有生命的个人为前提的，是把人本身当作一切价值的终极价值，而民本主义的所谓"民"，指的不是"人民"（无数个人的集合体），而是相对于"官"而存在的一个抽象物（老百姓）。不错，西方人本主义是反封建、反神学的历史产物，它立足于普遍的、作为"类"的人的基础之上，而传统儒家民本思想仅是为了维护封建王位及其专制统治秩序，并且它所讲的"民"仅仅是特定的社会群体，两相比较，民本同人本差异自现。但是，民本与人本本质上是一致的，人本内在地包含着民本。人本之"人"过于抽象，必须借助于"民"来体现，因为民本之"民"属于一

---

① 《礼记·郊特性》。
② 韦政通：《儒家与现代中国》，上海人民出版社1990年版，第66页。

个国家中的绝大多数，代表着"最广大人民群众"。自古以来，"民"相对王、官而言，属于社会中的"弱势群体"，最需要关心、爱护，以人为本的现实社会价值主要体现在以民为本上。尽管儒家提出民本的主要目的是君王王位的永存和"家天下"的稳固，但同时也饱含着对人民群众疾苦的同情式理解和人道式关怀，它凝聚着儒家一贯的重生仁民的人文情怀。儒家民本思想对暴政虐政的鞭笞，对三代无德之君主纣的谴责①，对"仁政"和"德治"的孜孜以求，不仅客观上对封建君主进行限制，也破天荒地在中国思想史上对"不德"君主及专制制度进行批判，这些对于当前各级官员坚持"以德治国""立党为公，执政为民"具有极大的启发作用。由儒家基于民本思想提出来的一系列"为政之道"，如"为政以德""博施济众""使民以时""保民而王""分田制禄""制民之产""从政裕民""王者富国""兼足天下""与民同乐""富而教之"等，充分展现了人本主义光辉，具有超越时空和历史局限的普遍性价值，仍是我们提高执政、行政能力和治国管理水平值得汲取的宝贵精神资源和政治智慧。

（六）在科学与人文关系上，儒学也是重视人的人文性问题而轻视其科学性问题

"人文"一词可分为形容词和名词两义。作为形容词的"人文"相当于西文中的humanism；作为名词的"人文"则同"文化"同义，指非自然的人工领域，如文章、文制、教育、科技、文艺等。就自然与社会文化之关系而言，儒家虽提出过"格物致知"命题和"义理之知"范畴，但实际上不大注重外在自然对象的纯理性、客观化探求，因而儒学系统缺乏自然科学知识，主要包含人文社会科学知识。不论是儒学抑或易学，有的只是对天文的现象学式、笼统描述，而缺乏实证化、精确化、严密化、逻辑化的描述和探究，远逊于阴阳家、墨家。质言之，由于受直观、体验、内省、模糊等思维方式的影响，儒学缺乏系统化、抽象化、思维化的严谨科学知识，疏于推理、论证。就对人本身的探求而言，儒学不仅对外在自然缺乏浓厚兴趣，对人的内在自然也缺乏认识，疏于对人的自然生物性因素的探

---

① "闻诛一夫纣矣，未闻弑君也。"（《孟子·梁惠王下》）

索，而倾注于对人的文化存在、精神存在和社会存在尤其是价值性因素的应然思考。

以上我从弱宗教、内在超越、天人分立、重人、民本和重人文等六个方面分析了儒学的人文主义特质。其实，儒学的人文主义性质还表现在：在致思方式方面侧重于直观、体验、顿悟等人文学方法的运用；在对人的文化心理结构的思考方面，偏重于情感、信念、理想等非认知方面而忽视生物本能、欲望及理知层面；致力于伦理型知识的探寻，不大追求纯粹的知识论体系；缺乏科学理性精神，而人文精神较为发达；等等。

二、 儒学的非人文主义和反人文主义特质

按照唐君毅的人文精神重建理论，儒学并不包括非人文主义和反人文主义，只含有作为中国传统文化主流的人文精神。而某些激进的反传统人士都绝对否定儒学中的人文主义，认定它是反人文主义的，同西方文艺复兴时期以来所发展起来的人本主义风马牛不相及。我们认为，对儒学同样应持辩证分析态度，它既有上述不同维度的人文主义因素，也有不少非人文主义乃至反人文主义的东西。这主要体现在以下几方面。

（一）未能完全摆脱天命论的束缚，带有宿命论倾向

儒学批判继承了殷商以来的非神论思潮，但并没有像某些学者所说的那样达到了无神论高度，而是打上了深深的天道神学色彩。韦政通先生说："如就儒家人本思想看，当然是排斥命运观念的。"① 这一断语显然是不实的。殊不知，在儒学中，天命与人为往往并行杂糅。孔子把人的生老病死归于"天"和"命"，把"道"的兴废也看成是"命运安排"："道之将行也与，命也；道之将废也与，命也。"② 孔子的"不怨天""获罪于天""与命与仁""天之未丧斯文也"等观念，都是原始天神的历史遗迹。孟子为了回应墨子对儒家宿命论倾向的攻击，提出了一些非命、抗命的主张，并把

---

① 韦政通：《儒家与现代中国》，上海人民出版社1990年版，第68页。
② 《论语·宪问》。

"命"分成"正常"和"非正常"两种,但是,他同孔子一样要人"知天命""听天由命",从而带有较为明显的宿命主义倾向,忽视了人的主观能动作用。荀子虽然提出了"明于天人之分"和"制天命而用之"等非命论思想,但由于不能归于儒学正统而被遮蔽。在孔、孟天命论观念的熏陶下,加上个人能力的弱小和整个社会文明程度低下,使得宿命论在传统中国社会不绝如缕,"尤其是两汉,由于灾异谶纬、五德终始诸说的盛行,使政治事务与民间事务,多被笼罩在命运的观念之下。先秦时代的人文精神,在这时代,差不多已被湮灭。两汉以后的中国社会,命运观念一直是一股主要的支配力量"①。

(二) 缺乏感性自然和世俗功利的诉求

在本体论上同一般人文主义一样,儒学对超人文的神鬼和上帝"存而不论""敬而远之",对超现实的"来世"和"彼岸世界"也不大关心,而专注于对现实人生和现实社会文化世界的思考。同时与神创论不同,而同人文主义一致,儒学肯定了人是大自然的产物,赞美人的特性和力量,把人看作"宇宙精华""万物灵长",这些都使得儒学充满温情脉脉的人文色调。不过,与西方人文主义重视人的感性自然迥然不同,儒学既忽视对人的内在自然(包括自然本能、欲望等)的具体认知,又贬低了人的自然性因素在社会文化创造和人生践履中的作用,故而又包含着非人文成分。从价值论来说,如同西方人文主义一样,儒学把人性从动物性中提升出来,使人转变成既不同于神又异于兽的大写的人(或者使人既有神性又有动物性),肯定了人独特的价值、尊严和权利,张扬人的主体性,尤其是孔子"问人不问马"的态度充分体现了儒家重视人的人文情怀,而他的"为仁由己"一语更是强调人的主观能动性的最好注脚。然而,同西方人文主义不一样,儒家奉行的是"重义轻利""重理轻欲"的禁欲主义和非利主义人生价值观,它不注重人现实的享乐和幸福,轻视人的世俗功利追求,只要求过德性生活,只满足于人伦之乐、天伦之乐。如果说孔孟儒学强调重义轻利、反对"为富不仁",因而是一种非人文主义人学的话,那么宋明理学的

---

① 韦政通:《儒家与现代中国》,上海人民出版社1990年版,第68页。

"存天理，灭人欲"则把人的感性需求和个性存在从公义维度掏空，属于一种弱式的反人文主义了。儒学有对人追求富贵利禄的肯认，但从总体上都不重视和倡导人去求利。要知道，即使是作为人欲的美味要求，也具有一定的合理性。儒家过分压抑人性欲望的观念显然与人文主义肯定人正当享受的旨趣是大相径庭的。

（三）抹杀人的个性，贬低个人的价值

真正意义上的人文主义建立在个人主义基础之上，它反对宗教桎梏、封建等级及其人身依附，强调发挥个人的各种潜能，主张个性自由和解放。然而在儒家文化中，虽然人性、人情、忠恕、仁礼等社会价值和规范以个人为出发点，但是从总体上中国社会文化中的个人被设计或当成血缘纽带、人伦秩序、封建等级、名分差序中的符号，个体的独立作用受到某种压抑，像仁、义、礼、智、信之类的"五常"或亲、义、别、序、信之类的"五伦"反映的正是一种他人导向的等级隶属关系（个人被当成各种社会关系结构的附属物）。这种社会关系的限制加上各种伦理本位的束缚，使个人不易被发现，难以培养独立自由的人格。尤其是"反求诸己""尽心知性""发明本心""为仁由己"之类的内在超越型追求，把伦理置于个人心性之上，必然导致个人不假外求，只求顺应社会律令、人生法则、等差伦序，而向内求得内心纯善，这同样会妨碍个性的伸张。这些显然同人文主义是背道而驰的。

（四）把人文自然化

在"天人合一"思维范式的引导下，儒学往往将自然与人文混合，尤其是将伦理自然化。先秦儒学把本属于社会人文属性的善与恶看成人的自然本性，两汉经学更是立足于"天人感应"将社会等级、纲常名教自然化、天道化。魏晋玄学家嵇康、阮籍主张"越名教而任自然"，王弼、郭象以体证用，用天道自然来证成社会伦理。宋明理学大多也将性理不分。值得一提的是，儒家往往把文化关系、人际关系降格为自然关系。在儒家文化中，协调人际关系的是五伦，而五伦正是以个人为中心展开的自然关系。其中父子有亲、夫妇有别、长幼有序直接来源于血缘亲情关系，而君臣有义虽属后天的社会关系（社会职位关系），但它也不过是父子关系向外扩展的产物。在传统中国社会，"君"为父，"臣"为子，国是家的延伸，君为一国的大家长，整个国家不过是君主的"家天下"。这里所在的是一种自然的文化逻辑：父、子、长、幼、男、女的地位是自然（血缘、出生）使之然，不是社会使之然，君臣关系是父子关系的延伸和扩大，同样是以血缘关系为基础。这样，自然的逻辑就成了社会的逻辑，这显然降低了人的地位。儒学往往把各种社会伦理规定植根于血缘基础之上。孔子说："君子笃于亲，则民兴于仁。"① 从"孝"道中最能窥见儒学是如何将社会文化伦理转变成自然逻辑。绝大多数儒者认为"孝"是一种与生俱来的自然情感。即使是在动物界也存在"乌鸦反哺"的伦理本能，作为来源于动物又高于动物的人类必定具有类似的道德反映："孩提之童，无不知爱其亲者。"《孝经·三才章》曰："夫孝，天之经也，地之义也，民之行也。"可见，"孝"乃是人的自然情感的流露，它内在于人的自然天性之中。由上可见，在儒学中，人的血缘亲情变成了道德要求和伦理准则，反过来说，人的伦理关系被还原成人的自然关系。

综上所述，儒学在饱含人文特质的同时也表现出非人文乃至反人文的一面。这似乎是在玩折衷、调和手法，但事实上儒学确实存在如此双重性。

三、儒学的人文—反人文特质对人的全面发展造成的影响

儒学的人文—反人文二重性给人的全面发展带来了积极和消极的双重影响。从儒学人文主义对人的发展产生的积极作用来说，首先，儒家重人轻神、重人轻物、以民为本等人文主义理念有助于对人的生命存在、人的独特价值的重视，有助于提高人的地位，有助于人的文化自觉和主体意识觉醒。尽管儒学尚未从根本上摆脱原始天道神学观的羁绊，但毕竟表达了对"怪、力、乱、神"的漠视态度，这一轻神文而重人文的思想特质，既为人挣脱神学禁锢和迷信文化诱惑实现自由独立发展提供了观念支持，又为人的健康成长指明了正确的"成人之道"。自古以来，极端化的邪教鬼怪

---

① 《论语·泰伯》。

思想，不仅给人的身心造成了极大危害，也使许多人误入歧途，"法轮功"所鼓吹的歪理邪说至今仍在危害一些人的心灵。为了给人的发展创设一个良好的人文环境，我们应该进一步发扬"子不语怪、力、乱、神"的人文精神传统。儒学把人异于天地万物和一般动物的本质规定性深刻揭示出来并加以重视，有利于我们发掘人独特的、内在的潜能和价值。《孝经》提出了"天地之性，人为贵"的卓越命题，荀子也指明了"人有气、有生、有知，亦其有义"，在《论语》中孔子还提出"鸟兽不可与同群，吾非斯人之徒与而谁与？天下有道，丘不与易也"①。这些表明他们已明确认知到了人的本质，并达到了理性的人文自觉。这势必引导人类努力保持和展现自身的独有规定性，以实现"立德、立功、立言"的"三不朽"人生目标。人的发展离不开他人的仁爱和社会的关爱。儒学中的仁爱理念及其重生爱生、重人轻物人文态度，能够为人的生存和发展打造一个合适的物质文化环境。同"君""官"相比，"民"往往处于弱势地位，他们的生存和发展会经常面临各种困厄，需要社会各方的关心、支持。儒家"民为邦本"、民贵君轻思想在客观上会促使当权者收敛自身对老百姓的剥夺和欺压行为，一定程度上关心普通大众的生死和疾苦，保障他们最起码的生存和发展权。

其次，儒学的内在超越、天人分立和重人文等特质，有助于人主体性能力的展现，有助于提高人的综合素质。由前可知，儒学并不否定"天"和"天道"，甚至也没有像无神论者那样完全排斥、否定"神道"，但是却通过"性"（自然、人与万物一体）和"理"（在这里指德性）把天人合一，并借助于人的心性能力而强调人的内在超越，突出人的道德主体性（"为仁由己"）。为了达到成仁、成人、成圣的理想境界，儒家指明了要发挥个体内在的道德力量（致良知，展现内在仁心），并指出由于"任重而道远"必须经历长期艰苦的磨炼——苦其心志、劳其筋骨、饿其体肤，孔子还说："君子无终食之间违仁，造次必于是，颠沛必于是。"② 这既表明了社会主体高度的伦理自觉和道德努力，又说明了修身的艰难性和持久性。儒学这种宣扬人的伦理自觉意识，倡导人的艰苦历练，肯定人的内在超越力

---

① 《论语·微子》。
② 《论语·里仁》。

量和精神追求的路向，可以为人的主体能力的培养提供诸多有益启示。儒学对人文世界的凸现无疑会有助于强化社会主体提高人文素养的自觉性。我们不赞同某些现代新儒家（如唐君毅）过分抬高人文文化、贬抑科学文化乃至为所谓的"超人文"的宗教文化做可能性的论述。诚然，科学往往固着于对外在客体的认识，固着于纯粹理性和逻辑之境，而忽视人的非理性价值因素，忽视人的人文关怀和伦理理性，科学也不能解决人生价值问题。因此，我们必须反对科技至上主义，大力提倡人文精神。当然，我们决不能像某些"玄学派"那样走向否定科技人文的极端。这是因为，科技文化是国家富强、民族振兴的根本支持和动力，科技昌明是社会主义现代化的重要标志和构成因素，是在激烈的国际竞争中取胜的关键。正确的文化选择理应是，把德性之知和义理之知有机结合起来，把科学文化和人文文化有机结合起来，尽量避免西方现代化所造成的人的科技文明和人文文明、知识才能和道德修养、科学主义和人文主义分裂的局面。

儒家非人文主义乃至反人文主义的人学给人的发展可能造成的消极后果也不能忽视。一是造成缺乏进取精神的萎缩性人格。由儒学所阐发的"与命与仁""乐天知命""听天由命""唯天为大""获罪于天"等一系列宿命论观念，表现出对非人力之外的客观必然性和社会人生必然趋势的顺应和认同，表达出对外在世界的敬畏感和神秘感，而其"知天命""敬鬼神而远之"等思想，传达了"对人力所达不到的领域怀敬畏而不肆意妄言、妄为的态度，正表现了一种最高的人生智慧"①。这些无疑会引导个人从个人自身的实际（包括各种"机缘"和"天命"）出发，把个人的发展同社会实际（天时、地利、人和）、社会发展结合起来，以实现合理的人生设计、人生选择和人生建构。不过，儒家带有宿命论痕迹的人学思想确实会给人格发展带来不利影响。在"认命"观念的引导下，人会变得消极无为，变得退缩遁世，变得不思进取。这种乐天知命的非人文特质极大地限制了儒家本有的淑世精神的发展，使人易于侧重玄想。韦政通先生一针见血地指出："中国人文精神的发展始终不离天神和天道。凡是关于天神天道的一切描述，莫不出于人主观的玄想。此外，原始儒家的淑世精神，一挫于两

---

① 刘宗贤：《儒家伦理——秩序与活力》，齐鲁书社2002年版，第133页。

汉的政治，再挫于魏晋隋唐的佛老。从此以后，儒家已变质，先秦时代的重现世的精神，愈来愈淡薄了。"①

二是造成个人的不发展。儒家的人文主义过于兴盛，以及其对人内在自然的忽视，使儒家文化下的个人难以充分自由的发展。过分讲究名分、礼节，使个人受到种种钳制，无法独立成长。由此不难理解有人指责"礼教杀人"。家庭本位和他人本位，往往会牺牲个人的个性和利益，为了光宗耀祖，为了家庭的门面，个人不得不压抑自己。过于强调伦理制导和关系隶属，使个人养成依附型人格，缺乏积极进取精神。本来，儒学力主"仁者爱人"，但由于个人受到各种伦理规范的束缚，使个人本身无法自由的发展，追求个人正当利益，最终从总体上无法达到"爱人"的目的。鲁迅在《狂人日记》中悲愤地喊出了"仁者吃人"，这虽然过于激烈，但它确实展露出儒家伦理对个人的束缚，使个人湮没在整体之中的那一面。

---

① 韦政通：《儒家与现代中国》，上海人民出版社1990年版，第69页。

第十章　儒学的伦理—非伦理二重性与人的全面发展

不论是促进人的全面发展，抑或是将人的全面发展理论研究引向深入，都应该从儒学思想中寻找资源、灵感和动力。从理论旨趣上来说，儒学思想可谓博大精深，它可以为促进人的全面发展提供传统文化资源。在特定意义上，儒学即人学，是关于人的"身心性命之学"。犹如现代新儒家代表人物杜维明所言："如果比附西方哲学的分类，儒家'探索如何作（做）人的道理'，应说是一种以人格发展为运思核心的人学。"[1] 儒学涉及许多人的发展问题：在天道与人道之间，儒学更偏重于人道的思索；儒学的基本特点是入世，讲究人的内在超越，其致思对象不离人伦日用，关注现实人的现实生存和发展；儒学实为一种人的修身之学，其核心是"修己安人"，同时包含人道和为政之道两大"基本点"，为政之道又可以还原为待人处世之道。尽管儒学缺乏有关人的全面发展的系统化理论，但上述不同层面的儒学思想，有助于我们更深入地理解和把握人的全面发展问题。从实践上说，儒学以其蕴含着许多相反相成的文化二重性而对人的全面发展产生积极和消极的双重影响，它的泛伦理主义、反人文主义、人情个人主义等特质固然会妨碍人的个性培养和多方面才能的充分展现，阻碍人的全面发展，而它的崇德人学理念、人文主义、团体本位主义等人学特质却有利于人的全面发展。下面我就儒学的伦理—非伦理二重性及其对人的全面发展的影响展开讨论。

---

[1] 杜维明：《儒家传统的现代转化》，中国广播电视出版社1992年版。

一、儒学对人的非伦理向度给予了关切

在一些人看来，儒学框架之下只能锻铸出孝子贤孙、贞女节夫之类的谦谦君子型人格，只能造就片面化的个人。因为从根本上说，儒学只是一种伦理之学，它仅从道德层面去关照、提升、培养人，而忽视人的非伦理向度。事实上儒学也探讨过人非道德的品性、修养和境界等问题。

首先，儒学将非伦理要素看成人的本质规定性之一。历代儒者尤为重视"智"这一人类认知因素作为人类的类特性。孟子将"智"作为与"仁""礼""义"相并列的四种德目，不仅建立在所谓的恻隐之心、羞恶之心、辞让之心、是非之心这四种"我固有之"的"善端"基础之上，而且将其作为人性区别于兽性的首要因素。他指出："人之有德慧术知。"① 荀子则指出："人之所以为人者，非特以二足而无毛也，以其有辨也。"② 可见，先秦儒家是将人类固有的主体认知能力视为人所特有的属性。汉儒唯物主义哲学家王充更是明确肯定人之所以为万物之长是因为人具有理性智慧："夫倮虫三百六十，人为之长。人，物也，万物之中有知慧者也。"③

其次，在知、情、意人格基本要素规定上，儒学不仅把仁、勇这些伦理品性赋予人，强调人的理智本性，也注意到了"志""美"在人格结构中的地位与作用，在一定程度上表现出"尚志""崇美"的倾向。"志"是一个内涵十分丰富的心理人格范畴，它以蕴含意志、志气、志向等不同规定性而表达了社会历史主体主观意志的坚定性、行为的合目的性和理想信念的超越性。儒学突显"尚志"，孔子曾言"三军可夺帅也，匹夫不可夺志也"④，并极力称颂伯夷、叔齐等人"不降其志，不辱其身"。孟子则认为志为气之帅，"持其志，无暴其气"⑤。根据"学者大不宜志小气轻。志小则易

---

① 《孟子·尽心上》。
② 《荀子·非相》。
③ 《论衡·辨祟》。
④ 《论语·子罕》。
⑤ 《孟子·公孙丑上》。

足，易足则无由进"①的思想，张载指出"志大则才大、事业大"②，朱熹认为"立志不坚，终不济事"③，王阳明则强调"志不立，天下无可成之事"④。儒学肯定了求"美"是人类共同的本性。孟子认为"目之于色也，有同美焉"⑤。荀子则说："目好色，耳好声，口好味，心好利，骨体肤理好愉佚，是皆生于人之情性者也。"⑥儒学还强调要"成人之美"，主张"乐以成人"，倡导"诗教""乐教"。

再次，在理想人格设计上，儒家所推崇的圣贤、君子、大丈夫、成人等也具有非伦理品格。尽管孔、孟儒学未将内圣与外王加以分疏，认为"外王"必须以"内圣"为充分必要条件，但"外王"毕竟有其"事功"一面。儒家所向往的古代圣贤既具有尚贤、刚毅、尊礼、节俭等伦理品质，又具有独行、特立、制作礼乐、发明器物、树立五教等非伦理特质。"圣"的原始意义是"闻声知情"，如应劭《风俗通》："圣者，声也，通也。言其闻声知情，通于天地，条畅万物也。"因而"圣"言人聪明能干。孔子虽然赋予"圣"以崇高无比之含义，但没有完全舍弃其聪明能干的本义。同样，"贤"也具有非道德内涵。一为"多财"——《说文解字》说："贤，多才也，从贝臤声。"二为"有才能之人"——《论语·子张》曰："贤者识其大者，不贤者识其小者。"儒家尽管主要在"明德知德有德"意义上推崇"圣贤"人格，但并未彻底消解其非伦理性，而是把内在修养和外在事功统一起来。如孔子说："所谓贤人者，行中规绳而不伤于本，言足法于天下而不伤于身，富有天下而无怨财，布施天下而不病贫：如此则可谓贤人矣。"⑦儒家所推崇的"成人"更是触及了人的全面发展问题。前已讲到"成人"既可以作为一个名词，指称一个既定的人格状态；又可以作为一个动词，意味着人的发展过程。《论语·宪问》说："子路问成人。子曰：'若臧武仲之知，公绰之不欲，卞庄子之勇，冉求之艺，文之以礼乐，亦可以为成人

---

①《张载集·经学理窟·学大原下》，章锡琛点校，中华书局1978年版，第287页。
②《张载集·正蒙·至当》，章锡琛点校，中华书局1978年版，第35页。
③ 朱熹：《四书章句集注·论语集注》卷四，中华书局2011年版，第91页。
④ 吴光等编：《王阳明全集》卷第二十六《续编一·立志》，上海古籍出版社2011年版，第1073页。
⑤《孟子·告子上》。
⑥《荀子·性恶》。
⑦《荀子·哀公》。

矣。'"在此,孔子认为"成人"必须具备"知""不欲""勇""艺""礼乐"等多种品质,涉及社会主体知性潜能、德性力量的开发和审美情趣的培养,为后人树立了自我发展的全面发展的人格范型。

另外,在人的社会价值取向上,儒学也注意到了功利性的一面。儒学并不一概否定人的功利诉求,只是要求人要"以义驭利",反对"为富不仁",孔子"不义而富且贵,于我如浮云"可谓这一理念的经典表达。同时,儒学思想也力主开发人的多方面潜能,倡导一种"三不朽"人格精神。《左传》有言:"大上有立德,其次有立功,其次有立言,虽久不废,此之谓三不朽。"① 儒学也注意到人多种技艺的培养,要求人们在"诗、书、礼、乐、射、御"六艺上下功夫。

同时,儒学也主张发展个人的独立人格,尊重人的个性发展。这可以从孔子反对"乡原"的"好好先生"而倡导"狂""狷"人格得到佐证。孔子认为"乡原"是"德之贼"②,没有自己的是非观念,一味地从众、媚俗,因而反对"乡原"之人。孔子还肯定了"狂""狷"人格,认为"不得中行而与之,必也狂狷乎!狂者进取,狷者有所不为也"。一个人在社会交往中即便接触不到具有较高道德品行的"中行人士",也一定要接触到富有进取精神和狷介品质的人。可见,儒学尊重个性的多样化发展,并不是只讲协调性人格,不讲进取性人格。儒学还肯定人的需要的多样化。孔子指出"富与贵,是人之所大欲",荀子认为人无不"好色,好声,好味,好利,好愉佚"。

二、 儒学以伦理为中心

伦理之学终究是儒学的核心和主流,重德终归是儒学思想的根本特质,更有甚者,儒学带有浓厚的泛伦理主义色彩。

儒学伦理至上的理论品格主要体现在以下几方面。

其一,以性善论为滥觞。诚然,儒家探寻到了理智和审美在人性结构

---

① 《左传·襄公二十四年》。
② 《论语·阳货》。

中的位置，但却更为突显人的伦理类特性。孔子尽管没有明言人性善，只是讲过"性相近，习相远"，但从他的主导思想倾向来说，他是认同人性为善的。孟子并不否定人的食色之性，他说："形色，天性也；惟圣人，然后可以践形。"① 不过，对他来说，食色之性不过是人兽共有的"生性"，人的类特性是根于四种善端之上的仁、义、礼、智"四德"——"君子所性，仁义礼智根于心"②。荀子力主性恶，但他倚重的是通过"化性起伪"达到人性善。况且荀子正是由于其性恶论而为后世儒家所诟病，批评他的言行不符合"道统"。荀子本人也曾强调人之异于禽兽在于其"有义"："水火有气而无生，草木有生而无知，禽兽有知而无义，人有气、有生、有知，亦且有义，故最为天下贵也。"③ 程颐也提出人性与动物性的区别就在于人有仁义之性："君子所以异于禽兽者，以有仁义之性也。"④ 陆九渊也认为"仁心"是划分人与动物的分界线："仁，人心也。心之在人，是人之所以为人而与禽兽草木异焉者。"⑤

其二，强调人格系统中的伦理因素，把人格伦理化。在"智""仁""勇"这三种人格因素中，"勇"和"仁"均属于道德范畴，而"智"在儒学思想中尤其在孔子之后的儒家那里大多并不是一个独立不倚的纯粹理智范畴。孔子指出："知及之，仁不能守之；虽得之，必失之。"⑥ "智"也被孟子改铸成一个道德理性概念，被规定为判断善恶的道德是非之心："智之实，知斯二者弗去是也。"⑦ 西汉大儒董仲舒也将"智"看成"德"的附庸："仁而不智，则爱而不别也；智而不仁，则知而不为也。"⑧ 为儒家所推崇的"志"同样不过是道德化的意志。孔子、孟子提倡"尚志"，可他们从伦理维度强调"志"，要求人们"志于道""志于仁"。张载断言"立志"无非是"教之人伦"。王阳明尽管肯定"志不立，天下无可成之事，虽百工

---

① 《孟子·尽心上》。
② 《孟子·尽心上》。
③ 《荀子·王制》。
④ 《二程集·河南程氏遗书》卷第二十五，王孝鱼点校，中华书局2004年版，第323页。
⑤ 《陆九渊集》卷三十二，钟哲点校，中华书局1980年版，第373页。
⑥ 《论语·卫灵公》。
⑦ 《孟子·离娄上》。
⑧ 董仲舒：《春秋繁露·必仁且智》，张世亮、钟肇鹏、周桂钿译注，中华书局2012年版，第325页。

技艺，未有不本于志者"①，但最终把"立志"的出发点和落脚点置放于道德人格之上："故立志而圣，则圣矣；立志而贤，则贤矣。"②颜元则径直将"志"作为区分圣人与庸人的标准："圣人亦人也，其口鼻耳目与人同，惟能立志用功，则与人异耳。"③儒学也注重从道德角度去规定和诠释"美"，不仅提出"里仁为美"，而且强调只有君子才能真正知音知乐，强调在"乐教""诗教"中造就道德完善的人，强调培养人的审美意识是为了人格的完美。孔子提出了"乐以成人"的学说，指出："兴于诗，立于礼，成于乐。"④"文之以礼乐，亦可以为成人矣。"⑤"人而不仁，如乐何？"⑥孟子在继承西周"德音"论基础上提出了"仁声"说。荀子虽曾提出"学"必须要全，但他心目中的"成人之道"还是"君子之学也，以美其身"⑦。由此可见，儒家的人格要素理论是以伦理为至上，用"德"去统辖"智""志""美"，使后三者从属于"德"。

其三，偏重于伦理视角进行理想人格设计。儒学关于理想人格的构想主要有以下几种较为流行的提法：君子、圣贤、大丈夫及"内圣外王"。对这些理想人格形象，儒学均做了偏于伦理化的改造和规定。"圣""贤"本来包含"多才""多财"等含义，儒学对此虽未否定，但都赋予它们更多伦理崇高意义——仁爱精神、中庸准则、经世情怀、献身品格等。在儒学那里，"内圣"乃是指具有较高德性修养的个人，"外王"则是指在社会上能够建功立业、齐家、治国、平天下的人士。如前所述，孔子、孟子虽未将"圣"与"王"合称，如《论语》《孟子》这两大典籍中未曾出现过"圣王"，但他们却是"圣""王"不分，以为凡王必须具有"圣心"或"仁心"，君王的"为政之道"必须以实行"仁政"为旨归。荀子虽然将"圣""王"合称，在《荀子》一书中大量采用"圣王"，但同孟子偏重"内圣"不同，他偏重"外王"，尤其是他看到了圣与王之间的差异，提出了"尽

---

① 吴光等编：《王阳明全集》卷二十六《续编一·立志》，上海古籍出版社2011年版，第1073页。
② 吴光等编：《王阳明全集》卷二十六《续编一·立志》，上海古籍出版社2011年版，第1073页。
③ 《颜元集·颜习斋先生言行录》卷上《齐家》。
④ 《论语·泰伯》。
⑤ 《论语·宪问》。
⑥ 《论语·八佾》。
⑦ 《荀子·劝学》。

伦"与"尽制"的不同："圣也者，尽伦者也；王也者，尽制者也；两尽者，足以为天下极矣。故学者以圣王为师。"① 由于荀子思想不被视为儒家正统，而为后儒视为非儒家道统，整个儒家思想的主流是伦理至上主义，故荀子关于"圣""王"有别的正确认识并没有受到重视，倒是孟子以德定王的内在超越性人格思想及《孟子》中"人皆可以为尧舜"、《大学》中"自天子以至于庶人，一是皆以修身为本"的泛伦理主义人学受到普遍遵从。到了宋明理学，"外王"人格理念几乎被完全遮蔽。清初唐甄批判理学是"精内而遗外"②。即使宋明理学提及"内圣"，也是完全把它当成某种道德人格。如王阳明认为"圣人"之所以是圣人，是其心纯出于"天理"，从而把德性作为圣人的根据，而剔除了知识、技能、人才等非伦理因素。"君子"原本指位居高位的人，是一种特殊的社会角色，但后来被儒家转化为一种道德人格的化身。虽然儒学没有安全舍弃掉"君子"中"位"的含义，但似乎更突出"君子"道德情操意义。③ 总观儒学对"君子"的论述，可以看出儒家既从消极意义上赋予"君子"以伦理属性，如《论语》倡导"君子不器"，又从积极意义上赋予"君子"以下三种伦理规定性：重义轻利（"君子喻于义，小人喻于利""君子义以为上"）、安贫乐道（"君子谋道不谋食""君子忧道不忧贫"）和自强不息（"天行健，君子以自强不息"）。至于大丈夫人格精神，儒学更是明确赋予其杀身成仁、舍生取义等伦理品性。

其四，在人生价值取向上重义轻利。儒家重视道德、重视人的道德价值而忽视人的功利价值、审美价值，主张道义论，这些儒家人学思想特征得到了学术界的承认。然而，具体到儒学在人生价值观上是否重义轻利，却是见仁见智，至今仍聚讼不已。我们认为，儒学肯定了求利是人之本性，承认富与贵是人之大欲，考虑到了人的事功追求，并且在符合仁义的前提下也主张人不放弃对"利"的追求。孔子曾说："富而可求也，虽执鞭之士，吾亦为之。"④ 儒家所轻视的"利"不过是不义之利、一己私利和眼前

---

① 《荀子·解蔽》。
② 《潜书·有为》。
③ 关于儒家君子人格中"位"与"德"的含义演变，可参见余英时：《儒家"君子"的理想》，载余英时著、辛华等编《内在超越之路》，中国广播电视出版社1992年版。
④ 《论语·述而》。

利益。正统儒家也讲"利",孔子提出"因民之所利而利之",孟子主张"制民之产",董仲舒肯定"利者,体之养也"。但是,儒家的人生价值观从根本上还是重义轻利。因为首先,儒家把重义轻利设定为绝大多数人的普遍价值取向。"圣人"属于最高人格境界,一般人难以企及,连被后人称颂的孔圣人自认为非圣人,而感叹道:"圣人,吾不得而见之矣,得见君子者,斯可矣。"①君子虽为理想人格,但大多数人经过"修身"的努力还是可以达到的。君子的做人准则恰是重义轻利。尧、舜、禹正是儒家所推崇的"重义轻利"的典范,而儒家一再声言"涂之人可以为禹""人皆可以为尧舜"。正是借助于君子人格的大众化,儒家将重义轻利的人生价值观在全社会加以普遍化。其次,儒学价值观将义摆在价值系列的第一位。如孔子说:"君子义以为上。""君子喻于义,小人喻于利。"而孟子则说:"王亦曰仁义而已矣,何必曰利。"总之,儒家是"罕言利""先义后利"。再次,儒家虽然也强调仁义可以成为"赢利"的手段或工具,如孟子告诉梁惠王用仁义治国可以带来好处——"人人亲其亲、长其长,而天下平"②,但是,孟子从治国策略上强调仁治(施仁政),而忽视实际功利、法治和经济手段的作用。从目的来说,儒家看重的主要是太平、安定、和谐、公平等道德价值,而轻视富裕、生存、强盛等功利价值。另外,孟子及宋明理学家看到了义与利、理与欲的矛盾,在处理如何选择两者问题时,他们主张重义轻利、存理灭欲。孟子说:"鱼,我所欲也;熊掌,亦我所欲也,二者不可得兼,舍鱼而取熊掌者也。生,亦我所欲也;义,亦我所欲也,二者不可得兼,舍生而取义者也。"宋儒更是把道德看得比生命还重要:"饿死事小,失节事大。"

三、儒学的伦理—非伦理二重性对人的全面发展造成双重影响

儒学对人非伦理品性、才能、需要等的阐发在一定程度上有助于人的全面发展。儒家把"智""德"视为人区别于动物的类特性,将引导我们注

---

① 《论语·述而》。
② 《孟子·离娄上》。

意开发人的理智和道德潜质，塑造才智和德性兼备的人才。儒学重智、尚志、崇美的人学主张，及其所彰显的"成人之道"，启发我们培养德、智、体、美全面发展的人格，造就有理想、有道德、有文化、有纪律的"四有"新人。儒学关于理想人格的构想对人才能、财富的重视，有助于人们把才能展现和道德文章、功利追求和伦理完善有机结合起来。儒学尽管呈现"重义轻利""重道轻器"的价值论倾向，但它毕竟把握到了人的求利价值取向，这使得中国传统社会文化实用理性比较发达，中国人的聪明才智在劳动实践和各种创造发明中得到充分锻炼和展现。儒学对"乡原"的否定，对人个性的维护和尊重，也会促进人发展自己的个性。传统中国社会个人难以全面发展，主要应归因于自然经济和宗法社会，而不能完全归咎于儒学思想。其实，以儒学为主干的传统中华文化所熏陶的个人，并不都是孝子贤孙之类的道德化畸形个体，同样也有才情洋溢、仁智结合的真君子、大丈夫和圆满之人。

应当承认，儒家泛伦理主义思想对人的全面发展还是会造成一定的负面效应。第一，"存天理、灭人欲"的伦理教化及重义轻利的非利主义价值方针，造成对人各种合理欲望的过分压抑，这会大大削弱人发展自己的潜能、从事各种创造活动的原动力。恶劣的情欲有时不仅如同黑格尔所说的是历史进步的动力或杠杆，同时也是个人充分而全面发展的精神支撑。不适当地克制乃至贬低人的正当需要，用重义轻利、重理轻欲作为一元价值尺度去剪裁生活，不分场合地绝对地去强求个人遵行，只会造成大量萎缩性人格。第二，儒学在处理人格要素关系问题上偏重于道德，不利于培养德、智、体、美全面发展的"新民"。儒学把"智""美""志"等完全纳入"德"的范畴之中，把"德"抬高到不适当的地位，忽视前三者同"德"的差异乃至冲突，抹杀前三者的相对独立性，这显然会限制人的聪明才智和审美能力的独立发展。本来，"修身"包含锻炼身体或身体化的合理成分，但由于受到伦理中心的人学思想的改造和笼罩而晦暗不明。荀子所阐释的"成人之道"比孔子、孟子更深刻地涉及了人的全面发展问题，但却被后世儒家特别是宋明理学所淹没。要促进人的全面发展，造就完整人格，就必须将体育、智育、美育从"德育"中分离出来并摆在同等重要的地位。蔡元培先生深刻指出，所谓健全的人格，应分体育、智育、德育和美育。这四育同样重要。第三，儒学伦理本位的理想人格思想会造成大量片面的、畸形的"道德人"。儒学倡导以圣、贤、君子、大丈夫等为典范的理想人格，给人的发展带来两大流弊：忽视人的非伦理品质的提升，片面发展道德品质；由于理想人格过于脱离人性定势，造成某些人虚假的自我完善，为伪君子（满口仁义道德，背地男盗女娼）的滋生提供了文化土壤。

话又说回来，儒学的重德特质对于塑造"全面人"也不无启迪和助益。

儒学推崇"修身""养性"，极力倡导道德教化，借此培养出具有较高道德境界的"君子""圣贤""明君""贤相"。只不过儒家文化所倚重的这类道德人格过于"圣化"，过于理想化。提高整个中华民族素质及国民素质，是近代以来致力于追求中国现代化的仁人志士所期望的。早在1895年，维新派思想家严复就提出"鼓民力""开民智""新民德"的主张。尔后，梁启超在《新民说》中将严复"民力、民智、民德"统称为"民质"，并通过中西文化的比较说明培育"新民"的重要性。虽然维新派人士所倡导的"新人""新民"褪除了儒家道德思想和人格学说中的消极腐朽杂质，否弃奴性人格，弘扬独立人格和自由个性，但并不绝对排除儒家人学中具有普遍性的有益成分（如自强不息）。维新派的"新民"主张对世人提高关于国民素质在现代化中的作用的认识无疑是有启发意义和合理之处的。正因如此，毛泽东在民主革命早期也曾力倡"新民"学说，推行新民运动；而在新文化运动时期，李大钊、陈独秀等人也大声疾呼要反对旧礼教、旧道德，提倡新道德，以此去改造中国的国民性。社会主义新中国成立以后，我们党也曾多次提出要培养又红又专的无产阶级事业接班人。这里值得一提的是，无论解放前后，毛泽东所憧憬的社会新人洋溢着浓厚的道德理想主义色彩，浸润着儒家圣贤风格；毛泽东所推崇的人格范型是"一个高尚的人、一个纯粹的人、一个有道德的人、一个脱离了低级趣味的人、一个有益于人民的人"。十一届三中全会以后，邓小平多次强调要培养"有理想、有道德、有文化、有纪律"的"四有"新人，通过加强思想政治工作和社会主义精神文明建设来造就一代道德主体。只是市场经济对道德新人积极和消极的双重作用向我们的"育人工程"提出了严峻挑战。

当前，社会上一些人身上出现的种种不道德现象也从反面说明了加强社会主体道德品质修养、建构优秀人格的必要性。虽然目前社会道德状况主流是积极健康向上的，但不容忽视的是，由于我国正处于"社会转型期"，适应新的政治经济基础的道德体系并没有及时建立起来，某些人的行为出现了道德失范，特别是由于忽视了道德基础素质建设，导致了"主体性迷失"，一些人、一些地方及一些领域出现了过度物质化、功利化、金钱化、个人化倾向。整个社会的物质化、世俗化、平面化，也滋生了一大批被物欲所异化的"单面人"。殊不知，现代社会作为有机联结的社会，不仅需要人具备高素质，也呼唤着素质全面，也就是说社会主义新人必须是全面发展的人、大写的人，而不是畸形的人。有的人只注意提高自己的知识技能，而忽视品德修养，结果使自己胸无大志、信念缺失、道德败坏、纪律松弛、文化品位低下，虽然是知识的巨人，却是思想的矮子和道德的侏儒。在社会主义初级阶段促进人的全面发展，固然不能要求所有人都像儒学所倡导的那样具有"圣贤气象"，成为道德完人。但是，如果缺乏起码的道德修养，恐怕也不能算是"全面发展"。光有才能和知识但人品低劣，并不能获得人生的真正成功，有时甚至会堕落为社会的败类。我们每个人都应该具备最基本的道德文明素质。

当前，固然要注重人多方面潜能的开发及社会关系的广泛建立，但也要借鉴传统儒学的德性和德化理论，努力造就社会主义一代新人。这一道德新人，至少应有两重规定。一是基本素质。孟子认为人"异于禽兽者几希"，而仁、义、礼、智正是人为数不多的类特质；人生来就有恻隐之心、羞恶之心、恭敬之心及是非之心这四种"善端"。剔除孟子"四端说"的先验论成分，从中可以推演出人首先应具有一种因他人苦乐而感到苦乐的同情之心，这乃是人扬善抑恶的心理基质。除此之外，要做一个有道德之人，就要具备较崇高的正义感、良知感、荣誉感，具备忠孝、诚实、正直、公平、节俭、仁厚、勇敢、刚健等道德品性。二是特殊道德素质。我们每个人不是纯粹的、抽象的生物个体，而是历史的、社会的现实人，特定的历史文化背景锻造了我们的道德个性，也向我们提出了特殊的道德"命令"。

就我国社会发展所要求的社会主义道德新人而言，应具备适应社会主义初期阶段及市场经济发展需要的道德素质，这些道德素质不仅包括开拓进取、敢于竞争、自主自立等不同于自然型经济道德人格的买卖型人格（弗洛姆语），也包括为传统伦理文化所突显但又必须赋予新时代内涵的协调性道德素质。

第十一章　儒家道德本体论与人的道德发展

儒家伦理哲学是儒学的核心，也是中国传统哲学的主干，它具有广泛而深刻的内容。2000多年来，历朝历代儒家立足于"天人合一"的宇宙论背景，对心性、善恶、知行、义利、王霸、己他等一系列问题进行了深入的理论思考，尤其是在道德本体论方面提出了一系列极为丰富的思想。总体来看，在古典儒学中，道德本体论大致表现出以下三个特点：一是伦理本体论占据儒家本体论的核心位置——虽然不能将儒家本体论完全归结为道德本体论；二是古代儒家所使用的"本""体"以及"本体"一般是指"根本""主体"等，如《论语·学而》所说的"孝弟也者，其为仁之本与"；三是同整个儒学本体论一样，儒家的道德本体论也是强调体用无间、体用一源、知行合一。当代新儒家面对西方人文主义与科学主义关于本体论的争议，力图构建一种儒学本体论，他们坚持哲学与科学划界、本体与现象合一（体用一源）、主体性与理想性（心与理）兼顾的基本原则，在继承传统儒家本体论基础上重建新的本体论。只是现代新儒家所致力于创建的本体论未能解决与现实生活打成一片的问题。[①] 由于儒家伦理哲学自始至终是儒家哲学的主体内核，现代新儒学对儒家伦理本体论问题同样给予了极大关注。如贺麟就明确指出："哲学上可以说有仁的本体论，仁的宇宙观。"[②] 现代新儒家第二代标志性人物牟宗三认为传统儒学本体论只是一种道德本体论，它所建立的主体是道德主体，而不是认识主体或政治主体；它上通天，下通人，内透精神价值之源，外通事为礼节之文；它调护并安

[①] 参见李维武：《现代新儒学重建本体论的贡献与困境》，载丁冠之等主编《儒家道德的重建》，齐鲁书社2001年版，第332—352页。

[②] 贺麟：《文化与人生》，商务印书馆1988年版，第10页。

顿我们形而下的自然生命，而显示出人之所以为人的尊严。"本体"在中西哲学历史上具有多种规定性。在儒家哲学系统中，"本体"一词既可以指本根、本质和本源，又可以指根源、来源、基础和条件。这里，我们将要叙述的儒家道德本体论①，主要包括儒家对道德的起源、根本、来源、根据、主要条件等问题的探讨。总括起来，儒家道德本体论大致包含天命说、心性说和人为说三种基本观点。本书将致力于分别深入挖掘儒家道德本体论丰富的内容，透视其主要特质，充分认识和把握其在当代中国人道德建设和发展中的作用和意义。

一、 儒家道德天命说与人的道德发展

虽然先秦儒家已开始摆脱远古神灵论思想的束缚而具有原始人道主义的特质，并且在其天人之辨中蕴含着天人相分的理念，但是"一天人"的主客统一论思维模式毕竟成为儒学致思的主导倾向；同时，包括孔子、孟子、荀子等在内的原始儒家仍具有较为深厚的天命论思想，因而，儒家自始注重从自然之天中寻找道德的形而上本体。这既为道德提供了合理性的根源，又将之置于宏观宇宙论背景下借以解释它的根基。当孔子直截了当地说"天生德于予"② 时，不仅揭示了道德的来源，也由于有天命作支撑而使他对道德力量充满了自信。作为儒学来源的易学更多注重由"天"推及"人"，由"天道"推衍"人道"，从宇宙万物的大化流行中追溯道德的根源和依据。《周易·系辞上》讲："一阴一阳之谓道，继之者善也，成之者性也。""易简之善配至德。""天地设位，而《易》行乎其中矣。成性存存，道义之门。"可见，易学是将道德视为效法天道而来的。不论是《中庸》提出的"诚者，天之道也；诚之者，人之道也"，还是《孟子·离娄上》所讲的"诚者，天之道也；思诚者，人之道也"，均从"诚"这一特定伦理范畴维度揭示了作为当然之则的人间道德同作为实然状态的自然之天的内在关联性。

---

① 我认为，儒家道德形而上学除了包括道德本体论，还包括道德知识论、道德价值论等。
②《论语·述而》。

汉代大儒董仲舒立足于"天人感应""天人合类"的宇宙本体论论证了道德纲常的本源，在《举贤良对策》中提出了"道之大原出于天"，并指出"是故仁义制度之数，尽取之天"①、"人之受命于天也，取仁于天而仁也"②等一系列道德神学天命论思想。

作为授道入儒及儒道会通的魏晋玄学，为了消解由尊崇名教所带来的形式化、虚饰化和功利化流弊，其代表性人物王弼从"有生于无"立论，明确提出了"名教本于自然"的"无"为"五教之母"③的道德本体论；而郭象则从物各自生、自化的崇有论出发，提出"名教即自然"的天理自然论道德形而上学。

作为儒学发展的新形态，宋明理学在儒家伦理哲学体系化、精致化方面有了很大拓展，而其伦理本体论思想则立足于天理—人欲框架，遵循从宇宙论到伦理学的思维路径，④进一步阐释了道德的天命特征。二程将"天理"的本体精神和终极意义贯彻到其伦理思想的全部学说当中，创造性地建立了一个以天理论为核心的理学伦理学体系；他们所阐发的"天理"从伦理学角度来说，即道德的起源——道德起源于"天理"。在二程看来，万物均从"天理"而来，圣人循天理而行就称为"道""德"；而"道"即以三纲五常为基本内容的人伦道德。"在天为命，在义为理"⑤、"天有是理，圣人循而行之，所谓道也"⑥ 这些命题表明二程正是由天道推及人道，说明了道德根源于宇宙本体。朱熹是我国封建社会理学的集大成者，他继承并发展了二程的理本论，从"理一分殊"的道德哲学命题出发，充分论证了人间伦常起源于"天理"。他讲："宇宙之间，一理而已。天得之而为天，地得之而为地，而凡生于天地之间者，又各得之以为性。其张之为三纲其纪之为五常，盖皆此理之流行，无所适而不在。"⑦ 同时，朱熹既强调作为当然之则的伦理蕴含着"命"这一必然，故他说："语义，则命在其中。"⑧

---

① 董仲舒：《春秋繁露·基义》，张世亮、钟肇鹏、周桂钿译注，中华书局2012年版，第465页。
② 董仲舒：《春秋繁露·基义》，张世亮、钟肇鹏、周桂钿译注，中华书局2012年版，第421页。
③《老子指略》。
④ 参见李泽厚：《中国古代思想史论》，天津社会科学院出版社2004年版，第208—219页。
⑤《二程集·河南程氏遗书》卷第十八，王孝鱼点校，中华书局2004年版，第204页。
⑥《二程集·河南程氏遗书》卷第二十一下，王孝鱼点校，中华书局2004年版，第274页。
⑦《朱文公文集·读大纪》。
⑧ 黎靖德编：《朱子语类》卷第四十五，王星贤点校，中华书局1994年版，第1167页。

他又认为必然决定当然："既有是物，则其所以为为物者，莫不各有其当然之则，而自不容己，是皆得于天之所赋。"① 作为宋代心学的开创者，陆九渊从"宇宙便是吾心，吾心便是宇宙"的本体论出发，认为"心即理也""满心而发……无非此理"，从而阐发了以心为本的天人合一论。不过，这并不表明陆九渊否定人伦秩序的天命特质，因为他所界定的"心"恰好是孟子所说的先天固有的四种善端和良心："恻隐，仁之端也。羞恶，义之端也。辞让，礼之端也。是非，智之端也。此即是本心。"② 作为宋明心学的集大成者，王阳明一方面同陆九渊一样提出了"心外无物""心外无理""理也者，心之条理也""心即理也"等心本论命题，认为天理即良心，即人心无私欲之蔽，道德不过是天理在社会关系上的流行发用——"发之于亲则为孝，发之于君则为忠，发之于朋友则为信"③；另一方面，从道德的终极根源来说，王阳明并未完全否认人间伦理（主要是良知良心）是由天自然赋予人类的，因为他所说的心之本体——良知，正是借用自孟子伦理哲学，而"良知"从终极意义上讲仍是天赋予人的先验道德意识，是一种至善的"天命之性"："天命之性，粹然至善，其灵昭不昧者，此其至善之发见，是乃明德之本体，而即所谓良知也。"④

由上可见，从先秦儒学到宋明道学，绝大多数儒家人物都致力于将道德的来源追溯到"天"上，不论是孟子的"四端"、《周易》的"道"与"德"、《中庸》的"诚"、董仲舒的"仁义制度"，还是魏晋玄学家的"名教"、宋明道学家的"天理""良心"，均被说成是由"天"赋予人的。这种天赋论虽然在一定程度上可谓道德自然起源论——因为这里的"天"相当于"大自然"的含义，但它不同于一些社会达尔文主义者所宣传的自然起源论——将道德说成是动物合群本能和自我牺牲"精神"的简单延续和复杂化，而注重人兽的本质区别。

儒家天赋道德论对人的道德发展产生了多重不同效应。首先，它有助于孕育和提升人的谦逊之心。在传统中国社会，人们缺乏强烈的西方基督

---

① 《大学或问》。
② 《宋元学案·象山学案》。
③ 吴光等编：《王阳明全集·文录五·书诸阳卷》卷第八，上海古籍出版社2011年版，第308页。
④ 吴光等编：《王阳明全集·大学问》卷二十六，上海古籍出版社2011年版，第1067页。

教式的宗教意识，孔子的不言怪、力、乱、神也助长了一定的非宗教心理，可是2000多年来儒家及普通民众并未完全摆脱原始宗教中的天神观念。作为儒学核心的儒家道德哲学，其道德本体论的重要内容和特质之一即从天道推及人道，从大自然的阴阳互补、大化流行、演化规律和生命运动中找寻人间道德的本质或根基。把伦理视为天赋，在一定意义上能够培养人的虔敬之情。犹如韦政通先生所深刻指出的，《论语》中所讲的天，如"获罪于天"，如"天之未丧斯文也"，如"不怨天"等，都是直接从原始天神接受而来；宋明儒者在哲学思想上摆脱了纯超越的天，但在实际生活上和一般人一样，时时流露出对天的敬畏之情；为儒家所重视，且又代表修养主要工夫的"敬"字，似即是从这一精神下脱胎而出；人多敬畏之情，则易培养谦逊、诚信诸美德①。

其次，它有助于增强人的道德自信心。从理论上说，儒家道德本体论体现了儒家伦理哲学所普遍具有的伦理哲学化与哲学伦理化的二重化特质；从现实性上说，儒家道德本体论则展现了自然伦理化与伦理自然化的精神追求。儒家道德本体论之所以认为人的道德来源于"天"，是由于它从"天人合一"的宇宙观出发，不仅肯认人同万事万物一样是自然界中的一种特殊存在，天与人之间具有同构性、同质性——天人合德、天人一体……同时还揭示了"天"作为人间伦理的本体具有"道"性与"德"性。早在西周时期，"天"取代"帝"而成为占主导地位的崇拜对象，它被赋予善性，故此，"德配天地""唯德是辅"观念勃然时兴。到了先秦儒学那里，"天"在孔子心目中具有"人格神"意蕴，因而，具有神圣性或神秘性。同时，"天"又总是与"命"联系在一起，进而又具有必然性和强制性。这种带有神圣性和必然性的"天"作为伦理的本质根基，极大地提高了道德主体的自觉性、能动性和创造性。正因如此，孔子才力主"我欲仁，斯仁至矣"②、"人能弘道，非道弘人"③的道德尊严感，才提出"仁者无敌"的勇敢精神，才表现出"天生德于予，桓魋其如予何？"④的大无畏气概。虽然马克

---

① 韦政通：《儒家与现代中国》，上海人民出版社1990年版，第68页。
② 《论语·述而》。
③ 《论语·卫灵公》。
④ 《论语·述而》。

思主义道德哲学从人的本质是一切社会关系的总和出发,把道德看成社会关系的反映,规定为人类劳动的产物,因而反对道德天赋论和自然起源论,但是马克思主义伦理学也肯定了人是一个自然存在物,也具有自然性,认为人是大自然长期进化的最美花朵,人的许多自然性和社会文化性也是来源于自然界的馈赠;即使是人的某些自然性如食欲、性欲、防卫本能等也不同于一般动物,更何况人还具有特有的生物类特性——复杂的大脑神经系统和种种独特的生理—心理潜能,这些自然性能作为天赋予人的特质和遗传基因,它们(如利他基因、合群本能、同情感等)正是人发展道德的重要基础。在当代中国道德建设过程中,充分认识和把握人先天固有的道德潜质,充分挖掘人的伦理天性,将会提高人扬善抑恶的自信心,树立人的道德尊严感。

再次,它有助于确立道德权威。以天生我德(孔子)、天命之性(中庸)、继善成性、"天所与我"(孟子)、取仁于天(董仲舒)、一体之仁(二程)、天理流行(朱熹)等为基本内容的儒家道德天赋论,倘若剔除其中包裹的神秘主义、先验主义和自然主义成分,那么它可以为我们建立道德权威提供一定的文化资源。一方面,从积极意义上说,由天道、天德、天志、天意、天性、天理等观念所组成的儒家道德天赋论为我们的道德修身与道德践履设立了一种具有绝对性、必然性和规律性的宇宙本体,它为社会主体道德价值的自我实现提供了良好的世界观背景和自然支撑力量,它让人类认识到人天生就具有巨大的道德潜能;另一方面,从消极意义上说,儒家的天赋道德论还可以发挥"道德法庭"的力量,像"天理不容""天怒人怨"之类的说法无疑会对人发挥警戒作用,至于董仲舒依据"天人合一""天人相副"所提出来的"天谴论",如果剥去神学目的论的外衣,它同样可以对人尤其是封建帝王起到劝诫、约束的道德功能。

二、 儒家道德心性说与人的道德发展

主张心性为伦理本体的儒家学者一般并不否认道德根源于天命,这是因为,不同历史时代的儒家大多接受了"性自命出""天命之谓性,率性之谓道,修道之谓教"等伦理命题,差不多都肯认了人性的先天特质。不过,

他们似乎更为直接地强调道德之根本在于人的心性，从而把道德置于主体的规定性之上。对于道德的心性根源问题，徐复观先生做了深刻而独到的阐释。他指出，性之原义应指人生而即有之欲望、能力等，有如今日所说之"本能"，其所以从心者，乃是因为古人多从知觉感觉来说心，人的欲望、能力多通过感知觉而始见，当然，有时"性"字也可作本性本质解释，间或也作"生"字解释；尽管《左传》等古代文献指明了天地之性与人性的关联，在春秋时代已将天地被投射为道德法则之天地，但在长期的宗教传统习性中，依然是倒转来在天地的道德法则中求道德的根源，而尚未落下来在人的自身上求道德的根源。① 的确如此，尽管孔子也曾讲到"为仁由己"等道德主体性，但他并未明确论述道德的心性本体问题，故在《论语》中仅有两处谈到"性"：一为"性相近也，习相远也"②；二为子贡所说"夫子之言性与天道，不可得而闻也"③。

真正明确而又系统阐述道德心性本体的是思孟学派。作为体现子思及其弟子伦理哲学思想的《中庸》和郭店楚简阐明了"道"与"性"之关系。《中庸》曰："天命之谓性，率性之谓道，修道之谓教。"而楚简曰："性自命出，命自天降。道始于情，情生于性。"④ 由此可见，《中庸》直接揭示了"道"源于"性"，而《性自命出》则通过道→情→性→命→天的逻辑思路而间接指明了"性"对于"道"的本始意义。孟子更是直接将人的心性视为道德的形而上基础。他主要是从两个相互联结的方面即性善论和"四端说"来加以展开。"四端说"是孟子"性善论"的基础。"四端"即"四心"，它是"四德"的萌芽状态，使《四心》发展并扩充起来就形成了四德。四端也就是四种"善端"，它是人先天带来的，用孟子的话来说，就是"恻隐之心，仁之端也；羞恶之心，义之端也；辞让之心，礼之端也；是非之心，智之端也"⑤。可以看出，孟子所说的"性"从其内容来说即"四心"和"四德"，从其特征来说即"善"，由前者决定后者，人的四种善心成为性善的支柱或根基。孟子所谓的"心"，有时指四心，有时被

---

① 参见徐复观：《中国人性论史（先秦编）》，上海三联书店2001年9月版。
② 《论语·阳货》。
③ 《论语·公冶长》。
④ 《性自命出》。
⑤ 《孟子·公孙丑上》。

界定为良知良能，它实际上是一种不同于感觉的伦理化意识或情感——如他说："耳目之官不思，而蔽于物……心之官则思。"① 孟子赋予"心"以特定的道德意义，他所讲的恻隐、羞恶、辞让、是非不过是"心"的四种状态和特性。可以说孟子从心理发生、发展角度揭示了道德产生、存在和发展的基础。

汉代儒家虽然立足于天人关系维度去揭示道德的根源，但也注重从人的心性上去找寻伦理的根据。董仲舒力主性善恶混论，肯定人的心性蕴含着伦理的资质。不过，他同时又认为人性亦有恶，因为性中有情，而情为恶。

作为援道入儒的魏晋玄学家，王弼、向秀、郭象等人诚然致力于名教的自然化，试图从宇宙自然之中发掘伦理当然之则的根源，但同时，他们化当然为自然，从主体（人）的内在自然或天性中探索道德本体。例如，向秀、郭象就在《庄子注》一书中说："夫仁义者，人之性也。"②"夫仁义自是人之情性，但当任之耳。"③ 把仁义之类的道德范畴视为人性，表明向秀、郭象旨在突显人性之中蕴含着作为应然的伦理特质。

如果说自汉代至隋唐历代儒家绝大多数从性善情恶出发，致力于性分三品，进而主张性善恶混，并以此去探讨道德的心性基础的话，那么，宋明道学自张载以后则大多从"气质之性"和"天地之性"角度去论说道德形而上学问题。在某种意义上，儒家所张扬的德性伦理认为德性是统一的整体，是人的心灵所具有的，它来源于自然界的目的性（"天命"或"天道"），因此，归根到底，伦理是人性决定的，而人性是由天（即自然）决定的。④ 包括心学、气学和理学在内的宋明道学正是沿着从天命→心性→伦理的逻辑顺序来展开其道德本体论的。成中英先生曾在《儒家道德的辩证与人的形而上学》⑤ 一文中将古典儒家道德哲学划分为三个阶段：背景假设阶段（前儒家）、道德的自我理解阶段（以孔子儒学为代表）与道德思辨的

---

① 《孟子·告子上》。
② 《天运注》。
③ 《骈拇注》。
④ 参见蒙培元：《中国的德性伦理有没有普遍性》，载丁冠之等主编《儒家道德的重建》，齐鲁书社2001年版。
⑤ 李翔海、邓克武编：《成中英文集》（二），湖北人民出版社2006年版，第274—277页。

证明阶段（以思孟儒学为代表），并指出这三个阶段也可视为儒家道德理论架构的三个次元——思辨的基础、思辨的内容和思辨的证明，同时也可普遍化为道德的三个层面——既有的自我、自我实现普遍性之"人性"的潜能和实现的"自由的自我"。就实际情形而言，不仅是古典儒学，即使是宋明道学，同样不仅立足于"天""命"维度为道德做本体证明，还从人的内在主体性——自我的心、性等去对人类道德的本根性做哲学思辨。二程和朱熹虽然一方面认为包含人伦纲常在内的"天理""天道"是形而上者，是万物和气的本质和主体——朱熹说"有是理便有是气，但理是本，而今且从理上说气"①；但另一方面又承认"在天为命，在人为性，论其所主为心，其实只是一个道"②，这表明，人心即为"道心"。同时，二程还说："仁、义、礼、智、信五者，性也。"③朱熹还讲："这个理在天地间时，只是善，无有不善者。生物得来，方始名曰'性'。"④可见，程朱所谓的"天命之性"是纯善的，它既是先验的道德本体，又是先天的道德理性，从而说明人性乃是善的根源。同程朱道德本体论稍有不同，主张心本论的陆王心学似乎更为强调将伦理价值之源置于主体内在心性（尤其是心）根基之上。徐复观先生深刻指出，陆王重在先立乎其大者，与程朱稍有异同，然所谓"大者"，绝非西方形而上学的悬空的东西；儒家之学，当然以究体为归，但儒家所谓体，多系道德之心；儒家言心，只是主张道德的主动性和感通性。⑤毋庸置疑，以秉承孟子"良知良能"说为特质的陆王心学更加致力于将"心"视为道德的内在根源。陆九渊所谓"人皆有是心，心皆具是理，心即理也"⑥、"万物森然于方寸之间，满心而发，充塞宇宙，无非此理"⑦都说明"心"是"理"的本源和实体。而他所言说的"理"无非就是孟子所说的"四心"。王阳明创立"心外无理""心理合一"为基础的"致良知"学说，把陆九渊倡导的心学推向完备形态。他说"良知者，心之本

---

① 黎靖德编：《朱子语类》卷第一，王星贤点校，中华书局1994年版，第2页。
② 《二程集·河南程氏遗书》卷第十八，王孝鱼点校，中华书局2004年版，第204页。
③ 《二程集·河南程氏遗书》卷第二上，王孝鱼点校，中华书局2004年版，第14页。
④ 黎靖德编：《朱子语类》卷第五，王星贤点校，中华书局1994年版，第83页。
⑤ 转引自曾振宇主编：《儒家伦理思想研究》，中华书局2004年版，第97—98页。
⑥ 《陆九渊集》卷十一，钟哲点校，中华书局1980年版，第149页。
⑦ 《陆九渊集》卷三十四，钟哲点校，中华书局1980年版，第423页。

体"①，同时又说："心者身之主也，而心之虚灵明觉，即所谓本然之良知也。"② 这表明，良知属于植根于人心的主体或主要内容，更进一步，良知是判断善恶是非的准则。相较而言，陆王心学一则突出心的作用，二则前儒就"性"的问题已做了详尽探讨，故而陆王言性并不多。不过，这并不等于他们完全避谈人性问题，而是继续标举孟子性善论旗帜，这从陆九渊提出的"人性本善，其不善者迁于物也。……知善者乃吾心之固有，循固有而进德，则沛然无他适也"③、"诚以吾一性之外无余理"，王守仁所讲的"心外无理"、"心之本体，原自不动。心之本体即是性，性即是理，性元不动，理元不动。集义是复其心之本体"④、"道也者，性也，不可须臾离也"⑤、"仁、义、礼、智也是表德。性一而已。自其形体也，谓之天；主宰也，谓之帝；流行也，谓之命；赋于人也，谓之性；主于身也，谓之心"⑥等，无疑可以肯定陆王是将人的心性规定为道德的本体。

以上是我们立足于先秦儒学、两汉经学、魏晋玄学和宋明理学四个大的发展阶段，择取代表性人物分别阐述的儒家有关心性道德本体学说。关于其他儒家人物大抵也是沿着以心性为伦理依据而前行的。

围绕儒家道德心性论对人类道德的影响，学术界存在分歧。韦政通基本持否定态度。他指出，自孟子起，心性就成为儒家道德思想中最重要的观念；儒家走向形上学的发展，也是从这两个观念开始。孟子说"尽其心者，知其性也；知其性，则知天矣"⑦，天象征无限大，尽心则能知天，则心亦必无限大。由于孟子这一思路的开辟，引发了后世儒者有关心性的无数玄论。在这些玄论里，心性之超越无对性，是最核心的部分。儒家的道德形上学中，足以迷人，足以幻化出一时的庄严情绪的，也是在这一部分。落在实际生活中，儒家心性论导致人睥睨一切，自狂自大，凡事主观、独断。陷溺或满足于这种心态的人，他可以陶醉于幻构的世界，也可以因之

---

① 吴光等编：《王阳明全集·传习录中·答陆原静书》卷第二，上海古籍出版社2011年版，第69页。
② 吴光等编：《王阳明全集·传习录中·答顾东桥书》卷第二，上海古籍出版社2011年版，第53页。
③《陆九渊集》卷三十四，钟哲点校，中华书局1980年版，第416—417页。
④ 吴光等编：《王阳明全集·传习录上》卷第一，上海古籍出版社2011年版，第28页。
⑤ 吴光等编：《王阳明全集·文录四·修道说》卷第七，上海古籍出版社2011年版，第295页。
⑥ 吴光等编：《王阳明全集·传习录上》卷第一，上海古籍出版社2011年版，第17—18页。
⑦《孟子·尽心上》。

而狂热，甚至因它而殉身。这种心态是人类灾害的根源之一。①实际上，对儒家道德心性论所谓"害人误国"的批判早在明清之际实学思潮和启蒙思潮就曾做过努力。例如，王廷相就曾将明朝灭亡的原因归于宋明心性之学的空疏与迂腐："近世好高迂腐之儒，不知国家养贤育才将以辅治，乃倡为讲求良知，体认天理之说，使后生小子澄心白坐，聚首虚谈，终岁嚣嚣于心性之玄幽，求之兴道致治之术，达权应变之机，则闇然而不知。以是学也，用是人也，以人当天下国家之任，卒遇非常变故之来，气无素养，事无素炼，心动色变，举措仓皇，其不误人家国之事者几希矣！"②毋庸置疑，儒家道德心性本体论的确会造成人的空幻、迂阔、主观等不良品性，导致人心的盲目膨胀和狂妄自大性格。不过，我们认为，它对人的道德建设及道德发展并不全是消极的，同样也能产生积极的影响。

一方面，从人类的道德生活而言，为儒家所张扬的心性哲学同样为人的自我道德成长与实现创设了较为坚实的主体论基石，儒家心性本体论为主体道德发展提供较为坚实的人性基础，儒家道德本体论致力于从人内在的天性中探寻伦理的根源和人学根据，从根本上说，它为人的道德自我完善提供主体条件。

就人性内涵而言（所指），除可解释作本性本质和生字外，在历代儒家那里，人"性"有时指形、气等生理特质，有时指食、色、暖、嗅、佚、利等自然性欲望和需要，有时指人的知性、理智等主观精神，有时指人的仁、义、礼、智等道德潜能，有时则是指人的气质等。儒家无疑认为人的天生道德情感（如恻隐之心）、心智能力是人实现道德人格的主体条件，是人善行的人性根基，是德性伦理的内在根据。虽然人性特质仅是人良好道德品质形成与发展的潜在根据，只是一种向善的可能性，并不等于现实的道德品质，但它们终究是人赖以行善抑恶的重要主观条件。

至于人的自然之性，在某种意义上，绝大多数儒家忽视乃至否定它对于人道德成长与发展的基础作用——虽然他们一般并不否定人身上具有的吃、穿、用、性等自然欲望和机能属于人性范畴。就拿对儒家形而上学影

---

① 韦政通：《儒家与现代中国》，上海人民出版社1990年版，第53—54页。
②《雅述》下篇。

响巨大的孟子心性学来说，孟子不仅讲过形色是人的天性，同时他有时也依据当时流行的观念而将人生而具有的欲望称为"性"，例如他讲："如使口之于味也，其性与人殊。"① 不过，孟子倾向于否定人的自然性可以成为人为善成德的动力和条件。他在做性命之辨时说："口之于味也，目之于色也，耳之于声也，鼻之于臭也，四肢之于安佚也，性也，有命焉，君子不谓性也。仁之于父子也，义之于君臣也，礼之于宾主也，智之于贤者也，圣人之于天道也，命也，有性焉，君子不谓命也。"② 这里，孟子实质上不承认人之口味、目色、耳声、鼻嗅、肢佚等自然性能的道德意义，他将这些同仁、义、礼、智、圣之类的伦常之性相对置，认为作为道德人格的"君子"将人的自然欲望视为"命"而不称之为"性"，因为它们外在于人，不能由自己作主。

宋明理学家一般倡导由张载开创的"天地之性"和"气质之性"二元论，尽管他们认为"气质之性"有善有恶，但基本否定气质之性本身的伦理价值。张载虽承认"口腹于饮食，鼻舌于臭味，皆攻取之性也"③，但认为君子不应存在"气质之性"。假如说张载从气本论出发认定"至诚，天性也"④ 的话，那么程颐则从理本论出发提出"性即理"的"大纲统体"：

> 又问："如何是才？"曰："如材植是也。譬如木，曲直者性也；可以为轮辕，可以为梁栋，可以为榱桷者才也。今人说有才，乃是言才之美者也。才乃人之资质，循性修之，虽至恶可胜而为善。"又问："性如何？"曰："性即理也，所谓理，性是也。天下之理，原其所自，未有不善。喜怒哀乐未发，何尝不善？发而中节，则无往而不善。凡言善恶，皆先善而后恶；言吉凶，皆先吉而后凶；言是非，皆先是而后非。"又问："佛说性如何？"曰："佛亦是说本善，只不合将才做缘习。"⑤

程颐进一步指出"仁、义、礼、智、信五者，性也"⑥ 等命题，他首先

---

① 《孟子·告子上》。
② 《孟子·尽心下》。
③ 《张载集·正蒙·诚明》，章锡琛点校，中华书局1978年版，第63页。
④ 《张载集·正蒙·乾称》，章锡琛点校，中华书局1978年版，第63页。
⑤ 《二程集·河南程氏遗书》卷第二十二上，王孝鱼点校，中华书局2004年版，第292页。
⑥ 《二程集·河南程氏遗书》卷第二上，王孝鱼点校，中华书局2004年版，第14页。

把仁、义、礼、智、信的伦理规定为人的"天命之性"——天下之理未有不善，反过来又把"天命之性"规定为人的先验道德本体——性即是理，从而为人的成德之教奠定人性根基。对于"气质之性"的内涵，程颐的人性二元论将它规定为人的资质，必须顺应它才能使人"虽至恶可胜而为善"。

从总体而言，儒家人性论一般肯定人的善性、智性、仁性、理性对于人道德品质培植的积极作用，而轻视乃至根本否定欲性、色性等自然性能对于人的道德发展所产生的正面影响。儒家这一心性本体论不论是理论上还是实践上都给予人的道德发展以两种不良后果：一方面是导致人重理性轻感性，或说是以理性束缚人的感性生命；另一方面则是导致人道德行为的动力不足——因为人的食、色、性等自然性需要有时也是做出牺牲、宽容、同情、孝亲等道德行为的重要动因。

另一方面，儒家心性本体论为人的道德发展能够提供一定的心理基础。

在儒学系统中，"性"与"心"具有内在的统一性，它们相互规定、相互渗透，有时还被视为一体两面。孔子对"心"语焉不详，而对"心"问题做了较为详细探讨的，应是孟子。他提出了诸如仁心、善心、四心、养心、存心等一系列新范畴、新命题，可以说是儒家心学派的开创者。孟子不仅从人性角度揭示了道德发生发展的内在机制，同时还把心和性有机结合起来，探讨了"善"的心理根据。在他看来，"四端"是性善的基础，"四心"是"四德"（仁、义、礼、智）的端始，使它发展并扩充起来就形成了"四德"。《孟子·公孙丑上》说："恻隐之心，仁之端也；羞恶之心，义之端也；辞让之心，礼之端也；是非之心，智之端也。"所谓"恻隐之心"又作"不忍人之心"，意指人类的同情心。仁就根于这种恻隐之心，以此为萌芽、端始。人正是有了"不忍人之心"，即对同类的同情和怜悯之心，才有可能去爱人。西方伦理思想史上，休谟开了"同情说"的先河，亚当·斯密和卢梭则继承并发展了他的"同情说"。休谟说："同情是人性中一个很强有力的原则。"[1] 卢梭则干脆宣称："怜悯心是一种自然情感，由

---

[1] ［英］休谟：《人性论》，关文运译，商务印书馆1980年版，第620页。

于调节着每一个人自爱心的活动,所以对于人类全体的相互保存起着协助作用。"① 大量的道德事例也证实,人的同情和怜悯之心是驱使人去爱人的动力,由此产生出利他的行为。用孟子的话来说,就是"人皆有所不忍,达之于其所忍,仁也"②。当孟子把"不忍人之心"当作"仁之端"时,他并没有错,错就错在他把这种同情心完全看成是天赋的了。"羞恶之心"是指羞耻心和憎人为恶之心。义,古作谊。《中庸》说:"义者,宜也。"孟子的"义"承袭了孔子"义"的基本含义,它一般指服从等级秩序的言行。不过,孟子的"义"的主要内容更多的是指敬人,如他说"敬长,义也""君臣有义";且不囿于下级对上级的尊奉,也包括上对下的尊重和爱护;更重要的是,孟子还把"义"和"仁"联结起来,提出了"仁义"这样一个合成概念。孟子又指出:"人皆有所不为,达之于其所为,义也。"③ 这就是说,依照羞恶之心,不去做不当做的事,就是义。"义"特定意义上是社会以道德要求的形式向特定个人提出来的"应当"完成的职责、使命和任务,因此,孟子大致上揭示了义的基本含义。"辞让之心"即"恭敬之心"。"礼"在孔子那里,有时指礼节仪式,有时指周制,有时又指谦虚、恭敬、有礼貌。而孟子的"礼"主要指谦让、有礼貌和礼节仪式,它根源于人的恭敬之心,表示人与人之间彬彬有礼。"礼之实,节文斯二者是也。"④ 礼的实质就是在于节制和文饰仁义。礼较之于仁义具体和外在,它使仁义具体地体现出来。"是非之心"是指明辨善恶曲直之心。"智之实,知斯二者弗去是也。"⑤ 是非之心作为一种判断善恶的道德能力,可以帮助人们选择"做"还是"不做",进行恰当的价值目标定向。孟子从心理发生、发展的角度,揭示了四德产生、存在和发展的基础。它较孔子只是颁布一些戒令、规范,缺乏某种具体论证来说,提供了更为现实的心理基础。

宋明理学家大多直承孟子心性论,不论主张气本论、理本论还是心本论,一般都强调"心"的地位与作用,只是程度和表现有所不同罢了。

---

① [法] 卢梭:《论人类不平等的起源和基础》,陈伟功、吴金生译,北京出版社 2010 年版,第102—103 页。
② 《孟子·尽心下》。
③ 《孟子·尽心下》。
④ 《孟子·离娄上》。
⑤ 《孟子·离娄上》。

一是强调道心惟微的人文意蕴。同陆王心学较为接近的程颢就认为：心是理，理是性，性是天，心亦是天，心与性合一，而人"心所感通者，只是理也"①；天人是合一的，"一人之心即天地之心"②；心是人之主宰，它具有认知功能，但容易受到人欲的遮蔽，故会失去天理——"人心莫不有知，惟蔽于人欲，则亡天德一作理也"③；人心可以分为作为人欲的人心和作为天理的道心两种，这就是"'人心惟危'，人欲也。'道心惟微'，天理也"④。由此可知，大程并未摆脱性善情恶的传统观念，但他把"理"植入人的内心，这既可以为人扬善抑恶提供内在根据，同时又有助于消除封建纲常名教对人的强制性约束，充分发挥人的主观能动性，使人的道德行为变成人的自觉自律活动。而程颢正确认识到了人欲对人心的干扰，这就为人加强自身的修身养心提供了合理性和必要性说明。

二是突出心主性情的伦理作用。在对待心性关系上，作为湖湘学派的代表性人物胡宏提出了很有代表性的三大观点：心成人性——"心也者，知天地，宰万物，以成性者也"⑤；性本心用——"未发只可言性，已发乃可言心"⑥；心为身主——"气之流行，性为之主；性之流行，心为之主"⑦、"圣人心即合理，理是即心，以一贯之，莫能障者"⑧、"心者，身之本也"⑨。同为湖湘学派的张栻把胡宏的心成人性、性本心用和心为身主等观点进一步发展成为心主性情。朱熹则认同张载的说法，力主心统性情。在朱熹看来，性是理，是体，情是用，性静情动。而性情都出于心，一心之中有静有动、有性有情，特别是心是体，它是性情的主宰。⑩

三是突显了心理的道德本体功能。陆九渊所提出的心学从思想史上融合了思孟学派的尽心知性知天的心性之学、禅宗明心见性思想以及程颢"心是理"的命题。只是他不满足于朱熹心含理、主体与本体不离不杂的思

---

① 《二程集·河南程氏遗书》卷第二下，王孝鱼点校，中华书局2004年版，第56页。
② 《二程集·河南程氏遗书》卷第二上，王孝鱼点校，中华书局2004年版，第13页。
③ 《二程集·河南程氏遗书》卷第十一，王孝鱼点校，中华书局2004年版，第123页。
④ 《二程集·河南程氏遗书》卷第十一，王孝鱼点校，中华书局2004年版，第13页。
⑤ 《宋元学案·五峰学案》。
⑥ 《宋元学案·五峰学案》。
⑦ 《宋元学案·五峰学案》。
⑧ 《衡麓学案》。
⑨ 《宋元学案·武夷学案》。
⑩ 参见黎靖德编：《朱子语类》卷第九十八，王星贤点校，中华书局1994年版，第2513页。

想,而把"心即理"推向极点,将二者合二为一。正是在对孟子心学阐释的过程中,他概括出"人皆有是心,心皆具是理,心即理也"①的观念,进而推衍出"宇宙便是吾心,吾心便是宇宙"②的总纲领。虽然王守仁也承继了朱熹所讲的"心是体""性是体""心之本体是性""性安然不动"等命题,但是他如同陆氏一样更加突显"心"之本体意义,而把它看作蕴含仁义智信、忠孝等内容的良知。

不同时期的宋明道学家,把纲常之理归结为"我固有之"的主体心,为伦理价值建构奠定了某种主体的理性基础,突显了主体道德实践的自主性、能动性和创造性。它能够引导人们注重主体内在心理能量的挖掘,培植人的道德合理性的性情结构,培养自我立意去选择的能力;同时它也有助于改变那种把"善"仅仅视为人对外在环境、规范、条件和要求顺应的思想偏颇,而把道德看作主体有目的、有意识、自觉自愿对社会负责的合理选择。只是把心视为伦理本体,且过分夸大它在人道德实践中的作用,也会导致两种负面后果:一是走向道德唯心主义和理想主义,使人的道德自觉走向道德狂想乃至道德任性;二是不切实际地吹胀人心的道德潜能,也会使社会的伦常要求、戒命脱离人性(心)定势,要么使人承担能力范围之外的伦理责任,要么为了获得社会的认同而走向虚假的自我同一或伪善。

三、 儒家道德人为说与人的道德发展

就儒家道德人为说与人的道德发展这一问题,应该从以下三方面来加以阐释。

首先,要从道德与非道德的维度去把握。一般说来,人的道德行为有广义和狭义之分。狭义的道德行为是指符合社会人伦标准、具有善价值的合理化行为(善行),它是同不道德行为(恶行)相对而言的。广义的道德行为则是既包括狭义道德行为又包括不道德行为的具有伦理属性的行为,

---

① 《陆九渊集》卷十一,钟哲点校,中华书局1980年版,第149页。
② 《陆九渊集》卷二十二,钟哲点校,中华书局1980年版,第273页。

也就是说它是善行和恶行的总称，而同非道德行为相对而言。显而易见，如果着眼于狭义的道德行为，那么大概只有主张性本善的孟子会认为道德来源于天赋，而非人为；反之，那些不论倡导性恶论、性无善恶论还是主张性善恶混论的儒家，都认同道德（善）来自人为，例如荀子的"人为"、程朱的"变化气质"等。如果立足于广义维度去分析儒家道德本体论，那么所有儒家人物都会承认道德的一个重要根源乃是社会主体的能动作用，像力主性善论的孟子就认为恶行是因为"人不能尽其才"，是由于人自暴自弃、过度"砍伐"人的善性，而不能很好地存心养性。

其次，要分清儒家道德"本体"不同的含义。在中外哲学史上，人们赋予"本体"一词以本质、始基、根源、依据、来源、主体、不变者、统一者等不同含义。当我们说儒家将心性视为伦理本体时，实际上是将"本体"视为根源或依据、根基；而当我们把"人为"确认为某些儒家视野中的伦理本体时，实际上是在"来源"的意义上使用"本体"范畴。然而，不论是伦理根源还是伦理来源，都属于道德赖以生成和发展的条件。

再次，要注意区分"人为"主体不同的层面。有时，"人为"是指个人的节制，也就是人的自觉自律，包括孔子所说的"克己复礼为仁"①中的"克己"。在儒家文化中，存在着一种圣贤崇拜的传统。所以，"人为"有时又指圣贤的道德创造。郭店楚墓儒简《性自命出》云："礼、乐，有为举之也。圣人比其类而论会之，观其之先后而逆训之，体其义而节度之，理其情而出入之，然后复以教……礼作于情，或兴之也，当事因方而制之。"大意是说，礼乐的产生，是因人有所为而采取的举措，圣人依据各种人伦关系、人际关系的亲疏、类别、先后等次序，来度量裁节，并梳理人们的情感，根据事理之宜和人之不同身份而制礼作乐。荀子曾指出："古者圣王以人之性恶，以为偏险而不正，悖乱而不治，是以为之起礼义、制法度，以矫饰人之情性而正之，以扰化人之情性而导之。"②可见，荀子的"化性起伪"说认为道德得之于圣人的创造。程朱理学诚然视"天"为伦理价值之源，但是没有否定圣贤在道德建构中的作用，正因如此，程伊川才说："天有是理，圣人循而行之，所谓道也。"③

---

①《论语·颜渊》。
②《荀子·性恶》。
③《二程集·河南程氏遗书》卷第二十一下，王孝鱼点校，中华书局2004年版，第274页。

儒家的道德人为本体论对人的道德发展会产生两种影响。一是它有助于激发人的道德主体性，提高人的道德实践能力。如前所述，儒家不论是主张性善论还是倡导性善恶混论，其对仁性、善性和仁心、善心、良心、道心的肯定，对上品之性和天命之性的设定，不过是为人的道德价值实现构建了一种先天心性本体，最终还是要落脚到人的主观修为上来。不论人的心性是本善还是纯善，只是为人成善成德提供了某种可能性，尚不构成现实的品德。要知道，即使包含仁、义、礼、智、信等道德要素的心性，由于受浊气的干扰、物欲的侵蚀和人欲的遮蔽，也会逐渐丧失。本质上人都有四心，而且又是相同的，如果开发之，利用之，人就会具有德性；反之，人就可能作恶，这就是"苟得其养，无物不长；苟失其养，无物不消"[1]。那么，人何以会作恶呢？究其原因，有客观的，亦有主观的："富岁，子弟多赖；凶岁，子弟多暴，非天之降才尔殊也，其所以陷溺其心者然也。"[2] 正是由于扬善抑恶的艰难性，正是在"事在人为"的弘道精神的激励下，正是基于对向善成善理想目标的追求，2000多年来中华大地上众多志士仁人致力于克己复礼、强恕而行、格物致知、守静主一、正心诚意等道德实践工夫，从而使中华民族成为2000多年而不坠的礼仪之邦。历代儒家对道德化心性主体为主旨的道德形而上学的建构，对于生活相对安适、痛苦较少的人的道德的发展，是较为有效的。至于基于人性恶思想（含性恶论和性善恶混论）而阐发出来的节制本体论，似乎更为深刻地捕捉到了人的心性中所暴露出来的贪婪、仇恨、狂傲、说谎等丑恶一面，窥见邪恶、凶杀、奸淫、偷窃、毁谤等社会乱象，这对于人的道德发展具有极强的警醒作用。尤其是它在某种意义上更准确地把握到了道德的本质特征，即道德往往需要主体克制自己的私心杂念，遏制自己的物欲、情欲，用理性去战胜感性，以义制利，从而做到克己为人、成人成己和仁民爱物。可以说，道德之为道德，义务之为义务，就在于它要求主体不屈从于自然欲求和愿望，就在于道德主体自觉地牺牲幸福、利益乃至生命。犹如德国哲学家费希特所言："道德的根本是自制心和克己心，使自身的本能服从全体。"实际上，不管是从性善论出发而强调人的践形成性，抑或是从性恶论出发而主张人要节制、窒欲，归结到一点就是要求人修身，如此才能做到进德

---

[1]《孟子·告子上》。
[2]《孟子·告子上》。

修业。

二是儒家的人为道德主体论有助于为人挺立德性主体提供权威支持。在儒家看来，纲常名教是圣人因人之情、顺物之性而制作出来的，旨在维持社会人伦之序，借以安邦定国。可见，圣人的人为乃是社会道德的重要源头，这既不同于神启论，也区别于自发论。众所周知，儒家文化向来具有崇古价值取向以及圣贤崇拜传统，这两点导致儒家认为往圣先贤不仅表现出尚贤、刚毅、发明器物等优秀特质，同时还能够制礼作乐、树立五教等。这在一定意义上揭示了人类道德产生和发展的客观过程。道德最初是社会风俗习惯的组成部分，它因文化、民族、地域和时代不同而具有或大或小的适用范围。一种成熟形态的道德在发展过程中会在一定社会区域和文化场景中褪去特殊意志成分而把其中带有普遍性的重要因素用风俗、仪式、规范等形式固定下来。在传统中国社会，作为调节人与人、人与社会之间关系的行为规范，各种伦理道德一般是由被后人赞誉的圣贤及其他士大夫（圣王）制订出来的，并由帝王加以认可和确认，进而在全社会推行。汉代"独尊儒术"之后，儒家伦理制度作为官方钦定的统治意识形态的核心内容，为中国人的社会行为提供了普遍的行为准则，为人们道德素质的培养提供了权威的精神资源。把道德的根源归结为圣人的制作，能够利用普通大众崇拜圣贤的心理，强化道德的权威性，有助于增强人们的道德认同感。传统中国封建社会，即使被赋予神圣色彩的儒家纲常伦理，要转化成人们自觉遵循的理想信念，内化到大众的文化心理结构之中，形成百姓借以安身立命的精神家园，并不是一件容易的事。它不仅受到战乱、灾害等的冲击，也受到佛教文化、道教文化等的影响，正因如此，唐代的韩愈才提出要重建"道统"。宋明道学之所以应时而生，正是在于它旨在应对佛道对儒家伦理的重大挑战，解决儒教统绪断裂的问题，以接续由尧、舜、禹、文、武、周公、孔、孟等圣贤所开创的道统，进而改变纲常不振、世风日下、人心不古的纷乱状况。欧阳修深刻地指出："甚矣，五代之际，君君臣臣父父子子之道乖，而宗庙、朝廷、人鬼皆失其序，斯可谓乱世者欤！自古未之有也。"[1] 面对这种道德失序、行为失措的乱象，宋明儒家起而为人们的精神世界重建提供赖以遵奉的伦理规范。

---

[1] 欧阳修：《唐废帝家人传》，载《新五代史》卷十六，中华书局1992年版，第173页。

第十二章　儒家财富观新释

当前，伴随着社会财富的迅速增长，中国人追求财富的意识不断增强，平民百姓普遍企盼发财致富。财富欲望、财富梦想、财富力量和财富崇拜交织成带有神话般的巨大财富幻象。一部分人致力于合法合理致富，而有些人则把奢侈和浪费视为荣耀，信奉唯利是图、金钱万能，形成异化的、病态的、扭曲的财富观。如何建立科学合理的财富观是每一个人都面临的人生大课题。

财富观是人们对于财富的态度、观念以及为了获得财富而采取的途径和方法的思想。现代化和社会财富的增殖过程受财富观念影响。马克斯·韦伯在《新教伦理与资本主义精神》中就论证了财富理念与理想成为引发社会经济变迁独立而自发的动力。后来，经过马克斯·韦伯的发掘和修正，西方形成了"上帝赋予你的天职和使命是你必须为上帝而辛劳致富"的观念。这一观念为近代西方的财富活动提供了道德依据和正当理由，并且成了主流财富观。

儒家财富观强调对财富进行权衡，提出了富而有道、财自道生、有财有用、和气生财、富而后教、富而好礼、调均贫富、贾而儒行等思想观点。儒家的财富之道为我们提供了一种从思想层面如何理解、看待和运用财富的智慧。对儒家财富观前贤已做了较深入的研究，但还不够细致，而且尚存在许多误读、误解，有必要进一步重新加以梳理。本章把儒家财富观概括为人文主义财富观、道德主义财富观、平均主义财富观和轻商主义财富观四个方面。由于受篇幅所囿，以下仅就前三个方面做一阐发。

一、 人文主义财富观

1. 人欲富贵。

孔子肯定了人们争取富贵的愿望和权利。孔子说：

> 富与贵是人之所欲也，不以其道得之，不处也；贫与贱是人之所恶也，不以其道得之，不去也。君子去仁，恶乎成名？君子无终食之间违仁，造次必于是，颠沛必于是。①

这里撇开孔子要求在对待富贵与贫贱的态度上应时刻遵守仁道原则、借助正当的手段和途径不论，只想就本节主旨强调的是，孔子并非像有些人所理解的那样要人们在仁义道德和富贵利欲之间做出非此即彼的选择，他从一定角度揭示了这样的人性事实，即一般人天生都向往富贵而避离贫贱，希望过上富贵安逸的日子，而不会甘愿过贫穷困顿的生活。有人可能会说，现实生活中并不是所有人都追求富贵，有的人如一些宗教徒只想过平淡普通的生活。我想为孔子辩护的是，孔子所讲的追求富贵是人的基本欲望，遵循的是大数定理，陈述的仅是绝大多数人欲望的倾向性。好逸恶劳、乐生恶死、乐富恶贫、乐贵恶贱、乐康恶病可谓常人的本性。"富"即富有、充足，一切用度充足甚至有余；"贵"主要指地位的尊贵、地位高。《初学记·富贵》说："夫贵者必富，而富者未必贵也。故士之欲贵，乃为富也；然欲富者，非为贵也。从是观之，富，人之所极愿也。"就人生百象而言，各人的追求及其达到的结果并不一样：或既富又贵，或不富又不贵，或富而不贵，或贵而不富。有的人之所以不求富贵乃至安于贫贱，或是家道世势不容许，或是自身条件所限，或是个人不思进取，等等。尤其是孔子这里表达了对人求取富贵基本欲望的确认，它为维护人追求良好生活的权利奠定了人文主义思想基础。

2. 有财为美。

肯定富贵是人的基本欲望不过是承认了人性事实，并不一定在价值观上对它多么推崇。与此有所不同，儒家财富观不仅确认人追求富贵的本源

---

① 《论语·里仁》。

性，还把财富摆在价值系列重要位置加以强调。儒家最早的经典《周易》既注重民生财富的开拓又极力推崇富贵，大胆提出了"崇高莫大乎富贵"的命题。《易·系辞传》说：

> 崇高莫大乎富贵；备物致用，立功成器以为天下利，莫大乎圣人；探赜索隐，钩深致远，以定天下之吉凶，成天下之亹亹者，莫大乎蓍龟。

《周易》不仅鼓励人们像圣人一样去从事生产发明创造，还把争取富贵看成崇高事业加以张扬，而显示出同庄子所批评的"天下之所尊者，富贵寿善也"[①]世俗好恶相一致的价值观。

《左传·襄公二十四年》提出了影响深远的立德、立功、立言"三不朽"思想。《尚书·大禹谟》把食、货列为八政之首，把满足衣食生活列为为政的要务，同时它还提出了所谓的"六府"和"三事"——"正德、利用、厚生"。《蔡沈集传》对利用、厚生做了解释："利用者，工作什器，商通货财之类，所以利民之用也。厚生者，衣帛食肉，不饥不寒之类，所以厚民之生也。"把国计民生看作与正德同等重要。与《周易》富贵并列有所不同，《尚书·洪范篇》列出人生五福："寿、富、康宁、攸好德、考终命。"即长寿、富有、康宁、好德、善终，把"富"列于"五福"之中，只是不知何故唯独缺乏"贵"。

从"富与贵，是人之所欲也"人文主义思想前提出发，孔子进一步阐述了财富追求的价值正当合理性。一方面，孔子从正向角度直接肯定了当家理财的合理性。《论语·子路篇》载：

> 子谓卫公子荆："善居室。始有，曰：'苟合矣。'少有，曰：'苟完矣。'富有，曰：'苟美矣。'"

孔子称赞卫国的公子荆善于管理家业。公子荆刚有一点财产，就说自己差不多合格了；稍微增加一些财富，又说这比较完备了；当他富裕之时，说这就比较完美了。从"合"到"完"再到"美"，层层递进，说明公子荆是一个善于满足的人。这里，孔子既赞扬了公子荆擅长当家理财，又肯定了他善于知足和节制。

[①]《庄子今注今译》，陈鼓应注译，最新修订重排本，中华书局2009年版，第480页。

另一方面，孔子又从反向羞耻角度肯定了追求富贵的正当性。《论语·泰伯篇》曰：

> 天下有道则见，无道则隐。邦有道，贫且贱焉，耻也；邦无道，富且贵焉，耻也。

这里，孔子尽管为人们弃贫贱求富贵设置了理想化的道德界限和价值尺度，认为富贵应在有道环境中才能求取，但是他毕竟肯定了人在一定条件下可以追求富贵。在他看来，在一个多行不义、严重失范的国度里发财做官，是可耻的；而在一个政治清明、广行仁义、秩序井然的国度里安于贫贱，同样是一种耻辱。这就从耻感的维度称许了人对富贵利禄的追求。该思想司马迁在《史记·货殖列传》中做了进一步延伸："无岩处奇士之行，而长贫贱，好语仁义，亦足羞也。"一个人既没有什么特别高尚的品德又长期处于贫贱地位，却满口仁义道德，那是十分可耻的，以此表明司马迁对既无财又无德的不齿。

3. 富而可求。

儒家的人文主义财富观不仅表现在认同了财富价值，还表现在对财富执着追求的态度上。孔子一方面认为"死生由命，富贵在天"（弟子子夏闻孔子言，见《论语·颜渊》），富与贵都是由天命决定的，是人无法强求的；另一方面如果能够求到富贵，那么就是从事低贱的工作，孔子也愿意。如果求不到富贵，那么就可以按照自己的愿望去做自己喜欢的事。他在《论语·述而》中说：

> 富而可求也，虽执鞭之士，吾亦为之。如不可求，从吾所好。

"执鞭之士"无论是解为牵马的人抑或是训为市场守门员，都表示地位低下的人。可与不可表示求取财富行为的手段正当与否，也许还包括条件是否具备。尽管孔子一再强调达至财富目标的工具合理性，就其屈身求富而言，这一段话终归表达了他对财富价值的高度肯定。

其次，孔子的人文主义财富观还表现在他对弟子子贡经商的赞许上。孔子对子贡评价甚高，《论语·先进》说：

> 回也其庶乎，屡空。赐不受命，而货殖焉，亿则屡中。

孔子对颜回称赞有加，不仅赞其"好学"①、"贤达"，还许以"仁人"，宋明儒家更好寻求"孔颜乐处"。颜回素以德行著称，但他终身未仕，穷居陋巷，唯以"愿贫如富，贱如贵，无勇而威，与士交通，终身无患难"② 自勉，以至连吃饭都成问题。也许正因如此，他才英年早逝。颜回"愿无伐善，无施劳"③、穷不失义固然可嘉，但穷病而死总是不够完美（非仁者寿），故而孔子才发出"不幸短命而死"④、"天丧予"⑤ 的慨叹。《论语》中孔子对子贡多有批评，认为自己和子贡都不如颜回⑥，唯独对子贡从事货殖似有赞许之意，至少未有微词。他说子贡不安于命运，亲自做生意，极善猜测行情，且每每猜准。可见孔子并不反对求财、求富，只是未正面倡导。司马迁《史记·仲尼弟子列传》记载，子贡曾任鲁、卫两国之相，善于经商之道，曾经经商于曹、鲁两国之间，富致千金："子贡好废举，与时转货资……家累千金。"子贡善于依据市场行情变化贱买贵卖，从中获利，终成巨富。

管子说："凡治国之道，必先富民。民富则易治也，民贫则难治也。奚以知其然也？民富则安乡重家，安乡重家则敬上畏罪，敬上畏罪则易治也。民贫则危乡轻家，危乡轻家则敢凌上犯禁，凌上犯禁则难治也。故治国常富，而乱国常贫。是以善为国者，必先富民，然后治之。"⑦ 荀况对管子和儒家的富民思想做了总结，主张实行裕民政策，把富民与富国统一起来。他阐发了治国必先富民的意义，认为人民富裕有利于生产发展："裕民则民富，民富则田肥以易。"而生产愈发展，国家也就愈富，从而达到"上下俱富"⑧；富民关系到国家兴亡："王者富民，霸者富士，仅存之国富大夫，亡国富筐箧，实府库。"⑨

再次，儒家的人文主义财富观还表现在力主富而后教上。《论语·子路

---

① 《论语·先进》。
② 韩婴纂：《韩诗外传集释》卷十第十九章，许维遹校释，中华书局2009年版，第357—358页。
③ 《论语·公冶长》。
④ 《论语·先进》。
⑤ 《论语·先进》。
⑥ 参见《论语·公冶长》。
⑦ 《管子·治国》，李山译注，中华书局2009年版，第256页。
⑧ 《荀子·富国》。
⑨ 《荀子·王制》。

篇》载：

> 子适卫，冉有仆。子曰："庶矣哉！"冉有曰："既庶矣。又何加焉？"曰："富之。"曰："既富矣，又何加焉？"曰："教之。"

这里向人们展现了人口、富裕和教育三种社会价值选择，孔子主张使民富裕之后再进行教育，把充裕人民的物质财富作为实施礼乐教化的基础，后世把这段话归纳为"富而后教"。

孔子的富民措施依据的是"因民之所利而利之"①。他主张"藏富于民"，把人民的富足看作是政府获得充足财源的基础。他主张民富先于国富、君富，指出"百姓足，君孰与不足？百姓不足，君孰与足？"②，表现出对民众基本生活需求满足的关心，从而区别于法家的掠民主义和道家的愚民主义。

与此同时，儒家又十分重视社会教育。孟子推崇仁政、善政，可他却认为教育比善政更重要。他说："善政，不如善教之得民也。善政民畏之，善教民爱之；善政得民财，善教得民心。"③善政之所以不如善教，就在于善政使民畏惧，而善教却使民敬爱；善政可以聚集财富，而善教却可以争取民心。正因如此，孟子要求对民众进行道德教化，即"谨庠序之教，申之以孝悌之义"④。孟子似有轻视"善政"之嫌，但他毕竟是一个仁政主义者，这段话体现了他的人本主义财富观，同时也在特定意义上说明他把善政民财看成德教的基础。其实，孟子对孔子的富民观念做了充分展开，提出了一系列养民主张，强调养生之道，认为"养生丧死无憾，王道之始也"⑤，把"养生丧死无憾"这类民生问题视为王道政治的出发点，为此他在经济上主张使民有恒产，也就是制民以产；并且，孟子还指明了富民之道，这就是"易其田畴，薄其税敛，民可使富也。食之以时，用之以礼，财不可胜用也"⑥。

最后，儒家的人文主义财富观还表现在力主仕学求禄上。在儒家看来，

---

① 《论语·尧曰》。
② 《论语·颜渊》。
③ 《孟子·尽心上》。
④ 《孟子·梁惠王上》。
⑤ 《孟子·梁惠王上》。
⑥ 《孟子·尽心上》。

富是可求的，也是不可求的。"小富由俭，大富由天。"谋事在人，成事在天。从可求的角度讲，谋事在人；从不可求的角度讲，成事在天。能否求到财富，有客观条件与主观努力之分、有偶然性与必然性之别。

"圣人重其道而轻其禄，众人重其禄而轻其道。"① 曾参是一个大孝子，他根据养亲来追求薪水。《韩诗外传》卷一第一章载："曾子仕于莒，得粟三秉，方是之时，曾子重其禄而轻其身；亲没之后，齐迎以相，楚迎以令尹，晋迎以上卿，方是之时，曾子重其身而轻其禄。怀其宝而迷其国者，不可与语仁；窘其身而约其亲者，不可与语孝；任重道远者，不择地而息；家贫亲老者，不择官而仕。"曾参开始为了养亲，即使薪水很低，他也去任职，这时他"家贫亲老者，不择官而仕""重其禄而轻其身"。亲没以后，他"重其身而轻其禄"，重视自己的身体，不轻易许人。

孔子根据当时的社会分工状况，认为专事农业耕作会陷入贫困境地，而好学才能获取利禄。他在《论语·卫灵公》中说：

> 君子谋道不谋食。耕也，馁在其中矣；学也，禄在其中矣。君子忧道不忧贫。

儒家处处体现出泛道德主义财富观色彩，君子谋道不谋食、忧道不忧贫可谓最好的表达。不过，这里孔子在贫穷与利禄的对照中显示了他要求通过学习以求利禄的价值理念。在中国古代社会，通过学习（知识、技能与道德）以出仕、谋取一定的官职是获得俸禄的不二法门。俸禄有多有少，可它是人的财富的重要组成部分。"学"无疑包括学道、知道、闻道，因此，荀子在孔子"德必称位"的思想基础上，提出了"德必称位，位必称禄，禄必称用"② 的主张。总之，"学也，禄在其中矣"表明学习是人生存和发展的基础和条件。

4. 义利双行。

具体的财也好，抽象的富也好，都是利的形态。在古代，财富侧重于物质方面，如财指金钱和物资，而不同于当代既有物质财富又有精神财富的说法。经济学上的财富是指所有具有货币价值、交换价值或经济效用的

---

① 汪荣宝撰：《法言义疏·五百卷第八》，陈仲夫点校，中华书局1987年版，第251页。
② 《荀子·富国》。

财产或资源，包括货币、不动产、所有权等。在儒家那里，包括财富在内的利往往同义相对应加以讨论。

《中庸》说："义者，宜也。"韩愈在《原道》中说："行而宜之之谓义。"义既是一种行为规范，也是一种价值目标，它所强调的是行为的正当性、合理性；利的对立面并不是义，而是害，它所突出的是行为的功利性、有效性。从某种意义上，儒家思想倾向于提倡义利双行、义利兼顾，从而表现出人文主义特质。这一则是因为历代儒家并不否定人性有自利性的一面，儒家并非不讲利、否定利，而是肯定了利的客观存在性和合理性。孔子在回答子贡问政时，提出"足食、足兵"；孟子也强调明君要"制民之产"；荀子明确说义与利是人之所两有；董仲舒则指出义利为人之"两养"，即"利以养其体，义以养其心"①；二程甚至认为"人无利，直是生不得"②。二则是因为孔孟虽然主张在规范个人行为上特别是面临道德选择处境时要"喻于义""罕言利"，但在国家为政治民上却力主"因民之利而利之"的理想，强调富民、安民、利民、养民的民本主义原则。三则是儒家倡导的"义"正是天下国家之公利，亦即福利、民利、大利，而反对谋取个人之财利、私利、小利，因此可以说儒家"重义不轻利"。

宋元明清时期，功利派陈亮提出"义利双行"、叶适提出"以利和义""义利并立"同程朱理学的惟义主义抗衡，明代异端思想家李贽倡导"谋利方可正义"的私利主义观念旨在颠覆以董仲舒为代表的"正其义不谋利"的非利主义，颜（元）李（恭）的实学派以其"正其义而谋利"而同程朱理学家的空谈仁义相论争。只是由于程朱理学依靠封建统治者的支持，而使重义轻利和以义驭利作为占统治地位的主导价值观得以沿传下来。

二、道德主义财富观

1. 德本财末。

在儒家看来，德即道内得于己的品性，是主体自身的德性修养。从价

---

① 董仲舒：《春秋繁露·身之养重于义第三十一》，张世亮、钟肇鹏、周桂钿译注，中华书局2012年版，第330页。
② 《二程集·河南程氏遗书》卷第十八，王孝鱼点校，中华书局1992年版，第215页。

值选择来说，儒家主张把道德放在比财富更重要的位置。其理由是"物有本末，事有终始。知所先后，则近道矣"[①]、"其本乱而末治者否矣"[②]。故《大学》讲：

> 道得众则得国，失众则失国。
>
> 是故君子先慎乎德。有德此有人，有人此有土，有土此有财，有财此有用。
>
> 德者本也，财者末也。外本内末，争民施夺。是故财聚则民散，财散则民聚。

这里《大学》从道和德一致的角度提出君子要明德、慎德，而在认识和处理德、人、土、财、用五者之间的关系时主张把"德"放在首位。因为如果表面上奉行道德而实质上聚敛财富，就会财聚而民散。

儒家财富观确立德本财末、以财荫民的价值观，体现了道德人文主义的回归和对民本主义的期许。一方面，统治者一定要以德为本、以利为末，而不要本末倒置、以财为本。要知道，不义之财来得快，去得也快。另一方面，统治者作为民之父母，一定要以民为本、以财为末，因为重视道德的目的是获得民众的支持，如果只顾自己敛财，与民争利，就会失去民心。

2. 财自道生。

后世有一副对联专门揭明儒家重视经世济民的理财观："《洪范》五福先言富，《大学》十章半理财。"《大学》主要阐述儒家的"三纲领"和"八条目"，说它"十章半理财"有些夸张，不过《大学》确实有许多关于生财之道的相关论述，其中它讲：

> 生财有大道，生之者众，食之者寡，为之者疾，用之者舒，则财恒足矣。仁者以财发身，不仁者以身发财。未有上好仁而下不好义者也，未有好义其事不终者也，未有府库财非其财者也。

这一段文字讲述了两种"道"。一是财足之道。它指出，如果从事生产的人多且生产速度快，消费的人少且消费的速度慢，那么财富就能经常保持充裕了。应当说，在生产力较为低下的物质短缺的传统社会，开源节流、

[①] 王文锦：《大学中庸译注》，中华书局2008年版，第1页。
[②] 王文锦：《大学中庸译注》，中华书局2008年版，第3页。

量入为出是保证财用充足的重要条件，而直到现在勤劳也是致富的重要途径。二是仁者之道。《大学》认为有仁德的人散财助人得到民众的拥戴，而不仁的人则亡身以搜刮财富，借以表达了发财必须信守仁道。

作为蒙学读物的《增广贤文》的思想观念都直接或间接地来自儒、释、道各家经典，但在财自道生方面却承继了儒家的理念，它讲："君子爱财，取之有道。"人爱财、求财无可非议，关键是用合道的手段去获得，运用合法的手段和辛勤的劳动去创造财富、积累财富。这里的"道"有两层意思：一是指"门道""方法"和手段，不过是正道正路，不是歪门邪道；二是指"道德""德行"，是根据道德原则取得财富，不取不义之财。近代徽商自觉地用儒道经商，讲求义利之道，主张义中取利，因义而用财。徽州商人李大皓告诫他的继承者说："财自道生，利缘义取。以此严于律己，做到视不义富贵若浮云。"

3. 富而有道。

在儒家看来，不管是贫贱还是富贵都必须据"道"而行。孔子说：

> 笃信好学，守死善道。危邦不入，乱邦不居。天下有道则见，无道则隐。邦有道，贫且贱焉，耻也；邦无道，富且贵焉，耻也。①

> 富与贵是人之所欲也，不以其道得之，不处也；贫与贱是人之所恶也，不以其道得之，不去也。②

这两段文字不长，却内涵丰富，它体现了儒家如下思想。

一是守道据道的重道主义。从"守死善道"出发，孔子不仅要求人"危邦不入，乱邦不居"和"有道则见，无道则隐"，还要求人追求富贵与去除贫贱均要以"道"作为行为准绳。之所以如此，就在于如朱熹所言：

> 世治而无可行之道，世乱而无能守之节，碌碌庸人，不足以为士矣，可耻之甚也。晁氏曰："有学有守，而去就之义洁，出处之分明，然后为君子之全德也。"③

司马迁提出发财致富有高低之分："本富为上，末富次之，奸富最

---

① 《论语·泰伯》。
② 《论语·里仁》。
③ 朱熹：《四书章句集注·论语集注》，中华书局2011年版，第102页。

下。"①《吕氏春秋》把非道致富称为三患:"贵富而不知道,适足以为患,不如贫贱。贫贱之致物也难,虽欲过之奚由? 出则以车,入则以辇,务以自佚,命之曰招蹷之机。肥肉厚酒,务以自强,命之曰烂肠之食。靡曼皓齿,郑、卫之音,务以自乐,命之曰伐性之斧。三患者,富贵之所致也。故古之人有不肯贵富者矣,由重生故也。"②

二是与世推移的权变主义。天下有道,则积极追求富贵;天下无道,则安于贫贱。子思说:"素富贵,行乎富贵;素贫贱,行乎贫贱。"③ 孟子也说:"非其道,则一箪食不可受于人;如其道,则舜受尧之天下,不以为泰。"④ 荀子说:"富则广施,贫则用节,可贵可贱也,可富可贫也。"⑤ 这些既给人们对富贵的追求设立了一个价值尺度,又强调根据世道的变化来决定有关富贵与贫贱的出处取舍,既坚守了儒家一贯倡导的道德主义原则,又满足了人们乐富恶贫、乐贵恶贱的人性需求,从而展现了儒家通权达变的高超智慧。

三是知耻向善的特殊主义。儒家并不是一般地说富贵即善、即荣,贫贱即恶、即耻,而是根据求取富贵与去除贫贱是否以"道义"作为行为准绳来明荣知耻,借以培养出一种植于心灵深处的耻感意识,赋人以尊严。据此,儒家反对乃至谴责为了富裕而行不仁之事。孟子讲仁道、仁政,他引用鲁国正卿季桓子的家臣阳虎的话说:"为富不仁矣,为仁不富矣。"⑥ 赵岐注解说:"富者好聚,仁者好施,施不得聚,道相反也。"显然孟子并不是说求富贵的人都不讲仁爱,讲仁爱的人都不会富贵,更不是仇富——为富与不仁不能画等号,他担心的是统治者为富害仁、唯利是图、与民争利,并因此影响实行仁政,从而反对统治者聚敛自己的财富。

4. 据义求富。

儒家义利价值观大致可以分为两个层面。一是价值理性层面。在儒家话语系统中,"义"有时作为道德价值同功利价值相对应。它侧重于精神价

---

① 司马迁:《史记·货殖列传第六十九》,岳麓书社2004年版,第1022页。
② 许维遹撰:《吕氏春秋集释·孟春纪·本生》,梁运华整理,中华书局2009年版,第16—18页。
③ 王文锦:《大学中庸译注》,中华书局2008年版,第20页。
④《孟子·滕文公下》。
⑤《荀子·仲尼》。
⑥《孟子·滕文公上》。

值和社会价值，而"利"侧重于物质价值和私人价值。就此而言，儒家尽管提出了义利双行、义利两有、义利两养、无利不生等观点，但从总体思想倾向上还是主张重义轻利的价值观，像孟子的"舍生而取义"，董仲舒的"正其谊（义）不谋其利，明其道不计其功"，朱熹的"不谋利，不计功""必以仁义为先，而不以功利为急"等即是很好的表达。二是工具理性层面。在儒家话语系统中，"义"有时作为手段而同作为结果的"利"相对应，在这一意义上，"义"同"不义"相对立，"利"同"害"相对立。就此而言，儒家特别强调行为手段的正当性和合理性，强调见得思义、见利思义、以义为利、利不妨义、以义驭利、以义生利等价值观，简言之，就是正当谋利。

具体到财富观，在价值理性层面上儒家否定只富自己不富别人、不富人民的统治者。齐景公自己很富，"有马千驷"，但他不给人民办事，没有做出什么好事。所以当他死时，"民无德而称焉"①，人民找不出他值得歌颂的道德。董仲舒在《春秋繁露·身之养重于义》中说："义之养生人大于利而厚于财也。"义对于人来说，比财富更重要。

而在工具理性层面，儒家拒斥不义而富。孔子说：

> 饭疏食饮水，曲肱而枕之，乐亦在其中矣。不义而富且贵，于我如浮云。②

通过不正当的手段获得的富贵，对于孔子来说，就像浮云那样，虚无缥缈。不合理地窃取财富和荣耀是非常可耻的事。与其为富贵而陷入不义之地，不如甘于清贫生涯、安贫乐道。要知道，行义是人生的第一要务，在贫富与道义发生矛盾时，宁可受穷也不放弃道义。宋代二程忠实地继承了孔子惟义主义财富观，反对为求富而害义，他们讲："富，人之所欲也。苟于义可求，虽屈己可也；如义不可求，宁贫贱以守其志也。"③

5. 乐道好礼。

尽管人性本质上不甘于贫穷而追求富贵，但贫穷和富贵毕竟是人的生存境遇，儒家不仅阐述了德本财末、财自道生、富而有道、据义求富等依

---

① 《论语·季氏》。
② 《论语·述而》。
③ 《二程集·河南程氏经说》卷第六，王孝鱼点校，中华书局1992年版，第1144页。

道求富的财富观，还从三方面阐明了人对待当下贫穷和富贵的自处之道。

一是富而好礼。《论语·宪问》讲："子曰：'贫而无怨难，富而无骄易。'"《论语·学而》有载："子贡曰：'贫而无谄，富而无骄，何如？'子曰：'可也，未若贫而乐，富而好礼者也。'"这里孔子向人们展示了两种高低不同的人生境界：贫穷但不谄媚、富有但不骄傲和贫穷仍能乐道、富贵仍能好礼，后者高于前者。为何这样讲，孔子并未给出理由，大概是因为贫而无怨、贫而无谄、富而无骄属于消极意义上的人生态度，而贫而乐、富而好礼则属于积极意义上的人生志向。孔子倡导的"贫而乐"显然是针对个人而言的人生况味，而不是对国家和民族的要求；因为对国家与民族而言，安于"贫而乐"一般会造成国家和民族的积贫积弱。实际上，能够做到子贡所说的贫而无谄、富而无骄已属不易，俗语常说"人穷志不短"，可现实却是许多人"人穷志短"，因经受不住金钱财富的诱惑而低头——谄媚、巴结、讨好人；有的人则以财富傲人，甚至骄奢淫逸（饱暖思淫欲）。当然，至于孔子所讲的"富而好礼"更非易事，要知道，仓廪实不一定知礼节，衣食足不一定知荣辱。正因如此，司马迁在《史记·货殖列传》中引用管子的话时将其改为"仓廪实而知礼节，衣食足而知荣辱"。《左传·襄公十二年》曾提出"贵有常尊"观念，《礼记》则在提出"富而有礼"①的道德要求并揭示"圣人之制富贵也，使民富不足以骄，贫不至于约，贵不慊于上，故乱益亡"②等礼的作用的同时，对富而无骄与富而好礼的关系做了诠释，这就是富贵而知道好礼就可以做到不骄不淫——"富贵而知好礼，则不骄不淫；贫贱而知好礼，则志不慑"③。

二是安贫乐道。孔子充分肯定了"贫而乐"的人生境界和自处之道，极力倡导"孔颜乐处"。他说自己"饭疏食饮水，曲肱而枕之，乐亦在其中矣"④，并称赞颜回说："贤哉，回也！一箪食，一瓢饮，在陋巷。人不堪其忧，回也不改其乐。贤哉，回也！"⑤ 严格地讲，贫而乐有两种情形：有道之贫而乐和无道之贫而乐。有道之贫而乐又有"天人之乐"和"世俗之乐"

---

① 《礼记·表记第三十二》，辽宁教育出版社1997年版，第172页。
② 《礼记·坊记第三十》，辽宁教育出版社1997年版，第158页。
③ 《礼记·曲礼上第一》，辽宁教育出版社1997年版，第1页。
④ 《论语·述而》。
⑤ 《论语·雍也》。

之分，无道之贫而乐又有"自得其乐"和"无赖之乐"之别。《吕氏春秋》上说："古之得道者，穷亦乐，达亦乐。所乐非穷达也，道得于此，则穷达一也，为寒暑风雨之序矣。"①《史记·仲尼弟子列传》中"贫而乐"后也有一"道"字。这表明有道构成了贫而乐或孔颜乐处的精神支撑。孔子守道据道的重道主义就财富观来说不仅表现在富而有道上，还体现在从君子人格角度明确强调忧道不忧贫上。孔子从"守死善道"出发，提出"君子谋道不谋食。耕也，馁在其中矣；学也，禄在其中矣。君子忧道不忧贫"②，君子只担忧学不到道，担忧道不能行，而不担忧贫穷；"君子食无求饱，居无求安，敏于事而慎于言，就有道而正焉，可谓好学也已"③，君子不追求饱食、安居这类功利性价值，而注重正道、学道这类道德性价值。在孔门弟子中，不只颜回，子路、原宪均表现出谋道不谋食、忧道不忧贫、不以恶衣恶食为耻的气质。

三是穷不失义。在古代汉语中，贫与富相对，贵与贱相对，而穷与达对应。"贫"专指穷困、没钱，"穷"则指没有官职、功名。只不过"穷"有时也同"贫"连用。孔子曰："君子固穷，小人穷斯滥矣。"④ 在孔子看来，正是由于正道、志道、学道、谋道、修道，君子才在穷困的时候依然能安守节操；反之，小人一穷就胡作非为。如果说上述孔子"贫而乐"和"忧道不忧贫"侧重于忧乐道德情感的话，那么孟子更为凸显"穷不失义"的道德理性主义。《孟子·尽心上》说：

> "子好游乎？吾语子游。人知之，亦嚣嚣；人不知，亦嚣嚣。"曰："何如斯可以嚣嚣矣？"曰："尊德乐义，则可以嚣嚣矣。故士穷不失义，达不离道。穷不失义，故士得己焉；达不离道，故民不失望焉。古之人，得志，泽加于民；不得志，修身见于世。穷则独善其身，达则兼善天下。"

这实际上是说，一个有志之士应该做到外化而内不化，不会因为穷困而失去正义，做到洁身自好；也不会在显达之时背离道义，而能够见世、

---

① 许维遹撰：《吕氏春秋·孝行览·慎人》，梁运华整理，中华书局2009年版，第340页。
② 《论语·卫灵公》。
③ 《论语·学而》。
④ 《论语·卫灵公》。

用世，为天下苍生谋福利。穷达是身外之事，只有道义才是内在的，而不论是"独善其身"还是"兼善天下"都是谋道、志道、行道的表现。

三、平均主义财富观

如上所述，儒家阐发了人文主义财富观：孔子主张富而后教、藏富于民、民富先于国富；孟子强调养生之道，使民有恒产；荀子力倡富民裕民，上下俱富。面对富者愈富、穷者愈穷、贫富两极分化的社会现实，在对待如何分配财富问题上，儒家还提出了平均主义财富观。

孔子所处的春秋时代，正是"富者田连阡陌，贫者无立锥之地"。基于对这一现象的担忧，为了维护社会安定，巩固封建统治，孔子提出了如下思想：

> 丘也闻有国有家者，不患寡而患不均，不患贫而患不安。盖均无贫，和无寡，安无倾。①

这意思是说，诸侯和大夫不担心人口少而担心财富分配不均，不担心财乏而担心不安定，因为财富分配均匀就不会贫乏，社会和谐人口就增多，社会安定邦国就不会倾亡。一些人把"寡"解为土地财产少当是误读，所谓"寡"类似于老子"小国寡民"中的"寡民"。至于孔子所说的"贫"主要是指土地和财产少。《辞源》对"均"的这个义项的解释是：公平，均匀。孔子所谓的"均"应有两解。一是"平均"。"均徧"可释为"公平一律""齐一"，如《荀子·君道》："以礼分施，均徧而不偏。"《荀子·王霸》："出若入若，天下莫不平均，莫不治辨。"《诗·曹风·鸤鸠》："其子七兮。"汉毛亨传："鸤鸠之养其子，朝从上下，莫从上下，平均如一。"二是"公平"、"不偏袒"、无过与不及，相当于《管子·形势解》所言："天公平而无私，故美恶莫不覆；地公平而无私，故小大莫不载。"

"不患寡而患不均，不患贫而患不安"这段话经常被当作儒家宣传平均主义的经典表达加以批判。我认为，孔子的"均贫富"价值观具有三种合理性。

---

① 《论语·季氏》。

一是思想合理性。有的学者指出，社会财富分配的公正合理（孔子的均，当然不是绝对平均），确实是社会稳定的前提之一，但孔子"患不均"之正确，并不能证明"不患贫"之合理；"均无贫"不合事实，"不均才贫"更不合逻辑；"均"是分配形式，"贫"是财富多少；财富分配之均与不均，与财富之多少没有关系。"不患贫"是危险的，因为"贫"正是"不安"的首要原因；物贫则人争，争则不安；人所争者，正是这不足之物。"均无贫"没逻辑，其极端形式是人人都是零，也就不是贫；而人人都是零，均是绝对均了，但贫还是贫。我认为，这番言论虽不乏深刻，但存在诸多误解，不能脱离特定的语境加以解释。要知道，孔子这段话是针对季康子掌权者之流通过对外战争攻伐等不义手段掠夺土地和人口而讲的，不是泛泛而论。他分别把"均""和""安"和"贫""寡""倾"当作两种价值，"不患寡而患不均，不患贫而患不安"表面上看是只追求均平、安定而排斥土地和人口的增加，其实不然，他不过是强调通过采用"均""和""安"的手段和途径达到解决"贫""寡""倾"的问题。总之，是利用"均""和""安"的工具理性达到无贫、无寡和无倾的价值理性目的。"均"作为分配形式同"贫"并非完全没有关系，它在一定程度上影响财富的生产和不同人所占有的财富多少。"均无贫"是说"均无极贫"，绝对平均会致贫，但相对平均却可以防止极端贫困，防止两极分化。其实，从另外意义上说，孔子又何尝不"患贫""患寡"呢，他对足食、足兵、民信的肯定，对庶、富、教的赞许，就是最好的说明。"贫"确实是"不安"的重要原因，但历史表明"不均"也是"不安"的根源。就像有的学者所指出的那样："均贫富，并不是绝对的平均主义。在文化分子特别是儒家的心目中，它不过是相对的平均思想，是协调贫富差距，使之保持在适当限度之意。"[1] 一定的贫富差距在私有等级社会是必要和必然的。只是孔子在肯定使各个等级的财富与其身份地位相一致、强调等级分配的同时，坚决反对贫富差距过大。当季康子试图借改革税赋制度以聚敛更多财富，而冉求还替他搜刮时，孔子说："非吾徒也。小子鸣鼓而攻之，可也。"[2] 孟子提出的

---

[1] 封祖盛、林英南：《开放与封闭》，河北人民出版社1987年版，第290页。
[2] 《论语·先进》。

富民是低标准的，他的制民之产仅是为了解决温饱问题。董仲舒认为要消除不安定因素，去其根源，需要限制两极分化，缩小贫富差别。具体办法有两种。一是"均布"。董仲舒反对官家与民争利，反对官商，反对盐铁官府专营。他说："受禄之家，食禄而已，不与民争业，然后利可均布，而民可家足。此上天之理，而亦太古之道。"① "古之所予禄者，不食于力，不动于末，是亦受大者不得取小，与天同意者也。"② 二是"调均"。董仲舒继承了孔子的"均贫富"思想，他说：

> 孔子曰："不患贫而患不均。"故有所积重，则有所空虚矣。大富则骄，大贫则忧。忧则为盗，骄则为暴，此众人之情也。圣者则于众人之情，见乱之所从生，故其制人道而差上下也，使富者足以示贵而不至于骄，贫者足以养生而不至于忧，以此为度而调均之。是以财不匮而上下相安，故易治也。③

不难看出，董仲舒"均调"思想主张以制度反对大富大贫，使贫者足以养生，唯有如此，才能使"财不匮而上下相安"，进而实现安邦定国的治国目标。以孔子、董仲舒为代表的儒家"均平"价值观在使国泰民安上同道家乃至法家是一致的。管子认为治国之道是必先富民，而民贫困恰是由于统治者无以调均："今也仓廪虚而民无积，农夫以鬻子者，上无术以均之也。"④《晏子春秋·内篇·问上第三》明确提出"权有无，均贫富"。老子讲求以人道法天道，而"天之道，损有余而补不足。人之道，则不然，损不足以奉有余"⑤。即便主张弱民的商鞅也强调"贫者使以刑则富，富者使以赏则贫。治国能令贫者富，富者贫，则国多力，多力者王"⑥。商鞅尽管旨在说明为政者要实行重罚轻赏，但也表达了缩小贫富差距的主张。

二是历史合理性。任何社会有一些贫富差别都是正常且必然的现象，且不说贫富差别构成了中国传统社会的一种常态，即使是在奉行普遍贫穷观念的时代也存在一定的贫富差别。但是如果两极分化过于严重，就不利

---

① 班固撰：《汉书卷五十六·董仲舒传》，颜师古注，中华书局1962年版，第2521页。
② 班固撰：《汉书卷五十六·董仲舒传》，颜师古注，中华书局1962年版，第2520页。
③ 董仲舒：《春秋繁露·度制》，张世亮、钟肇鹏、周桂钿译注，中华书局2012年版，第284页。
④《管子·治国》，李山译注，中华书局2009年版，第259页。
⑤ 陈鼓应：《老子注译及评介》，修订增补本，中华书局2009年版，第440页。
⑥ 蒋礼鸿撰：《商君书锥指·去彊第四》，中华书局1986年版，第31页。

于社会的安定。在中国私有制的历朝历代,从君主、皇帝、诸侯、权臣到奴隶主、地主等,统治者为了满足自己的欲望往往通过战争攻伐、巧取豪夺、残酷剥削等方式兼并土地、掠夺人口、聚敛财富,造成财富分配不均、民不聊生,进而使国家动荡不安。为了保持社会的平衡、国家的统一和政权的稳定,一些思想家提出了"等贵贱,均贫富"的主张。某些统治者为了巩固家国天下的地位,也会对与政治经济相关的政策、法令进行调整和改革,如汉代的限田法,西晋的占田制,北魏、隋、唐的均田制等,王安石和海瑞也都主张"均税"。这些举措旨在打击贪官污吏,限制钜贾富贾,平衡财富占有,缩小贫富差别,博得贫困人民的支持和拥护。在有天灾之年,政府对受灾的民众还要给予适当的救济,这些措施包含调均的意味。这样做虽不能从根本上解决贫富不均问题,但在一定程度上可以缓和阶级矛盾、促进生产发展。在长期浸润下,儒家"不患寡而患不均,不患贫而患不安"日渐内化为中华民族的深层价值心理,并得到全社会的普遍认同。由于受到"均贫富"价值观的影响,加之贫富差别的矛盾扩大以及现实生存危机,中国历代农民运动往往以"均贫富"作为革命口号。东汉黄巾军起义提出了"太平"口号,唐朝黄巢以直接"平均"为战斗口号,北宋王小波、宋江分别高举"均贫富"和"劫富济贫"的旗帜,南宋钟相、杨么提出"等贵贱,均贫富"的纲领,李自成要求"均田免粮",太平天国力主实行"有田同耕,有饭同食,有衣同穿,有钱同使,无处不均匀,无人不饱暖"的天朝田亩制度。通过农民运动,儒家"均贫富"价值观在抑制贫富过度分化、抑制财富分配不均、缓解阶级矛盾、促进生产、安民定邦等方面发挥了制导作用。只是要指出的是,唐、宋以后农民起义的均产、均田、均平、均分等思想往往带有较为浓厚的绝对平均主义色彩,偏离了儒家的相对平均主义价值观。

三是现实合理性。改革开放以前的计划经济时代,尽管实行按劳分配、八级工资制等财富分配制度,但由于搞吃大锅饭、"一大二公"的平均主义,收入差别逐步缩小,趋入平均化,以致生产效率低下,最终导致普遍贫穷。有人认为这是儒家"不患寡而患不均"的影响所致。殊不知,这主要是因农业社会主义、伦理社会主义和空想社会主义的绝对平均价值观的负面作用。改革开放之后,在经济政策上提出了"让一部分人先富起来",

在价值观上强调效率优先、兼顾公平，中国经济得以突飞猛进，逐步迈向富裕社会，一部分人、一部分地区得以先富起来，达到了贫富有差的目的。建立真正意义上的和谐社会和小康社会，诚然要鼓励财富差别，肯定先富后富，维护竞争效率，同时也要按照儒家"均贫富"的价值观把公平放在更加突出的位置，逐步缩小过大的收入差距，改变财富分配不公现象。实质上"不患寡而患不均"也是符合公平正义和共同富裕价值观的。现代社会的稳定实际上也是要靠一定的平均，如果贫富差距过于悬殊，社会便有可能不稳。目前造成世界上一部分人和地区贫困的原因固然很多，但人口过多和对资源财富的不平等的占有与使用也是重要病根。以西方发达国家为主导的世界经济秩序配置与使用资源不平等、不合理，对一些国家的饥荒与贫穷负有不可逃脱的责任。就此而言，儒家的"不患寡而患不均"极有现实借鉴意义。

下篇

儒家文化与社会发展

第一章　儒家自然道德思想与当代生态文明发展

在当今出现全球生态环境危机的大背景下，在我国强调重视人与自然和谐相处、大力建设生态文明的时代氛围下，努力挖掘儒家阐发和倡导的自然道德思想或生态伦理思想，不论对于优化人的生存环境、发展环境和享受环境，还是对于促进社会文明的整体进步，均具有极为重要的意义。

从类型学角度而言，道德大致可以分为自然道德、社会道德和个人道德三种。传统儒家道德哲学立足于"天人合一"的宇宙论框架，围绕正确认识和处理人与自然的生态关系问题，就如何保护动植物、水土、农业、森林等自然对象，提出了较为丰富的自然道德观点、原则和规范。要优化人的生存环境，推动当代生态文明发展，理应从儒家自然道德思想中汲取可资借鉴的智慧资源。

一、儒家自然道德思想的基本内容

自孔子创立儒学以来，天人关系问题就成为先秦以来中国哲学的重大理论问题之一，不同历史时期的儒家人物就天人关系提出了丰富的自然道德思想，大体有天人合一的宇宙精神、仁民爱物的人文情感以及有效保护、节制和利用自然的实践理性三大方面。

（一）天人合一的宇宙精神

毋庸置疑，在儒家体系中，显示出强调问人不问马（孔子）、"天地之性，人为贵"①（荀子）、"制天命而用之"（荀子）、"唯人独能偶天地"（董仲舒）等人文主义倾向。荀子是中国天人相分思想的典型代表。他不仅强调了人最为天下贵这一突显人的主体性命题，还发展出制天命而用之、与天地参、明于天人之分等思想。这些天人相分观点不像汉代以来一些抑荀派人物所批评的那样是对正统儒家的反对，只是利用老子道家无意志的天改铸孔子"赏善罚恶"的有意志的天，弱化敬天畏命，从而把孔子思想中的人本主义观念推向极致而已。正如牟钟鉴所言，荀子虽然明于天人之分，提出"制天命而用之"的主张，其基本思路仍未脱离天人一致的轨道，只是更看重人的特殊性和能动性罢了。②荀子思想之精深不仅在于他超脱落后生产力和小农自然经济时代的限囿而高扬了人的主体性，因为"天人之分"属于现代性的，它确立了人的族类本质，也在于他在天人观上讲究辩证法——既承认天人相分又强调天人合一——认为人间之礼、人道与天道一致，天生人成，并提出"天德"范畴，把天人之间的"分"与"合"综合起来，这也符合首次提出"天人合一"概念的张载的理念。张载讲："以万物本一，故一能合异；以其能合异，故谓之感；若非有异则无合。"③张岱年也曾指出："荀子虽然强调'天人之分'，却也不否认天与人有统一的关系。"④

从根本上说，儒家天人合一之学更多突显天人合一、天人一体的理念，并从不同维度进行了阐释。儒家天人之学包含着极为丰富的内涵。张岱年在《中国哲学大纲》中指出："中国哲学中所谓天人合一，有二意谓：一天人本来合一，二天人应归合一。天人关系论中之所谓天人合一，乃谓天人本来合一。关于天人本来合一，有二说：一天人相通，二天人相类。所谓天人相通，如解析之，其意义可分为两层：第一层意义，是认为天与人不是相对待之二物，而乃一息息相通之整体，其间实无判隔；第二层意义，是认为天是人伦道德之本原，人伦道德原出于天。……天人相类之意义，亦可析为两方面。一、天人形体相类，此实附会之谈。二、天人性质相类，

---

① 《孝经·圣治章》。
② 参见牟钟鉴：《儒学价值的新探索》，齐鲁书社2001年版，第47—48页。
③ 《张载集·正蒙·乾称》，章锡琛点校，中华书局1978年版，第63页。
④ 张岱年：《中国哲学大纲》，中国社会科学出版社1982年版，第178页。

此义与天人相通论之天道人性为一之说相似，实际上亦是将人伦道德说为天道。"① 鉴于儒家大多价值与事实不分，故儒家天人之学中所蕴含的天人合一观点恐怕应是本来合一（本体论）与应归合一（价值论）兼而有之。儒家天人合一观点源远流长，呈现出十分复杂的情况。综合前贤的各种主张和见解，大致包含以下几方面内容。

1. 天道与人道合一。

儒家重"道"，但往往把天道与人道视为同一。孔子所提出的仁道、孝道等虽然表现出天人相分的趋向，其以泛爱众的人道原则也突破了自然之域，同时从总体思想倾向上说他应认同《左传》中子产所说的"天道远，人道迩"，为此他才罕言性与天道，但他却肯认人道来源于天道，提出"天生德于予"②。而不论是《中庸》所说的"诚者，天之道也；诚之者，人之道也"，抑或是《孟子》所提出的"诚者，天之道也；思诚者，人之道也"，都从"道"的角度把天与人打通，视为一体。张载也讲："儒者则因明致诚，因诚致明，故天人合一。"③ 程明道说："天人本无二，不必言合。"④ 程伊川也讲："道未始有天人之别，但在天则为天道，在地则为地道，在人则为人道。"⑤ 天道与人道合一不仅在本体论上说明人道来源于天道，表明天人之道之间具有同构性、同态性和同质性，因而可以从天道论及人道；同时它也在认识论和价值论层面上要求人要敢于和善于知道、学道、闻道，因此孔子才提出了"朝闻道，夕死可矣"⑥、"人能弘道，非道弘人"⑦、"志于道，据于德，依于仁，游于艺"⑧ 等尊道重道观点，才提出了"畏天命"⑨ 和"唯天为大，唯尧则之"⑩ 的主张。更早的时候，《易传》也指明了人必须顺应天道规律："裁成天地之道，辅相天地之宜。"⑪《中庸》也强

---

① 张岱年：《中国哲学大纲》，中国社会科学出版社1982年版，第181—182页。
②《论语·述而》。
③《张载集·正蒙·乾称》，章锡琛点校，中华书局1978年版，第65页。
④《二程集·河南程氏遗书》卷第六，王孝鱼点校，中华书局2004年版，第81页。
⑤《二程集·河南程氏遗书》卷第二十二上，王孝鱼点校，中华书局2004年版，第282页。
⑥《论语·里仁》。
⑦《论语·卫灵公》。
⑧《论语·述而》。
⑨《论语·季氏》。
⑩《论语·泰伯》。
⑪《周易·泰》。

调要修道:"天命之谓性,率性之谓道,修道之谓教。"宋明理学家的"理一万殊"思想更是强调了人与万物同理(理便是天道):"万物皆只是一个天理。"① 二程明确说明了借助于不违、通达而使天道、地道、人道相统一。他们讲:"天地所以不已,有长久之道也。人能常于可久之道,则与天地合。"② "天地之道,至顺而已矣。大人先天不违,亦顺理而已矣。"③ "天地人只一道也。才通其一,则余皆通。"④

2. 天人合德。

首先,人类道德来源于天命。孔子承继了周公"以德配天"的治国理念,直接明了地说:"天生德于予。"孟子、董仲舒以及宋明理学家同样把人伦道德溯源到宇宙之天。其次,天、人均有道德。在儒家看来,"天"不仅是自然天,同时它也具有灵性、神圣性,是义理之天、德性之天,因而他们将"天"道德本体化、心性化。实际上,早在西周时期,"天"与"德"就密切相关。陈来指出:"商周世界观的根本区别,是商人对'帝'或'天'的信仰中并无伦理的内容在其中,总体上还不能达到伦理宗教的水平。而在周人的理解中,'天'与'天命'已经有了确定的道德内涵,这种道德内涵是以'敬德'和'保民'为主要特征的。"⑤ 这样,就开启了在道德基础上天与人的合一。据此《周易》明确提出了"与天地合其德",《礼记·礼运》也提出了"天地之德"的范畴。思孟也对德性之天做了一定阐释。宋明理学家更是把"仁性"推及宇宙万物,这从张载的"民胞物与"、程颢的"仁者浑然与物同体"、朱熹的"天便脱模是一个大底(的)人,人便是一个小(的)天""仁是天地之生气"等思想观念中得到了体现。再次,要"以德配天"。周代开创了"以德配天"的天人合德思想传统。孔子从"敬天畏命"出发,把"天"看成一个有意志的人格神,要求人要顺应自然界的规律和变化,按照一定的道德原则(如节制)对待自然万物,提出了"断一树,杀一兽,不以其时,非孝也"⑥。孟子依照"天人

---

① 《二程集·河南程氏遗书》卷第二上,王孝鱼点校,中华书局2004年版,第30页。
② 《二程集·河南程氏粹言》卷第二,王孝鱼点校,中华书局2004年版,第1225页。
③ 《二程集·河南程氏粹言》卷第二,王孝鱼点校,中华书局2004年版,第1225页。
④ 《二程集·河南程氏遗书》卷第十八,王孝鱼点校,中华书局2004年版,第183页。
⑤ 陈来:《古代宗教与伦理——儒家思想的根源》,三联书店1996年版,第168页。
⑥ 《礼记·祭义》。

一本"和"尽性知天"的理路，提出了"仁民爱物"的主张。荀子把道德发散于外物之中，讲"夫义者，内节于人，而外节于万物者也"①。《周易·系辞上》也讲："与天地相似，故不违；知周乎万物，而道济天下，故不过；旁行而不流，乐天知命，故不忧；安土敦乎仁，故能爱。范围天地之化而不过，曲成万物而不遗。"董仲舒的天人感应和天人相副尽管带有神学目的论成分，但从神秘主义角度体现了天人合德的精神，由此他强调人要以自己的作为使万物臻于完善："天生之，地养之，人成之。"② 二程提倡仁者应与万物一体；朱熹则认为"心须兼广大流行底意看，又须兼生意看"。因而主张如同二程所言仁者应具备天地生物之心③；阳明说大人者乃是"以天地万物为一体者也"④。总之，儒家天人合德思想阐明了人应以其仁义之心去善待大自然，去爱护宇宙万物，与天心心相印、情感相通，进而达到天人合一。

3. 天人一体。

传统儒家从道德维度深刻揭示了天人一体的理念。在儒家看来，人来自自然，具有自然属性，是整个大自然系统中的有机成分。《周易》云："夫'大人'者，与天地合其德，与日月合其明，与四时合其序。"《周易》还提出天地人"三才"的思想，将人与天、地相提并论。孟子把"天"加以人格化、神圣化，认为"天之生物也，使之一本"⑤。这已然暗含着人与万物一体的思想。宋代思想家把本体论和伦理价值论加以整合，从泛伦理主义出发，鲜明地张扬了"天人一体"的思想。周敦颐指出："我与天地之同在于皆有生意，在于都具有仁的属性。"张载提出了"民吾同胞，物吾与也"⑥ 的命题，意即人类是我的同胞，天地万物是我的朋友，天与人、万物与人类本质上是一致的。程颢提出了著名的"仁者，浑然与物同体"⑦ 的命题，他用一种很形象的说法来说明这种同体之感，云："医书言手足痿痹为

---

① 《荀子·强国》。
② 董仲舒：《春秋繁露·立元神》，张世亮、钟肇鹏、周桂钿译注，中华书局2012年版，第193页。
③ 黎靖德编：《朱子语类》卷第五十三，王星贤点校，中华书局1994年版，第85页。
④ 吴光等编：《王阳明全集·大学问》，上海古籍出版社2011年版，第968页。
⑤ 《孟子·滕文公上》。
⑥ 《张载集·正蒙·乾称》，章锡琛点校，中华书局1978年版，第62页。
⑦ 《二程集·河南程氏遗书》卷第二上，王孝鱼点校，中华书局2004年版，第16页。

不仁，此言最善名状。仁者，以天地万物为一体，莫非己也。"① 朱熹指出，"天便脱模是一个大底（的）人，人便是一个小底（的）天"②，"一身之中，凡所思虑运动，无非是天"③，这就是说，人是大天系统中的小天，是大宇宙中的小宇宙。可见理学家把天与人看成道德统一体，认为天与人在"仁"的意义上是合一的。王阳明也主张"大人者，以天地万物为一体者也"④，强调人与自然的融合："风、雨、露、雷、日、月、星、辰、禽、兽、草、木、山、川、土、石，与人原只一体。""只为同此一气，故能相通耳。"⑤ 这表明人与天地万物本来就是有生命的整体，血脉相连，痛痒相关，如同头脑、心肺、四肢之间的关系一样。

4. 天人合心。

孟子认为"尽其心者，知其性也。知其性，则知天矣"⑥，主张人可通过"尽心知性知天"的途径，达到"上下与天地同流"的精神境界。虽然这里孟子所认识的天并非单指自然之天，但并不否定在孟子的思想中具有自然之天的意识。实际上，孟子通过很多其他方式表达了自己对自然万物的关爱之情。例如孟子把儒家的差等之爱发展为一种泛爱情怀，将仁心向外推开，提出"亲亲而仁民，仁民而爱物"⑦，表达出对自然万物的关爱之情。正如牟钟鉴所指出的："《礼运》所说，人乃'天地之德，阴阳之交，鬼神之合，五行之秀气'，故而认为人者天地之心，天地本无心，以人为心，人是天地的明觉，天地是人的躯体，所以人要为天地着想，决无以心毁身的道理。"⑧

总之，儒家所讲的"天人合一"既有道德价值层面上的含义，又蕴含着自然层面上的意义。儒家对于人与自然关系系统性的阐释主要体现在前者。从"天人合一"对人与自然关系的认知来看，儒家把天地人看成整体系统，强调天道与人道、自然与人为的息息相通、和谐统一，这成为儒家

---

① 《二程集·河南程氏遗书》卷第二上，王孝鱼点校，中华书局2004年版，第15页。
② 黎靖德编：《朱子语类》卷第六十，王星贤点校，中华书局1994年版，第1426页。
③ 黎靖德编：《朱子语类》卷第九十，王星贤点校，中华书局1994年版，第2292页。
④ 吴光等编：《王阳明全集·大学问》，上海古籍出版社2011年版，第968页。
⑤ 吴光等编：《王阳明全集·传习录下》，上海古籍出版社2011年版，第122页。
⑥ 《孟子·尽心上》。
⑦ 《孟子·尽心上》。
⑧ 牟钟鉴：《儒学价值的新探索》，齐鲁书社2001年版，第47页。

天人关系思想的核心理念。可以说，支持儒家生态伦理的精神主要是一种"天人合一"、与自然和谐的精神①。儒家"天人合一"的整体和谐观强调人与自然关系的和谐，强调人要敬天、畏天、顺天，同时又不否认人的主体能动性，也主张胜天。将人与自然的关系进行辩证地处理，把人的主体能动性与对自然规律的尊重结合起来，把顺天、敬天、爱物同制天、参天、戡天结合起来。

（二）仁民爱物的人文情感

人类自觉地为整个大自然着想，可以起到"天地之心"的作用。人类懂得天地万物为一体的道理，便会有热爱自然的感情，便会在行动上促使各种生命蓬勃发展。因此，从"天人合一"出发，儒家普遍怀有一种热爱大自然的伦理情怀，即"亲亲而仁民，仁民而爱物"②，将爱心由亲情的范围扩大到整个人类社会，然后更进一步贯注于无限广大的自然万物，用爱心将人与万物连为一体。这种爱心在处理人与动物或植物的关系上就会有一种道德意识：动植物也是有生命的，也需要人的保护与爱护，不要让它们受到伤害与破坏。这种对自然界及万物的热爱和关怀，是儒家的一贯传统，也是儒家生态伦理思想的重要内容。

孔子说："知者乐水，仁者乐山。"③ 仁智之人，对自然界的山水充满了爱。孟子将孔子的仁爱之学的对象由人进一步推广到自然界，第一次提出了"仁民而爱物"的主张。"仁民"就是对人民的爱，包含对人的尊重，具有道德尊严上的平等之义。"爱物"则是同情之爱，兼有爱养之义，即爱护、保护、养护等，这是人的责任和义务，其中也包含着对于生命价值的尊重。④ 在孟子看来，推恩不限于他人，也及于动物，因而《孟子·梁惠王上》说："恩足以及禽兽。"

儒家提出"仁民而爱物"的思想，是将人类特有的道德情感贯注于自然万物，要求人们把万物当成自己的同类甚至血肉相连的一部分来爱护⑤，

---

① 何怀宏：《儒家生态伦理思想述略》，载《中国人民大学学报》2000年第2期。
② 《孟子·尽心上》。
③ 《论语·雍也》。
④ 参见蒙培元：《从孟子"仁民爱物说"看儒家生态观》，载《大众日报》1999年8月9日。
⑤ 参见白奚：《仁爱观念与生态伦理》，载《首都师范大学学报》2002年第1期。

这样当生物受到伤害或破坏时，就能引发人类爱护生命的恻隐之心，激起人类强烈的保护生物生存的情感。所以孟子说："君子之于禽兽也，见其生，不忍见其死；闻其声，不忍食其肉。是以君子远庖厨也。"① 句句"不忍"，强烈地表现出了儒家对其他生物的同情和眷顾。在《朱子语类》中，朱熹讲："自家知得万物均气同体，'见生不忍见死，闻声不忍食肉'，非其时不伐一木，不杀一兽，'不杀胎，不妖夭，不覆巢'，此便是和内外之理。"② 明代儒者高攀龙告诫家人："少杀生命，最可养心。……省杀一命，于吾心有无限安处，积此仁心慈念，自有无限妙处。"当人类将怜悯和关怀之情投入到自然界的生命万物中时，便会产生强烈的情感动力去珍爱生物，保护生物。

可见，孔子所说的"知者乐水，仁者乐山"、孟子主张的"仁民爱物"等思想情怀所追求的"上下与天地同流"的境界，表达了对自然界生命意义的崇敬与热爱之情，也是对人与自然"合一"的生命体悟。

（三）有效保护、节制和利用自然的实践理性

怀着"仁民爱物"的情怀，抱着"天人合一"的宇宙精神，儒家自然道德思想一再主张在实践中对自然万物既要合理利用又要有效地进行保护。儒家认为，万物的可爱之处正是在于它对人的可取、可用，但人的取用要有时、有节，"爱物"的内涵就在于取用物的"度"。因此，儒家要求人们在开发利用自然资源时，要顺应生物的繁育生长规律，做到"取之有时""取予有度""用之有节"及"节流开源"。《礼记》提出"致中和，天地位焉，万物育焉"③，指出人必须按照"中和"的原则处理人与自然的关系，以使天地正常运转，万物健康发育，从而强调天、地、人的和谐发展。荀子主张"天有其时，地有其财，人有其治，夫是之谓能参"④，天、地、人各自既有不同的职分，又彼此之间相互影响、相互作用，这样便构成了天、地、人相互联系的生态系统。西汉大儒董仲舒吸收了荀子"天人相参"的

---

① 《孟子·梁惠王上》。
② 黎靖德编：《朱子语类》卷第十五，王星贤点校，中华书局1994年版，第296页。
③ 《礼记·中庸》。
④ 《荀子·天论》。

思想并加以发扬，突显了周易的天、地、人三才之道，强调"天地人，万物之本也，天生之，地养之，人成之"①。他认为，天、地是生命之本源，而人的作用在于使天、地所生养的万物臻于完美，天、地与人是相互感应、相互作用的一个整体。发展到宋代，这种"天地人"整体观更趋于成熟。

分析儒家天人合一的实践理性，大致可以"一分为二"。一方面，要学会节制、节用自然资源。这大致又包含以下三层意思。

一是要做到顺时取物。万物的生长都有时间性，正是鉴于此，儒家强调一定要遵循万物的生长规律，"取物以顺时"。孔子对于谷物瓜果之类，坚持"不时，不食"②，并指出："启蛰不杀，则顺人道，方长不折，则恕仁也。"③ 曾子则提出"树木以时伐焉，禽兽以时杀焉"④，强调要按动、植物的生长规律行事，以维持生态平衡。《中庸》讲如果人"上律天时，下袭水土"，就可以使"万物并育而不相害，道并行而不相悖"。孟子、荀子等进一步对这一思想进行了阐发。孟子认为"不违农时，谷不可胜食也。……斧斤以时入山林，材木不可胜用也"⑤。荀子也说："圣王之制也：草木荣华滋硕之时，则斧斤不入山林，不夭其生，不绝其长也。鼋鼍鱼鳖鳅鳝孕别之时，罔罟毒药不入泽，不夭其生，不绝其长也。"⑥《礼记·月令》在这一思想的基础上，根据自然万物的节律对人们的行为做了具体的规定，主张在万物复苏的春夏之际，禁止人们破坏鸟兽的巢穴，砍伐树木，杀取或伤害鸟卵、虫胎、幼小的鸟兽等有害于自然生长的行为，从而保持生产和生活资料的持续性，维护生态和谐。

二是要做到取予有度。儒家强调人应有节制，限量以取，而不应随心所欲地取用万物。孔子主张："钓而不纲，弋不射宿。"⑦ 即钓鱼时不用网纲打鱼，从而使鱼儿能够繁衍生息；射鸟时不射杀归巢宿窝的鸟，为了能让母鸟归巢使待哺之幼鸟得以喂养。孟子也认为只要"数罟不入洿池"，则

---

① 董仲舒：《春秋繁露·立元神》，张世亮、钟肇鹏、周桂钿译注，中华书局2012年版，第193页。
② 《论语·乡党》。
③ 《孔子家语·弟子行》。
④ 《礼记·祭义》。
⑤ 《孟子·梁惠王上》。
⑥ 《荀子·王制》。
⑦ 《论语·述而》。

"鱼鳖不可胜食也"①。《礼记·王制》中规定"天子不合围，诸侯不掩群"，要求天子、诸侯打猎时不要杀伤过多，以免造成生灵的灭绝。

三是要做到用之有节。儒家一再强调要适度消费、节约自然资源，这是因为自然资源是有限的，并非取之不尽、用之不竭。人不能无限制地向自然索取。鉴于资源有限，孔子认为人类应珍惜万物，节制资源的使用，他说："道千乘之国：敬事而信，节用而爱人，使民以时。"② 孔子主张节约俭朴，认为"奢则不孙，俭则固。与其不孙也，宁固"③。过一种节俭的生活是一种美德，其中也包含了爱惜自然资源的意识。孟子一再倡导节俭，以体恤民众。他说："贤君必恭俭礼下，取于民有制。"④ 荀子清楚地揭示了人与自然和谐相处之道，指出只要人类节用自然，就能足衣足食："今是土之生五谷也，人善治之，则亩数盆，一岁而再获之。然后瓜桃枣李一本数以盆鼓；然后荤菜百蔬以泽量；然后六畜禽兽一而剸车……夫天地之生万物也，固有余，足以食人矣；麻葛茧丝、鸟兽之羽毛齿革也，固有余，足以衣人矣。"⑤ 因此荀子提出"强本而节用，则天不能贫"⑥ 的观点，明确指出在生产的同时要注意节约，只有适度消费，才能保持生产和生活资料源源不竭。在《荀子·富国》中，荀子明确指出要保持自然资源持续发展，就要"谨养其和，节其流，开其源"。荀子用"节流开源"概括出人类应如何与自然相处，表明既要节约用度，不过分消耗自然资源，又要充分发挥人的主观能动作用去改造自然、利用自然，这样就能使"天下有余"，使人们过上富足的生活。

另一方面，要善于保护各种自然资源。儒家"爱物"思想不仅仅表现在对动植物的爱护上，其"取之有时，用之有节"的思想还适用于自然界的各种生态资源，并且在实践上根据其自然规律提出了不同方面的保护措施。

一是对土地资源的利用和保护。在小农经济社会中，土地是人们生存

---

① 《孟子·梁惠王上》。
② 《论语·学而》。
③ 《论语·述而》。
④ 《孟子·滕文公上》。
⑤ 《荀子·富国》。
⑥ 《荀子·天论》。

的重要基础。对于土地的重要性，儒家有着明确的论述，如荀子讲"得地则生，失地则死"[1]、"无土则人不安居"[2] 等。在获得土地的基础上，儒家强调要对土地进行保护，合理利用土地。《礼记·月令》中根据季节的变化，规定了使用土地的时间，提出在土地生产的季节里要尽力发挥它的生产功能，而冬季不适合农作物生长，就应该使土地得到修整，以使其能够持续利用，否则就会造成"地气沮泄"。儒家还反对人们乱垦、乱殖土地。孟子说："善战者服上刑，连诸侯者次之，辟草莱、任土地者次之。"[3] 之所以要坚决禁止和反对"辟草莱""任土地"这种乱垦、乱用土地的行为，是因为它是仅次于"善战""连诸侯"的罪行。这一主张无疑有助于人们保护土地资源。

二是对水资源的利用和保护。水是人类生活中的重要资源，儒家强调要对其合理保护，以为人类永续地利用。《礼记·月令》中根据季节的变化，规定了该如何对水资源进行合理的利用。春季为万物生长的季节，很需要水，但这时往往干旱少雨，于是《礼记·月令》提出在仲春之月"毋竭川泽，毋漉陂池"，不得竭取流水，不得放干蓄好的水。同时要加强对水利设施的维护和管理。《礼记·月令》中要求君主派司空在季春之月在各地巡视，以"修利堤防，道达沟渎，开通道路，毋有障塞"。孟秋之后，为防止秋涝，要"命百官，始收敛。完堤防，谨壅塞，以备水潦"。同时，儒家还主张对水井、沟渠等注意维护，以防出现"井泥不食，旧井无禽"[4] 的情况。

三是对生态资源的立法爱护。儒家倡导对生态资源进行立法爱护，禁止人们随意砍伐树木、捕鱼打猎，以使万物得到休养。溯至唐虞，即有"帝尧命益作虞，使掌山林薮泽之政"的传说。据《逸周书》曰："禹之禁，春三月，山林不登斧，以成草木之长。夏三月，川泽不入网罟，以成鱼鳖之长。"该书虽为战国时拟周代诰誓辞命之作，当有所依据。《礼记·月令》中有更多规定。据此，孟子提出了"斧斤以时入山林"的思想，荀子将这

---

[1]《荀子·天论》。
[2]《荀子·致士》。
[3]《孟子·离娄上》。
[4]《周易·井》。

些归纳为"圣王之制"。

总之，在儒家生态伦理观中，始终是以维护生物的持续发展为前提的，极力反对人类对自然资源的掠夺，强调要遵循自然规律进行有节制的索取，使自然资源的种类和数量处于相对稳定的状态，这样才能收到良好的生态效益，也只有这样，才能使万物"生生不息"，使大自然"并育而不害"，真正达到"天人合一"的境界。

二、儒家自然道德思想的重要意义

儒家自然道德思想是实现人与自然重归和谐的宝贵思想资源，也是对人进行生态道德教育和加强生态文明建设的重要文化支撑。

（一）儒家自然道德思想与生态文明建设

一是"以德配天"的道德化行为不仅可以建立良好的人际关系，也是人与自然和谐相处的重要条件。《周易》中提到"既雨既处，尚德载""既雨既处，德积载也"①，即该下雨的时候就下雨，该停雨的时候就停雨，这是因为人们有高尚的道德。从中我们看到在西周初期人们已经将风调雨顺生态平衡的自然现象与人类自身拥有的高尚道德联系在一起了，已经意识到"天人合德"的重要性。《周易·坤》更是直接指出："坤厚载物，德合无疆，含弘光大，品物咸亨。"可见，儒家十分重视人们的道德修养以达天人和谐。

二是儒家的生态伦理情怀有助于培育人关爱万物的道德情感。孔子在劝诫人们爱护动物时指出："丘闻之也，刳胎杀夭则麒麟不至郊，竭泽涸渔则蛟龙不合阴阳，覆巢毁卵则凤皇不翔。何则？君子讳伤其类也。夫鸟兽之于不义也尚知辟之，而况乎丘哉！"② 动物尚且对同类的不幸遭遇具有悲哀和同情之心，人类就更应该自觉地禁止这种伤害动物的行为，主动地同情和保护生物。荀子也认为："凡生天地之间者，有血气之属必有知，有知

---

① 《周易·小畜》。
② 《史记·孔子世家》。

之属莫不爱其类。今夫大鸟兽则失亡其群匹，越月逾时，则必反铅；过故乡，则必徘徊焉，鸣号焉，踯躅焉，然后能去之也。小者是燕爵，犹有啁焦之顷焉，然后能去之。"① 儒家这种将鸟兽昆虫"拟人化"的道德心理的表述，将强化世人珍爱保护动物的伦理情感。

三是从反面提示人们注意保护生态平衡。孟子批评对自然的破坏，以牛山的森林被毁为例，指出："牛山之木尝美矣，以其郊于大国也，斧斤伐之，可以为美乎？是其日夜之所息，雨露之所润，非无萌蘖之生焉，牛羊又从而牧之，是以若彼濯濯也。"② 这一时人普遍所知的生态破坏的典型事例，虽然旨在说明人对善性进行存养的必要性，但从特定角度上来看，它对实现天人和谐很有警示作用。

（二）儒家自然道德思想与人的生态教育

儒家生态伦理情怀以其丰富、积极的价值内涵，不但在历史上曾一定程度地起到了保护自然和促进社会健康发展的积极作用，在今天生态危机日趋严重的情势下，也能够带来人与自然关系的道德思考，予以生态道德教育很大的启示。

一方面，在生态道德教育中，要确立人们新的生态价值观念，正确认识和把握人与自然的辩证关系。当今的现实生活中，在一种人类中心主义③的观念主导下，人们习惯于认为自己是自然的立法者而凌驾于自然之上，

---

① 《荀子·礼论》。
② 《孟子·告子上》。
③ 对于儒学是否具有人类中心主义的特质，学术界一度展开过激烈的争辩，至今仍未达成一致。有的否认儒学在处理天人关系问题上是一种人类中心主义，认为它只是在肯定"天人合一"的前提下主张"天人分立"。有的人则认为儒学存在人类中心主义的思想特质，这又分为两派。一是为儒学人类中心主义做辩护，认为它高度弘扬了一种把人从神道和兽道中超拔出来的人文主义精神，展现了人的生存能动性、创造性、自觉性等主体精神，因此儒学人类中心主义是值得倡导和弘扬的。一是对儒学人类中心主义进行责难，认为它是导致生态失衡、天人失调、环境破坏等问题的文化根源。我们认为，应从事实和价值两个层面去把握儒学同人类中心主义之间的关系。从事实上说，儒学提出的"人最为天下贵""亲亲而仁民，仁民而爱物"等思想观念，表明它是一种人类中心主义，只不过是弱式的、温和的，也是辩证的，而不是旨在征服自然、宰制万物的强式人类中心主义。从价值上说，儒家"人最为天下贵"观念，不仅符合迄今为止人是世界上最有灵性的动物这一经验事实，也有助于提升人的自信心、自豪感和责任感。至于"仁民爱物"，它既符合人类"施由亲始"、推己及人及物的情感发生逻辑，由近及远的推想和泛爱是人人理良心的自然呈现，反映了人性的真实拓展状态，同时它也有助于确立人对宇宙万物的伦理义务，培养人施爱天地的仁者情怀；即便"仁民爱物"会引发个人随着道德对象的逐步扩展关怀程度会降低，但站在群体乃至全人类角度，社会会把爱物摆到合理位置；何况，儒家提出的"民胞物与""取予有度""开源节流"等生态伦理会矫正弱式人类中心主义带来的流弊。

把征服自然看作是自己最大的成果和乐趣。这导致了人的环境急剧恶化。而在儒家生态伦理情怀中，将人类与自然万物置于同等的地位，看成是和谐统一的整体，并主张人们将自己的道德情感倾注于天地万物，促使人类与自然和谐相处。这启示我们在今天的生态道德教育中，要致力于使人们确立人与自然平等的价值观念，确立人对自然的道德责任，确立可持续发展的理念，以一种仁爱的态度注重生态的整体和谐，以促进人与自然融合，培育"生态人"的人格范型，实现人与自然协调发展。

另一方面，将情感教育引入生态道德教育。儒家提倡的对天地万物的博爱之心符合人类的道德情感，是当前进行生态道德教育的一种有效资源。北宋理学大师程颐曾说："圣人之仁，养物而不伤。"有一次，他见家人买了一大堆小鱼来喂猫，看见小鱼口吐白沫，于是就将小鱼放到书房前的石池子里。看着鱼儿在水中欢快地游玩，他不禁感慨：

> 吾读古圣人书，观古圣人之政禁，数罟不得入洿池，鱼尾不盈尺不中杀，市不得鬻，人不得食。圣人之仁，养物而不伤也如是。物获如是，则吾之乐其生，遂其性，宜何如哉？思是鱼之于是时，宁有是困耶？推是鱼，孰不可见耶？鱼乎！鱼乎！……感吾心之戚戚者，岂止鱼而已乎？①

可见，由内心焕发出来的爱心与怜悯之情，其情感力量是多么令人感怀。在生态道德建设中，对人们进行情感上的教育，激发人们对自然万物的"恻隐之心""悯恤之心"，能够培养人类保护生物的自觉意识，有助于促进人与自然友爱相处。

(三) 儒家自然道德思想与生态环境保护

儒家自然道德思想蕴含的生态实践伦理观对保护生态环境、维护自然生态平衡具有重要作用。它对于建设生态文明，建设资源节约型、环境友好型社会，同样具有重要的启发和借鉴意义。

1. 增强生态意识，切实保护生态平衡系统。

要坚持生态效益优先原则，建设可持续利用的资源保障体系。切实保

---

① 《二程集·河南程氏文集》卷第八，王孝鱼点校，中华书局2004年版，第579页。

护水资源,科学确定各类用水规模和时序,进行水资源的优化配置,提高水资源利用效率,严格控制开采地下水,全面建设节水型社会;通过封山育林、退耕还林、平原绿化等方法,大力保护、培育和发展森林生态体系;改变传统生物资源开发利用方式,以保护生物为重点,发展生态经济,充分利用现代化高科技手段发展绿色农业、环保产业等。一句话,要加快经济增长方式的转变进程和经济结构的调整速度,防止对资源的掠夺性开发,实现科学发展;同时要改变传统的生活方式,崇尚低碳生活,倡导科学文明的饮食文化,遏制乱捕乱食、暴食暴饮等生活恶习。

2. 加快环境法制建设进程,规范人们的环境保护行为。

我国近年制定的环境保护法,吸取了儒家的一些生态伦理思想。如吸取儒家的"取之有时"的思想,规定在育林期"不得滥伐幼树",禁止在幼林地内"砍柴、放牧";在禁渔期,禁止捕捞"怀卵亲体"。再如环保法中规定"对森林实行限额采伐,鼓励植树造林、封山育林,扩大森林覆盖面积";规定"合理使用草原,防止过度放牧";在捕鱼时,"不得使用禁止的渔具、捕捞方法和小于规定的最小网目尺寸的网具进行捕捞","禁止炸鱼、毒鱼";"禁止使用军用武器、毒药、炸药进行捕猎";等等。从这些法律条文中可以看出,儒家"取物不尽物"的中庸原则在今天仍具有强大的生命力。[1] 在今天的环境保护立法过程中,要结合各种资源的生态规律,制定更加人性化、具体化的环保法律法规,加快环境法制建设进程。

3. 加强环境道德建设,促进天人关系和谐发展。

改革开放以来,党中央始终重视道德建设,把道德建设作为社会主义精神文明建设和先进文化建设的重要内容加以强调。在精神文明建设两个决议和党代会政治报告中,都强调了加强社会主义道德建设的重要性,先是提出了社会公德、职业道德和家庭美德,2001年颁布的《公民道德建设实施纲要》对其加以强调,十七大报告又增加了个人品德建设,形成了"四德"建设的完整体系。目前,中国在经济建设、政治建设、文化建设和社会建设之外,又提出了要加强生态文明建设。不过,令人遗憾的是,至今尚未重视环境道德或生态道德问题。早在1996年,我们就曾提出了个人

---

[1] 参见葛荣晋:《试评儒家生态哲学思想及其现代价值》,载《长安大学学报》2002年第1期。

道德、婚姻家庭美德、职业道德、社会公德和环境道德"五德"。[①] 也许是出于人类中心主义的思维定式和价值取向，现今仍有许多人反对人对动植物及其他物种具有伦理义务，把道德限定于人与人之间的范围。我们虽然不完全赞同一些学者倡导的物种中心论或生态中心主义，但基于生态失衡、环境污染等导致人的自然环境（人的环境包括自然环境、社会环境和文化环境）被破坏，基于自然之物是人与人之间、代与代之间关系的中介，基于动植物本身也具有灵性，认为应大力倡导环境道德或生态道德，并期望它们早日成为主流意识话语。如前所述，儒家不仅创设了天人一体、天人合德、天人合心、天人同道等"天人合一"的宇宙论图式，还把自然伦理化，要求人以一种伦理情怀把仁孝之德和恻隐之心外化到宇宙生物特别是动植物上去，提出了仁民爱物、乐山乐水、一体之仁、民胞物与、敬天畏命等生态伦理智慧，同时还构建了天人相参、取物以时、强本节用等生态实践观，这些同当代生态保护主义、生态哲学和可持续发展观相贯通。应该汲取儒家这些旨在促进天人和谐、保护人的生态家园的伦理传统，推动环境道德建设和生态文明建设。

三、 科学继承儒家自然道德思想

今日世界已迈入高科技时代，当代人类所面临的生态环境已经与产生儒家生态环境的古代大不相同，依靠原封不动地继承和弘扬儒家的传统天人之学思想与具体主张，不足以解决当前人类面临的生态环境危机。因此，必须从根本上转变现代人的价值观，充分吸纳现代文明批判理论，同时批判地继承儒家自然道德思想、生态伦理思想，对儒家生态伦理之学进行合理的现代转化。

（一） 批判性地继承

儒家自然道德思想充满着对大自然的关爱和人与自然关系的智慧之思，但是这一思想在现代自然科学和人文知识的背景下，既有其自身优势，也

[①] 参见黄学军主编：《社会主义思想道德文化建设概论》，山东人民出版社1996年版。

存在着历史局限性。这种局限性主要存在于农业文明自身的历史限定性之中。例如，农业文明的经济结构单一、生产力落后、偏重农业，导致对自然的依赖性较强。儒家天人之学以限制人的需求和开发自然的手段来协调人与自然的关系。在工业化、商品经济发达的现代社会中，主体的能动性需要得到了很大的提高，这是与传统农业社会所不同的地方。必须从当代视角出发，对以生态伦理思想为核心的儒家天人之学进行批判性的诠释，继承和发展其中具有普适价值的优秀思想遗产，如仁民爱物、取舍有度、用之有节等，对其进行科学诠释和合理吸收；与此同时，也要剔除其中的神秘主义、直觉主义以及模糊性、朴素性等杂质，实现天人关系意识的更新和视角的变换，以科学地匡正人与自然关系的价值取向。

（二）创造性地转换

不论是先秦孔子的敬天畏命、钓而不纲、不时不食、乐山乐水，孟子的仁民爱物、不违农时，荀子的强本节用、开源节流、外节于物，还是宋明时期张载的民胞物与、程颐的养物不伤，这些自然道德思想和天人之学观念均表达了儒家一贯的仁者情怀和重生爱物的人文精神。它以尊重自然规律、顺应万物之情的实践态度和行为方式，努力追求人与自然共生共存、和谐相处。它确立了人对人与对物同样的环境责任和主体意识，有利于为人的生存和发展创造良好的物质环境。只要充分挖掘儒家天人之学的生态智慧，必定能实现马克思所期望的"自然主义和人本主义的有机统一"的社会理想。"不过，中国古代的天人之学所包含的生态哲学及种种保护生物与环境的见解，都具有朴素的性质，表现出人类童年时期纯真美好的情感，缺乏严格的论证和成熟的体系，在具体内容上无法与近现代生态学的细密严谨相比。可是古代的天人之学，具体到儒家的天人一体论，又具当代西方生态学和生态哲学所缺少的内在优势，主要是重视人与天地万物之间的感情心理因素。可以说，西方近代生态理论和环境保护主义的兴起，在很大程度上是全球性生态危机所造成的震撼和恐惧，而儒家的天人一体之学，主要不是受到自然惩罚的结果，而是建立在本然的情感和深刻的体认之上。"① 可以讲，儒家自然道德之学是在自然经济的社会历史背景下，基于"天人合一"的本体论世界观、以恻隐之心为内核的仁爱情感、受制于自然之物相对匮乏所应有的开源节流的实践理性以及自然之物的生息规律，而发展起来的用以协调人与自然环境之间关系的思想学说。今天要发挥它在保护人生存、发展和享受的物态环境的作用，就要根据当代自然社会状况赋予儒家各种天人合一的观念、命题以新的内涵，把生态伦理与生态法律有机结合起来。同时，要充分发挥儒家自然道德思想在解决人与自然对抗关系中的作用，另一个重要的前提是在对传统儒家自然道德思想进行全面发掘、整理的基础上向西方现代和后现代科学学习，借鉴其系统论、自然科学论等科学方法，将各种中外理论与实践进行融合与会通，以补充传统儒家自然道德思想在理性思维、逻辑论证上的不足，努力促进它从传统形式向现代形式转换。

（三）生态文明理想重构

儒家对追求的生态理想社会进行了描绘："不违农时，谷不可胜食也；数罟不入洿池，鱼鳖不可胜食也；斧斤以时入山林，材木不可胜用也。……五亩之宅，树之以桑，五十者可以衣帛矣；鸡豚狗彘之畜，无失其时，七十者可以食肉矣；百亩之田，勿夺其食，数口之家可以无饥矣。"②在孟子所描述的理想社会中，既强调了人人衣食有着落，文明礼貌，还强调了只有农业生态保护得好，才能够可持续地发展，展现了一幅人与自然和谐相处的生态平衡图景。③ 正是儒家所追求的这种完美的社会理想，为华夏民族自强不息提供了巨大的动力，保证了传统中国社会人与自然相对和谐，推动着中华文明健康发展。可以说，实现社会和谐，建设美好社会，发展生态文明，始终是人类孜孜以求的社会理想，也是包括中国共产党在内的马克思主义政党不懈追求的社会目标。今天我们努力追求的包括和谐社会和小康社会在内的中国梦，人与自然和谐相处正是其中一个重要表征，它要求生产发展、生活富裕和生态良好。

---

① 牟钟鉴：《儒学价值的新探索》，齐鲁书社2001年版，第51页。
②《孟子·梁惠王上》。
③ 参见任俊华：《孟子的生态伦理思想管窥》，载《齐鲁学刊》2003年第4期。

第二章 孟荀人性伦理的多维哲学解读

如何理解孟子的性善论，自古至今一直存在争议。当今学术界就孟子性善论同样展开了激烈论辩。例如在台湾学术界，傅佩荣提出孟子的人性论是向善论而非性善论，并由此引起了孟子的性善到底是性本善还是性向善的争论。赵法生对孟子的性善论做了多维解读，指出它包括性善（善的禀赋与可能）、向善（善的动力与自由）、为善（善的存养与扩充）和致善（善的外推与实现）四个环节①。在荀学日益成为"显学"的时代背景下，许多有识之士对荀子的人性论特别是其性恶论进行了重新思考、重新定位，并展开了广泛的有益论争。例如陈林指出荀子是以"心恶"言"性恶"②；周炽成明确强调荀子为性朴论者而非性恶论者③；林桂榛认为荀子人性论并非持"性恶"论而是以性无善（或不善）驳性善并立性朴论、习伪论④；余开亮提出荀子人性论具有"性朴"与"性恶"双重维度，其性朴与性恶并不矛盾⑤；梁涛指出荀子人性论既主张性恶论又主张心善说，这意味着荀子人性论如同孟子人性论一样也包含性善成分，在某种意义上是性善论和性恶论的统一⑥。应当说这些探讨推进了对孟子、荀子乃至整个儒家人性论的认识，拓展了中国人学（人类哲学）和道德哲学的学术空间。但是，不可否认的是，仍然存在许多歧见甚至混乱，需要进一步加以理清。

---

① 参见赵法生：《孟子性善论的多维解读》，载《孔子研究》2007年第6期。
② 参见陈林：《荀子以"心恶"言"性恶"》，载《中国社会科学报》2013年3月4日。
③ 参见周炽成：《荀韩人性论与社会历史哲学》，中山大学出版社2009年版。
④ 参见林桂榛：《驳为荀子"性恶"曲辩者》，载涂可国、刘廷善主编《荀子思想研究》，齐鲁书社2015年版，第142—150页。
⑤ 参见余开亮：《"性朴"与"性恶"：荀子论人性的双重维度》，载《中国社会科学报》2013年9月16日。
⑥ 参见梁涛：《荀子人性论辨正——论荀子的性恶、心善说》，载《哲学研究》2015年第5期。

人性论是各种人文社会科学的基点，受到中外思想家的普遍重视，而它更是得到以伦理见长的儒学的高度关注。儒家道德哲学往往把人性与伦理、人性与善恶等问题纳入自己的思维框架以为所倡导的道德奠定形而上的基础，从而发展了独有的道德本体论。所谓儒家人性伦理，主要是指儒家对人性系统中道德要素的阐发以及对人性所做出的善恶判定和价值分析的学说。人性善恶问题构成为儒家人性思想的核心和底色，以伦理之善恶来言说人性问题并致力于为各种思想奠基构成了儒家人性论的悠久传统，这不能不说同伦理是儒学的核心密切相关，也体现了儒家的泛伦理主义特点。孟子、荀子前后的儒家大致提出了性善论、性恶论、性无善恶论、性善恶混论以及性可善可恶论，不论是哪种观点——即使是性无善恶论，均是立足于伦理主义去解释人性怎么样的问题，而且贯穿于中国古代人学思想史的始终。本章将立足于儒家人类哲学和道德哲学，把孟子的性善论和荀子的性恶论置于整个儒家人性论大系统框架中，从属性与特质、实然与应然、可能与现实、内在与外在四个方面阐述儒家人性伦理的真义。

一、属性与特质

2000年来学术界之所以围绕儒家人性伦理（主要表现为善恶）争论不休、歧见丛生，我认为，在很大程度上是由于没有分清"属性"与"特质"这两个既相关又不同的概念。所谓人的属性是指人身上所具有和展现出来的基本性质，既包括自然性又包括文化性、社会性，既包括物性、动物性又包括人特有的神性，既包括先天性又包括后成性。任何儒家包括孔子、孟子、荀子所使用的"性"都是指人与生俱来、不事而自然的天性，是指"生之谓性"和"天命之谓性"意义上的先天禀性，千万不能"以今解古"，把现代人所框定的各种人性范畴（如社会性、阶级性等）强加在古典儒家身上，避免误读误解。而人的特质则是指人这个类所特有的本质规定性，它从属于人的属性但又是一种人所特有的属性。"特质"按照现代人的语言习惯，与"类特性""类本质"或"族类本质"可以交替使用。如果引用"属性"与"特质"去观照儒家人性论，不仅可以窥见儒家人性思想的伦理特质，有关儒家人性论的许多问题也可以迎刃而解。

（一）孟子性善论的歧出

荀子以劈孟子为居，强力反对性善论，并针锋相对地提出性恶论与之抗衡。实际上，以孟子为代表的性善论较为突显人的类特性（善性），反对把人性归结为同动物性无异的普遍属性，而强调人异于动物的特殊本质，并把当时习惯所称的人与动物共有的"性"（恶性）归为"命"，排除在人"性"之外；以荀子为代表的性恶论则较为彰显人与动物共有的"性"的自然性能之类普遍性（恶性），但也注意到了人身上所具有的为善的特殊类本质（知性和义性），不过他并没有把这视为真正的人"性"。对此，路德斌也做了深刻阐发，只是他没有运用"属性"与"特质"这两个既相关又相异的概念范式。

孔子并没有明确以善恶言人性，只是提出了"性相近也，习相远也"①的著名论断。这一命题着眼于人的发展角度谈人的天性和习性。他认为，人生来本性差不多，但由于后天修习不同而出现较大区别。至于人性的同异之处为何，孔子没有明言，以致众说不一。有的注家论者从孔子"天生德于予"②，推断孔子所讲的"性相近"应当近于"德"，因而他应主张性善论。③ 不过，儒学史上明确提出"性善论"的第一人是孟子。

1. 性命之辨。

在中国传统经典文化话语体系中，人的自然之性被理解为大致包括两方面的含义：其一是形体本身的特性，也就是人作为一个物质存在的性状，如身材、体重、外貌等；其二是由肉体所产生的各种感性欲望、本能、机能等，如食、色（性）、暖等。告子从自然主义人性论出发，在肯定人性为"生之谓性"的前提下，认为"食色，性也"④，从而把人性归结为人的先天欲望。告子还讲："性，犹杞柳也；义，犹桮棬也。以人性为仁义，犹以杞柳为桮棬。"⑤ 这里，告子把"性"视为同杞柳一样的自然存在物之类的

---

① 《论语·阳货》。
② 《论语·述而》。
③ 汉代包咸注曰："天生德者，谓授我以圣性，德合天地，吉无不利，故曰其如予何？"朱子《论语集注》曰："桓魋欲害孔子，孔子言天既赋我以如是之德，则桓魋其奈我何？言必不能违天害己。"
④ 《孟子·告子上》。
⑤ 《孟子·告子上》。

东西,而明确否认仁义是人性。孟子从性命之辨上立足于人的道德主体性角度去界定人性,认为与其把口味、目色、耳声、鼻臭等之类的欲望称为性,不如称为命。他说:

> 口之于味也,目之于色也,耳之于声也,鼻之于臭也,四肢之于安佚也,性也,有命焉,君子不谓性也。仁之于父子也,义之于君臣也,礼之于宾主也,智之于贤者也,圣人之于天道也,命也,有性焉,君子不谓命也。①

由此可见,孟子仍然依照通常做法而把人的各种自然欲望归之于"性",但他却认为这些自然性能,与其说是人性毋宁说是"命"。孟子一般不否认"生之谓性"和"天命之性"的说法,但在内容所指上做了不同于时人的独特解释,立足于"生之谓性"和"天命之性"的视角(他的天命论思想遗传使之无法完全摆脱"天命之性"的纠缠)把"道德性"规定为人的"类特性",从而在思想主旨上脱离了当时流行的用"生之谓性"界定人性的正统(自然人性论),为他的性善论(伦理人性论)奠定了理论前提。我虽然不赞成傅斯年《性命古训辨证》所言"荀子之论学,虽与孟子相违……而实为孔子之正传,盖孟子别走新路,荀子又返其本源也"②、"在人论上,遵孔子之道路以演进者,是荀卿而非孟子"③,认为孟子、荀子各自分别从仁义、内圣和礼义、外王方面继承和发展了孔子人学,因而均为孔子之正传,孟子性善论尽管偏离了当时"生性"的正轨,但在某种意义上甚至可以说更接近孔子人性伦理思想。

2. 内外之辨。

孟子之所以把人的肉体机能或自然需要之性排除在人性系统之外而将仁、义、礼、智、圣等德性看成人性,就在于他认为前者是外在的、后者则是内在的。他说:

> 求则得之,舍则失之,是求有益于得也,求在我者也。求之有道,得之有命,是求无益于得也,求在外者也。④

---

① 《孟子·尽心下》。
② 傅斯年:《傅斯年全集》第二卷,湖南教育出版社2003年版,第618页。
③ 傅斯年:《傅斯年全集》第二卷,湖南教育出版社2003年版,第640页。
④ 《孟子·尽心上》。

在孟子这里，那些努力寻求却得不到的东西包括来自天的意志的各种自然性能——它们用现代心理学术语来讲是一种自然本能，属于由天所决定的外在他律，不能由人自己选择、自己做主，用孟子的话来说就是"莫之致而至者"的"命"①，而真正的"性"应内在于个体的生命本质，由主体自己做主，因而与其说它们是人性，毋宁说是"命"。虽然孟子承认"命也""天命"，但他同康德一样更为强调"正命""立命"，强调人的主体性及类特性，注重把外在天命转换成内在的道德自律。孟子认为仁、义、礼、智、圣等道德品格尽管是由天赋予人的，尽管由天命定，但却是人内在的。他反对告子的"仁内义外"说而主张"仁义内在"说②，同时强调仁、义、礼、智都是人所天生固有的："仁义礼智，非由外铄我也，我固有之也。"③正是由于仁、义、礼、智为人所内在固有而由人自己做主，因而孟子认定它们本质上才是人的真正特性。

3. 人禽之辨。

孟子反对告子把人的自然机能说成人性另一个重要理由在于它们无法将人性同动物性区分开来，为此他依五点进行人禽之辨。一是圣凡同类。孟子说："故凡同类者，举相似也，何独至于人而疑之？圣人与我同类者。……故曰：口之于味也，有同耆焉；耳之于声也，有同听焉；目之于色也，有同美焉。至于心，独无所同然乎？心之所同然者何也？谓理也，义也。圣人先得我心之所同然耳。故理义之悦我心，犹刍豢之悦我口。"④孟子首先肯定凡是同类都有相似性，人也一样；然后指出圣人与凡人是同类，必然具有相同性；最后指明圣凡既有共同的自然需要又有对理义的共同追求，即人既有物质需要又有精神需要。在此孟子并没有完全立足于人与动物的同异关系来谈人性问题，而是重点强调人这个类的普遍性，但是他特别言明任何人都有对理义的本能性精神追求，就为他突显人禽之别的道德人性论理下了伏笔。二是人有特质。孟子对人性的理解建立在对告子批判的基础上，他认为如果像告子一样把"性"规定为"生之谓性"，那么

---

① 《孟子·万章上》。
② 参见《孟子·告子上》。
③ 《孟子·告子上》。
④ 《孟子·告子上》。

就会无法区别白羽之白、白雪之白和白玉之白，进而混淆了犬性、牛性和人性①。这里孟子明确否定了从"生之谓性"的角度去把握人性。三是人有"四心"。孟子在用见孺子入井救人事例论证人皆有不忍人之心后指出："由是观之，无恻隐之心，非人也；无羞恶之心，非人也；无辞让之心，非人也；无是非之心，非人也。恻隐之心，仁之端也；羞恶之心，义之端也；辞让之心，礼之端也；是非之心，智之端也。人之有是四端也，犹其有四体也。"② 把异于动物的、特有的本质规定性归结为人的"四心"。四是由仁义行。"人之所以异于禽兽者几希，庶民去之，君子存之。舜明于庶物，察于人伦，由仁义行，非行仁义也。"③ 孟子的话表明，人区别于禽兽的地方本不多，而仁义正是人的特性所在。五是教以人伦。孟子说："人之有道也，饱食、暖衣、逸居而无教，则近于禽兽。圣人有忧之，使契为司徒，教以人伦：父子有亲，君臣有义，夫妇有别，长幼有序，朋友有信。"④ 人如果只是追求安逸的生活而缺乏教化，那就与动物没有两样；而要实现人道，做一个真正的人，就必须施以"五伦"教育。孟子重视人伦德化，旨在把人从动物界提升出来。不难看出，前面两点说明人拥有不同于动物、为所有人所具有的普遍类特质，后面三点合而言之就是只有人伦道德才是人区别于动物的本质规定性。

张岱年指出，孟子所谓的性，是专指人之所以为人、异于禽兽的类特性。⑤ 然而我想要指出的是，孟子的道德人性论存在诸多不足。其一，否定共性。孟子突出了世间事物的特殊性而否定了普遍性，殊不知，宇宙万物包括人和动物之间固然存在各种各样的差异，但未尝不存在同一性（共性），人来源于动物且高于动物但永远不可能摆脱动物性，他驳斥告子"生之谓性"说即便不是像李亚彬所批评的那样是一种诡辩术⑥，至少也是出于一种"傲慢与偏见"。其二，忽视动物伦理的存在。同大部分儒家一样，孟子忽视了在动物界也存在一定的自我牺牲、互帮互助等伦理行为，殊不知

---

① 参见《孟子·告子上》。
② 《孟子·公孙丑上》。
③ 《孟子·离娄下》。
④ 《孟子·滕文公上》。
⑤ 参见张岱年：《中国哲学大纲》，中国社会科学出版社1982年版，第184—185页。
⑥ 参见李亚彬：《道德哲学之维——孟子和荀子人性论比较研究》，人民出版社2007年版，第31页。

它们是进化为人类道德的发生学前提。其三，结论不完全。孟子通过孺子入井救人事例论证人先天具有非功利的道德直觉或本能，在理论上这一借助于归纳法得出的结论并不周延，缺乏强有力的说服力。如果说近现代哲学、伦理学、心理学和人类学证明人天生赋有某种羞恶之心、恻隐之心的话，那么，断言人生来就具有辞让之心、是非之心就缺乏令人信服的证据。其四，思想上难以自洽。孟子一方面肯定人性的先天性，也说明"形色"是人普遍的天然特性，只有圣人才能通过外形来加以体现——"形色，天性也；惟圣人，然后可以践形"[①]。另一方面又把人的自然性能割截在人性之外，这使得他的人性论难以自圆其说。

（二）荀子性恶论的正统

倘若说以孟子为代表的儒家性善论更为突显人的族类本质的话，那么以荀子为代表的性恶论者则强调人同动物共通的自然本性。但是我们不能由此得出结论说荀子与孟子的人性论是两套话语体系，都是各说各话。实际上，孟子的性善论与荀子的性恶论同中有异、异中有同。

1. 性有四维。

路德斌认为，荀子所讲的性的内涵包括两种规定性：一是"生之所以然"，它是"从存有、本质的意义上讲的，是说'性'是与生俱有的，是不待人为而有的"[②]；二是"不事而自然"，它是"从发用、经验的层面上说的，是说'性'与外物交接，感物而动，自然而然，是不待思虑而成的"[③]。如此理解荀子对性的内涵的规定性无疑是对的，但却是不够的，它并没有反映荀子有关性的内涵的全部规定性。实际上，荀子对"性"的内涵规定至少有四个方面。一是就其来源来说，荀子指出"生之所以然者谓之性"[④]、"凡性者，天之就也"[⑤]。显而易见，荀子把"性"当成人与生俱有的原始质朴的天然之性（生性）。二是就其内容来说，同告子和孟子一样，荀子阐述了"性"是人生来就具有的自然性能。在他看来，人不仅具有先天的感

[①]《孟子·尽心上》。
[②] 路德斌：《荀子与儒家哲学》，齐鲁书社2010年版，第138—139页。
[③] 路德斌：《荀子与儒家哲学》，齐鲁书社2010年版，第139页。
[④]《荀子·正名》。
[⑤]《荀子·性恶》。

官机能——"今人之性，目可以见，耳可以听；夫可以见之明不离目，可以听之聪不离耳"①。同时还具有先验的自然欲求——"饥而欲食，寒而欲暖，劳而欲息，好利而恶害，是人之所生而有也，是无待而然者也"②。三是从人性特点角度指明了人性乃是人先天固有的、未经人为的纯粹自然之性："不事而自然谓之性。"③ "不可学，不可事，而在人者，谓之性。"④ "性"乃是人的一种自在自为的本然状态，而不是人工产物。这种"性"只是来自人先天的自然禀赋。四是从人性作用角度揭橥人性是人先天赋予的自然材质，如"性者，本始材朴也；伪者，文理隆盛也。无性则伪之无所加，无伪则性不能自美"⑤。在此，荀子把"性"规定为人后天社会实践及社会教化的原初基础。

由上可见，荀子所说的"性"是指人基于其自然生命之上之种种生理及心理的本能和欲望，它恰恰是指人与禽兽之共通属性，确实相当于孟子所讲的"命"，也就是牟宗三先生在《荀学大略》中讲的"人之动物性"。⑥ 荀子之"性"与孟子之"性"既有异又有同，异的是孟子讲道德特性，荀子讲自然通性；同的是荀子如同孟子一样，其"性"的本义也主要是在"生之谓性"和"天命之性"意义上指向人的各种与动物近似的共同本性。

2. 人之所贵。

正如持荀子"性善恶混论"者所指明的，荀子人性论有时也肯定了人的精神本性和伦理特性。在《儒家道德哲学视域下的荀子道德本体论——荀子道德哲学研究之一》一文中，我曾经指出，荀子的道德本体论在宣扬"性恶善伪"、注重注错习俗的同时也在一定程度上确认人性之中包含某些道德特质，并且着眼于人兽之间的差异性角度从四个方面阐述了人具有先天道德特性，即强调人具有善质、认为人具有辨别事物差异性的理智能力、提出人有知有义和著名的"明分使群"观点。⑦ 其实，荀子对人的特性的揭

---

① 《荀子·性恶》。
② 《荀子·荣辱》。
③ 《荀子·正名》。
④ 《荀子·性恶》。
⑤ 《荀子·礼论》。
⑥ 参见路德斌：《荀子与儒家哲学》，齐鲁书社2010年版，第139页。
⑦ 参见涂可国：《儒家道德哲学视域下的荀子道德本体论——荀子道德哲学研究之一》，载涂可国、刘廷善主编《荀子思想研究》，齐鲁书社2015年版，第80—82页。

示可以归结为两点：德性和知性。就德性而言，荀子主要讲的也是"隆礼义"：一是人而有礼。荀子认为人异于禽兽之处在于"人之所以为人者，非特以二足而无毛也，以其有辨也。……夫禽兽有父子而无父子之亲，有牝牡而无男女之别。故人道莫不有辨。辨莫大于分，分莫大于礼"①。二是人而有义。荀子断言人有知有义："水火有气而无生，草木有生而无知，禽兽有知而无义，人有气、有生、有知，亦且有义，故最为天下贵也。"② 就知性而言，荀子在"生性"意义上肯定了人有"知性"。他说："凡以知，人之性也；可以知，物之理也。以可以知人之性，求可以知物之理，而无所疑止之，则没世穷年不能无也。"③ 这里荀子从"可知论"的角度确认人具有认识事物之理的能力。荀子也从先验主义出发承认人天生具有认知能力："心生而有知"④ 及"人生而有知"⑤。

到底如何评价荀子所提出来的人后天和先天所有的德性、知性呢？究竟能不能据此断定荀子是一个"性善恶混论"者呢？我认为不能因此贸然说荀子主张"性有善有恶"。第一，荀子以"性恶善伪"为基本内容的人性论，批评孟子颠倒了性与伪，指责孟子把仁、义、礼、智这些人为因素当成了"性"，如此荀子不会将德性和知性看作"性"，否则就会导致他思想混乱或自相矛盾。第二，荀子诚然肯定了人具有认知的本性和能力，具有知善、体德的资质，但是"知"毕竟不是"善"，只是为人致善、行善提供主观认识条件，况且，荀子并没有把"知"当作人所特有的属性，他讲"禽兽有知而无义"，站在现代人的立场看，这意味着荀子心目中的"知"不仅指为人所独有的理智能力，也指为人和动物所共有的感知能力。第三，荀子固然肯定了人兽之间存在差异，认为人之所以为人者，就在于"以其有辨"⑥，就在于"人有气、有生、有知，亦且有义"⑦，就在于人能群能

---

① 《荀子·非相》。
② 《荀子·王制》。
③ 《荀子·解蔽》。
④ 《荀子·解蔽》。
⑤ 《荀子·解蔽》。
⑥ 《荀子·非相》。
⑦ 《荀子·王制》。

分①，李泽厚也指出，荀子突出强调了群体规范秩序作为人的族类本质的意义②，从而表明荀子把知识、道德视为人的本质特性，借此明于天人之分，彰显了"人之所以为人"的类本质，肯定了人作为知识主体和道德主体的价值与地位，在彰显人的伦理本质上同孟子实为"殊途同归"，但是通读《荀子》全书，似乎看不出荀子把礼、义、知、群、辨、分等归结为人性，荀子从未把为人独有的德性视为"生之谓性"和"天命之性"意义上的、如同自然性能一般的、人生来就有的天性，而是看成由圣王礼义教化而后天生成的人文性族类本质。可见，孟子的性善论与荀子的性恶论在对"性"的内涵的理解和规定上是根本对立、泾渭分明的。

3. 固无礼义。

更为重要的是，针对孟子的"四端说"和"四德说"，荀子明确地提出"性恶善伪说"，指出人性为恶、固无礼义，从严格意义上否定"性"之中有善的因素。他说：

> 凡人之欲为善者，为性恶也。夫薄愿厚，恶愿美，狭愿广，贫愿富，贱愿贵，苟无之中者，必求于外。故富而不愿财，贵而不愿势，苟有之中者，必不及于外。用此观之，人之欲为善者，为性恶也。今人之性，固无礼义，故强学而求有之也；性不知礼义，故思虑而求知之也。然则性而已，则人无礼义，不知礼义。人无礼义则乱，不知礼义则悖。然则性而已，则悖乱在己。用此观之，人之性恶明矣，其善者伪也。③

这里，荀子的论证逻辑是，人之所以要去求善、为善，是因为人内在无善、人性为恶；正是由于人性为恶所以人内在无礼义也不知礼义，而这必然带来悖乱，于是人才去学习和思虑外在的礼义，以达到善、求取善。众所周知，荀子"隆礼义"、把礼义看作是伦理之善最为重要的内容，他强调人和人性无礼义、不知礼义就意味着他否定了人性之中有善的因素，从而进一步表明荀子虽然认为有礼有义是人区别于动物的类本质却不是人的类特性。

---

① 参见《荀子·王制》。
② 参见李泽厚：《中国古代思想史论》，天津社会科学院2004年版。
③ 《荀子·性恶》。

(三) 后儒人性论的融合

虽然唐宋以来扬孟抑荀之风盛行，二程甚至认为"只一句'性恶'，大本已失"①，朱熹教弟子"不须理会荀卿，且理会孟子性善"②。不过，孟子、荀子之后的儒家真正单纯标举"性善论"或"性恶论"的甚为少见，倒是主张"性善恶混论"的人占据主流——即便秦汉以后分别占主导地位的儒家人性三品说和人性二元论也可以归于"性善恶混论"。纵观历代性善恶混论，可以看出它们一般立足于人禽之辨维度展现了人性的伦理特质，既从人的特殊规定性去讨论人性善恶问题，也从人同动物共有的性质角度论述人性的伦理特性。

董仲舒一方面承继了孟子的性善论，认为人性具有仁义特质，指出："天之为人性命，使行仁义而羞可耻，非若鸟兽然，苟为生，苟为利而已。"③ 天赋予人以性命，使之行仁义，而区别于鸟兽之类的动物。另一方面董仲舒认为人的情欲为恶。在他看来，性情为一，情亦性，性由气而成，性为阳、为善，情为阴、为恶，而情为欲，故为恶；不论是圣人之性、中民之性，抑或是斗筲之性，均包含有情欲，只是在多少上有所不同。同荀子一样，董仲舒既强调性情为一又认定性情不同，同时与荀子有所差异的是他认为性为阳、为善，情为阴、为恶。不过，董仲舒把情与欲相等同且认为二者为恶，由于荀子所讲的"性"正是各种自然情与欲，因此可以说董仲舒的人性论糅合了荀子的性恶论。进一步说人的情欲有许多与动物相同，这表明董仲舒承认了人性与动物性是一致的。虽然董仲舒之后的荀悦、韩愈、李翱等汉唐儒家缺乏人兽之分辨的理论自觉和追溯善恶之性来源的形上学之思，但他们在承继董氏性三品说的基础上如同孟子一般将仁义道德规定为人性，也像荀子一样把好恶或喜、怒、哀、惧、爱、恶、欲视为情、视为恶，既突显了人性的仁义道德特质，又注意到了人与动物共同的自然性。

宋明时期思想家有的认同孟子的性善论和荀子的性恶论，有的反对孟

---

① 《二程集·河南程氏遗书》卷第十九，王孝鱼点校，中华书局2004年版，第262页。
② 黎靖德编：《朱子语类》卷第一百三十七，王星贤点校，中华书局1994年版，第3254页。
③ 董仲舒：《春秋繁露·竹林》，张世亮、钟肇鹏、周桂钿译注，中华书局2012年版，第62页。

子的性善论和荀子的性恶论而赞同扬雄的人性善恶混论，除少数人主张"性无善无恶论"外，本质上大多数是持"性善恶混论"或"性有善有恶论"，因而既阐发了人的独特性又注意到了人与动物的同一性。司马光标举孟子的性善论，指出人性的重要特质就在于人有仁、义、礼等不可损益的"天性自然"①、"阙一则不成人"，突出了人性伦理特质的人文意蕴。作为人性二元论的开创者，张载所讲的"性"是"合两"的"极总"之称，不仅指人性，也包括物性，例如他说："天下凡谓之性者，如言金性刚、火性热、牛之性、马之性也，莫非固有。"② 从"性与天道合一"出发，一方面，张载认为人具有"天地之性"，它体现天理，因而是至善的；另一方面，他也肯定了人具有"耳目口腹之欲"等气质之性。二程的人性二元论吸收了孟子的性善论而把仁、义、礼、智、信置入天命之性中，且将五常之性作为区分人兽的标准，同时又借鉴了气本论的思想而提出人的气质之性有善有恶。朱熹在将张载和二程人性二元论加以系统化的同时，又着力阐明了人性与物性的同与异。他指出，人与物"同得天地之理以为性，同得天地之气以为形"③。而由于气禀不同导致人性和物性的差异："其不同者，独人于其间得形气之正，而能有以全其性，为少异耳。"④ "凡人之能言语动作，思虑营为，皆气也，而理存焉。故发而为孝弟忠信仁义礼智，皆理也。然而二气五行，交感万变，故人物之生，有精粗之不同。……惟人得其正，故是理通而无所塞；物得其偏，故是理塞而无所知。……物之间有知者，不过只通得一路，如鸟之知孝，獭之知祭，犬但能守御，牛但能耕而已。人则无不知，无不能。人所以与物异者，所争者此耳。"⑤ 这里，朱熹既从禀气之偏正、是否"全其性"（人全知全能）分析人与物（包括动物）的先天差异，还从人具备孝悌忠信、仁义礼智等多种伦理品性的维度把人从万物中提升出来，从而展现出人的伦理主体性。

---

① 《法言注・问道》。
② 《张载集・拾遗・性理拾遗》，章锡琛点校，中华书局1978年版，第374页。
③ 朱熹：《四书章句集注・孟子集注》，中华书局2011年版，第275页。
④ 朱熹：《四书章句集注・孟子集注》，中华书局2011年版，第275页。
⑤ 黎靖德编：《朱子语类》卷第四，王星贤点校，中华书局1994年版，第65—66页。

二、 实然与应然

缪文海认为，孔子的人性观有实然性与应然性二分思想，但并没有将两者严格区分，孟子的性善说侧重人的应然性，荀子的性恶说侧重人的实然性；从实然性与应然性辩证关系来看孟子、荀子的人性论，可知二者乃是从不同的层面谈人性的，但都相信人性的"迁善"，其目的也是相同的。① 在我看来，孟子的性善说和荀子的性恶说侧重点固然有所不同，但都体现了实然性与应然性的统一。

（一）人无有不善

以现代新儒家第二代标志性人物牟宗三为代表的一些学者断言孟子所讲的性善并不是人性的本然状态，不是实然的事实，而是应然的价值理想。牟宗三虽然肯定人性兼具神性和物性，是由实然（或事实之本性）和应然（或道德之本性）两方面共同组成的，如他说："性有两方面：一是实然之性……一是自道德创造之真己之性。"② 但他明确指认孟子所言之"性"不是实然之性而是应然之性：

> "生之谓性"所呈之性本就是实然之性，而不是道德创造之应然之性……但孟子心目中所想之性却正是道德创造之应然之性。③

牟宗三还更进一步从判教的立场出发，认定只有自理或德而言的性，才是超越的理想主义当然之性，才是正宗儒家所特有的人性论，才是具有积极面的人性思想；反之，自生而言的性是一种出于实在论态度的实然之性，是后世儒家所讲的气性、才性、气质之性，是非正宗儒家所特有的、具有消极面的人性论。④

且不说牟宗三把孟子等儒家所言说的"性"从"生之谓性"和"天命之谓性"的人性系统中剥离出来并不符合事实，是错误的，即便是孟子所

---

① 参见缪文海：《儒家人性观的实然性与应然性思考》，载《长春市委党校学报》2009年第2期。
② 牟宗三：《心体与性体》（中册），上海古籍出版社1999年版，第131页。
③ 牟宗三：《心体与性体》（中册），上海古籍出版社1999年版，第131页。
④ 参见牟宗三：《心体与性体》（上册），上海古籍出版社1999年版，第185页。

言的道德之性，即便是他说的性善，也包含着丰富的意蕴，具有多种可能性解释空间，既包含人性实然善、本然善的含义，也蕴含人性向善、为善的应然内涵。赵法生认为孟子所说的"性善"既指本善、向善，也指可善、成善、为善。这一解读应当说是中肯、恰切的。

我认为，孟子所言的道德之性或性善，不仅为体现道德价值理想和创造的应然之性，也包含客观事实的实然之性，是实然之性和应然之性的统一。其理由如下：

一是从性善论创建的目的来看，孟子之所以言性善、道性善，大力倡导人性善思想，突出人高于动物的道德潜能和特质，是为了以此提高人的道德自信心，激发人发挥伦理主动性、创造性和自觉性。如果他把性善仅仅看成一种应当追求的道德理想而不是人性客观呈现出来的状态，就难以激励人挖掘和存养自己身上所固有的人性良好资源。

二是从思维方式来看，儒家往往实然与应然、事实与价值不分。本来，孝悌忠信、仁义礼智这类道德品性属于应当追求的道德价值，但在儒家哲学中，往往将实然与应然、事实与价值混在一起，不加细分，这种模糊化的道德致思模式在孟子的性善论中也有体现。孟子把性善应然化，从"性是"推出"性应当"，故此他所说的"性善"包括向善、可善、成善、为善多个向度；反过来，孟子把"性应然善"实然化，认定人固有善的属性。从逻辑上讲，应然与实然、应当与否、价值与事实存在差异，但也具有内在关联，孟子的性善不可能仅仅指一种理想，它同样是一种人性事实的认定。

三是从思想的着力点来看，人性与人性之性本来分属于两个不同层次，前者是讲人怎么样，后者是讲人性怎么样。牟宗三认为孟子心目中所想之性是道德创造之应然之性，显然是立足于人应当具备什么样的、理想化的性来解读孟子的性善论。虽然孟子本人并没有严格区分人性与人性之性，在他看来人善即人性善，人善可以证明人性善，因此《孟子·滕文公上》才讲"孟子道性善，言必称尧舜"。但是孟子终究立足于人怎么样同告子辩论人性有无善恶抑或无善无恶问题。[①] 基于此，孟子明确断定人性具有实存

[①] 孟子的学生公都子向孟子提出"今日'性善'，然则彼皆非与"（《孟子·告子上》）问题。

的善、实有的善。①

四是从人性的内容来说，孟子明确指明人具有"良知""良能"②，表明他认为人性实际上就是善的；而他所说的"性"是人异于禽兽的类本质，而这些人性内容正是人先天固有的"四端"和由此生发的"四德"。他说："人之有是四端也，犹其有四体也。"③ "仁义礼智根于心"，把"四端"当成"我固有之"的四体，正表明孟子把体现善的道德当成人实际具有的本然属性。即使孟子把"四心"同"四德"区分开来，认为前者仅仅是后者的端始、根源，"四心"不过是"四德"的善根，可是由善端、善根所构成的人性系统也是实然存在的，它同样彰显了人性本身即是善的。另外孟子把顺应、开发人的才情当成人为善的本然基础，说明他认定人性本身是纯善的，而恶（不善）并非才质的过错。

五是从人的本性来说，孟子在同告子争辩时曾提出"人无有不善，水无有不下"④。这至少包含两层意思：所有人有无不善的普遍性和凡人必定善的必然性。无疑，人性实然善与人性必然善、普遍善所指并不同，前者是陈述人性的本有状态，后者是讲明人性的发展趋势和拓展空间，可是这两方面又是完全一致的，人性必然善、普遍善实际上包含人性实然善。孟子肯定"人无有不善"，把人善看成一种必然的、带规律性的本质，把人性善视为人的普遍规定性，逻辑上必定包括肯定人性是实然善的。

（二）人之性恶明

同孟子性善论从人性善推衍出人应行善致善养德不同，荀子性恶论则是从人性恶出发要求人应"化性起伪"，去恶致善。尽管出发点不同，在追求道德理想和道德秩序上孟子、荀子却"殊途同归"，都要求人和人性迁

---

① 由董仲舒首创，王充、荀悦、韩愈等人加以发展，宋明部分思想家加以继承的性三品说，依据孔子"唯上智与下愚不移""中人以上，可以语上；中人之下，不可以语上"等思想，根据人性的不同，把人性分为上、中、下三等，提出了不教自善的"圣人之性"、可以为善可以为恶的"中民之性"和教之而不能为善的"斗筲之性"。王充则根据气一元论，认为人由于所禀元气多少不同，因而"性有贤愚"，他说："余固以孟轲言人性善者，中人以上者也；孙卿言人性恶者，中人以下者也；扬雄言人性善恶混者，中人也。"（《论衡·本性篇》）把人性和人性之性做了区别，这是对孟子人性论的很大推进。
② 《孟子·尽心上》。
③ 《孟子·公孙丑上》。
④ 《孟子·告子上》。

善、向善、致善和行善。正因如此，所有学者都会赞同荀子所言的性恶不是指应然恶。至于荀子所讲的性恶到底是不是性本恶、实然恶，学术界历来争议不断。按照缪文海的说法，孟子的性善说侧重人的应然性而荀子的性恶说侧重人的实然性，由此可以推论出他认为荀子之性恶乃是实然之性恶。牟宗三继承了思孟学派的心性儒学传统而"扬孟抑荀"，认为自生而言的性是一种出于实在论态度的实然之性，是后世儒家所讲的气性、才性、气质之性，是非正宗儒家所特有的、具有消极面的人性论。鉴于如前所述荀子正是自"生之谓性"和"天命之谓性"而言性，于是荀子所言的性恶之性对于牟宗三来说就是实然之性。然而对荀子"性恶"的原义路德斌有着相反的解释。他认为，荀子的善恶观念不是从主体的先天道德根据处立言，而是落实在一个外在、客观的标准之上，即落实在能够使人类社会趋于"正理平治"的"群居和一"之道——礼义法度上，因而，他所言说的"人之性恶"，并非谓人的本性（人之所以为人）是恶的[①]。由此可以得知路德斌否认荀子所说的"人之性恶"是实然之性恶。

毋庸置疑，作为杂家化的儒家，崇仁厉义、成圣成贤这类道德理想价值也是荀子所极力追求的，可是，假如说人有生、有知、有义以及能群、能分、能辨为人达至伦理之善奠定了某种形而上根基的话，那么从人性恶要推出人应善、可善却是颇费思量的"休谟难题"（如何从"是"推出"应当"），这或许正是二程断言荀子性恶论"极偏致""大本已失"，朱子说荀子"看人不破"、劝人"不须理会荀卿，且理会孟子性善"的缘由。在这里，我们务必厘清荀子的性恶论在实然与应然、事实与价值框架下所讲的性恶到底是不是性本恶、实然恶。我认为，荀子所谓人性善恶的评价标准和实现条件确实关系到社会秩序层面——这一点下面将详谈，而且，荀子性恶的宗旨并不是要确立人的族类本质，但是，他所强调的性恶却是人性的本然状态和实然事实。

1. 从人性发展的趋势维度说明了人性实恶。

下面我将要阐明荀子所说的性恶并非本然之恶，不是现实之恶，而是指人性会向恶、致恶。之所以还要讲荀子所说的性恶是指实然之恶，就在

[①] 参见路德斌：《荀子与儒家哲学》，齐鲁书社2010年版，第145页。

于荀子作为一个经验主义者和实在主义者,决定着他把人性趋向恶看成人性固有的客观事实存在。他说:

> 今人之性,生而有好利焉,顺是,故争夺生而辞让亡焉;生而有疾恶焉,顺是,故残贼生而忠信亡焉;生而有耳目之欲、有好声色焉,顺是,故淫乱生而礼义文理亡焉。然则从人之性,顺人之情,必出于争夺,合于犯分乱理,而归于暴。故必将有师法之化、礼义之道,然后出于辞让,合于文理,而归于治。用此观之,人之性恶明矣,其善者伪也。①

这段话意思是说,人生来就具有好利、疾恶、耳目之欲、好声色等特性,如果只是一味顺应乃至放纵而不加约束教化,它们必然导致争夺、残贼、淫乱等丑恶现象产生,破坏乃至消解辞让、忠信、礼义、文理等社会道德。与孟子把人性规定为道德性不同,荀子将人性限定为人的各种自然欲望或自然需要,把"欲"作为人性的重要内容加以确认:"今人之性,饥而欲饱,寒而欲暖,劳而欲休,此人之情性也。"② 它们因其具有利己性、冲动性和不满足性容易导向恶。本来,人性恶属于价值判断,可当代价值学证明世界上有一种价值事实存在,与孟子相同,荀子也是事实与价值、是与应当不分,他正是把人性趋向恶当作人性本有的实然事实存在状态加以肯定。

2. 从看待和对待人性善恶的态度上确认了人性实然恶。

孟子虽然并未明言人的自然本能与欲望是恶的,但他认为这些是外在必然的"命"而非人性,只有仁、义、礼才是性。与之相反,在人与动物共同性的意义上(非人之所以为人)荀子明确强调孟子的"性善"是"不然",把孟子称为善性的东西视为"伪",而由各种自然本能欲望所组成的人性则是恶的。这是孟荀人性论的相异之处。然而孟荀人性论在如何看待和对待人性善恶的态度上又有两点相同之处。第一点是"顺"。在与告子论辩的过程中,孟子提出了人性应当"顺"的观点:

> 告子曰:"性,犹杞柳也;义,犹桮棬也。以人性为仁义,犹以杞

---

① 《荀子·性恶》。
② 《荀子·性恶》。

柳为桮棬。"孟子曰："子能顺杞柳之性而以为桮棬乎？将戕贼杞柳而后以为桮棬也？如将戕贼杞柳而以为桮棬，则亦将戕贼人以为仁义与？率天下之人而祸仁义者，必子之言夫！"①

针对告子把人性比喻为杞柳、仁义比喻为桮棬，孟子以反问的方式提出必须顺从人性才能培育出仁义道德，否则就会戕害仁义之德，这在某种意义上意味着孟子承认人性趋向善是实然的。同样的，荀子也多处谈及人性"顺"的问题。例如他说：

从人之性，顺人之情，必出于争夺，合于犯分乱理，而归于暴。②

人生而有欲，欲而不得，则不能无求；求而无度量分界，则不能不争；争则乱，乱则穷。③

所谓"无度量分界"，也就是不受任何限制、无规范约束。在荀子看来，包含"欲"在内的人的性情倘若一味顺从不加管束而任其自由发展，不仅会带来辞让、忠信、礼义、文理丧失，还会造成相互争夺以致贫穷混乱的消极恶果。这表明，荀子视人性趋向恶为人性的实然恶。第二点是"固"。前面我们已经谈到孟子认为仁、义、礼、智是人所固有的，此即"仁义礼智，非由外铄我也，我固有之也，弗思耳矣"④。荀子则针对性地提出人性本身没有礼义之德："今人之性，固无礼义，故强学而求有之也；性不知礼义，故思虑而求知之也。"⑤ 固者，本也、实也、定也。孟子、荀子二人都强调"固"，只是所包裹的内容完全相反，如果说孟子的"我固有之"是肯定人性实然善的话，那么荀子的"固无礼义"就是肯定人性实然恶。

3. 从提出性恶论的动机来说确认了人性实然恶。

荀子之所以反对孟子的性善论而提出性恶论，不仅是因为他从现实主义出发理性地关注人和社会上存在各种恶的事实，因为他认识到礼义法度赖以产生、存在和发展的合理性是为了对治人性恶——"立君上，明礼义，

---

① 《孟子·告子上》。
② 《荀子·性恶》。
③ 《荀子·礼论》。
④ 《孟子·告子上》。
⑤ 《荀子·性恶》。

为性恶也"①，更因为他力图为通过化性起伪推动人从人性恶达至善的必要性做出说明。荀子何以反复强调"人之性恶明矣，其善者伪也"②？说到底他是为了面对人之性恶这一客观严酷事实，要求人们借助于强学、思虑、求知以知礼义、明礼义。假如荀子把人性恶仅仅看成或然性的可有可无、似有若无的事态，而不是确实存在的实然性状，就难以激发人通过礼义教化这类道德社会化机制去克服人的惰性、战胜人的负面自然欲望，达到扬善弃恶、向上向善。

（三）人性本善

儒家不论是其性三品说还是其性二元论，也无一不是在实然与应然的双重意义上去解说人性的伦理特质，只不过它们在肯定人性善的同时，加入了恶的因素。这里，姑且不论汉代儒家性三品说，拿宋明理学家人性二元论来说，它也是在实然与应然维度上揭示了人性状况的。宋儒通常不仅把仁、义、礼、智、信五常直接赋予人性，还明确提出了道心、仁性等范畴。张载说："性于人无不善，系其善反不善反而已。"③ 这表明，人性之善是普遍的、固有的本体存在，是一种客观的人性事实；人性虽然是善的，但又应当学会变化气质，以返回人本然的善性。换言之，由于人的气质之性是客观固有善恶，因而必须努力排除个人私欲，这即是"克己要当以理义战退私己"④。张载从克己胜私这一道德本质角度揭示了从人性有善有恶可以推导出人应当依据理义战胜小我之私。在程颢看来，性为道，为理，而道在每个人身上均是善（天命之性），他明确把五常视为性的本质规定，如他讲："仁、义、礼、智、信五者，性也。"⑤ 程颐把"生之谓性"与"天命之谓性"严格区分开来，并将前者等同于天性、才性，后者归结为自然之"理"性，而"天下之理，原其所自，未有不善"⑥。正是从天命之性乃是由天所决定的、包含仁义礼智信在内的"不可易"的实际人性状态，

---

① 《荀子·性恶》。
② 《荀子·性恶》。
③ 《张载集·正蒙·诚明》，章锡琛点校，中华书局1978年版，第22页。
④ 《张载集·横渠易说·下经·大壮》，章锡琛点校，中华书局1978年版，第130页。
⑤ 《二程集·河南程氏遗书》卷第二上，王孝鱼点校，中华书局2004年版，第14页。
⑥ 《二程集·河南程氏遗书》卷第二十二上，王孝鱼点校，中华书局2004年版，第292页。

程颐推出人应当安命顺命,以此达至天理。朱熹指明了人的天地之性体现了宇宙之总理,因而是善的,气质之性代表人心(不同于道心),它由"气"这一自然之物所决定,故此是有善有恶,这表明朱熹亦承认人性之善恶本是人生来具有的实然状态。根据"礼者,理也"①以及"三纲五常,礼之大体"②的思想,朱熹力主人应致力于"克己复礼"。

在此,我要特别探讨的是张栻提出的"人性本善"观念。孟子在儒学发展史上首次明确提出了性善论,可他并未明言"性本善",但既然他所讲的为人所固有的仁、义、礼、智"四德"本身即为"伦理善"的主要内容,那么他所谓的"人固有四德"从逻辑上讲也就意味着"性固善",而"性固善"就是"性本善"。孟子人性论的思想主旨出于驳斥告子自然人性论的目的排斥了告子的"性可以为善可以为不善"两种可能性,只承认"性可以为善"(简称"性可善")一种可能性。孟子并没有意识到"性固善""性本善"与"性可善"之间的差异,要从"性可善"过渡到"性固善"或"性本善"面临着巨大的"思想跳跃"。正如左克厚所言:"性善是性可以为善的结果,是善的现实性;性可以为善是导向善的过程,是善的可能性。"③这也许是孟子性善论难以自洽的缝隙之处,也是荀子不满的地方。至于"性固善"或"性本善"是不是就是指人性在现实性上就是善的,我不敢妄断,姑且把它理解为"性本可善"。不过,有一点可以肯定,不论是孟子的"性固善"或"性本善"还是其"性本可善",已然蕴含着"性实然善"的思想。同张载、二程、朱熹等宋明理学家一样,张栻从本质上倡导人性二元论,不过他更倾向于孟子的性善论。一方面,张栻从"天命之性"的人性来源维度认为"原人之生,天命之性,纯粹至善而无恶之可萌者也"④、"原性之理,无有不善"⑤;另一方面,他把孟子的"四德"(仁、义、礼、智)和"四端"(恻隐之心、羞恶之心、辞让之心和是非之心)加以倒置,强调"恻隐、羞恶、辞让、是非之所以然,是乃仁、义、礼、智之具乎性

---

① 《论语或问》卷十二。
② 朱熹:《四书章句集注·论语集注》,中华书局2011年版,第60页。
③ 左克厚:《人性论与荀子的性恶论》,载涂可国、刘廷善主编《荀子思想研究》,齐鲁书社2015年版,第137页。
④ 《南轩全集》卷六《孟子说》。
⑤ 《南轩全集》卷九《论语解》。

者也"①，从而把"四德"视为人的本性。再一方面，也是最重要的，张栻从气禀说出发去区别人性与物性的差异，并且鲜明地提出了性本善论。他说：

> 性本善而人禀夫气之正，初不隔其全然者耳。若物则为气所昏而不能以自通也，惟人存夫天地之性。故有所主宰而为人之心，所以异于庶物者，独在于此也。②

人之所以不同于物，人性之所以本善，就在于它先天秉气之正，就在于它秉承了天地自然所有灵性，因而使人心超然于万物。"性本善"大致有两解：一是说人性从根本上是善的，二是说人性本来就是善的。无论做何种解释，都表明张栻肯定了善是人性的实然状态。《三字经》旨在宣扬孔孟之道，也许张栻的"性本善"正是它头一句话"人之初，性本善；性相近，习相远"的直接思想来源。

三、 可能与现实

按照《孟子》一书的记载，孟子学生公都子提出当时流行的四种人性主张：

> 公都子曰："告子曰：'性无善无不善也。'或曰：'性可以为善，可以为不善；是故文武兴，则民好善；幽厉兴，则民好暴。'或曰：'有性善，有性不善；是故以尧为君而有象，以瞽瞍为父而有舜；以纣为兄之子且以为君，而有微子启、王子比干。'今曰'性善'，然则彼皆非与？"

公都子这里提及的四种人性论如果再加上荀子的性恶论，基本涵盖了中国古代人性论上的思想体系，后世人性学说都为它们的变形。早在20世纪80年代我曾指出："告子的'性无善无不善'观点有一定合理之处。因为，尽管人生来即有各种各样的欲望（如食色）、需求，但是，它们本身却并不先天具有善与不善的道德属性。只有当它们付诸实践时，人的行为才

---

① 《南轩全集》卷六《孟子说》。
② 《南轩全集》卷十一《存斋记》。

有善恶之分。质言之，人一生下来仅有作善作恶的可能性，而不具备扬善作恶的现实性。"① 今天我想要进一步修正的是，在儒家人性思想史上，只有性无善恶论或性无善无不善论才认识到了人性的非伦理性，不过，这是从对人性本体的认识上讲的，从致思模式上说，性无善恶论仍是从伦理角度去透视人性的特质；要准确把握儒家人性伦理的思想原义和本色，应当把善恶分为内在的和外在的两种，内在的善恶是指人性结构中某些要素的伦理特征，外在的善恶是指人的现实社会行为所体现出来的伦理特质；不论是孟子的性善论还是荀子的性恶论，虽然他们所讲的"性"是指实然之性，但也只是在内在可能性意义上认为人性是善的或恶的，在内在现实性意义上孟子、荀子均没有直接断言人性是善的或恶的，因而同"性无善无不善"接近；孟子的性善论实际所要表达的是性可以为善，因而同"性可以为善，可以为不善"有一致之处，荀子的性恶论所要表达的是性为不善或可恶，而孟子、荀子共同认识到只有立足于外在角度当人性外化于人的行为时才有善恶可言。

（一）性可为善

也许是告子宣传的性无善恶完全否定人性有善的一面及其他原因（如把食色说成性），孟子同告子展开了激烈辩论。告子或许不是性无善恶论的开创者，但他却是典型代表。令人深思的是，告子尽管把人性归于食色之类的人兽之共性，但他并未断言人性是恶的，而是引述了两个比喻来说明人性无善与不善：一是把人性比作杞柳，认为"性，犹杞柳也；义，犹桮棬也。以人性为仁义，犹以杞柳为桮棬"②，把人性说成是仁义之类善的东西，混淆了杞柳（材质）和桮棬（器具）之间的关系；二是把人性比作水，认为"性犹湍水也，决诸东方则东流，决诸西方则西流。人性之无分于善不善也，犹水之无分于东西也"③，在告子看来，性本身无善恶之分别，它的善恶发展方向取决于外在力量。

---

① 涂可国：《孟子的"四端说"评议》，载孔孟学丛书编辑委员会主编《孟子思想研究》，山东大学出版社1986年版，第240页。
②《孟子·告子上》。
③《孟子·告子上》。

针对公都子提到的"性无善无不善论""性可以为善,可以为不善""有性善,有性不善"等观点,孟子明确指出:"乃若其情,则可以为善矣,乃所谓善也。若夫为不善,非才之罪也。"① 他的意思是,根据人的本性,人是可以为善的,这就是他所说的性善;至于有的人为不善,那不是人的才性的过错。很显然,孟子所谓的性善是指人内在拥有善的禀赋,是指人人皆有善根(禀赋与可能),是"可以为善",而不是现实形态的性善。孟子之所以反对告子"性无善无不善论",就在于告子连人性之中致善、向善的可能性都否定了,不承认人性有善端、善根这些实然之性,更不承认人性固有"四心"和"四德"。

不过孟子与告子之间也有相同之处,即就现实性而言人和人性无所谓善恶,真正的善恶取决于各种主客观条件——只是告子更强调外在力量。在《孟子·告子上》篇中孟子做了如下两点阐发。一是求取。他指出恻隐之心、羞恶之心、恭敬之心和是非之心"四心"和仁、义、礼、智"四德"虽然为人所固有,但如果不去求取就不会得到。仁是人的本心,义是人的必由之路,可是有的人放着必由之路不走,任凭仁心丢失而不求放心,这是莫大的悲哀;学问之道没有别的,就是把丢失的仁心找回来。二是存养。孟子指出,之所以出现"富岁,子弟多赖;凶岁,子弟多暴"的现象,并不是上天赋予每个人的才质有何不同,而是外在环境造成人心变坏,实际上圣人与凡人都是同类,既具有自然欲望又拥有理义之心。"苟得其养,无物不长;苟失其养,无物不消。"人的善良本性和礼义良心不能放牧过度,必须学会养"夜气"、专心致志、舍生取义、"无以小害大,无以贱害贵"和"先立乎其大",等等。

孟子的性可为善思想还可以从性情维度加以认识。先秦时期,诸多文献典籍对性情问题做了探讨。欧阳祯人指出,郭店楚简中的"情"有时写作"青",而作为与"性"可以互换的"生",它同"青"之间是一种本体与表现形式之间的关系:青为生质,生由青显,生、青互证;中国先秦时期的传世文献中,"情"字的意涵绝大多数并不是情感的"情",而是情实、

---

① 《孟子·告子上》。

质实的意思。① 的确，一方面，"情"字在先秦典籍中有时是某种事实状态，相当于情况、情状等，如《礼记》讲的"因人之情而为之节文"② 等，其中的"情"即为情状、情实之意；另一方面，儒家文献大多把"情"界定为人的情感，这从"情"字从心从青即可看出，而最典型的莫过于《左传》和《礼记·礼运》。《左传·昭公二十五年》云："民有好、恶、喜、怒、哀、乐，生于六气。"此处《左传》言六情。《礼记·礼运》则言："何谓人情？喜、怒、哀、惧、爱、恶、欲，七者弗学而能。"先秦时期，性与情的关系被规定为情生于性，性为本体，情为发用，情为性显。犹如余治平所说："情是性从本体境界走向存在表象的实际过程和外化经历。情在中国哲学里是实质、内容、成分，是本体之性流入现象世界后所生发出来的具体实相。"③ 徐复观也将先秦文献中的性与情比喻为根与枝的关系。④ 郭店楚简明确提出了"情生于性"的命题，《中庸》虽然从中和之道角度提出"喜怒哀乐之未发谓之中，发而皆中节谓之和"，并未将之纳入性情结构之中，但后儒多从性体情用方面加以诠释，且发展为一种思维定式，如朱熹注之曰："喜怒哀乐，情也。其未发，则性也。无所偏倚，故谓之中。"

不可否认，孔子、孟子似乎未明言性本情用之间的关系，同后儒不同，孟子并未将性与情严格区分开，但从孟子"乃若其情，则可以为善矣"以及他所提出的"四端"这些心理情感当中可以看出，他已意识到情与性的同一性。在孟子那里，性由心显，心善即性善，他心目中的恻隐之心、羞恶之心、辞让之心和是非之心除后者外均为道德化情感。孟子的特异之处在于他把这"四心"看作产生仁、义、礼、智四德的端始、基础——虽然它们本身具有善的属性，换言之，"四心"是致善的主体条件。对孟子"乃若其情，则可以为善矣，乃所谓善也……"一段话，历代儒家存在不同的解读。对孟子所说的"情"，有的认为它是情实之情，如戴震说："孟子……首云'乃若其情'，非性情之情也。……情，犹素也，实也。"⑤ 而赵岐、朱熹、焦循等人则将孟子之"情"训为性情之情。实际上，孟子这里

---

① 参见欧阳祯人：《先秦儒家性情思想研究》，武汉大学出版社2005年版。
② 《礼记·坊记》。
③ 余治平：《性情形而上学：儒家哲学的特有门径》，载《哲学研究》2003年第8期。
④ 参见徐复观：《中国人性论史（先秦篇）》，上海三联书店2001年版。
⑤ 《孟子字义疏证》卷下《才》。

的"情"既有情实之义,亦有情感之意,它是反映人固有的情感状态。朱子认为,在孟子那里,"情可为善,则性无有不善。所谓'四端'者,皆情也。仁是性,恻隐是情。恻隐是仁发出来底(的)端芽,如一个谷种相似,谷之生是性,发为萌芽是情。所谓性,只是那仁义礼知四者而已"①。这显然是误读。要知道,在孟子那里,性由情显,人性通过情(四端)的中介而达到仁、义、礼、智之类的道德善。而且孟子明确将"四心"之类天生的道德情感看作是仁、义、礼、智之类现实善的端始,它们构成了性善和人善的根基,为人行善提供了主观可能性。他说:"五谷者,种之美者也;苟为不熟,不如荑稗。夫仁亦在乎熟之而已矣。"② 这分明是把仁视为善的种子发展成熟的结果。

(二) 性恶善伪

在荀学愈来愈成为显学的时代背景下,越来越多的学者不满于把荀子的人性论判定为性恶论,而是结合各种文献进行更加深入的探讨,并提出了许多新的见解。有的认为荀子的性恶论不是性本恶论而是性可恶论或性向恶论,有的认为荀子的人性论是性无善无恶论或性有善有恶论,等等,不一而足。我认为,荀子的人性论为性恶论是无疑的,也具有重大理论价值和实践价值,它"浪费"了人们的心智也启发了人们的心智。如同孟子的性善论,荀子的性恶论具有多个层面、多个向度、多种特性,在可能性上它认为人性是可恶、向恶、致恶的,在现实性上它认为人性是无善无恶的,在实践性上它认为人性是有善有恶的。

1. 正理平治。

荀子的性恶论在批评孟子性善论混淆了性伪的基础上,肯定了人性具有恶的属性或因素,提出"性恶善伪"的思想。这表明他既立足于主体先天的心性结构去确认人的善恶问题,又注重从外在社会秩序、规整角度去分析人善恶的现实表现。更进一步,荀子将善恶看作是否符合社会标准、规范的产物,从而把善恶问题置于社会现实层面。他讲:"孟子曰:'人之

---

① 黎靖德编:《朱子语类》卷第五十九,王星贤点校,中华书局1994年版,第1380页。
②《孟子·告子上》。

性善。'曰：'是不然。'凡古今天下之所谓善者，正理平治也；所谓恶者，偏险悖乱也：是善恶之分也已。"① 这表明，性作为天之就、不可学、不可事的生性无所谓善恶，它只是人的天然禀赋，只有当它后天外化出来之后视其是否符合理治秩序才有善恶的实际分野。可见，荀子认为善就是正理平治，而恶就是偏险悖乱，只是遗憾的是他没有明确说明到底是人的善恶、人性的善恶还是人的行为善恶。从科学伦理学来说，道德是人类"实践—精神"掌握世界的一种特殊方式，而伦理之善不过是人的现实社会行为符合社会规范、利于他人和社会的合理性。荀子尽管具有浓厚的实用理性精神和现实主义品格，但是他毕竟不具备现代人所具有的实践唯物主义思想和科学行为主义素养，这使得他不可能明确体认到所谓的善恶本质上是人后天行为展现出来的特质。

2. 化性起伪。

荀子的"化性起伪说"有两个问题值得关注。其一是他提出了"人之欲为善"的观点。荀子讲："凡人之欲为善者，为性恶也。夫薄愿厚，恶愿美，狭愿广，贫愿富，贱愿贵，苟无之中者，必求于外。故富而不愿财，贵而不愿势，苟有之中者，必不及于外。用此观之，人之欲为善者，为性恶也。……用此观之，人之性恶明矣，其善者伪也。"② 此处有两个地方强调人之所以追求善，是因为人性为恶，这说明善形成于恶的存在，也说明荀子肯定了人有向善的一面。问题的关键在于如果按照我上面的理解，荀子把人的善恶等同于人性的善恶，就可以将"人之欲为善"解释为"人性欲为善"，这会不会同他的"人性恶"相矛盾、相冲突而倒向他的对手孟子倡导的"性向善论"呢？这值得我们进一步思考。其二是如何保证转恶成善。对于普通人怎样化性起伪、转恶成善，荀子不仅如上所述阐明了人有知性和德性，同时指出了积为、师法之化、谨注错、慎习俗等路径和方法，归结到一点，就是积善成德。那么君子、圣人又是如何化性起伪、转恶成善的呢？荀子断言人性是恶的，并且君子与小人完全相同："凡人之性者，尧舜之与桀跖，其性一也；君子之与小人，其性一也。今将以礼义积伪为

---

① 《荀子·性恶》。
② 《荀子·性恶》。

人之性邪？然则有曷贵尧禹，曷贵君子矣哉！凡贵尧禹君子者，能化性，能起伪，伪起而生礼义。"① 既然连圣贤也是性恶，那么何以保证他们能够化性起伪，能够起礼义、制法度呢？因为从荀子的圣凡同为性恶可以推出恶的无限可能性（相对而言）。而且，凡人如果绝对是性恶，也难以确保他们接受礼义教化。即使荀子强调普通人可以同圣人一样是通过积习而成善的，如他说："圣人者，人之所积而致矣。"② 但倘若没有圣贤制礼义和外在教化，要成为圣人也是不可能的。在荀子看来，圣人除了和凡人一样虽然性可恶，但如前所述他也天生具有德性和知性——皆有可以知仁义法正之质，皆有可以能仁义法正之具。荀子本人并没有对圣人为何高于常人而能够制礼作乐（有的学者解释为更有聪明才智）做出完善的说明，实际上，他是出于儒家惯有的圣贤崇拜传统而认为尧、舜、禹这些历史传说人物具有特殊的思想觉悟水平和道德创造能力。这一圣贤崇拜情结使他忽视了早在尧、舜、禹以前，民众就参与创造了礼义规范。

3. 度量分界。

荀子对性与情的体用关系做了明确的自觉辨析。他不仅指明了"性之好、恶、喜、怒、哀、乐谓之情"③，还将性情并提——"好利而欲得者，此人之情性也"④，并直截了当地揭示了性与情的关系："性者，天之就也；情者，性之质也。"⑤ 由于荀子把情看作性之质，且指出性之好、恶、喜、怒、哀、乐可谓人之情，并指明礼义文理的主要作用是养情，因而可以说情构成了由性到德的重要介质。欲与情在儒家文献中，既紧密相关又相对独立，如何认识和对待"欲"，在很大程度上影响儒家人性论的性质。在肯定"欲"与"情"同一性的同时，荀子也看到"欲"同"情"的差异之处。例如他就曾指出："性者，天之就也；情者，性之质也；欲者，情之应也。"⑥ 欲是情接触外物的感应。荀子在人与动物共同性的意义上（非人之所以为人）明确强调孟子的"性善"是"不然"，提出"今人之性，饥而

---

① 《荀子·性恶》。
② 《荀子·性恶》。
③ 《荀子·正名》。
④ 《荀子·性恶》。
⑤ 《荀子·正名》。
⑥ 《荀子·正名》。

欲饱，寒而欲暖，劳而欲休，此人之情性也"①，从而把"欲"作为人性的重要内容加以确认。

至于情接触外物的感应而生成的"欲"究竟是不是恶的，学者评价不一。周德清指出，孔子谈人性采隐性而不是显性、间接而不是直接的方式，正是同时涵摄物质之"欲"和心之所"欲"然其本身又浑然不分的"欲"这一概念，构成了孔子人性论的基本内涵，从而规定了儒家人性论的基本方向；孔子人性论的实质即以此浑然不分的"欲"为性，此后，孟子以心之所"欲"为性主张性善，荀子以物质之"欲"为性主张性恶②。左克厚认为，荀子所说的"生而有好利""生而有疾恶""生而有耳目之欲，有好声色"③ 都是人正常合理的性情，是不能否定也否定不了的，它们构不成恶，恶在于"顺是"，顺着这些欲望不加节制才是恶。④ 路德斌同样认为荀子并不主张性恶包括欲恶，否则他不会反对"去欲""寡欲"，不会主张"养人之欲"及"性伪合"。⑤

我认为荀子肯定了"欲恶"，这一则是因为说荀子所讲的"欲"为恶只是一种可能性的恶，是一种潜在的恶，或者说是向恶、致恶，而不是现实的恶；二则是因为如前所讲这些"欲"具有原始冲动性和自然性向——"欲多而不欲寡"⑥，如果不加节制就会致恶，就会违反纲常伦理生成实实在在的恶；三则是因为荀子意识到人欲不可能完全去除掉、人欲不可违——"欲不可去，性之具也"⑦，道德也只能顺应它，故而荀子提出先王"制礼义以分之""养人之欲"以及"性伪合"。尽管欲是可恶的，易趋向恶，但它毕竟同性有细微差别，又是人的自然情性，且无关乎治乱，所以，虽然荀子不赞成孟子主张的去欲、寡欲——"养心莫善于寡欲。其为人也寡欲，虽有不存焉者，寡矣；其为人也多欲，虽有存焉者，寡矣"⑧，认为这无法

---

① 《荀子·性恶》。
② 参见周德清：《先秦儒家人性论及其修己思想之检讨》，载《江淮论坛》2004 年第 1 期。
③ 《荀子·性恶》。
④ 参见左克厚：《人性论与荀子的性恶论》，载涂可国、刘廷善主编《荀子思想研究》，齐鲁书社 2015 年版，第 134 页。
⑤ 参见路德斌：《荀子与儒家哲学》，齐鲁书社 2010 年版，第 146 页。
⑥ 《荀子·正论》。
⑦ 《荀子·正名》。
⑧ 《孟子·尽心下》。

导欲、节欲而治理好国家，故此主张"养欲"："凡语治而待去欲者，无以道欲而困于有欲者也。凡语治而待寡欲者，无以节欲而困于多欲者也。"① 但严格意义上说，孔子、孟子的寡欲与荀子的养欲并不像荀子所认定的那样有何本质差异，因为孔子、孟子的去欲、寡欲不过是要用心去限制、克制不符合道义的欲望，并非根除人求富求贵的欲望，而荀子提出的"养人之欲，给人以求"以及"虑者欲节"② 同样是用礼义对人欲进行疏导。

（三）性本情用

荀子之后的历代儒家也注重立足于性体情用人性善恶的可能性和现实性问题。

汉代扬雄尽管"扬孟抑荀"，可他还是调和了孟子的"性善论"和荀子的"性恶论"，主要从阴阳二气结合角度论证人性，指出人性本来无善无恶，善恶之别是后天产生的。与"性无善无恶"人性论思想相关，扬雄主张"修身为本"："学者，所以修性也。视、听、言、貌、思，性所有也。学则正，否则邪。"③ 这段话中所说的"视、听、言、貌、思"即人的精神活动和物质活动，扬雄把它们看成人性的外在表现。他认为，人修其善性则行为就表现为正、为善；反之，修其恶性就表现为邪、为恶。董仲舒所原创的性三品论实质上是"善恶混论"，他认为性既有善端也有恶端，人之所以有时行善有时作恶，就在于性中有情，而情为恶。他讲："善如米，性如禾。……性虽出善，而性未可谓善也。"④ 性不仅不是纯善纯恶，并且性仅包含善的资质，具有为善的可能性，而不可称为现实的善，要挖掘人的善质使之成善，把为善的可能性转化为现实性，就必须实施"王教之化"："性者，天质之朴也；善者，王教之化也。无其质，则王教不能化；无其王教，则质朴不能善。"⑤ 在人性论史上，董仲舒是第一个明确从可能性和现实性维度去把握人性善恶的儒家学者，他尽管肯定人性有善质，但认为这

---

① 《荀子·正名》。
② 《荀子·正名》。
③ 《法言·学行》。
④ 董仲舒：《春秋繁露·实性》，张世亮、钟肇鹏、周桂钿译注，中华书局2012年版，第386页。
⑤ 董仲舒：《春秋繁露·实性》，张世亮、钟肇鹏、周桂钿译注，中华书局2012年版，第389—390页。

还不是现实的善,他讲:"性待渐于教训,而后能为善。善,教训之所然也,非质朴之所能至也。"①"万民之性苟已善,则王者受命尚何任也?"② 荀悦虽赞同董氏性三品之说,但反对性善情恶论,他明确指出:"好恶者,性之取舍也,实见于外,故谓之情尔,必本乎性矣。仁义者,善之诚者也,何嫌其常善?好恶者,善恶未有所分也,何怪其有恶?"③ 在荀悦看来,好恶是性展现于外的取舍,它虽说是情,但并未有善恶的分化,并不一定就是恶,可见,情同性一样,并非独恶,包含着致善致恶的两种可能性。唐代韩愈对性三品论做了新的拓展,这主要表现在以下三方面:一是沿着"性也者,与生俱生也;情也者,接于物而生也"④ 的生成论思路,提出了与性三品相对应的情三品;二是在儒学发展史上把情的内容规定为喜、怒、哀、惧、爱、恶、欲七者,从而颠覆了由《礼记》《荀子》所阐发的喜、怒、哀、乐、爱、恶、欲的情感内容与顺序;三是把中庸确认为判定三品之情的标准,指出下品之情的发动不符合中道原则,中品之情仅是部分符合中道原则,而上品之情的发动则都合乎中道原则。李翱的复性论几乎是董仲舒人性论的翻版,他承继了董氏的性善情恶思想,认为情是性之动——性动于物欲,故为恶。

宋元明清时期,儒家性情学说在新的历史时期对人性善恶的可能性和现实性问题做了更加深入的诠释。从"性情一也"出发,王安石强调"喜、怒、哀、乐、好、恶、欲未发于外而存于心,性也;喜、怒、哀、乐、好、恶、欲发于外而见于行,情也"⑤。性为未发,故无善恶;情为已发之性,故有善恶;人之七情发于外而合理则为善,反之,则为恶,可见,情并不全恶,而在于发动于外时当与不当。张载、程颐同样秉持性善、情可善可恶。张载认为,情发而和于性,则为善,反之则为恶。程颐则依"中节"诠释情的善恶。在他看来,情如发于外中节,则无往而不善,反之则归于恶。就建构人的性情结构而言,程颐性情学说最有意义之处是他在《颜子所好何学论》中提出的"性其情"和"情其性"观点:"是故觉者约其情

---

① 董仲舒:《春秋繁露·实性》,张世亮、钟肇鹏、周桂钿译注,中华书局2012年版,第388页。
② 董仲舒:《春秋繁露·深察名号》,张世亮、钟肇鹏、周桂钿译注,中华书局2012年版,第381页。
③《申鉴·杂言下》。
④《原性》。
⑤《性情》。

使合于中，正其心，养其性，故曰性其情。愚者则不知制之，纵其情而至邪僻，梏其性而亡之，故曰情其性。"① 可以说，在传统中国性情思想史上，苏轼极富独创性，他力主性无善恶，认为"夫善恶者，性之所能之，而非性之所能有也"②，善恶并非性的本质，而是性的效能，这表明苏氏肯认善恶乃是人性外在的现实表征；同时他还批评韩愈等儒者"以为喜怒哀乐皆出于情，而非性之所有"③ 是"离性以为情"，从而肯定了情符合人的天性。湖湘学派代表人物胡宏从性本心用出发，认为"未发只可言性，已发乃可言心"④。性为本体，为未发；心为效用，为已发。他还讲："性不能不动，动则心矣。"⑤ 朱子反对胡宏性体心用、性动为心的说法，认为不如把心改为情，不如伊川"自性之有形者谓之心，自性之有动者谓之情"更为精密。围绕胡宏"心也者，知天地宰万物以成性者"这一说法，张栻和朱熹展开了激烈辩论。张栻主张"心主性情"，认为性是理，心为具体的性，心含有气，故有情，而情则为性之动，欲是情动而向外物追求，欲是恶。显然，张栻视性本善，情是欲恶的中间环节。朱熹则赞同张载"心统性情"的观点，故他说："'心统性情'，统，犹兼也。……'心统性情'，性情皆因心而后见。心是体，发于外谓之用。……性者，理也。性是体，情是用。性情皆出于心，故心能统之。……一心之中自有动静，静者性也，动者情也。……人受天地之中，只有个心性安然不动，情则因物而感。性是理，情是用，性静而情动。"⑥

如果从断代史角度梳理儒家性情学说，立足于人性善恶概括起来，可以把它们归结为以下六种类型：一为孟子的性善情善论，情是实现现实善恶的可能性基础；二为荀子的性恶情恶论，情是由性恶到外在善恶的中介；三为董仲舒、李翱的性善情恶论，情是主观见之于客观（物）的外显，因受外物的诱使，故它为恶；四为荀悦等人的性善情可善可恶论，情本身并无善恶，但包含着致善行恶的可能性；五为王安石的性无善恶而情有善恶

---

① 《二程集·河南程氏文集》卷第八，王孝鱼点校，中华书局2004年版，第577页。
② 《苏东坡全集·应诏集》卷十《扬雄论》。
③ 《苏东坡全集·应诏集》卷十《韩愈论》。
④ 《宋元学案·五峰学案》。
⑤ 《宋元学案·五峰学案》。
⑥ 黎靖德编：《朱子语类》卷第九十八，王星贤点校，中华书局1994年版，第2513—2514页。

论,情是由未发之性发于外的各种情感,其善恶取决于合理与否;六为张载、二程、朱熹等宋明理学家提出的性情均有善恶论,不论是性还是情,都蕴含着善恶两种特质。

要对人性系统性、情、欲为善为恶的可能性和现实性做出合理解释,我认为应做某种层次、类型划分。有些人性因素如同情心在某种意义上即孟子所说的善端,它为人行善提供先天的心理基质或潜能,为人成为善人创造可能性。孟子"四端"说所讲的恻隐之心(不忍人之心)作为一种人类共有的利他情感正是驱使人行善的伦理心理基础。但是这些人性因素并不必然导向善,它们也蕴含着为恶的可能性,例如对坏人的同情就是恶的。有些人性要素例如人的攻击本能、贪婪之心、嫉妒之心等"自私基因"一般会引发人作恶,为恶行提供某种心性基础。而荀子所说的绝大多数人性要素包括人的食色等自然本能和欲望从现实性而言是无善无恶的,从可能性而言是可善可恶的,它们包含着致善致恶的两种可能性。令人遗憾的是,荀子未能更加深入地从积极意义上揭示人的自然本能和欲望在推动人建功立业、成己成人、外王事功等方面的动力学功能。据此,我认同左克厚所讲的"人性可以为善与人性可以为恶两者共同构成道德可能性的根据,只有先有为恶的可能性,才能有为善的可能性。若无为恶的可能性,为善就成了必然性,这既取消了为善的命题,也无法解释恶存在的事实"①。在对待人性可善可恶的问题上,孟子、荀子并不是像路德斌所说的那样都是对的,而是各有所得,也各有所失。

四、 内在与外在

在传统典籍中,"才"被界定为人生之初所含的潜质,由草木初生之义引申而来。人性本体不可测度,其外化于外者,一是性中所发之情,一是性中所呈之才。"才"包括才性、才气(接近人的气质)和才能。朱熹注《孟子》曰:"才犹材质,人之能也;才有是性,则有是才。"孟子、荀子的

---

① 左克厚:《人性论与荀子的性恶论》,载涂可国、刘廷善主编《荀子思想研究》,齐鲁书社2015年版,第137页。

人性论有同有异,其同表现在他们均将人性视为"才"上。首先,在孟子看来,人的才性蕴含善端("四心"),人之作恶,并不是才性出了问题,而是不能"尽其才",他说:"若夫为不善,非才之罪也。……或相倍蓰而无算者,不能尽其才者也。"① 显而易见,孟子这里实质上确认了人天生具有行善的自然潜质,具有发展出仁、义、礼、智四种德目的功能。其次,人之所以具有成善的才质,就在于人性有一种向善的特性,故孟子讲"人性之善也,犹水之就下也。人无有不善,水无有不下"②。再次,人性之所以蕴含善的才质,还在于人天生具有"良知""良能",用孟子的话来说就是"人之所不学而能者,其良能也;所不虑而知者,其良知也。孩提之童,无不知爱其亲者;及其长也,无不知敬其兄也"③。在此,仔细辨析可知,犹如我们前面所讲的,就自然天性而言,孟子肯定了人性可善,抑或说人具有善根、善基;就社会现实性而言,人的善性仅仅是实现社会之善的可能性,如果不对人的才性加以开发、存养,就难以变成行善的现实。董仲舒虽然未采用"才"来说明人性,但他明确提出了"性质"范畴。他讲"性者,质也"④、"性者,天质之朴也"⑤。与孟子、荀子分别把人的才性转化为现实善的条件寄托于存善和积伪不同,对于上述性与才、质不分用以言说人性善恶的看法,到了宋明以后由于人性二元论的流行而遭到冷遇,不过与孟子、荀子侧重于才性不分有所不同,宋代思想家也指明了才与性的差异。程颢的人性二元论认为出于气者为才性,故称为才,而"才则有善与不善,性则无不善"⑥。他分析指出,孟子讲性善是指性即理,所以是善的;荀子、扬雄讲性恶或性善恶混,讲的不是性,而是才,由于才禀于气,气有清浊,所以是善恶混的。著名文学家、思想家苏轼在批判性总结先秦以来人性论的基础上宣传的是性无善恶。在他看来,凡是从善恶去看待人性问题的各家之说,并不是"真所谓性也",而是"杂乎才而言之"。这说明苏轼不同意将才与性混为一谈。他指出,孔子所谓的"唯上智与下愚不

---

① 《孟子·告子上》。
② 《孟子·告子上》。
③ 《孟子·尽心上》。
④ 董仲舒:《春秋繁露·深察名号》,张世亮、钟肇鹏、周桂钿译注,中华书局2012年版,第375页。
⑤ 董仲舒:《春秋繁露·实性》,张世亮、钟肇鹏、周桂钿译注,中华书局2012年版,第389页。
⑥ 《二程集·河南程氏遗书》卷第十九,王孝鱼点校,中华书局2004年版,第252页。

移"观点"是论其才也。而至于言性，则未尝断其善恶"①。

近年来，国内学者周炽成、林桂榛等依据荀子说过"性者，本始材朴也；伪者，文理隆盛也。无性则伪之无所加，无伪则性不能自美"②，力主荀子并非持"性恶论"而是"性朴论"。林桂榛更进一步认为荀子实际上并非持"性恶论"，荀子《性恶》篇并非要以性恶驳性善并立"性恶论"，而是以性无善驳性善并立"性朴论""习伪论"；《性恶》篇"性恶"字眼为"性不善"，也就是说荀子主张的是"性不善论"，并且"性朴"与"性恶"在《荀子》全书中是根本无法统一的。

（一）性朴与性恶并不矛盾

林桂榛认为，"性朴""性恶"两命题完全不相兼容。荀子《性恶》篇之"性恶"系"性不善"之讹，约讹于西汉刘向时代；荀子驳孟子"性善"说并建构起"材—性—伪—积"的性朴说，其理论结构是：材是性的基础，性是材的机能，性即材的性能，材朴则性朴，人为则习积，"材—性"关系若"结构—功能"关系；原始材性若天赋，后天之"伪"（人为）基于原始材性且后天成善、恶之习性或德性皆是可能。③

那么荀子的性朴论和性恶论是不是像林桂榛所说不可调和、无法统一呢？我认为这二者只是荀子立足于不同层面对人性的阐释，并不是正相反对，而是可以统一的。

1. "性恶善伪"的思维框架决定了荀子"性朴论"与"性恶论""不同而和"。

在荀子人性论中，"性朴论"与"性恶论"的确不能等同，但是，我认为，这两者又趋向一致。与孟子一样，荀子也把人性说成是"才"或"材"，但不同的是他反对孟子的性善论而力倡"性恶善伪"。荀子说："性者，本始材朴也；伪者，文理隆盛也。无性则伪之无所加，无伪则性不能自美。"④ 这表明，性即材性，荀子用"本始材朴"来叙说"性"，不过为

---

① 《苏东坡全集·应诏集》卷十《扬雄论》。
② 《荀子·礼论》。
③ 参见林桂榛：《驳为荀子"性恶"曲辩者》，载涂可国、刘廷善主编《荀子思想研究》，齐鲁书社2015年版，第142—150页。
④ 《荀子·礼论》。

了说明"性"的本真性、自然性和始基性——生之所以然、不事而自然。单纯就"性者，本始材朴"而言，由于"本材"是"朴"，也就是无善无恶的，因而可以说荀子并没有以善恶论说"性朴"。这一点类似于告子在肯定人性为"生之谓性"的前提下认为"性，犹杞柳也；义，犹桮棬也"①，从而主张"人性之无分于善不善"②。然而，力主荀子为"性朴论"者恰恰忽视了荀子是把"性朴"纳入"性恶善伪"的思想系统之中加以阐发的，而是断章取义地认定荀子是"性朴论"者而非"性恶论"者。殊不知，荀子之所以批判孟子的性善论，是因为在他看来"性伪"，孟子误将"伪"当成了"性"，因而才主张"性善"。荀子说："无性则伪之无所加，无伪则性不能自美。"③ 他的意思是，"性"作为人内在的材质，是内在人为和外在人为加工的施与对象；人性本身不能自善——美即是善，假如缺乏"伪"，则人性无以成善。这里必须强调的是，出于泛伦理主义思维传统，荀子所讲的"伪"不是普通的"伪"，不是无善无恶的非伦理行为，而是旨在化性成善的道德行为。这一道德改造实践活动不可能不考量作为加工对象"本材"的善恶属性。

2."伪"的本有含义必然使荀子把"性朴"看成"恶"的或是"可恶"的。

在荀子人性论中，总是自善言伪，自性言恶（或不善），因此他必然从内在和外在两方面来看待"性朴"问题，不可能不以恶谈性朴。"伪"是内在和外在的统一，因此我赞同路德斌所讲的，荀子以"伪"说"善"，固在强调"善"之实现并非自然而然，而是有赖于人的后天作为或努力，但却不能因此而把"伪"简单理解成一种起于后天、本乎外在的工具性的行为或过程。实质上，从本原处说，"伪"同时也是一种能力，一种植根于人心并以辨义为基础而趋向于"善"的能力。"伪"而成"善"的过程实是一个合外（仁义法正之理）内（辨义之知能）为一道的过程，也是荀子自己

---

① 《孟子·告子上》。
② 《孟子·告子上》。
③ 《荀子·礼论》。

所谓的"心知道，然后可道；可道然后能守道以禁非道"①的过程。②尽管路德斌观点不够全面，而把"伪内""伪外"仅仅归结为静态的能力和仁义法正之理——要知道，"伪"从动态角度来讲既还有外在的礼义教化也还有内在的修身变性，但他的思路却是对的。实际上，荀子所谓的"伪"主要是指对人的才性利用"师法之化""礼义之道"进行"矫饰"和"扰化"，使人内有的才性外在地展现出来时，能够"出于治，合于道"，达到正理平治的善。既然"伪"为善，那么"性朴"就是"恶"的。

3. 荀子性恶论的思想宗旨驱使他以善恶言"性朴"。

孟子和荀子人性论的宗旨均是引导人趋善避恶。一般地说，孟子人性论更为强调人行善的可能性，而荀子人性论则突显人性趋善的必要性③；孟子性善论指向人的存养，荀子的性恶论指向人的积伪。但是，荀子的性恶论和性朴论也涉及成善的可能性。许多人恐怕包括宋儒在内怀疑性恶论和性朴论无法使人为善、成善，故此认为他"大本已失"。那么何以说荀子的性恶论和性朴论为人成善提供了可能性呢？一方面，人善、性善和行善（行为善）既不同又统一。人是一个有机体系统，它包括人性、人行，人性之恶或可恶并不必然导致人恶、行为恶，反而在各种内外因素作用下人会做善事、行善举，进而成为善人。就荀子而言，他认为，由于内在方面有积伪、强学、修习、知善等主体条件和外在方面有圣王之治、礼义教化等客体条件作保障，可以使人的恶性得到正确引导、扰化、改造，从而使人变善、为善；即便人性为朴、为恶，也由于人具有"欲善""向善"之心，具有趋善避恶的主观愿望，反而成为人为善、成善的动力。另一方面，"性者"作为"本始材朴"为道德人为提供实践前提。荀子可谓人性改造论者和人性可塑论者，他为人类预设了人先天固有的材质供人加工。与孟子性善论相反，荀子性恶论和性朴论既看到了人性本色、质朴的一面，又看到人的恶性而忽视甚至否定善性。本来，包括性恶论和性朴论在内的荀子人性论为人为善、成善既提供了必要性又提供了可能性，为人成就现实的善

---

① 《荀子·解蔽》。
② 参见路德斌：《一言之误读与荀学千年之命运——论宋儒对荀子"性恶"说的误读与误解》，载涂可国、刘廷善主编《荀子思想研究》，齐鲁书社2015年版，第114—115页。
③ 荀子虽然也强调人具有善质，如他说"涂之人也，皆可以知仁义法正之质"（《荀子·性恶》），但他不是从"性"讲"质"。

做了较为合理的解释，但是也正是他的性恶说和性朴说丢掉了为宋儒所推崇备至的先验主义、道德主义的"大本大源"，即便他也突显了人的知善才具、义分族性，仍然摆脱不了程朱将其判定为儒学正统"异端"而打入"冷宫"。

4. 现有文献表明荀子性朴论和性恶论"殊途同归"。

与性朴论侧重于性伪之分有所不同，荀子的性恶论侧重于善恶之分。正如前面所论述的，荀子的性恶论既不是以情欲恶或者人性人情人心结果或恶来证成人之本性恶，也不是指人本性恶，在可能性上它认为人性是可恶、向恶、致恶的，在现实性上它认为人性是无善无恶的，在实践性上它认为人性是有善有恶的。然而，文献证明在荀子人性论思想体系中，性朴论和性恶论也是相互关联、相互一致的。这里关键点在于文献中荀子所讲的"本始材朴"之性说是不是以善恶言"本始材朴"，或者究竟是不是无善无恶，或者如林桂榛所言不善。历史上早就有学者指出《荀子》一书并非全部出自他本人之手，认为《大略》以下六篇为汉儒杂录，其他篇章也有不少文字是他人加入的。根据我的检录，《荀子》一书中诸如《劝学》《礼论》《天论》《正名》《荣辱》等篇均无"性恶"言论，荀子的性恶论主要在《性恶》篇集中加以阐发。这些不能不让人怀疑性恶论就是荀子本人的主张。在我看来，某些学者说《性恶》篇对人性的性恶看法与《劝学》《礼论》《天论》《正名》《荣辱》等篇把人性都不定为恶而是定为朴、善恶未定、可善可恶等严重相悖，有些言过其实，它们有差异但并不矛盾；即便《性恶》不是荀子所作也不是荀子所想，但这并不妨碍我们把荀子分成真实的荀子和文化的荀子而研究文化荀子的人性思想。荀子性朴论主要在《礼论》和《性恶》两篇中讨论的，《性恶》篇侧重于圣人之治角度阐明性朴论和"性伪合"[①]。可见荀子把性朴论纳入性恶论的总体框架中加以论说的，意味着性朴必定指向朴恶或可恶、向恶。站在当代人视角观察，荀子言性本始材朴，意味着性无善无恶，或性本身具有善恶两种趋向，人性恶是从性之发用处得到的。但问题是荀子人性思想主旨是强调因"伪"而善的必要性、重要性，这不能不驱使他把性朴看成恶的或可恶的。

[①]《荀子·礼论》。

5. 董仲舒的性朴论也佐证了性朴论和性恶论可以统一。

董仲舒大概吸收了荀子的性朴论,据《汉书·董仲舒传》载,他在《贤良对策》中在天命的教义上提出了某种性朴论:"质朴之谓性,性非教化不成;人欲之谓情,情非度制不节……下务明教化民,以成性也。"并云:"性待渐于教训而后能为善,善教训之所然也,非质朴之所能至也,故不谓性。"他还明确指出:

> 且名者性之实,实者性之质。质无教之时,何遽能善?善如米,性如禾。禾虽出米,而禾未可谓米也。性虽出善,而性未可谓善也。米与善,人之继天而成于外也,非在天所为之内也。天所为,有所至而止,止之内谓之天,止之外谓之王教,王教在性外,而性不得不遂。故曰:性有善质,而未能为善也。岂敢美辞,其实然也。天之所为,止于茧麻与禾,以麻为布,以茧为丝,以米为饭,以性为善,此皆圣人所继天而进也,非情性质朴之能至也,故不可谓性。①

由上可见,董仲舒把"性"理解为"天质之朴",但并未独尊荀而是孟荀兼取。与荀子相反,他认为性虽然能够产生善,却不能说性就是善,也就是不可称为现实的善——"性虽出善,而性未可谓善也"。显然董仲舒批评地继承了孟子的性善论和荀子的性朴论并加以改造融合。实际上,按照荀子的道德"人为说"——善是人为,恶又何尝不是"伪"的结果呢。只不过他把"伪"正面理解为礼义的积极教化。要知道,从社会实践来说,人之判定为"恶"是由于其行为违背了礼义规范(消极人为)而造成了"偏险悖乱"。

总之,荀子的性朴论从属于性恶论,两者互相补充。我虽然反对牟宗三把荀子在"生之谓性"框架下界定"性"判定为消极的非正宗,却认同他在《心体与性体》中所言:"顺之而无节即'性恶'义。"荀子"本始材朴"与告子"生之谓性"是同讲材质中性,"而此'中性'义与'性恶'义并不冲突也"②。

---

① 董仲舒:《春秋繁露·实性》,张世亮、钟肇鹏、周桂钿译注,中华书局2012年版,第386页。
② 牟宗三:《心体与性体》(上册),上海古籍出版社1999年版,第77页。

（二）性恶与性不善互补

林桂榛指出陈林在《荀子以"心恶"言"性恶"》一文中把荀子"性中天生不具备礼义"归结为"心中天生不具备礼义"，认为荀子是以天性中无礼义来证"性恶"，且这个"性"是"知"和"能"之性而不是"情"和"欲"之性，所以"性恶"之性是心知上的所知所能之性，"性恶"即"心恶"，即心本无礼义、心本不知礼义①；他批评陈林是将"心中天生不具备礼义"当作是荀子论证"性恶"的理论起点，且在"性"和"心"间画等号，在"无礼义"和"恶"间画等号，将"心无礼义""心恶"和"性恶"三者间演绎成等号，这种演绎在概念逻辑、命题逻辑上十分荒诞，更不合于荀书之立说。林桂榛据此进一步强调，荀子确实认为人性中本无礼义，但人性无礼义非足以证性恶只足以证性不善而已，人心本无礼义证明不了本性恶，常人放纵人情人心或心智未驾驭情欲、外诱而导致其结果或恶也不等于本心、本性恶，本心、本性无恶更非"性恶"；荀书唯一说"性恶"云云的《性恶》篇之"性恶"字眼系西汉末年由"性不善"字眼讹误所致，最大讹因是《荀子》一书首次整理者西汉末刘向因汉代泛滥"善—恶""性—情""阴—阳"对说及三者又相互配说之哲学思潮而误校荀书论性篇"不善"字眼。②

正如林桂榛所言，先秦时期大量流行善与不善的对说。我也注意到，先秦经典文献所用的"恶"大多表示"厌恶"的意思，当时普遍采用否定性的"不"字表述道德性思想。即使倡导性善论的孟子也是如此，如《孟子·离娄上》曰："君仁莫不仁，君义莫不义，君正莫不正。"再如孟子经常善与不善对举，针对公都子提到的"性无善无不善论""性可以为善，可以为不善""有性善，有性不善"等观点，孟子明确指出："乃若其情，则可以为善矣，乃所谓善也。若夫为不善，非才之罪也。"③ 无论是公都子还是孟子都是讲"性不善"，没有讲"性恶"。但是，善与恶对举的二分化思

---

① 参见陈林：《荀子以"心恶"言"性恶"》，载《中国社会科学报》2013年3月4日。
② 参见林桂榛：《驳为荀子"性恶"曲辩者》，载涂可国、刘廷善主编《荀子思想研究》，齐鲁书社2015年版，第142—150页。
③《孟子·告子上》。

维在整个儒家思想史上经常被运用,公都子、孟子以至《荀子》一书中的"性不善"主要指向还是"性恶"。

1. "善—恶"对说体现了中国传统主导思维方式。

诚然,中国古人尤其是古代学者不乏如庞朴所阐发的"一分为三"的思维模式,就人性论而言,董仲舒等人还提出了性三品说。不过,中国传统文化历史事实表明,"一分为二"、阴阳式的两极化思维模式仍然占据主流,由此不难理解为何刘向校勘《荀子》一书更多采用"恶"而不是"不善"字。像阴阳、高下、优劣、好坏、正负、长短包括善恶这类对偶性观念、范畴不仅在老子、孔子、墨子等诸子百家文献中被大量运用,就是《荀子》一书也是随处可见。毫无疑问,宇宙万物的辩证法表明这种二元论思维方式在极大程度上是科学合理的。且不说断定刘向误校荀书论性篇"不善"为"恶"尚缺乏强有力的证据,即使是误校,也在一定意义上反映了性恶论的真实原貌。

2. "性恶"与"性不善"相互补充。

我不赞同林桂榛批评陈林以"心恶"言荀子的"性恶"是曲解、歪解,陈林不过是站在以王阳明的"四句教"为代表的心性儒学立场上去别解荀子性恶论。这在一定意义上具有合理性。要知道,性以心显,心以体性。不过,我不同意陈林把"无礼义"仅仅归结为"知"之性和"能"之性而不是"情"之性和"欲"之性。如果仔细分析荀子"今人之性,固无礼义,故强学而求有之也;性不知礼义,故思虑而求知之也"[①] 这段话,就会发现,"性固无礼义"主要指"情"和"欲"无礼义,"性不知礼义"则指"知"无礼义,由于广义上"心"包含知、情和欲,"情""欲"无礼义和"知"无礼义也就等于"心"无礼义,而"心无礼义"就是"性无礼义"。其实,在荀子这里,"心"和"知""能"一样具有二重性,它们既具有"无礼义"又有"可以知仁义法正之质、可以能仁义法正之具";"心"只是具有"知善""向善"之能,但本身并非如梁涛所言是"善"的,因而所谓荀子"心善说"是根本不成立的。我有条件地认同林桂榛所讲的,有礼义等于有善或礼义等于善,心、性本无礼义则等于心、性本无善,但心、

[①]《荀子·性恶》。

性本无善不等于心、性本恶,而只等于心、性无善或不善或未善;"无善、不善、未善"却并不等同于"恶",因为"无善、不善、未善＞恶",无善、不善、未善既包括"恶"的情况也包括不善不恶的"中性"情况。① 尤其值得肯定的是,点明荀子的"性不善"并不等于"性恶"具有极为重要的理论意义和实践价值,它不仅能够使我们对荀子的人性论有更为全面、准确、深刻的把握,也有助于克服现实生活中只讲好、坏不讲不好、不坏,只讲善、恶不讲非善、非恶,只讲应当、不当不讲正当等简化直线对立思维方式造成的种种流弊。不过话又说回来,陈林认为荀子是以天性中无礼义来证明"性恶"却不无道理。荀子所讲的"今人之性,固无礼义"虽然并不直接表明"性为恶",而可以理解为性不善,但它毕竟是荀子论证性恶的第一步前提,也是为他的性恶论服务的。逻辑上讲,"性不善"包括两种可能性:既可以指中性的"性不善不恶",也可以指"性恶"。在《荀子》文本中,在不同语境下,"性不善"有可能单指中性的"性不善不恶",但是这无法替代甚至否定"性恶",二者完全可以并行不悖而相互补充。"四书五经"在大量采用"善"与"不善"对说的同时,也没有完全放弃"善—恶"对说。譬如,《中庸》引述孔子的话说:"舜其大知也与! 舜好问而好察迩言,隐恶而扬善。执其两端,用其中于民,其斯以为舜乎!"

3. 性不善趋向于性恶。

即使林桂榛所说荀书唯一说"性恶"的《性恶》篇之"性恶"字眼系西汉末年由"性不善"字眼讹误所致是对的,"性不善"主要指向就是"性恶"或"性可恶"。其一,"性不善"和"性恶"都属于否定性道德价值评价概念,犹如我们日常生活评价一个人"不仁不义"时,一般就是指这个人品行差;断言"性不善"虽然不等于"性恶",但毕竟对人性做出了负面判断,意味着不具备良好的品性。其二,春秋战国时期的人性论确实主要流行"善"与"不善"对说,而汉代思想家在论及人性问题时更普遍采用"善—恶"对说,因此《荀子·性恶》篇"性恶"字眼极有可能为西汉末刘向讹误所致。然而,即便这样,也不过是一种用语习惯不同而已,思想

---

① 参见林桂榛:《驳为荀子"性恶"曲辩者》,载涂可国、刘廷善主编《荀子思想研究》,齐鲁书社2015年版,第142—150页。

实质上荀子心目中的"性不善"极有可能表达的是与"性善"直接对应的"性恶"。刘向本人不但使用"不善"字眼,而且常在"恶"的意蕴上使用和理解"不善"。如他说:

> 道吾问之夫子:"多所知,无所知,其身孰善者乎?"对曰:"无知者,死人属也;虽不死,累人者必众甚矣。然多所知者好,其用心也多;所知者出于利人即善矣,出于害人即不善也。"道吾曰:"善哉!"①

与既不利人又不害人的中性的无善无恶不同,害人就是恶;既然刘向把"害人"理解为"不善",这就意味着他将"不善"等同于"恶"。其三,正如上文多次强调的,荀子提出"性不善"论的目的是反对孟子的性善论,纠正孟子性伪颠倒的错误,以此突显圣王之治和礼义教化②。既然孟子宣扬"性善",那么荀子必然倡导"性不善";如果"性不善"只是指中性的"无善无不善"或者"性不善不恶"而不包括"性恶",那么它的针对性和说服力就不强,难以达到驳倒孟子性善论的目的,因此荀子的"性不善"势必指称"性恶"或"性可恶"。其实,不光荀子,就是告子、孟子,他们所说的"性不善"主要也是指"性恶"或"性可恶"。

(三) 性恶论具有独特价值

许多学者力图论证荀子的人性论不是"性恶论",更不是"性本恶论",而是"性无善无恶论""性朴论""性不善论"或"性有善有恶论",这种大胆探索理论的勇气颇值得嘉许,也有助于推动还原荀子人性论以至整个荀学的本真。但是,他们都忽视了一点,这就是,荀子正是倡导"性恶论",才使得他的人性思想独树一帜、更有特色,才使得他建构的心性儒学意义斐然、更有价值。

一方面,理论上性恶论可以弥补性善论的不足。孟子的性善论为主体道德发展提供较为坚实的人性基础,它有助于推动人致力于从内在的天性中探寻伦理的根源和人学根据,以为人的道德自我完善提供主体条件。但是它把伦理视为人的特性,且过分夸大它在人道德实践中的作用,也会导

---

① 《说苑·杂言》。
② 故性善则去圣王,息礼义矣;性恶则与圣王,贵礼义矣。(《荀子·性恶》)

致两种负面后果：一是走向道德唯心主义和理想主义，使人的道德自觉走向道德狂想乃至道德任性；二是不切实际地吹胀人性的道德潜能，也会使社会的伦常要求、戒命脱离人性定势，要么使人承担能力范围之外的伦理责任，要么为了获得社会的认同而走向虚假的自我同一或伪善。孟子的性善论对于生活相对安适、痛苦较少的人来说，其解释是较为有效的。但是，正如韦政通所言，儒家对人性善的肯定只看到仁、义、礼、智、信等善性，而忽视人生的种种罪恶，它不如基督教的原罪说对生命体会深刻，因而对那些具有深刻痛苦经验的人显得无力。① 实际上，且不说荀子的性恶论、董仲舒的性三品论以及宋明理学的人性二元论，即使是孟子的性善论，也关切到人恶的一面。荀子的人性恶思想（含性恶论和性善恶混论）更为深刻地捕捉到了人的心性中所暴露出来的贪婪、仇恨、怨尤、狂傲、说谎等丑恶面，窥见邪恶、凶杀、奸淫、偷窃、毁谤、背伪等社会乱象，这对于人的道德发展具有极强的警醒作用。尤其是它从某种意义上更准确地把握了道德的本质和工夫真义，这即是从外在来说需要加强制度建构、规范完善、礼法兼治和道德教化、道德监督、道德惩罚，从内在来说需要主体致力于化性起伪、修身养性，努力克制自己的私心杂念，遏制自己的物欲、情欲，用理性去战胜感性（养欲），以义制利，从而做到克己为人、成人成己和仁民爱物。实际上，不管是从性善论出发而强调人的践形，抑或是从性恶论出发而主张人要节制、窒欲，归结到一点就是要求人修身，如此才能做到进德修业。

另一方面，实践上性恶论和性善论共同推动人的道德发展。儒家以孟子为代表的性善论，阐释了理性化道德情感，展示了人区别于动物的情理特质，揭示了人是宇宙大化中具有高级情感的动物。这对于培养人的道德情操，塑造人的优雅风度，具有较为积极的提振作用。孟子提出人异于禽兽几希之处就在于它具有仁、义、礼、智四德，且指明人之本然性是善的，具有向善致善的才质、禀赋，它们为人后天行善提供了自然可能性基础。程朱人性二元论明确宣称"独人于其间得形气之正""性于人无不善""仁义礼智信五者，性也"等，天赋予人纯善无恶的天地之性。儒家这一系列

---

① 参见韦政通：《儒家与现代中国》，上海人民出版社1990年版。

突出人高于动物的道德潜能和特质思想，将会极大地提高人的道德自信心和责任感，定会激发人发挥道德主动性、创造性和自觉性。历史表明人性善的理念有助于提高人的道德自信心，它同"人皆可为尧舜"一起，极大地滋润了无数中国人的心田，鼓励他们立德、立功、立言。自从蒙学读物《三字经》问世以来，它那头一句"人之初，性本善"激励了不计其数的中国人的心灵。然而，荀子的性恶论对于当代人的发展同样具有很大的启发教育作用。一个人要获得个性的自由全面协调发展，不仅要培养和发挥像道德情感、审美情感之类的有益情感，也要克制仇恨、嫉妒、贪婪等恶劣情感，决不能过分放纵自己的情感，以致滥情。情欲诚然是人生的重要动力，是推动个人建功立业的重要力量，但当我们将之外化出来时就必须掌握一个度，信守中道原则，做到无过与不及。依荀子之言，欲不可去，因为它是人的本性。人永远没有满足的时候。况且欲与物之间正如荀子所言总是充满矛盾，社会资源总是相对匮乏的，如果欲望过分膨胀或是过分放纵，不仅会破坏人的生存环境（掠夺性开发）和社会环境（不正当竞争），也会导致人内心的不平衡、紧张、冲突。因此，人既要合理满足自己的欲望，又要克制自己的欲望、阻遏不当的欲望。

综上所述，孟子的性善论较为凸显人的类特性，强调人异于动物的特殊本质，荀子的性恶论则较为彰显人与动物共有的"性"的自然性能之类普遍性，但也注意到了人身上所具有的为善的知性、义性等特殊类本质，不过他并没有把这视为真正的人"性"。孟子的性善说侧重人的应然性，荀子的性恶说侧重人的实然性，但都体现了实然性与应然性的统一。不论是孟子的性善论还是荀子的性恶论，只是在内在可能性意义上认为人性是善的或恶的，在内在现实性意义上孟子、荀子均没有直接断言人性是善的或恶的，而且孟子、荀子共同认识到只有立足于外在角度当人性外化于人的行为时才有善恶可言。孟子确认了人天生具有行善的自然潜质，具有发展出仁、义、礼、智四种德目的功能，在他看来，人之所以具有成善的才质，就在于人性有一种向善的特性。荀子的性朴论和性恶论不是正相反对而是"殊途同归"、互相补充，因而是可以统一的，同时他讲的"性不善"主要指向还是"性恶"或"性可恶"。

第三章　从重理轻欲、重欲轻理走向理欲并重

迄今为止，国内外对以儒家理欲思想为代表的中国传统理欲观的研究时间不可谓不长、成果不可谓不丰硕、人数不可谓不多。我之所以还要碰触此问题，不仅在于现今对儒家理欲观依然存在某些误读、误解，认识和评价许多仍未达成一致，需要根据时代的发展和认识水平的提高加以新的阐释和重估，还在于儒家传统理欲观不失为解决当前诸多社会冲突问题的重要凭借和思想智慧。历史上以儒家为代表的思想流派所阐发的以欲从理、以理导欲、循理节欲、理欲统一的理欲观构成了中华民族重理性和精神生活的传统，它对于当前克服因过分的贪欲和急功近利造成的自然生态环境灾难、过于激烈的利益竞争带来的社会冲突，遏制贪得无厌、唯利是图、纵欲享乐、损公肥私的恶习，化解人们心灵深处天理人欲的价值冲突，具有重要的意义。

理欲之辨牵涉道德原则与物质利益、道德理性与感性欲望等层面的价值关系。在儒家经典文献中，"欲"相对好理解，它主要指想要、想得到、愿望、需要等，在大多数语境下是指人与生俱来的自然性需要，如食色等。儒家所言的"理"含义较为丰富，它不仅具有治理、规律、规则、规范的意蕴，如《荀子·王制》中的"无君子，则天地不理"，《大学章句集注》中的"惟于理有未穷，故其知有不尽也"；还有条理、道理、义理等含义，如《易经·说卦》中的"和顺于道德，而理于义；穷理尽性，以至于命"，《礼记·乐记》中的"万物之理，各以类相动也"。作为与"欲"相对立的"理"，在儒家话语系统中，既指人的天然正当的基本需要，又指道德原则和道德规范。理与欲固然存在统一性的一面，但经常发生矛盾和冲突。为

此，历代大儒提出了多种多样化解"天理人欲"矛盾以扬善抑恶的方法和路径，构建了历史悠久、意味深厚、影响广泛的三大独特理欲观，这就是欲而不贪的温和重理轻欲理欲观、存理灭欲的极端重理轻欲理欲观和理欲统一的启蒙重理轻欲理欲观。本章将按照历史的逻辑依次阐述先秦汉代儒家理欲观、宋明理学理欲观和功利主义理欲观，对其重新做出评价，最后提出我关于理欲并重的当代理欲观重建的构想。

一、欲而不贪的温和重理轻欲理欲观

先秦时期，在《韩非子·解老》篇中，韩非不仅揭示了理的内涵，还阐明了道与理、理与物之间的关系：

> 道者，万物之所然也，万理之所稽也。理者，成物之文也；道者，万物之所以成也。故曰："道，理之者也。"物有理，不可以相薄；物有理不可以相薄，故理之为物之制。万物各异理，万物各异理而道尽。

"道"是万物"之所以然"的本源，"理"则是万物的具体体现，不同的事物各有自身的理。就道与理的关系，朱熹在《周易本义·序》中也提出了类似的观点："散之在理，则有万殊；统之在道，则无二致。"无论孔子、孟子抑或荀子固然缺乏对道与理、理与物、理与欲关系的系统思考，但就欲与道、义、礼的差异和紧张关系做了深刻阐释，建构了影响深远的欲而不贪、以道制欲、灭天理而穷人欲者、养心寡欲、养人之欲等一系列论断。汉代大儒董仲舒侧重于治国理政之道也发明了节欲、制欲的策略。尽管这一时期的儒家并没有抹杀人欲的人性意义，但是从总体上还是体现了重理轻欲的价值取向。

（一）欲而不贪

孔子没有使用"理"概念，而是用"道"概念代替"理"概念以与"欲"相对应。在某种意义上，孔子是一个重道主义者，他要求人志道据德依仁游艺，赞许"朝闻道，夕死可矣"①，肯认"君子谋道不谋食"②。他肯定人有追求富与贵的欲望，只是强调应根据"道"标准加以取舍："富与贵，是人之所欲也，不以其道得之，不处也。贫与贱，是人之所恶也，不以其道得之，不去也。"③他鲜明地提出了"欲而不贪"的道德规范："君子惠而不费，劳而不怨，欲而不贪，泰而不骄，威而不猛。"④ 在处理人际价值关系时，孔子尤为强调克制自己的欲望，反对随心所欲，强人所难，提出了影响深广的"己所不欲，勿施于人"道德规范，以他人利益作为个人欲望实现的界限，以达到个人价值和他人价值的有机统一。

《礼记》（《小戴礼记》）虽然由西汉礼学家戴圣所编定，但它大多反映的是孔子弟子的思想。在儒家理欲观发展史上，《礼记》具有独特的地位，这主要体现在以下三点上。一为《礼记·礼运》明确确认了人的食、色等基本欲望——"饮食男女，人之大欲存焉"。二为《礼记·乐记》鲜明主张以道制欲——"君子乐得其道，小人乐得其欲。以道制欲，则乐而不乱；以欲忘道，则惑而不乐。是故，君子反情以和其志，广乐以成其教"。三为《礼记·乐记》首次提出了灭欲穷理的理欲观——"人生而静，天之性也；感于物而动，性之欲也。物至知知，然后好恶形焉。好恶无节于内，知诱于外，不能反躬，天理灭矣。夫物之感人无穷，而人之好恶无节，则是物至而人化物也。人化物也者，灭天理而穷人欲者也，于是有悖逆诈伪之心，有淫佚作乱之事"。这从反面要求人要"灭人欲而穷天理"，从而为后世宋明理学的理欲观奠定了思想基础，开创了历史先河。

（二）养心寡欲

《孟子》言及"理"概念不多，只有6处。孟子所言之"理"主要有两种含义。一是指合理、合宜。在论及人的共同性时，孟子站在性善论立场肯定了人不仅具有相同的自然欲望，还承认人具有对理义的共同追求。他说：

---

① 《论语·里仁》。
② 《论语·卫灵公》。
③ 《论语·里仁》。
④ 《论语·尧曰》。

心之所同然者何也？谓理也，义也。圣人先得我心之所同然耳。故理义之悦我心，犹刍豢之悦我口。①

在孟子看来，人心都有对理义的爱好，只不过圣人具有优先性而已。二是指条理。孟子称赞孔子为集大成的圣之时者时指出："金声也者，始条理也；玉振之也者，终条理也。始条理者，智之事也；终条理者，圣之事也。"② 孟子讨论"有恒产者有恒心"时，引述了阳虎一段话，这就是"为富不仁矣，为仁不富矣"③。它的意思是追求财富的人不讲仁爱，而讲仁爱的人就不会追求财富。朱熹注解道："天理人欲，不容并立。虎之言此，恐为仁之害于富也；孟子引之，恐为富之害于仁也。君子小人，每相反而已矣。"④ 显而易见，朱熹从主理论出发把阳虎所说的"为仁"看成天理了。

就"欲"而言，孟子虽然没有完全否定，为此他提出了"制民之产"⑤，但是比较来说，他较为轻视"欲"的价值，而突显伦理道德的崇高意义。在展开性命之辨时，他指出与其把口味、目色、耳声、鼻臭等之类的欲望称为性，不如称为命，因为它们无法将人性同动物性区分开来，不能由人自己做主。在孟子看来，人的欲望属于身体感官机能，属于私心，属于恶，而同道德之心（如四心）相对立。他认为要养心以致善，就必须寡欲："养心莫善于寡欲。其为人也寡欲，虽有不存焉者，寡矣；其为人也多欲，虽有存焉者，寡矣。"⑥ 欲望终究是人与生俱来的天性，人不可能完全根除它；即使它同善性此消彼长，也只能控制它，使之减少，唯有如此，才能积善成德。

不过，吊诡的是，孟子有时将"欲"泛化，认为人既有求生的欲望，又有求义的欲望——对善的追求。他没有将欲与理对置，但揭示了义与欲之间的冲突。基于仁义道德追求比生命可贵的价值取向，当二者发生冲突之时，孟子倡导舍生取义："生，亦我所欲也，义，亦我所欲也，二者不可

---

① 《孟子·告子上》。
② 《孟子·万章下》。
③ 《孟子·滕文公上》。
④ 朱熹：《四书章句集注·孟子集注》，中华书局2012年版，第237页。
⑤ 《孟子·梁惠王上》。
⑥ 《孟子·尽心下》。

得兼，舍生而取义者也。"① 值得留意的是，依照程朱理学的理欲观，孟子说的"生"为天理，"义"也是天理，可是孟子此处的"生"指向的是"利"，于是孟子的"舍生取义"理念与程朱理学把理欲等同于义利的思想产生了错位。

同样值得关注的是，孟子还阐发了欲望的自律性、正当性。他指出："可欲之谓善。"② 所谓"可欲"实质上就是合理的愿望，就是不会给他人造成伤害的正当欲望，换言之，就是符合社会道义的利益诉求。立足于忠恕之道，孟子指出："无为其所不为，无欲其所不欲。"③ 这意味着要将心比心，不要强迫别人做自己都不想做的事。总之，如果说理包括义等义理的话，那么，孟子所倡导的理欲观实为以欲从理、以理导欲。

（三）养人之欲

"欲"是荀子思想的重要范畴，用例达到了241项，大多为想、想得到或达到、希望、愿望、需要的意思，如"以公义胜私欲"④，也有不少表示贪心或过分的愿望的意思，如"食欲有刍豢，衣欲有文绣，行欲有舆马，又欲夫余财蓄积之富也；然而穷年累世不知不足，是人之情也"⑤。荀子之"欲"具有与生俱来的自然性，如"饥而欲食，寒而欲暖，劳而欲息，好利而恶害，是人之所生而有也，是无待而然者也，是禹桀之所同也"⑥。"理"字在《荀子》一书中也不少见，据统计有107个用例，既有治理、规律和规范的意蕴，也有条理、道理、义理、文理等含义。荀子思想中很大一部分是用来阐述如何对待和处理"欲"的问题，不过它绝大多数并非在"欲"与"理"对置框架下展开而大多是在"欲"与礼义的对应模式中加以论说，但是正如下文所述，他也指明必须用"道"和"正理"调节人的欲望。

从根本上讲，荀子虽然批评孟子的去欲、寡欲说，但与孔子、孟子一样，他也是重理轻欲的。一方面在事实层次上，荀子经常把"欲"纳入

---

① 《孟子·滕文公上》。
② 《孟子·尽心下》。
③ 《孟子·尽心上》。
④ 《荀子·修身》。
⑤ 《荀子·荣辱》。
⑥ 《荀子·荣辱》。

"性恶论"的视域之中进行阐发，显示了轻欲的道德化倾向。一是他在人与动物共同性的意义上（非人之所以为人）明确批评孟子的"性善"是"不然"，指出"今人之性，饥而欲饱，寒而欲暖，劳而欲休，此人之情性也"①，从而把"欲"作为人性的重要内容加以确认他认为"欲"具有本源性、冲动性和必然性，意识到人欲不可能完全去除掉，人欲也不可违——"欲不可去，性之具也"②。道德只能顺应"欲"，先王制礼义以"分之"。同时，他强调包含"欲"在内的性并非本然是恶的（有时他也在外在理治意义上讲善恶）③，但是他认为由于存在"欲多而物寡"④的现实，倘若任由人欲自然发展（用荀子的话就是"顺是"），不仅会带来辞让、忠信、礼义、文理的丧失，还会造成相互争夺——"从人之性，顺人之情，必出于争夺，合于犯分乱理，而归于暴"⑤、"人生而有欲，欲而不得，则不能无求；求而无度量分界，则不能不争；争则乱，乱则穷"⑥，从而从效果论方面指明了"欲"会带来各种消极的恶果。二是尽管荀子指明了欲只是可恶的，它同性有细微差别，又是人的自然情性，且无关乎"治乱"⑦，而且人的情欲不可能完全实现——"虽为天子，欲不可尽"⑧。但是他还是强调人总是追求满足，而智者注重节制："所欲虽不可尽，求者犹近尽；欲虽不可去，所求不得，虑者欲节求也。"⑨ 如果按照道行事，则"道者，进则近尽，退则节求，天下莫之若也"⑩。

另一方面在价值层次上，荀子强调"导欲""止欲"。不错，荀子公开反对过孟子的去欲、寡欲说，认为这无法导欲、节欲而治理好国家，主张要"养欲"："凡语治而待去欲者，无以道欲而困于有欲者也。凡语治而待寡欲者，无以节欲而困于多欲者也。"⑪ 他强调"养人之欲，给人以求"。但

---

① 《荀子·性恶》。
② 《荀子·正名》。
③ 详见涂可国：《荀子人性论真义再辨析》，载《临沂大学学报（社会科学版）》2016年第2期。
④ 《荀子·富国》。
⑤ 《荀子·性恶》。
⑥ 《荀子·礼论》。
⑦ 《荀子·正名》。
⑧ 《荀子·正名》。
⑨ 《荀子·正名》。
⑩ 《荀子·正名》。
⑪ 《荀子·正名》。

是，荀子理欲观的主导价值倾向仍然是轻欲的。他不仅如上所述阐发了"虑者欲节"①，同时力主用礼义对人欲进行疏导和"性伪合"②，认为对于不可去也不可尽的欲，要用心加以制止：

> 故欲过之而动不及，心止之也。心之所可中理，则欲虽多，奚伤于治？欲不及而动过之，心使之也。心之所可失理，则欲虽寡，奚止于乱？故治乱在于心之所可，亡于情之所欲。③

显而易见，荀子十分看重心的作用，认为问题的关键不在人欲的多少而在于是否治理好它；只要人心能够"正理"，那么，即便人欲存在过与不及的情况，也不会伤害社会秩序。由此可见，荀子强调的是以心正欲、以理制欲。

（四）制序防欲

同荀子一致，汉儒董仲舒也立足于国家治理的角度论及重理轻欲价值观。他认为，治民固然不能使之无欲，但"嗜欲之物无限，其数不能相足""人欲之为情，情非制度不节"④，人欲如不加以度制，各从其欲，必会奸邪并出——"上下之伦不别，其势不能相治"⑤，造成"富者愈贪利而不肯为义，贫者日犯禁而不可得止"⑥的难治局面。为此，董仲舒一方面主张节欲："故圣人之制民，使之有欲，不得过节；使之敦朴，不得无欲；无欲有欲，各得以足，而君道得矣。"⑦另一方面要求防欲："正法度之宜，制上下之序，以防欲也。"⑧

对上述孔子、孟子、荀子和董仲舒的理欲观究竟应当如何评价呢？

首先，孔子、孟子、荀子确认人的富贵利禄、食色男女是"人之大欲"，这是符合人性真实的。孔子要求人做到"欲而不贪"，这一伦理戒命也是相当合理的。不论是孟子的寡欲还是荀子的养欲，均是对人欲合理的

---

① 《荀子·正名》。
② 《荀子·礼论》。
③ 《荀子·正名》。
④ 参见班固：《汉书·董仲舒传·举贤良对策》，中华书局1962版。
⑤ 董仲舒：《春秋繁露·度制》，张世亮、钟肇鹏、周桂钿译注，中华书局2012年版，第290页。
⑥ 董仲舒：《春秋繁露·度制》，张世亮、钟肇鹏、周桂钿译注，中华书局2012年版，第284页。
⑦ 董仲舒：《春秋繁露·保位权》，张世亮、钟肇鹏、周桂钿译注，中华书局2012年版，第204页。
⑧ 参见班固：《汉书·董仲舒传·举贤良对策》，中华书局1962版。

处理。但是，由于受到泛伦理主义基本价值取向的引导，先秦孔孟儒家较为忽视欲的价值而重视道的价值，显示出某种禁欲主义的偏向；即使荀子认为国家之治理不在于欲望的多寡，而取决于节养，但他最终仍以"正理"来限定人的欲望，因而潜含着重理轻欲的倾向。

其次，从严格意义上说，孟子的寡欲价值观与荀子的以理导欲和以道养欲的价值观并不像荀子所认定的那样有何本质差异，因为孟子的去欲、寡欲不过是要用心去限制、克制不符合道义的欲望，并非要根除人求富求贵的欲望。固然不能像孟子那样笼统地说要去欲、寡欲，不能强求世俗大众都如同清教徒那样清心寡欲，但是，人欲毕竟具有强烈的不可抑制性（欲壑无底）和冲动性，当条件不具备或欲望不合理时，就不能多欲，就应节欲、去欲和寡欲，因此荀子对孟子寡欲之说的驳斥是失效的，也同他关于物与欲相矛盾的观点相冲突。

再次，虽然先秦儒家和董仲舒的欲而不贪、以道制欲、灭天理而穷人欲、养心寡欲、养人之欲和制序防欲对理欲观可能带来一定的禁欲主义负面作用，但是它毕竟肯定了人的基本欲望，重视道德精神生活的内在价值，这对于发挥道德的调节功能、维持社会伦理秩序无疑具有不可替代的作用。

二、存理灭欲的极端重理轻欲理欲观

为应对佛道的挑战、恢复儒学的正统地位，为纲常伦理做本体论证，宋明儒家在礼与性、理与气、理与事、理与欲等多种对应性关系中赋予"理"以本体意义。自周敦颐以来，宋儒遵循"理"的本体论→宇宙观→人性论→认识论→道德论的下贯思维逻辑顺序建构了较为系统的理欲观。宋明理学所说的"理"既指性理、天理、物理又指人理、事理、伦理，核心是道德伦理规范，而其所规定的"欲"一般指超过正当需要的、带有奢侈性的欲望。它在理欲之辨中把理欲的矛盾推向极致，在理性本质与感性欲求之间划出一道鸿沟，展现了极端化的存理灭欲道德价值观。

（一）贵思窒欲

宋代最早提出人欲与天理之分的是张载，他说："上达反天理，下达徇人欲者与。"① 程颢、程颐不仅不反对人追求正当的自然欲望，反而对佛家灭欲说进行强力批判。程颐承继了《易经·归妹》"阴阳交感，男女配合，天地之常理也"的思想，指斥道："如人之有耳目口鼻，既有此气，则须有此识；所见者色，所闻者声，所复者味。人之有喜怒哀乐者，亦其性之自然。今强曰必尽绝，为得天真，是所谓丧天真也。"② 他肯定了人的情感和欲望是人的自然天性。不过，程颢尽管没有像李泽厚所说的那样强调"道"（"形而上"）和"器"（"形而下"）严格区分，而是感性与理性合一③，但是程颢、程颐主要从人性善恶出发强调"存天理，灭人欲"。他们基于善恶对说肯定了天地之性是本然纯善的，气质之性则有善有恶；同时还从"十六字心传"的认识论出发，把心分为道心和人心（狭义的）两种，道心纯然是善的，而人心则与私欲相连，它通常是恶的。程颢指出："'人心惟危'，人欲也。'道心惟微'，天理也。"④ 人心如果为外物私欲所蔽，就会失去中正而滑向恶。程颐更是把天理与人欲直接对立起来，认为"不是天理，便是私欲。人虽有意于为善，亦是非礼。无人欲即皆天理"⑤。可见，人欲势必妨碍人为善去恶。正因人欲为恶，且"人心私欲，故危殆。道心天理，故精微"⑥。

二程进一步从中庸之道维度指出：

> 人心莫不有知，惟蔽于人欲，则亡天德一作理也。⑦
>
> 甚矣，欲之害人也。人为不善，欲诱之也。诱之而弗知，则至于天理灭而不知反，故目则欲色，耳则欲声，以至鼻则欲香，口则欲味，体则欲安。⑧

显然，二程把人的各种过分的欲望（嗜欲、肆欲）视为天理不容的恶的东西，这预设了一种天理与私欲完全对立的说教。故他们认为人要为善去恶，就得"存天理，灭人欲"。为实现存理灭欲的理欲观，二程阐发了两

---

① 《张载集·诚明篇第六》，章锡琛点校，中华书局1978版，第22页。
② 《二程集·河南程氏遗书》卷第二上，王孝鱼点校，中华书局2004年版，第24页。
③ 参见李泽厚：《中国古代思想史论》，天津社会科学院出版社2004年版，第228—229页。
④ 《二程集·河南程氏遗书》卷第十一，王孝鱼点校，中华书局2004年版，第126页。
⑤ 《二程集·河南程氏遗书》卷第十五，王孝鱼点校，中华书局2004年版，第144页。
⑥ 《二程集·河南程氏遗书》卷第二十四，王孝鱼点校，中华书局2004年版，第312页。
⑦ 《二程集·河南程氏遗书》卷第十一，王孝鱼点校，中华书局2004年版，第123页。
⑧ 《二程集·河南程氏遗书》卷第二十五，王孝鱼点校，中华书局2004年版，第319页。

种工夫。一是"敬义夹持"和"格物致知"。这就是程颐说的"涵养须用敬，进学则在致知"①，旨在把尊德性与问道学结合起来。二是思。程颐在《二程遗书·伊川先生语》中说："为学之道，必本于思。……不深思则不能造于道，不深思而得者，其得易失。"② 他还讲："然则何以窒其欲？曰思而已矣。学莫贵于思，唯思为能窒欲，曾子之三省，窒欲之道也。"③

（二）革欲复理

朱熹继承和发展了二程的理欲观，他的理本论或主理论同样将本体论的理转换成伦理学的内在心性的理，借以彰显了重理轻欲的价值导向。

首先，朱熹就理与欲做了界定。同二程相同，他不仅从人性论维度视"理"为纯善的天地之性或义理之性，还把人的欲望也做了区分，认为人的基本欲望可谓天理，而不当的、过分的欲望则为人欲："饮食者，天理也；要求美味，人欲也。"④ 由此可见，所谓的天理实际上也是人欲，它体现了两种意蕴：其一是表明它是由天所赋予的自然而然的欲望，用现代语言表述就是与生俱来的本能；其二是用以维持基本生存的、正当的欲望，是通过"理一分殊"而来的内在于心的特殊天理。

其次，朱熹阐明了理与欲关系的性质。在他看来，天理人欲由于存在差异，必然会产生矛盾和对立——"天理人欲，不容并立"⑤、"人之一心，天理存，则人欲亡；人欲盛，则天理灭"⑥。人之道心体现天理，故至上至善；但人心若受物欲之累，有气禀物欲之私，发而则有善恶之分。

再次，朱熹倡导"存理灭欲"。从善恶相分的逻辑出发，作为一个泛伦理主义者，朱熹指出"圣贤千言万语，只是教人明天理，灭人欲"⑦，"学者须是革尽人欲，复尽天理，方始是学"⑧。他不但将"天理"内化为人欲的特殊样态并同过度的欲望对立起来，并突显心的功能，认定心与理一体：

---

① 《二程集·河南程氏遗书》卷第十八，王孝鱼点校，中华书局2004年版，第188页。
② 《二程集·河南程氏遗书》卷第二十五，王孝鱼点校，中华书局2004年版，第324页。
③ 《二程集·河南程氏遗书》卷第十八，王孝鱼点校，中华书局2004年版，第319页。
④ 黎靖德编：《朱子语类》卷第十三，王星贤点校，中华书局1994年版，第224页。
⑤ 朱熹：《四书章句集注·孟子集注》，中华书局2012年版，第237页。
⑥ 黎靖德编：《朱子语类》卷第十三，王星贤点校，中华书局1994年版，第224页。
⑦ 黎靖德编：《朱子语类》卷第十二，王星贤点校，中华书局1994年版，第207页。
⑧ 黎靖德编：《朱子语类》卷第十三，王星贤点校，中华书局1994年版，第225页。

"一心具万理。能存心，而后可以穷理。心包万理，万理具于一心。不能存得心，不能穷得理；不能穷得理，不能尽得心。"①而且，把"天理"外在化，视为社会化的三纲五常："安老、怀少、信朋友，自是天理流行。天理流行，触处皆是。……'父子有亲，君臣有义'之类，无非这理。"②进而将纲常伦理当作必然又应然遵守的，与感性、幸福、快乐无关的绝对道德命令。③

最后，朱熹揭示了明天理、灭人欲的修养工夫。他充分肯定了程颐说的"涵养须用敬，进学则在致知"理念，认为"此两言者，如车之两轮，如鸟之两翼，未有废其一而可行可飞者"④，并进一步加以发挥说："将古今圣贤之言，剖析义利处，反复熟读，时时思省义理何自而来，利欲从何而有，二者于人，孰亲孰疏，孰轻孰重，必不得已，孰取孰舍，孰缓孰急。初看时，似无滋味，久之须自见得剖判处，则自然放得下矣。"⑤

（三）去欲存理

王阳明的心本论虽同程朱的理本论表现出诸多差异，但是王阳明不仅也讲理、重理，以至有的学者提出对理的理解是王阳明的核心使命⑥，而且他把"理"主要归结为"天理"。在解决理与欲的矛盾问题上，王阳明与程朱理学也是惊人的一致，他们都倡导存理去欲价值观。王阳明要求学者"去人欲而存天理"⑦，"只要去人欲，存天理，方是工夫。静时念念去人欲，存天理。动时念念去人欲，存天理"⑧，做到"心纯乎天理，而无人欲之杂"⑨，认为"将好色好货好名等私，逐一追究搜寻出来。定要拔去病根，永不复起，方始为快"⑩。

---

① 黎靖德编：《朱子语类》卷第九，王星贤点校，中华书局1994年版，第154—155页。
② 黎靖德编：《朱子语类》卷第四十，王星贤点校，中华书局1994年版，第1033页。
③ 参见李泽厚：《中国古代思想史论》，天津社会科学院出版社2004年版，第220—221页。
④ 《朱熹文集·答孙敬甫》。
⑤ 《朱熹文集·答时子云》。
⑥ 参见沈顺福：《论王阳明之理》，载涂可国主编《中国文化论衡》（2016年第1期，总第1期），社会科学文献出版社2016年版，第21页。
⑦ 《传习录上》。
⑧ 《传习录上》。
⑨ 《传习录上》。
⑩ 《传习录上》。

应当肯定，宋明理学的理欲观概括起来具有三大合理性。

一是伦理合理性。尽管说道心是天理不太准确，但却是正确的，因为人心确有道德与非道德之分（含不道德）。它把合理的人欲看成天理有助于强化饮食欲望这一感性需要的价值正当性、合理性。程朱认为饥食、渴饮是天理，穷口腹之欲便是人欲，所要灭除的人欲常常指过分之欲、邪恶之欲，这不能不说具有极大的道德合理性。

二是理论合理性。宋明理学的理欲观建立在经过体悟、慎思的本体论、认识论、人性论的基础上。围绕天地之性与气质之性、理与欲、天理与人欲、人心与道心、本体与工夫、理一与分殊等概念范式，宋儒做了精深的思考，构建了较为精致的理欲观。正如温克勤所指出的："宋儒的理欲观在解决理欲、义利、公私关系问题上是有着丰富内涵的。它强调的理欲之辨、义利之辨、公私之辨的道德价值评价模式，是对孔孟特别是孟子思想的发挥，使其更加系统化、理论化、精致化。"[①]

三是现实合理性。"去人欲而存天理"对于温饱尚未根本解决的短缺经济时代的绝大多数民众来说是一种迫不得已的选择，对那些巧取豪夺、穷奢极欲的人来说也不失为一种警诫。台湾学者韦政通曾经批评孔子的工夫论过于简易、程朱工夫论陷于经验、陆九渊工夫论虚玄、阳明工夫论不易捕捉；儒家的人生思想之所以空虚、宋明理学家之所以与大众脱节，一个重要原因是在"存天理，去人欲"的理欲之辨上。[②]诚然，宋儒的理欲观存在一定的理想化、简单化、虚无化的弊端，如"下学人事，上达天理"[③]之类的论说，但是其有关处理理与欲关系的修养实践工夫许多具备现实可操作性，如程颐讲的"为学之道，必本于思""日思而已矣，觉莫贵于思"、朱熹说的"反复熟读，时时思省"都有有效的指导意义。

不过，话又说回来，宋明理学和阳明心学的革欲复理理欲观至少具有两大内在的缺陷。

一方面，它陷入绝对主义泥坑。它把人的欲望分为人欲和天理两部分，

[①] 温克勤：《试论儒家传统理欲观及其当代价值》，载《天津师范大学学报（社会科学版）》2008年第1期。
[②] 参见韦政通：《儒家与现代中国》，上海人民出版社1990年版，第42—43页。
[③]《二程集·河南程氏外书》卷第二，王孝鱼点校，中华书局2004年版，第66页。

前者为恶，后者为善，制造二者的对立，要求人革欲复理。殊不知，无论是人欲还是天理，都具有善恶二重性。同时它把人欲和天理等同于私和公也是偏颇的。朱熹说"仁义根于人心之固有，天理之公也；利心生于物我之相形，人欲之私也"① 是对的，因为仁义天理一般来说是公的；但把饮食欲望看成天理，并认为天理为公，则是错的，因为饮食欲望一般来说是私的。

另一方面，它一定程度上会导致禁欲主义。饮食是人与生俱来的欲望。程朱的存理灭欲观肯认了人的食、色等自然欲望的天然正当性，当把它们视为天理时，已然蕴含着人欲即天理的思想。不过，把理视为欲，这同把"理"规定为先验的宇宙本体、道德本体思想（朱熹讲："义者，天理之所宜。"）主旨相背离。而且一概抹杀"要求美味"的合理性——二程把人的最起码的基本欲望（如饮食）视为天理，把不当的、过分的欲望视为人欲，并要求"窒欲"，一味强调天理与人欲的对立性，这很容易滑向禁欲主义泥潭。要知道，从思想理论的传播和接受来说，一般民众均将理学家所说的"天理"当作人欲来理解，即便将其与失当的"人欲"区分开来，由于一味强调"存天理，灭人欲"，突显两者的对立，必然使人误解为禁止人的所有欲望，从而使本来合理的命题在现实化、社会化和政治化的过程中异化为宣扬禁欲主义的不合理命题。

三、理欲统一的启蒙重理轻欲理欲观

应当说，从孔子的以道制欲、孟子的养心寡欲、荀子的养人之欲，到程朱陆王的存理灭欲，都没有否定人欲的天然性，只是他们轻视了其地位和价值，过于抬高了道德理性的作用；而宋明理学家的理欲价值观尽管旨在反佛道却受到佛道的影响使之打上了一种近乎宗教式的禁欲主义色彩，其过于强调道德的普遍性、唯一性，抹杀个人感性需求，势必在一定程度上造成对欲的压抑，出现某种"以理杀人"的现象②，从而受到后世思想家

---

① 朱熹：《四书章句集注·孟子集注》，中华书局2011年版，第188页。
② 鞠巍、王小丁：《独特的理欲观——试论胡宏对魏了翁思想的影响》，载《船山学刊》2008年第1期。

的批判。对程朱理学由理欲之分发展到理欲对立，从一开始就受到当时和后世学者的反省和驳斥，一些思想学家开始从不同方面寻求和论证理欲之间内在的统一性，但是，就价值观而言，他们并没有完全脱离传统重理轻欲的轨道，更不可能像有些人指责的那样造成所谓的纵欲主义，而只是建构了带有启蒙意义的重理轻欲理欲观。

（一）同体异用

南宋湖湘学派的开创者胡宏在《知言》中提出："天理人欲，同体而异用，同行而异情，进修君子，宜深别之。"① 天理人欲同处于一个生命体之中，只是具有不同的作用，并在同一行为中表现出不同的感情。朱熹赞成胡宏的"同行而异情"，但反对胡宏的"同体而异用"。他在《知言疑义》中，列举了《知言》的"八宗罪"，并对胡宏的理欲观提出批评：

> 此章亦性无善恶之意，与"好恶性也"一章相关……盖天理莫知其所始，其在人则生而有之矣；人欲者，梏于形杂于气，狃于习，乱于情，而后有者。然既有，而人莫之辨也，于是乎有同事而异情者焉，有同行而异情者焉，君子不可以不察也。然非性无以立乎其本，则二者之几微万变，夫谁能别之？今以天理人欲混为一区，恐未允当。②

这里，朱熹指出天理是人先天所有的，而人欲则是在后天的气质、习俗、情感等的作用之下才形成的。朱熹反对天理人欲同体说，在《朱子语类》卷一百一中他质问道，为何天理人欲同体得如此，却是性可以为善，亦可以为恶，却是一个人欲窠子，将什么做体？朱熹以"同体"之体为体用之体，认为胡宏把人欲看作本体无从区分善恶，使本然之性堕落为人欲窠子。朱熹认为五峰不分天理人欲，这有所误读。在五峰看来，天理人欲有同有异，如他讲："人欲盛则於天理昏，理素明则无欲矣。"③

事功学派的陈亮在同朱熹就义利、王霸问题展开争论时，强调了天理人欲的一致性，认为情欲出于人之本性，利欲并非坏事，义理不能离开具体事而空论，从具体事中可知是否是私利己欲，反对以天理与人欲作为划

---

① 《胡宏集》，吴仁华点校，中华书局1987年版，第329页。
② 《胡宏集》，吴仁华点校，中华书局1987年版，第329—330页。
③ 《胡宏集》，吴仁华点校，中华书局1987年版，第24页。

分"圣"和"狂"的标准。总之，用朱熹在《答陈同甫书》中的话说，陈亮实际主张"王霸可以杂用，则天理人欲可以并行"的价值观（陈亮不认可）。

（二）理存于欲

明清之际的功利主义实学思潮，对程朱存天理、灭人欲价值观在继承中展开了批判。陈确提出"理寓于欲"的观点，认为天理不过是人欲的适当性："人心本无天理，天理正从人欲中见。人欲恰好处，即天理也。向无人欲，则亦并无天理可言矣。"①

王夫之从天人相分出发，突显了理欲的统一性，进而反对禁欲主义。一是天理具有感性和理性两重含义，它既包括人的自然欲望——"天理便谓之天，只欲便谓之人。饥则食，寒则衣，天也；食各有所甘，衣亦各有所好，人也"（《读四书大全说》卷四），又包括道德理性——天理是指人能"好学近乎知，力行近乎仁，知耻近乎勇"。二是理存于欲。他说："是礼虽纯为天理之节文，而必寓于人欲以见。……故终不离人而别有天，终不离欲而别有理也。"（《读四书大全说》卷四）三是反对把"人心"等同于"人欲"。王夫之认为程颐把食色、求生等"人心"归结为"人欲"，必然导致教人"日以求死"（《读四书大全说》卷八）。四是主张"遏欲"。他在《正蒙注》卷三中说："理，天也；意欲，人也。理不行于意欲之中，意欲有时而逾天理，天人异用也。"意欲是"私欲"，是贪欲，它破天理、逾天理，因而必须遏制——如同《正蒙注》卷九所言："惟遏欲可以事亲，可以事天。"由此可见，王夫之虽然反对程朱把"人心"等同于"人欲"，却在理欲观的思想主旨上没有完全超越程朱的理欲观。

（三）遂人之欲

清代思想家戴震在《孟子字义疏证》一书中着重对宋明理学家们的存理去欲理欲观进行了专门性批判，展现了丰富而深刻的理欲统一思想。概括来说，大体有如下要义。一是对理做了详细的界定。戴震虽然同程朱一

---

① 陈确撰：《陈确集》下册，中华书局1979年版，第461页。

样将理内在化，但他有时把"理"疏解为分理、条理、事理——"理者，察之而几微必区以别之名也，是故谓之分理；在物之质，曰肌理，曰腠理，曰文理；得其分则有条而不紊，谓之条理"①；有时则理解为情欲的适当、顺达、纤微无憾——"天理云者，言乎自然之分理也；自然之分理，以我之情人之情，而无不得其平是也"②、"是心之明，能于事情不爽失，使无过情无不及情之谓理"③；有时界定为主体之间体现共意的得其平——"在己与人皆谓之情，无过情无不及情之谓理"④。二是将情、欲、理合一，认为理源于欲，离欲无理。戴震提出"今以情之不爽失为理，是理者存乎欲者也，然则无欲亦非欤？"⑤的反问。三是规定欲为行为的动力，人有欲，便产生行为，有行为，才能有理——"天下必无舍生养之道得存者，凡事为皆有于欲，无欲则无为矣；有欲而后有为，有为而归于至当不可易之谓理；无欲无为又焉有理"⑥。四是对人的情欲做了充分肯定，主张"体情遂欲"，认为"道德之盛"的目的并非灭欲，而是"使人之欲无不遂，人之情无不达"⑦，强调"圣贤之道，无私而非无欲；老、庄、释氏，无欲而非无私；彼以无欲成其自私者也；此以无私通天下之情，遂天下之欲者也"⑧，指明"圣人治天下，体民之情，遂民之欲"⑨。五是戴震认识到人的欲、情与知各自可能出现相应的私、偏和蔽之弊端——"欲之失为私，私则贪邪随之矣；情之失为偏，偏则乖戾随之矣；知之失为蔽，蔽则差谬随之矣"⑩。六是基于"欲之失为私，私则贪邪随之矣"⑪的境况，戴震强调用必然之理来调节人的自然之性——"由血气之自然，而审察之以知其必然，是之谓理义。……若任其自然而流于失，转丧其自然，而非自然也。故归于必然，适完其自然"⑫；遂欲并非纵欲，而必须对人欲进行节制——"天理者，节其欲

---

① 《孟子字义疏证·卷上》，何文光整理，中华书局1982年版，第1页。
② 《孟子字义疏证·卷上》，何文光整理，中华书局1982年版，第2页。
③ 《孟子字义疏证·卷上》，何文光整理，中华书局1982年版，第3页。
④ 《孟子字义疏证·卷上》，何文光整理，中华书局1982年版，第2页。
⑤ 《孟子字义疏证·卷上》，何文光整理，中华书局1982年版，第8页。
⑥ 《孟子字义疏证·卷下》，何文光整理，中华书局1982年版，第58页。
⑦ 《孟子字义疏证·卷下》，何文光整理，中华书局1982年版，第41页。
⑧ 《孟子字义疏证·卷下》，何文光整理，中华书局1982年版，第54页。
⑨ 《孟子字义疏证·卷上》，何文光整理，中华书局1982年版，第9—10页。
⑩ 《孟子字义疏证·卷下》，何文光整理，中华书局1982年版，第41页。
⑪ 《孟子字义疏证·卷上》，何文光整理，中华书局1982年版，第41页。
⑫ 《孟子字义疏证·卷上》，何文光整理，中华书局1982年版，第18—19页。

而不穷人欲也。是故欲不可穷，非不可有；有而节之，使无过情无不及情"①。

与戴震同样，焦循力主"理欲统一"。一方面，他认为有欲才有为，无欲则无为，理乃存欲之理，非无欲之理："凡事为皆有于欲，无欲则无为矣。……是故君子亦无私而已矣，不贵无欲。"② 另一方面，焦循批判了离欲、无欲带来的危害："古之言理也，就人之情欲求之，使之无疵之为理。今之言理也，离人之情欲求之，使之忍而不顾之为理。此理欲之辨，适以穷天下之人，尽转移为欺伪之人，为祸何可胜言也。"③ "孟子言养心莫善于寡欲，明乎欲不可无也，寡之而已。人之生也，莫病乎无以遂其欲。"④ 再一方面，他推崇"体民之情，遂民之欲"的王道理想："饮食男女，人之大欲存焉。圣人治天下，体民之情，遂民之欲，而王道备。"⑤ 他提出使人欲无纵无不遂。

必须承认，以陈亮、陈确、王夫之、戴震和焦循等为代表的功利主义学说和实学思潮在批判程朱理学"存天理，灭人欲"理欲观的过程中，围绕理与欲之间的矛盾冲突提出了一些创新性的观点，在一定方面纠正了宋明理学带有禁欲主义的偏向，这主要体现在以下几方面。

一是陈亮、陈确、王夫之、戴震和焦循等人针对程朱将理与欲二分的绝对化理解，在肯定二者存在差异的前提下更为强调理欲的统一性，把性、情、欲三者视为一体，只是过于突显两者的统一，而忽视了二者之间的对立、紧张和冲突。虽然并不必然导向纵欲主义⑥，可如果把握不当，必定会给纵欲主义留下口实。

二是他们反对程朱理学把人欲视为邪恶，因而提倡去欲、禁欲、灭欲的观点，主张"使人之欲无不遂，人之情无不达"，肯定人追求自然欲望的合理性。这一重欲的观念有助于缓解宋明理学家的"存理去欲"诫命可能

---

① 《孟子字义疏证·卷上》，何文光整理，中华书局1982年版，第11页。
② 《孟子正义》。
③ 《孟子正义》。
④ 《孟子正义》。
⑤ 《孟子正义》。
⑥ 蒋方震认为："东原理欲之说震古烁今，此真文艺复兴时代之个人享乐主义之精神也。"参见梁启超：《清代学术概论》序，中华书局2010年版。

对人身心形成的压抑以至伤害。

三是相比"存天理,灭人欲"的理欲观,陈亮、陈确、王夫之、戴震和焦循等人强调"遏欲""节欲""不贵无欲""寡欲",这比"灭欲"温和得多,不会造成对人欲的过分压制。

四是更具思想启蒙意义的是,戴震、焦循将人欲看成人的行为的动力,提出了"凡事为皆有于欲,无欲则无为矣"的人性动力论,这同恩格斯在《路德维希·费尔巴哈和德国古典哲学的终结》一书中引用的"恶是历史发展的动力的表现形式"(黑格尔语)有着一致之处。

五是阐明了"存天理,灭人欲"的理欲观造成危害的原因。戴震指出,对"理"的解释往往与宗法制、家长制关联,必然产生因"自私"或"己意"引发的曲解①;要克服对"理"理解上的偏见,一则必须做到"无私"——"心之所同然始谓之理,谓之义;则未至于同然存乎其人之意见,非理也,非义也"②;二则是必须用"权"——"人伦日用,圣人以通天下之情,遂天下之欲,权之而分理不爽,是谓理"③。由此可见,戴震等人的理欲统一理欲观旨在回归到先秦原始孔孟儒家节欲、寡欲精神。

但是,与张学智、蒙培元、陈来等绝大多数学者观点不同,我认为,胡宏的理欲同体异用说、陈亮的理欲并重说、王夫之的理寓于欲说、戴震的遂人之欲说虽然旨在批判宋明理学的理欲观,某些方面确实有差别、有进步,但是它们并没有像有的论者夸大的那样从根本上颠覆了程朱理学的存理灭欲观,没有完全脱离宋明理学重理轻欲的窠臼,更没有像有的论者所说的那样构建了一种新的理欲伦理观④。尽管陈亮、陈确、王夫之、戴震和焦循等人对程朱理欲观进行了猛烈的批判,可实质上仍然属于儒学内部的自我批判,这些批判更多的是为感性需要的"欲"的正当性、合理性给予辩护,旨在改变宋明理学过于重理轻欲的极端化偏向;也是出于为人伦

---

① 《孟子字义疏证》云:"尊者以理责卑,长者以理责幼,贵者以理责贱。虽失,谓之顺。卑者、幼者、贱者以理争之,虽得,谓之逆。……上以理责其下,而在下之罪,人人不胜指数。人死于法,犹有怜之者;死于理,其谁怜之!"又云:"人莫患乎蔽而自智,任其意见,执之为理义。吾惧求理义者以意见当之,孰知民受其祸之所终极也哉!"
② 《孟子字义疏证·卷上》,何文光整理,中华书局1982年版,第3页。
③ 《孟子字义疏证·卷上》,何文光整理,中华书局1982年版,第54页。
④ 参见王杰:《一种伦理观的张扬:戴震的理欲统一论》,载《齐鲁学刊》2003年第1期。

日用、商品经济萌芽等世俗生活提供某种合法性论证，许多观点如"理与欲同"其实在宋儒观念体系中已经包含了，只是未曾突显出来罢了；而且，宋元明清时期即便生成了带有功利色彩的、启蒙的重理轻欲理欲观，也只是作为中国传统社会的支流出现，真正占统治地位的仍然是由先秦原始儒家所开创、宋明儒家所彰显的正统重理轻欲理欲观。

具体讲，就是以下四个方面。其一，无论是陈确的"理寓于欲"、王夫之的"理存于欲"，还是戴震的"离欲无理"，与朱熹的"人的基本欲望即天理"并无二致。其二，彼此都立足公私之辨的角度去界定天理与人欲，如戴震所说的"欲之失为私，私则贪邪随之矣"，焦循讲的"君子亦无私而已矣，不贵无欲"[1]即是明证。其三，都突显用合理性或中道原则去评价和调节人的欲望。戴震注重依理节制人的情欲，以使之无过与不及——"有而节之，使无过情，无不及情"；焦循则认为古圣人所说的理是使情欲没有瑕疵，也就是恰当合理："古之言理也，就人之情欲求之，使之无疵之为理。"[2] 其四，同朱熹化自然为必然和当然、突显应然[3]一样，戴震提出的"故归于必然，适完其自然"论断将自然看作必然的前提和基础，同时把智、仁、勇、礼、义之类的人伦道德归结为"必然"显然混淆了"必然"与"应然"的界限。要知道，如果说人的七情六欲是"自然"、追求各种情欲的满足是"必然"的话，那么仁义道德就是"应然"。这一混淆带来的后果就是强化了儒家人文主义纲常伦理对人感性需求的挤压，并出现了像杨国荣所指出的——"当然便最终压倒了自然"[4]。

总结以上，理欲并重是当代理欲观的重建。

随着西方外来文化的冲击、明清商品经济的发展、社会的逐渐世俗化，尤其是儒学的日益衰落，儒家正统重理轻欲理欲观开始动摇并出现一定的转向，带有实学倾向的、启蒙性质的重理轻欲理欲观所蕴含的重欲主义因素不断萌发，加上中国传统文化中已有的个人主义和实用理性的叠加影响，使得轻理重欲的价值观不断生长。

---

[1]《孟子正义》。
[2]《孟子正义》。
[3] 陈安卿问："理有能然、必然、当然、自然。"答曰："此意甚备，且要见得所当然，是要切处。"（《朱子语类》卷九十九）
[4] 杨国荣：《善的历程》，上海人民出版社2000年版，第244页。

上述表明，如何合理认识和把握理欲关系，塑造健全人格，仍然是当今社会所面临的重大挑战，因此必须尽快实现当代理欲观的重建。为此，应批判继承儒家传统重理轻欲理欲观的合理资源，并结合当代现实进行创造性转化和创新性发展。

一是对欲区别对待。相形之下，"禁欲""节欲""寡欲"要比"灭欲"温和、有度，后者较为容易滑向禁欲主义，因而在当前世俗化社会里提倡禁欲、节欲、寡欲更为合宜。由于何为天理、何为人欲在不同时空、不同条件下各自理解不同，即便被程朱判定的所谓"人欲"在有些情况下也不失其合理性——大部分人温饱问题已经解决，人们追求的是更高的生活质量。况且，有些"欲"可能不合道德之理但合社会之理，如剥削所得，所以对其不应全盘否定，不应固守死理，更不应强求大家过苦行僧的生活，对正当的合理欲望应加以鼓励和满足（养欲）。一句话，必须以中庸和权变态度对人的欲望进行疏导，既反对禁欲主义又反对纵欲主义，保持理与欲之间合理的张力。

二是要认识到"理"和"欲"善恶互涵，具有二重性。"理"和"欲"充满辩证法。虽然"贪欲"之欲是恶的，然而"欲望"之欲并非都是恶的，其中包含了人合情合理的欲望。小恶即大善。且不说一般欲望是推动人外在行为的内在动力，即便是恶劣的情欲也是社会进步的动力形式。同时，人的欲望具有本根性、多样性，它的社会道德善恶效应也是纷纭复杂的，绝不能用道德绝对化尺度剪裁人的多样化欲望。另外，"理"和"欲"具有时变性、地变性，与之相关，其善恶特性亦是与时偕行、与地随变，故此应当以一种发展的眼光推动二者的有机交融，致力于理与欲评价的伦理尺度和历史尺度的统一。

三是在全社会大力倡导讲"理"。不论是儒家言说的天生之理、人性之理（正当欲望），还是其人伦之理、礼义之理，彰显的是道德合理性、社会合理性。它们都是行为的基本遵循，也是维持社会秩序的根本保障。假如说一个不讲理的人不是一个文明人的话，那么一个不讲理的民族就无法立足于世界民族之林。如果不讲理只讲欲，那么一些人提倡的俭约生活理想和全面建设小康社会的中国梦就不可能实现。在当今社会，无理取闹的现象司空见惯，因此应当大兴讲理之风、培植讲理学问，教育人们学会明事理、懂人理、讲道理，做到有理智、有德性、有条理，让人明白"有理走遍天下，无理寸步难行"的道理，促使人在追逐功名利禄的过程中时刻铭记"天理难容"的古训。

四是从总体上坚持理欲并重。荀子所说的物与欲之间的矛盾充满人类社会的始终。一个社会要实现和谐发展，就必须注重开发人性资源，利用人对正当欲望和需要的追求为经济社会发展输送内生的动力；同时也要加强道德的教化、规范的约束、理性的规制，使人对欲望的追求合理合法合德，保持欲与理之间的均衡。

第四章　儒学、人情文化与人际关系优化

自古以来，中华民族是一个讲究人情与人情交往的民族，人情文化十分发达，可以说，人情文化构成了中国人重要的生存方式与生活方式，是中国人重要的待人处世之道。以儒学为核心的儒家文化对中国的人情文化产生了极为广泛而深刻的影响。在现代，我们应该吸收儒学和中国传统人情文化的合理内核，并结合当代中国社会关系状况进行创造性转化，以优化人际关系。

一、人情的基本含义与主要特征

人情文化似乎更具有差异性、主观性、相互性、感情性等特点。人情文化与人际关系、权力交换（交易）、社会交往、社会成本与代价等密不可分。美国社会学家彼德·布劳在《社会生活中的交换与权力》一书中对社会报酬交换、人际互惠互利、价值期望、人际吸引力等相关问题做了系统阐述。我国著名社会学家费孝通在《乡土中国》一书中也对中国的人情文化有所涉及，黄光国等学者在《中国人的权力游戏》等论著中对人情与面子等问题也做了较为自觉、较为深刻的揭示。在新时期中国文化热中，也有不少论者对我国人情文化做了阐释。应该说，人情文化是普遍的人类学现象，诸如关系网、社会交换、走后门、拉交情、摆阔气、裙带风、家族主义等在任何社会、任何国家都存在。不过，人情历来是中国人普遍具有的价值观念，它既是中国人生存和发展的特殊模式，也是其重要的待人处世之道；作为一种特殊的社会文化，人情是构成中华文化的重要源流，相比较其他民族和地区，中国的人情文化似乎有着更为独特也更为成熟的形

态。因此我们将以中国的人情文化为范型来讨论相关问题。

"人情"一词较为模糊和多义,处在不同情境中往往被赋予不同含义。归纳起来,"人情"大致包含以下几种含义:一是指人之常情,即普通人都有的欲望、需要及性情,有点类似于"人性"概念;二是指个人遭遇不同情境时,由需要是否被满足所引发的各种心理体验状态,即人之感情,《礼记·礼运》中有"何谓人情?喜、怒、哀、惧、爱、恶、欲,七者非学即能"[1]的解释;三是指恩惠、情谊,它是指称由人际互动和感情交流所产生和表现出来的社会物象,表征着互动双方关系的密切程序;四是指个人为达到一定的功利目的,与他人进行社会交换时用来馈赠对方的价值资源,它是维系感情、沟通人际关系的媒介,不仅包括可感的具象物——财贷、金钱等,也包括无形的抽象物——感情、权力、知识、信息、劳务、能力、声望等。人情文化中的"人情"综合了上述各种意蕴。

人情文化呈现出以下几种特征。

(一) 关系性

黄光国在《人情与面子:中国人的权力游戏》一书中指出中国人一般拥有三大类人际关系:情感性关系、工具性关系和混合性关系。情感性关系持久、稳定,情感成分超过物质功利成分,像家庭、密友、朋友团体等原级团体中的人际关系,都属于此。工具性关系则短暂、易逝,功利成分大于情感成分,像店员与顾客、公车司机与乘客等人际关系皆是。混合性关系则是空间上联成一个社会关系网络,时间上保持一定的延续性,情感成分和工具成分所占的比重不分上下,像亲戚、师生、同学、同乡、同事、邻居和一般朋友等角色关系即属此列。中国人往往会选择不同的社会交易法则和三种不同类别关系中的人进行交往。如果是情感性关系,中国人就会按"各尽所能,各取所需"法则交往。如果是工具性关系,采取的交易法则则是讲究"童叟无欺"和"公平法则"。如果是混合性关系,个人则最有可能以"人情"来影响他人的动机、态度和行为。因为这种关系既不像情感性关系那样大多以亲密的血缘关系为基础,长绵不断,而需借助于人

---

[1]《礼记·礼运》。

与人的时常往来维系；也不像工具性关系那样是普遍性的、一视同仁的，交往双方一般不预期将来是否进行任何情感交往。混合性关系的交往双方都会预期以后还会进行社会交往，为了不致破坏彼此之间建立起来的"人缘"，资源拥有者要依据"人情法则"，满足对方一定的要求，给予他一定的回报、帮助。① 可见，人情文化体现了人类社会中的混合性关系属性，它通过感情来维系人际关系。

（二）血缘性

中国传统社会结构的基础是以家庭为基本单元的小农自然经济和宗法关系。家又是以血缘关系为纽带组合而成的。在西方，其社会为一团体格局，家庭是一个界限分明的团体，一般只限于他（她）的配偶及未成年的子女。传统的中国社会却是一个差序格局的结构关系，"家"是一个以个人为中心的可变动的圆圈，随着血缘关系和婚姻关系的远近扩大或缩小。因此，中国人的家观念就具有极大的模糊性和伸缩性，它有时指家庭，有时又指家族。正如费孝通所指出的："'家'字可以说最能伸缩自如了。'家里的'，可以指自己的太太一个人，'家门'可以指伯叔侄子一大批，'自家人'可能包罗任何要拉入自己的圈子，表示亲热的人物。自家人的范围是因时地可伸缩的，大到数不清，真是天下可成一家。"② 这种缘于血缘关系的泛化了的亲属关系，容纳了大量区别于能过分表现出真诚行为的家庭情感关系的混合性关系，如亲戚、朋友等，这就必然导致中国人人情关系的血缘化和扩大化。

（三）地缘性

中国历来以农治国，精耕细作。这种生产方式的特点是对天地的依赖性以及由此决定的不流动性。乡下人大多聚村而居，形成一个个比较独立的自然村落。生活环境的静止、狭窄和封闭使同一村落的人只在彼此间交往、互动，通过多方面、经常的接触或人际认知，互相发生亲密而又熟悉

---

① 参见黄光国编：《中国人的权力游戏》，巨流图书公司1988年版，第11—19页。
② 费孝通：《乡土中国》，三联出版社1985年版，第23页。

的感觉，形成一种"我们感"。同村人主要是为了水利、安全、生活等方面的需要而聚居的，其利益有某种相通之处。由于彼此熟悉、彼此利益相关，所以，一旦谁遇到什么红白之事，大家免不了随礼相送；倘若某家遭受特别的困厄，左邻右舍也有义务凑份子解难。"远亲不如近邻"的观念正是人情地缘性的表现形式。中国人"乡"意识也具有极大的伸缩能力，"乡"是一个相对变动的概念。此时此地同村人是老乡，彼时彼地就可能同县人也是老乡。因地缘而生的同乡、邻居等混合性人际关系的放大扩展，无疑会加剧中国人人情关系的复杂化、重叠化，使得中国人情文化具有广泛的地缘性。

（四）层序性

处在差序格局框架下的社会成员，社会关系是以本人为中心一层一层推出去的变动不居的圆圈，各条辐射线和圆周线错综交织便形成了每个人的社会关系网络。这一社会关系网状系统覆盖面极大，包容着情感性的家属关系和混合性关系。人情文化的层序性就主要体现在这些不同性质关系的不同组合和层次上。在传统的中国社会里，个人首先要根据血缘和婚姻的远近而识别亲属关系的亲疏，然后选择不同的方式与之交往。中国人对亲属的称谓十分繁杂严细，借以悉心甄别血亲关系的疏密。这与西方一些称谓差不多的习俗大相径庭。中国文化中的个人，其朋友、同事、同乡等人际关系也时常按彼此亲近的程度、交往的频率和利益的相关度分出人缘的深浅。关系的亲疏、人缘的深浅是中国人做人情的重要参考依据。

施与人情的方法是什么呢？抑或说怎样做才算"通人情"呢？一个字——推。"推"至少包含两层意思。一是"忠恕之道"，亦即感知和推测他人的需要和喜怒哀乐等情感，尔后投其所好——乐其所乐，哀其所哀。这是行人情的内在动力和外在通道。它又分为两个方面：积极意义上的忠——"己欲立而立人，己欲达而达人"和消极意义上的恕——"己所不欲，勿施于人"。二是推己及人，亦即遵循礼的规范，用不同的方式对待与自己关系远近不同的人。礼实质上是一种严格的等级秩序，是调节上下尊卑、贵贱亲疏等角色关系的外在规范和行为表现。遵循礼无非就是用不同的方式、不同的资源与他人交往，所以从礼、礼节的级差性就不难推演出人情的层序性了。

（五）伦理性

这主要表现为人情的非利性和非法性。

一方面，在中国社会，拉关系、行人情并不表明只讲义、不讲利。恰恰相反，人情关系总是建立在利益基础之上的。人情施与者之所以施惠于人，并不是像康德所期望的那样"纯出乎义务心"，而是因为他预期对方将来一定会回报。尽管中国的社会伦理强调"施人慎勿念""施恩拒报"，但这只是一种"圣贤的理想"，并非大多数中国人所遵循的行为模式。何况中国伦理十分强调"受施慎勿忘"的道德义务。既然不论是施者施恩还是受者图报，都不过是为了某种功利目标，那么说人情具有非利性岂不是自相矛盾吗？不，不矛盾。这里所说的"利"并不是指包括物质利益和精神利益的广义的"利"，而是指"君子喻于义，小人喻于利"意义上的狭义的物质利益。因此所谓人情的非利性准确地说是指人情的非物质功利性。而人情的非物质功利性又并不是说它不借助于任何物品、财货、金钱进行交换，也不是说交往双方不追求任何物质目标，而是说中国人往往把做人情和回报本身都当作一种伦理义务来倡导和要求——"来而不往非礼也"，且注重人与人之间的情义、仁爱，很少用金钱、财物当成普遍性的交换资源。质言之，人情的伦理性并不绝对排斥功利性，只不过是说它比较轻视物质而注重精神情感和伦理目的罢了。

另一方面，传统中国是一个礼俗社会，个人与他人的社会交往主要是对一种规矩、情义和习惯的依赖，而不像西方法理社会那样对契约、对法律十分重视。中国人在家内注重血缘亲情的整合作用，讲究"父慈子孝"（"在家靠父母"），在外则讲交情、重义气（"出外靠朋友"）。而西方人却比较重视个人权利与法律平等。由于过分突出人情的制导而忽视法纪的调控，使中国形成了尚情不尚理、尚礼不尚法的伦理文化。这与西方的法理文化大异其趣。人情的偏盛自然就导致法律受挤压、遭轻视，于是难免就"人情大于国法"了。

总之，关系性、血缘性、地缘性、层序性和伦理性构成了中国人情文化的基本特征和主要脉络，它们相互影响，相互作用，共同建构了中国人情文化的主要框架。人情文化从一个广阔面上对中国社会的政治、经济、道德、法律和文学艺术等社会的各个层面都产生了深刻影响。尤其在塑造中国人的人格方面，人情文化更发挥着不可替代的独特功能。

二、 人情的社会功能

如同许多传统观念一样，人情也是精华与糟粕的杂糅、混合，具有积极和消极的两面性。人情文化固然能够协调人际关系，沟通人的情感，丰富人们的精神生活，但是它也会成为阻碍中国现代化进程的绊脚石。

大家已知"人情法规"要求个人关心体贴别人的苦乐，并帮助他人从面临的困境中解脱出来，如此方为真正"通情达理"的人。人情的这种特点和规约无疑培养了中国人的同情之心和仁爱精神。由于中国文化表现为"礼义至上""伦理本位"，加之社会资源总是有限的，所以中国人总是比较强调克己、忍让、勤俭，以求得人际关系的协调和心灵的宁静。这一切都使中国文化充满着浓郁的人情味，蕴含着温情脉脉的人文主义格调。对中国文化推崇备至的印度大学者泰戈尔早在20世纪初就曾赞叹道："中国古老的文明，那耐久合乎人情的特性，对所有属于它们的事物都产生了生气勃勃的影响。如果这一文明不是这样突出地合乎人情，不是这样充满了精神的生命，它绝不会延续这样久。"也许泰戈尔过分夸大了中国人情文化的积极效应，然而仅就注重人情冷暖、崇尚人际和谐的文化传统来说，泰戈尔毕竟还是把握了中华民族基本精神的一个极其重要的方面。中国传统文化之所以愈来愈受到西方人的关注，恐怕不单是因为西方人的兴趣，一个重要的思想动因是西方人对西方世界那种沉湎于物欲、精神紧张、心灵空虚等惨痛现状的苦恼、抱怨和不满，而试图从中华文化中吸取宁静、缠绵、自足和仁慈等有益成分，以冲淡西方由于过分激烈的无情竞争而引起的紧张的持续的张力和激荡不宁的精神状态。英国著名历史学家汤因比曾经断言，只有当中国文化中的和谐引导人类精神前进时，世界历史才能真正找到它的归宿。

然而历史总是充满辩证法的，人情文化对中国的国民性同样产生了巨大的消极效应。

(一) 助长人的自私

做人情总是以自我为圆心,以自我利益为半径,并依据不同的方式与关系亲疏不同的人进行社会交换,以获取一定的功利目标;而且,做人情还要尽可能保持本人所付出的代价与对方的回报相等,因此讲人情在一定意义上说是促使个人利益实现的手段,它极可能滋长斤斤计较个人得失的自私心理。其次,它损害人们的公正心,可能造成社会的不平等。按照"人情法则",假如是两个以上的"关系户"共同分配既定资源,为了维持自己、关系户之间的感情和人际平衡,资源支配者就可能依据"均等原则",而不论关系网内各个人的行为表现如何、有多少贡献,也不论社会的规范制度怎样,将资源平均分配,让大家"利益均沾"。从另一方面看,资源支配者总是要遵循"对等原则",仔细权衡自己所付出的代价是否与对方的报酬公平,以求大体均衡。诸如这些特点和要求,在一定程度上造成了中国人"不患寡而患不均"的平均思想和"求大同"的大一统观念。把资源平均分配,貌似公正,实则不然。有的人根据关系的远近以及主观的好恶,选择不同的方式和资源来与关系网内不同的人交往,这样就可能违反社会公正原则和规章制度,而决定是否做人情以及人情的大小,从而造成社会的不平等现象。再次,由于遇事讲人情,唯恐伤害对方的情面,中国人常常过分表现出忍让、谦恭、中庸、保守、怯弱和自卑等性格。除此之外,依附、顺从、懒怠、奢侈等许多不良品质与人情文化也不无千丝万缕的联系。

(二) 使人好面子

一般来说,决定资源支配者是否做人情要看对方面子的大小。而面子又取决于两类因素:社会地位和社会关系。社会地位越高,关系户越多,面子也越大。为了加强在资源支配者心目中的印象,社会上一些人就采取显示自己才能、美貌、财权等炫耀自己地位的方式。当前,婚丧中讲排场、摆阔气等不正之风,除了有其他种种原因外,一个重要根由就是操弄自己在世人眼中的形象而做"面子功夫"。抬高面子的另一重要途径是扩大"关系户"。常用的办法是角色套系,即运用各种方法将对方套系在和自己有关的角色关系中,以混合性关系和对方保持往来。角色关系又分两个步骤:第一步是和没有混合关系的人建立关系;第二步是和关系疏远的人加强交往。鉴于面子是人情的正比例函数,面子之于中国人犹如人情一般至关重要。假如你损伤了某君的面子,将来他可能也不给你留情面。

(三) 造成社会资源的极大浪费

人们一方面因为数不胜数、花样日新的礼——压岁礼、婚丧礼、生日礼等而苦不堪言,另一方面却大摆酒席、大修墓碑。刚刚走上富裕道路的农民,许多人没有把钱用于培养人才、改善衣食等日常生活,反而为了争面子、慕虚荣,把本来还不多的收入大多花在结婚、盖房两项支出上。目前,从农村到城市,"人情债"愈来愈重,"人情风"愈刮愈烈,几乎泛滥成灾。讲人情还导致权力滥用。由做人情带来的社会弊端中最令人痛心疾首的除了严重的"人情礼"外,当首推以权谋私。诸如行贿受贿、任人唯亲以及走后门、拉裙带等不正之风,大多属于以权谋私。

(四) 阻滞市场经济的深入发展

马克斯·韦伯在《新教伦理与资本主义精神》一书中指出:西方早期中产阶级由于信奉具有禁欲倾向的"新教伦理",非常注意节俭和资本的原始积累。第二次世界大战后一段时间的日本职工,生活水平虽比欧美国家低,但由于日本人受儒教伦理的影响而厉行节约,使日本职工的个人储蓄率远远高于欧美,这就为日本的经济腾飞奠定了雄厚的物质基础。按说中国人更应节约,可事实却是除了朴素值得称道外,我们中国人似乎更能浪费。这从愈演愈烈的吃喝风中可见一斑。中国为什么会出现上述畸形现象呢?原因自然很多,但人情不能不说是其中一个非常重要的原因。婚礼中大宴宾客诚然是结婚人在炫耀自己的财物、志气,生怕丢失面子,但另一方面宾客也在借机送人情、拉关系。而两者的共同目的说穿了不过都是为了从对方手中获取各自所需的资源。由做人情和还人情所带来的财物、资金的巨大浪费,对于中国来说,显然不利于消费资金向生产资金的转化,不利于市场经济向纵深拓展。人情观念也有碍于商品意识的巩固和深化。人情文化强调情感交换,金钱、物质只是附带地充当交际媒介;而以商品、经济作为行为价值取向的人际交往，则很少虑及人情冷暖和伦理目的，钱、财是主要的价值目标。正如有的人所指出的：中国人平时倒很注意节约，但每逢过年过节却十分"奢侈"；衣食住行可能很俭朴，婚丧却非常浪费。市场经济在我国城乡的深入展开，促使人们改变传统的人情观念，把追求利润、财富当作有效的生存方式，以适应日益商品化的社会势态。然而，许多人的人情观念根深蒂固，他们对追求富裕、对用物质利益作为衡量行为的价值标准困惑不解。如果不尽快改变传统的人情观念，就不可能树立和强化市场商品意识，就会丧失市场经济的内在动力。

人情文化的消极影响当然不止上举数端。要克服人情的不良影响，最根本的应是提高社会的物质生产力和精神生产力。只有两种生产力水平极大提高，才能提供丰富的物质资源和精神资源，减少因争夺贫乏的资源而托人情的可能性。我国人情文化具有深厚的非法性、层次性，因此要遏止人情发生消极效应，还必须充分利用道德的约束力和法律的强制力，使人与人之间既相互理解、相互帮助，又合理合法、不徇私情，达到感情和理性、义和利、礼与法的和谐统一。

三、儒学对中国人情文化产生的影响

在此必须指明的是，在中国传统儒释道乃至墨学、法家之学等众多学派、思潮中，只有儒学对传统中国社会中普遍盛行的人情文化产生的影响至深至广，从多个维度和层面形成了历史悠久的中国人情文化形态，并由此改造和重构中国人的处世哲学和人际关系，使人情成为维系中国人社会关系的重要纽带。在很大程度上，儒学的人情特质决定着中国人情文化的内容、特点、走向和发展。

对于儒学的人情特质及其对中国人情文化产生的影响，国内学者同海外学者不同，有的更多从负面角度做了诠释。王润生在谈到儒学以血缘道德为标志的道德相对主义时指出，有人说中国文化重人情是它的优越性，这是一个误会，因为中国人素来不重人情，重的只是亲情和友情，不是一般意义上的人情，人们更多地是把亲戚当人看，把兄弟当人看，把朋友当人看,而很少把陌生人当人看。① 刘清平认为,西方的道德理性虽然同认知理性有别,但它作为人的理性本质在实践——道德领域的具体体现,与"认知理性"或"纯粹理性"内在相关;同时,西方哲学中的道德理性精神则既外存于情感欲望又具有普遍可适用性。反之,儒家伦理由于它特别注重宗法家族关系的伦理道德意义,由于它以血缘亲情作为确立宗法伦理规范的内在依据,由于它把血亲伦理规范作为一切道德行为的本根基础,由于它赋予血缘亲情原则以天经地义的至上意蕴,因而它是一种以情感为依据、以特殊主义为特质的血亲情理,而异于西方式的道德理性。②

我认为,儒学尤其是儒家伦理固然突显血缘情感,且将认知理性从属于道德伦理(智不具有独立意义,只将其视为伦理智慧)。儒家伦理同时也是一种道德理性,它将情感与理性融为一体,一方面儒家强调情理合一,另一方面它并不否认"智"和"知"在人的社会行为中的作用——例如荀子就断言人是一种"有气、有生、有知,亦且有义"③ 的存在。儒家的情感理性特征在某种程度上奠定了中国人情文化的性情基础。

(一)儒学为人情提供了某种主体架构

如上所述,"人情"是一个包括人的感情、欲望、性质、体验等在内的概念。儒家不仅在《礼记·礼运》这一经典中提出了"七情"学说,同时还从多个层面阐释了人的情感问题,并将之置于十分突出的位置。这从我们在本书相关章节中所讲到的孔子认为人之所以要守三年之丧就是由于三年的亲子之爱,孟子把仁的本义归结为事亲("仁之实,事亲是也。"《孟子·离娄上》)等论述中,把血缘亲情视为伦理行为本根基础,可以得到说明。尤其是孟子所提出来的作为仁、义、礼、智的恻隐之心、羞恶之心、辞让之心和是非之心并不是认知理性而是一种道德化情感。蒙培元先生曾深刻指出,在儒家看来,人首先是情感的存在。就是说,人是有情感的动物,而情感具有内在性、直接性,儒家之孝正是出于亲子之间的"真情实

---

① 参见王润生:《现代化与现代伦理精神》,广西人民出版社1989年版,第245页。
② 参见刘清平:《儒家伦理:道德理性还是血亲情理?》,载曾振宇主编《儒家伦理思想研究》,中华书局2003年版,第462—474页。
③《荀子·王制》。

感"，中国人常说"天理良心""天理人情"，"良心"即是"人情"，人心之"良"，即是"人情之美"。①

（二）儒学为人情创设了某种伦理基础

儒家在把众多伦理规范建立在人的美好情感尤其是血缘亲情基础上的同时，也就使情感伦理化，情理达至一体。孟子明确地说："乃若其情，则可以为善矣。"② 朱熹说："仁义礼智之理具焉。动处便是情。"③ 王阳明也讲："七情顺其自然之流行，皆是良知之目，不可分别善恶。"④ 这些论断表明儒家理论多化情为理。正是由于将情感伦理化，才使人们不仅把人际感情交往当成一种行为惯例，也会把做人情和还人情当作一种道德义务来践履；不仅把为了人情而做的面子功夫看成一种世故化的要求，也作为维护个人尊严和荣誉的社会象征；不仅把人与人之间的互惠互利视为个人生存和发展的不二法门，也把利用人情维系人际关系（知恩图报）当成人的道德责任。一言以蔽之，由于把"人情"伦理化，儒家往往把合乎理义之情看成是正当的、神圣的并将其置于极其重要的地位，以至于孔子把"父子相隐"这一天理人情看得大于"国法"，从而赋予中国的人情文化以浓厚的伦理性和非法性色彩。

（三）儒学为人情文化提供行之有效的行为规范和准则

中国传统社会中所讲的人情不仅是指人内在的心理感受，也是一种外化于社会关系中的交际媒介、资源，是用来处理人际关系的某种工具和策略；而儒家所提出来的仁、义、礼、智、信等伦常规范恰好是用来调节人伦关系的，它们在同社会人际关系的相互作用、相互映照中得到了强化。从某种角度来说，儒家通常认为人生活于各种社会关系之中，而各种社会关系不过是某种伦理关系；儒家相信人与人之间的关系是种情分，故伦理关系即情谊关系。这样，儒家核心伦理为中国社会人情的维系和运转提供

---

① 参见蒙培元：《人是情感的存在》，载《社会科学战线》2003年第2期。
②《孟子·告子上》。
③ 黎靖德编：《朱子语类》卷第九十八，王星贤点校，中华书局1994年版，第2514页。
④ 吴光等编：《王阳明全集·传习录下》卷三（上册），上海古籍出版社2011年版，第126页。

了重要的行为方针，这主要从以下几个方面得到印证。

一是仁爱。前已多处述及，儒家仁爱讲究的是差等有序、亲疏有别。它强调应根据人际交往对象同自己关系远近来施与不同的爱；而人情正是按照关系类型（情感性关系、混合性关系和工具性关系）遵循不同法则进行交往，把关系的亲疏、人缘的深浅作为做人情的重要根据，这实质上是把人分为亲人、熟人和陌生人以表达不同的"爱情"。仁爱原则同人情关系的这种同构性和同质性，使儒家仁道成为中国人建构人情的伦理根基。对亲人的爱和对熟人的爱虽然都带有恩情成分——如孝正是建立在报本返始上，但前者毕竟情感因素超过功利因素，后者则是功利大于情感。仁爱把对亲人的恩情同外在化、世俗化的对熟人的恩情区分开来。

二是礼义。来而不往非礼也。中国人正是把报恩和还人情作为有礼的表现。而在中国传统社会，社会化人情往往要借助礼节、礼物、礼教等加以维系——礼尚往来。同时，礼作为调节社会等差秩序或角色关系的外在行为规范，它也要求人们应采用不同的方式、运用不同的资源同不同的人打交道。[①] 情与义总是密切相关的，讲人情、懂人情被认为是有义（义者，宜也）的表现，在中国，"无情无义""不近人情"是对人的负面评价。情与义之所以不可分，还在于义是一种正当之理，是合适的行为，如果人情失去义的节制，就会使人变得世故，而不那么"合情合理"。林语堂先生在《中国人》一书中曾讲到中国把人情置于"理义"之上，并有崇拜"常情"的倾向。[②]

三是忠恕。正如我们在本书多次所言，近代以来，有的论者认为儒家之"忠"与"恕"并不是并列关系，"忠"从属于"恕"，由"忠"所表达的"己所不欲，勿施于人"不过是"恕"的消极意义，而"己欲立而立人，己欲达而达人"则是积极意义。当然大多数学者还是把"忠"和"恕"理解为两个并列不悖的待人处世之道。不论曾子说"夫子之道，忠恕而已矣"[③]是否能够完全反映孔子的原意，有一点是无可置疑的，即儒家十分重

[①] 冯友兰指出："在表面上，礼似乎是些武断底（的）、虚伪底（的）仪式。但若究其究竟，则他是根据于人情底（的）。"载冯友兰：《三松堂全集》第四卷，河南人民出版社2000年版，第365页。
[②] 参见林语堂：《中国人》，学林出版社1994年版。
[③]《论语·里仁》。

视忠恕之道，把它作为协调人情世故的重要原则和方法在全社会加以倡导，主张按照推己及人的理念去处理社会关系网络中的不同人际关系——"能近取譬，可谓仁之方也已"①。尽管孟子反对墨子的兼爱，认为这会取消血缘亲情（无父）的本根性，会造成"二本"②，但同孔子一样，他也主张"泛爱众"，要求人做到普遍性的"推恩"——"老吾老，以及人之老；幼吾幼，以及人之幼"③。对于忠恕在人情中的作用，冯友兰在《新世训》中做了深刻细致的分析："'来而不往，非礼也'。若专把来往当成一种礼看，则可令人感觉这是虚伪底（的）空洞底（的）仪式。但如我去看一个人，而此人不来看我，或我与他送礼，而他不与我送礼，或我请他吃饭，而他不请我吃饭，此人又不是我的师长，我的上司，在普遍底（的）情形中，我心中必感觉一种不快。由此我们可知，如我们以此待人，人必感觉不快。根据己所不欲、勿施于人的原则，我们不必'读礼'自然可知，'来而不往'，是不对底（的）。一个人对于别人做了某种事，而不知此事是否合乎人情，他必须问，如果别人对于他做了这种事，他心中感觉如何。如果他以为他心中将感觉快乐，则此种事即是合乎人情底（的）；如果他以为他心中将感觉不快，则此种事即是不合乎人情底（的）。"④ 在某种意义上可以说，人情不过是儒家恕道思想外在化、世俗化和社会化的思想观念，正因如此，它才对历代中国人产生强有力的社会约束力。

（四）儒学在很大程度上强化了人情文化的社会基础

儒学的人情性最突出的表现是在它的血缘亲情性。传统中国宗法关系的长期延续和根深蒂固深刻地反映在儒家思想中；反过来，在儒学的推动下，中国社会的血亲关系又进一步得到强化。儒学何以能够为中国的人情文化提供某种社会基础呢？

一是儒学特别注重血缘亲情。且不说儒学特别是孔孟儒学把血亲情理视为伦理的基石，即使是作为儒学的核心，五伦有三伦是讲家族关系，突

---

① 《论语·雍也》。
② 《孟子·滕文公上》。
③ 《孟子·梁惠王上》。
④ 冯友兰：《三松堂全集》第四卷，河南人民出版社2000年版，第364页。

出父子、夫妇和兄弟关系的地位。并且这五伦也还是受家庭关系的影响而强调某种有差等的关系结构，正是在此种儒家伦理文化的熏陶下，使得中国人依关系的特殊差异而选择做人的方式。

二是通过家族主义而作用于人情文化。尽管如前所述中国人的"家"可大可小，但实际上由于受儒家泛家族主义文化的影响，中国人往往借助联姻、生育、工作、学习、交往等手段来扩大"家"的范围，以此把那些没有任何情感关系的人纳入情感性关系或混合性关系，按照"人情法则"同混合性关系中的人进行人际交往。在中国传统社会，许多人通过把家族血亲之爱加以放大来编织人情关系网，如拜把子兄弟、移孝作忠（把君主称为大家长、君父），培植各种人际关系资源。拿孔子来说，在他所处的时代，虽然民族、血亲之爱仍起着重要作用，但随着分封制的生成和发展，出现了许多异姓者，为了使以仁为核心的伦理思想适应新的政治体的需要，孔子把血亲之爱加以延伸和扩大，使之变成普遍遵循的社会准则，提出了"四海之内皆兄弟也"[①]、朋友有信、泛爱众等观念，从而把道德情感推广到更为广泛的社会生活领域。就家族主义的泛化给人情文化带来的效应，金耀基做了很好的概括。他指出："既然家之范围有如此大的伸缩性，那么人与人之间关系的有无、厚薄、亲疏也都变得很有伸缩性。从而，拉交情、攀关系，便成为社会普遍的现象。人情在这样的情形下，也成为一极有伸缩性的东西，所谓'得势叠肩来，失势掉臂去''一朝马死黄金尽，亲者如同陌生人'则在说明人情之冷热、世态的炎凉。此诚然是古今中外所同然的社会现象，但中国社会似特别明显。"[②]

三是借助报、恩等范畴为人情文化创设某种社会交换机制。如上所述，中国社会中的人情是通过人际交往、交换来达成的，它乃是一种施者同受者为了互惠互利而进行社会交换时用来馈赠对方的价值资源。金耀基就儒家思想与人情文化中的社会交换机理也做了透辟的诠释。他引证说，西塞罗说过"没有一种义务比回报他人之善更不可缺少的了"，又说过"人皆不能信赖一忘人之恩者"。他还讲，在有些特殊之"伦"的关系中，有较大的

[①]《论语·颜渊》。
[②] 杨国枢主编：《中国人的心理》，桂冠图书公司1988年版，第88—89页。

规范性,"报"或"人情"的成素是较固定的,正如史撝臣在《愿体集》中说:"父慈、子孝、兄友、弟恭纵到极尽处,只是合当如此,着不得一毫感激居功念头。如施者视为德,受者视为恩,便是路人,便成市道矣。"而在另一类不属于某一"伦"的特殊关系中,人并没有特别的"名分"或角色义务,儒家社会理论对此很少有特定的规定,但其忠恕之道却有很重要的规范。金耀基指出,冯友兰先生把"施恩拒报"视为超道德的义虽比一般的"报"要超越,但它仍是中国社会不可缺少的道德要素,在忠恕之道中,这是"施者"的义务;况且,中国社会伦理还同时强调"受恩者"的义务,如朱子治家格言:"施惠无念,受恩莫忘。"儒家论人与人之间关系时,往往对"施者"求以"不望报"的圣人道德,而对"受者"则求以"勿忘报"的常人道德。在中国社会家属关系之外的一般性关系中,既有经济性的交换行为,也有社会性的交换行为,后者正是通过"人情"赖以维持,我们常说"卖个人情""送个人情"或"讨个人情""求个人情",都表示人情的"交换"特点。① 交往与交换是一种极为重要也很普遍的人际关系,同时它们也是个人的一种重要生存方式。一方面,历代中国人讲求情感交往;另一方面,传统中国社会又特别重视在交往、交换过程中遵循忠恕、礼义等道德原则。而这显然离不开儒家伦理观念的制导。人际交往借助于"施""受"与"报"赖以展开,在任何文化有机体中,"报"是一个普遍倡导和推行的原则,不过,在中国"差序格局"的社会背景下,"报"同儒家的忠恕之道、尚礼重义相互作用、相互强化,共同建构了中国特有的人情文化。我们承认金耀基所说的"施恩拒报"是一种较为高尚的圣人道德,但施者求报作为一种人情法则属于正当的社会化行为。从受者角度看,知恩图报是一种道德义务。正是因为受者必报,施者才有施恩的动力。在这种施受的恩情往来中,维系着中国人的社会关系赖以正常进行。正如在"直"规范一节中谈到的,孔子所说的"以直报怨,以德报德",毫无疑问"以直报怨"是一种高尚的道德行为,"以德报德"从其精神境界来说低于"以直报怨",不过它也可算是一种较低层次的伦理行为,至少它可以视为正当化的社会行为。我认为,送人情、拉关系、施与别人恩惠符合利他

---

① 参见杨国枢主编:《中国人的心理》,桂冠图书公司1988年版,第88—94页。

的道德本质规定，尽管施者主观上会求取某种图报，这在很大程度上降低乃至消解施恩的道德价值。有的学者认为，按照"以直报怨"的逻辑，"以德报德"也不值得提倡，因为"以德报德"同"以怨报怨"并无多大区别，不应因为他人做了对得起我的事情就做出同样的事情相报答，只有"以直报怨"和"以直报德"，才是儒家所倡导的精神。这样来理解儒家之"报"不太符合孔子的原意。且不说孔子是将"以直报怨"与"以德报德"共同加以倡导，就"以德报德"本身而言，它不仅是受者的义务，也是维持社会正常运转的重要机制，能够促进德福一致，同时它也符合人之常情，符合儒家"礼尚往来"的规范要求。

四、人情文化的扬弃与人际关系的优化

（一）提倡人与人之间的正常交往

在当代中国社会，由于受资本市场经济的冲击，以及西方个人主义、实用主义等思潮的侵蚀，人情文化在在一定程度上出现了弱化的状况。这种弱化固然有其积极的一面，但亦带来人际关系的功利化、金钱化、世俗化和疏远化等消极景况，其直接后果就是人与人之间的冷漠、无情，导致人的孤独、空虚，导致兄弟反目成仇，以及邻里之间老死不相往来。我们应该克服唯利是图、权钱交易等负面因素，遵循公平、公正、公开的原则，加强人际交往，注重礼尚往来，珍惜人与人之间的亲情、友情，使人与人之间多一些关爱、体贴、宽容、尊重，多一些人情味，从而促进人际关系和谐发展。

（二）遵循普遍理性原则

虽然儒学不乏泛爱众、仁民爱物、天下万物一体之仁、四海之内皆兄弟等普爱主义，但是儒家之爱毕竟讲究差等，儒家倡导的伦理本位实质上就是关系本位，与之密切相关的人情文化也是突出关系性和层次性。这些显然会妨害社会公正，带来人情大于王法、裙带风、以权谋私、奢侈浪费、政治腐败、任人唯亲等弊端，阻碍政治经济关系的良性运行。就情感性关

系而言，我们要充分发挥儒家包括五伦在内的各种纲常的规范作用，重视亲情，克服家族主义的消极成分；就混合性关系而言，应承继和发扬儒家的忠恕之道、尚礼重义、主忠信等伦理思想，扬弃中国传统的人情文化，构建起互惠互利、和谐共存的人际关系；就工具性关系而言，一方面要防止把讲人情、亲情等特殊主义因素带入进来，另一方面要确立和遵循公域性规范（含道德规范），按照一视同仁（不分关系亲疏远近）、公平合理等普遍主义交往法则，平等地对待所有社会关系中的人。总之，我们既要注意血缘亲情对于人际关系的协调作用，防止人情冷漠、家庭观念薄弱、人伦关系松弛等不良现象发生，又要充分发挥西方式的理性精神和法治原则，防止任人唯亲、人情至上、徇私枉公、以权谋私等消极文化滋生蔓延。

（三）实施合理的人情规避

过分讲人情，陷入人际关系网的包围之中，实际上给当事人带来很大压力和困难：没完没了的人情债会使人身心疲惫，不堪重负；徇情枉法，以权谋私，任人唯亲，要承担很大的政治法律风险；受人恩惠，亏欠他人的人情，会使人身心难以保持平衡，且在某种程度上失去了独立性；等等。俗话说："人情紧过债。""赖债不如赖人情，赖了人情难做人。""钱债好还，人情债难还。"因此，社会上有许多人努力规避人情，如拒收他人的礼物，婉拒别人的宴请，无事少跟人交往，或是亲兄弟明算账，朋友聚会实行 AA 制，实行回避制，等等。应当说这些不失为避免人情关系扩大化、防止人情与国法相冲突的重要策略。

（四）大力弘扬正义精神

在儒学中，正如前所述，义虽然不能同正义画等号，但它却内在地蕴含正义观念。在西方，亚里士多德就已提出了正义思想。他指出："政治学上的善就是'正义'，正义以公共利益为依归。"[1]"正义"本质上是"平等（均等）"，亦即"相等的人就该分配给到相等的事物"。当代西方著名政治

---

[1]〔古希腊〕亚里士多德：《政治学》，吴寿彭译，商务印书馆1965年版。

哲学家罗尔斯也在《正义论》一书中强调"正义是社会制度的首要价值"。[①] 如果是基于某种道德的考虑或伦理义务，以及个人正当利益的需要，那么不论是送人情还是还人情，都是符合正义原则的合理行为。但是如果超过正常的人际关系，大搞人情交换、拉关系、结帮派，显然是不义的举动。尤其是将人情法则带到公共活动领域，大搞人情至上、亲情为本，显然不符合社会正义原则。反之，能够做到"施恩拒报"，就如同冯友兰先生所讲的那样，是一种"义行"。可见，人情关系只要保持适当的范围和合理的度，按照儒家倡导的礼义、情义行事，遵循道德正义原则，就是健康有益的。更进一步地说，人情文化既不是纯粹的利己，也不是纯粹的利他，而是利己与利他、自爱与他爱的统一，是一种互惠互利的关系，即使是在现代化社会，也具有合理性。但是，如果牵涉三人以上的人情关系，或者说涉及公共资源的分配，那么就应遵照政治正义和伦理正义的原则来公正、平等地对待所有互动的人，而不能囿于关系网、关系户。

（五）大力弘扬社会公德

儒家伦理系统中并不是完全缺失社会公德规范，像孔子提出来的泛爱众、"唯仁者能好人，能恶人"，孟子所讲的"乐以天下，忧以天下"和仁民爱物，张载倡导的"民胞物与"等，均是针对处理广泛的社会人际关系的。孔子所讲的"以直报怨"也超越了狭隘的人情关系，具有崇高的道德价值。然而，不可否认的是，儒家更为彰显的是五伦五常以及忠恕之道，它们一般是用来协调情感性关系（父子有亲、夫妇有别、长幼有序）和混合性关系（君臣有义、朋友有信）这类私人性关系，这些同个人利益紧紧缠绕在一起，甚至直接以自我利益为出发点，从而包裹着个人本位主义成分。正是由于私人道德的功利主义，加之现实生活中人情文化的巨大张力，使中国社会反而产生了同儒家意愿相反的自私自利行为，这就是"各人自扫门前雪，莫管他人瓦上霜""事不关己，高高挂起""洁身自好""明哲保身"等处世态度。张曙光深刻指出，以直报怨作为私德是值得肯定的，但以之作为公德又是颇成问题的，因为它所关注的不是当事人双方是否奉

[①] 参见［美］罗尔斯：《正义论》，何怀宏、何包钢、廖申白译，中国社会科学出版社1988年版。

行普遍正义原则，而是看对方的态度如何，要人们各以对方对自己的态度为转移，这反而容易造成人与人之间狭隘、庸俗的关系，所谓"你敬我一尺，我敬你一丈""你不仁，我不义"的民谚即由此而来。你对我"好"，你就是"好人"，我也对你"好"；你对我"坏"，你就是"坏人"，我也对你"坏"。感情代替了是非，所以中国人都容易做到"内举不避亲"，却难以做到"外举不避仇"。有感于此，梁启超援引斯宾塞的伦理思想在《新民说·公德》中指出，中国道德发达很早，但大都是"私德"，也就是讲究"人人独善其身"的道德，而"人人相善其群者"的"公德"则少之又少。如《尚书·皋陶谟》之九德，《尚书·洪范》之三德，《论语》所谓温良恭俭让、所谓克己复礼、所谓忠信笃敬、所谓寡尤寡悔，《中庸》所谓好学力行知耻、所谓戒慎恐惧、所谓致曲，《孟子》所谓存心养性、所谓反身强恕，凡此之类，关于私德者，发挥几无余蕴。其实，在中国古代无所谓私德公德，因为中国的社会结构是家国同体，一切都在宗法关系的牢笼之下，私人交往与公共关系缺少明确界限，人们的道德皆由血亲伦常关系为原点而外推，所以私德公德不分。而中国传统道德的严重问题之一，就是道德内部与道德和政治之间缺少必要的分殊，致使"正义"被私人化、情感化而丧失了其公平合理性。[①] 不可否认，中国传统社会是建立在小农宗法关系基础上的"差序格局"，导致家国同构同体，私人关系发达，己群界限模糊，公共生活缺乏，这也是儒家重私德轻公德的重要原因。不过，即便如此，传统中国社会同样存在家国分立（忠孝不能两全即是佐证），同样有职业的公共生活，同样存在各种集市。与此相应，儒家提出来了一些公德规范，如齐家、治国、平天下，如四海之内皆兄弟，等等，问题是必须正确界定私德和公德范畴。所谓私德（或称个人道德），大致有四种规定性：一是为了生存、发展和享受而对个人提出的品质要求，有人称之为进取性道德，而同用以处理个人同他人、同社会之间利益关系的协调性道德相对应，如永不知足、坚忍不拔、勤俭节约、艰苦奋斗等；二是个人对自身的伦理义务，同对他人的义务相对应，如发展才智、保存生命等；三是用来处理个人与个人之间关系（私人性关系）的行为品质和规范，像孟子提出来的

[①] 参见丁冠之等主编：《儒家道德的重建》，齐鲁书社2004年版，第49—50页。

"父子有亲,君臣有义,夫妇有别,长幼有序,朋友有信"正是一种个人性品德;四是私域道德,它是指个人在私人生活空间时应具有的品德和规范,而同公共生活时应遵循的道德相对应。所谓公德大致有两种含义:一是用以处理个人同群体之间关系的道德,如齐家、为公等;二是个人在社会公共场合所应遵循的行为规范,如一视同仁、遵纪守法、公平正义、有诺必践等。无疑,在人情关系领域,既要倡导忠恕、仁义、正直等私德,也要提倡公平、正义等公德,因为在朋侪团体、工作单位、同学圈等混合性关系网中,同样面临着公共生活,同样面临着如何合理分配各种资源的问题。

第五章　儒家诚信伦理及其价值观意蕴

讲诚信、守信誉是中华民族的传统美德，是每个人安身立命的根本所在，也是历代中国人崇高的价值追求。作为中国传统文化价值观的精华之一，儒家的诚信伦理虽没有被孟子纳入同仁、义、礼、智相并列的德目之中，却也被汉代董仲舒作为五伦（朋友有信）价值规范之一加以倡导。儒家诚信伦理思想继承和发展了三代时期盟誓、胥命以及信为政本、交友以信、言行一致、定身行事等尚信传统，尤其是吸收了东周"信用昭明于天下""赏莫大于信义""设围以信""忠信而志爱""以信为动"以及春秋战国时期"定身以行事谓之信""信者言之瑞也"等重信观念，由孔子、孟子和荀子在先秦做了创发性探索。儒家诚信伦理在儒学体系中占有重要的地位，它被作为求真务实价值意蕴的"常道""常理"深刻地烙印于民族心灵之中，成为人们的立身之方、交友之道和为政之纲。

当代中国存在部分人诚信缺失的问题，为此，党和国家反复强调要加强道德领域突出问题专项教育和治理：十七届六中全会《决定》提出把诚信建设摆在突出位置；十八大报告和中共中央办公厅印发的《关于培育和践行社会主义核心价值观的意见》也把诚信作为个人层面的核心价值观之一在全社会加以倡导；十九大报告提出要推进诚信建设和志愿服务制度化，强化社会责任意识、规则意识和奉献意识。毋庸置疑，诚信核心价值观具有深厚的传统文化根基，反过来传统儒家诚信伦理为培育和践行诚信核心价值观提供丰厚的精神滋养。但是如何对儒家诚信道德做创造性转化，把它应用于现时代以培养人的诚实守信品德，更好地发挥它在培育和践行社会主义核心价值观中的积极效应，是一个有待进一步思考的深层次时代问题。

一、 诚实不欺

儒家所讲的"诚"至少具有以下四种意义。

（一） 本体论意义

《中庸》和《孟子》均把"诚"上升到天道的高度。《中庸》说：

诚者，天之道也；诚之者，人之道也。

诚者自成也，而道自道也。诚者物之终始，不诚无物，是故君子诚之为贵。诚者非自成己而已也，所以成物也。成己，仁也；成物，知也。性之德也，合外内之道也，故时措之宜也。

唯天下至诚，为能尽其性。能尽其性，则能尽人之性。能尽人之性，则能尽物之性。能尽物之性，则可以赞天地之化育。可以赞天地之化育，则可以与天地参矣。

这就是说，诚是自我完成的始终与天地相伴随的规律和原则，它既能成就人自己又能成就外物。《孟子·离娄上》也讲"诚者，天之道也；思诚者，人之道也"，诚是大自然的本真状态，而追求诚是人的主体性展现。

儒家之所以把"诚"视为天道，就在于在他们看来，"天"不仅是自然天，同时它也具有灵性、神圣性，是义理之天、德性之天，因而可以将"天"道德本体化、心性化。早在西周时期，"天"与"德"就密切相关，"天"取代"帝"而成为占主导地位的崇拜对象，它被赋予善性，故此，"德配天地""唯德是辅"观念勃然时兴。陈来指出："商周世界观的根本区别，是商人对'帝'或'天'的信仰中并无伦理的内容在其中，总体上还不能达到伦理宗教的水平，而周人的理解中，'天'与'天命'已经有了确定的道德内涵，此种道德内涵是以'敬德'和'保民'为主要特征的。"[①]"天"在孔子心目中具有"人格神"意蕴，因而，具有神圣性或神秘性。同时，"天"又总是与"命"联系在一起，进而又具有必然性和强制性。郭沫

[①] 陈来：《古代宗教与伦理——儒家思想的根源》，三联书店1996年版，第168页。

若也肯定了儒家"把'诚'当成了万物的本体"①。

(二) 生成论意义

天道与人道合一,表现在天道与人道之间具有同构性、同态性和同质性,人道来源于天道,因而可以从天道论及人道。作为儒学来源的易学更多注重由"天"推及"人",由"天道"推衍"人道",从宇宙万物的大化流行中追溯道德的根源和依据。《周易》指明了人必须顺应天道规律:"裁成天地之道,辅相天地之宜。"②《周易·系辞上》讲:"一阴一阳之谓道,继之者善也,成之者性也。""易简之善配至德。""天地设位,而《易》行乎其中矣,成性存存,道义之门。"据此《周易》明确提出了"与天地合其德",《礼记·礼运》也提出了"天地之德"的范畴。可见,易学礼学是将道德视为效法天道而来的。先秦儒家也注重从自然之天中寻找道德的形而上本体。这既为道德提供了合理性的根源,又将之置于宏观宇宙论背景下借以解释它的根基。《中庸》也强调要修道:"天命之谓性,率性之谓道,修道之谓教。"这种带有神圣性和必然性的"天"作为伦理的本质根基,极大地提高了道德主体的自觉性、能动性和创造性。

正是基于由"天道"推及"人道",基于"继善成性"和"天命之谓性"的道德起源论,而《中庸》和《孟子》都把"诚"看成天道,那么我们可以推知,儒家所讲的"诚"必然是由"天"赋予人的。不论是《中庸》的"诚者,天之道也;诚之者,人之道也"还是《孟子》所讲的"诚者,天之道也;思诚者,人之道也",都鲜明地体现了人间诚道来源于"天"所赋予的道德本体论思想。

至于天道之诚来自何处,包括先秦儒家在内的前期儒家并没有详细论说,大概出于上述"天"道德本体化的考量。不过宋明理学宗祖之一的周敦颐的"以诚为本"的道德本体论对此做了一定的诠释。周敦颐开创性地提出了"无极而太极"的著名论断,建立起了由无极而太极、由太极而阴阳、由阴阳而五行、由五行而万物的完整宇宙生成序列。尽管他在《太极

---

① 郭沫若:《十批判书》,中国华侨出版社 2008 年版。
②《周易·泰》。

图说》中说到"惟人也,得其秀而最灵。形既生矣,神发知矣。五性感动而善恶分,万事出矣。圣人定之以中正仁义而主静(无欲故静),立人极焉",把中正仁义的人极归结为圣人的人为创造。但是,一方面他提出五常来源于宇宙之诚,这就是《通书·诚下》所说的"诚,五常之本,百行之源也",把"诚"视为五常伦理的来源;另一方面他吸收了周易"故曰一阴一阳之谓道,继之者善也,成之者性也"的思想,把乾道看成"诚"的本源:"'大哉乾元,万物资始',诚之源也。""'乾道变化,各正性命',诚斯立焉。纯粹至善者也。"

儒家诚道天赋论虽然在一定程度上可谓道德自然起源论——因为这里的"天"相当于"大自然"的含义,但它不同于一些社会达尔文主义者所宣传的自然起源论——将道德说成是动物的合群本能和自我牺牲"精神"的简单延续和复杂化,而注重人兽的本质区别。断言人道之"诚"来源于"天",这就从"诚"这一特定伦理范畴维度揭示了作为当然之则的人间道德同作为实然状态的自然之天的内在关联性。

(三)德性论意义

儒家不仅从本体论和生成论双重意义上把"诚"视为天道,把"诚之""思诚"当成人道,还进一步将"诚"作为人所应具备的基本道德实践素质加以宣扬。《大学》倡明"诚意"之说:"古之欲明明德于天下者,先治其国;欲治其国者,先齐其家;欲齐其家者,先修其身;欲修其身者,先正其心;欲正其心者,先诚其意;欲诚其意者,先致其知;致知在格物。"此"八条目",把诚意作为个人修、齐、治、平的基础,同时要求人"毋自欺"。

《中庸》把"诚"视为德行之本,是承载三达德和五达道的德性根基,认为"是故君子诚之为贵"。为此,它提出了两种不同的道德境界:

诚者,天之道也;诚之者,人之道也。诚者,不勉而中,不思而得,从容中道,圣人也。诚之者,择善而固执之者也。

自诚明,谓之性。自明诚,谓之教。

由此可见,"诚者"是"不勉而中,不思而得"的"天之道",而"诚之者"是"择善而固执之者也"的"人之道";"自诚明"是天性的、符合中道的圣人境界，而"自明诚"则是通过教化和道德选择而达成的贤人以下的境界。《中庸》还依据"故至诚如神"观念，从多个方面强调"诚"作为人的德性的重要性与必要性。一是诚可以使人明善："诚则明矣，明则诚矣。"二是至诚可以带来人的转变："其次致曲。曲能有诚，诚则形，形则著，著则明，明则动，动则变，变则化。唯天下至诚为能化。"三是诚不仅可以到达明诚之境，还可以助成天地之化育，使人与天、地相并立："至诚之道，可以前知。""唯天下至诚，为能尽其性；能尽其性，则能尽人之性；能尽人之性，则能尽物之性；能尽物之性，则可以赞天地之化育；可以赞天地之化育，则可以与天地参矣。"

正是在《中庸》主诚思想的基础上，孟子把"思诚"界定为人之道，同时说明了诚的意义所在。他认为，心诚能够使人正确做人、待人，感动别人："至诚而不动者，未之有也；不诚，未有能动者也。"① 人心具有了一切善性，通过反求诸己，反身内求，达到至诚之境，将会带来人生极大快乐——"万物皆备于我矣。反身而诚，乐莫大焉"②。这里孟子不仅把"思诚""至诚"规定为对人的根本要求，还揭示了它们能够感人、化人和致乐的功用。

上述合外内之道、成己成物、尽性尽物的主诚思想对后世儒家影响极大，以至于后来儒者之间一度展开过"自诚明"和"自明诚"的争论。宋明儒家把"诚"看成人的基本德性。张载讲："儒者则因明致诚，因诚致明，故天人合一。"③ 朱熹诚学的最大特点是以"实"解"诚"，认为"诚者，实有此理"④、"诚是不欺妄底（的）意思"⑤、"诚只是一个实"⑥、"诚者，真实无妄之谓，天理之本然也"⑦。由此，诚实才作为一个组合词成为宋明理学一个重要伦理范畴。朱熹站在理学角度更进一步指出："'诚'字在道，为实有之理，在人为实然之心。"⑧ 这表明，"诚"不仅是外在的、客

---

① 《孟子·离娄上》。
② 《孟子·尽心上》。
③ 《张载集·正蒙·乾称》，章锡琛点校，中华书局1978年版，第50页。
④ 黎靖德编：《朱子语类》卷第六，王星贤点校，中华书局1994年版，第102页。
⑤ 黎靖德编：《朱子语类》卷第六，王星贤点校，中华书局1994年版，第103页。
⑥ 黎靖德编：《朱子语类》卷第六，王星贤点校，中华书局1994年版，第103页。
⑦ 朱熹：《四书章句集注·中庸章句》，中华书局2012年版，第32页。
⑧ 《朱熹文集·答曾致虚》。

观的、本源的天理，也是人主观内心的真情实感。

（四）工夫论意义

对致诚的工夫论，《大学》做了较为详细的论述：

> 所谓诚其意者，毋自欺也，如恶恶臭，如好好色，此之谓自谦，故君子必慎其独也！小人闲居为不善，无所不至，见君子而后厌然，掩其不善，而著其善。人之视己，如见其肺肝然，则何益矣！此谓诚于中，形于外，故君子必慎其独也。曾子曰："十目所视，十手所指，其严乎！"富润屋，德润身，心广体胖，故君子必诚其意。

这里，《大学》把诚意理解为毋自欺——不要自我欺骗，若想内心诚实，就必须做到慎独。《中庸》也提出了慎独，同时强调要想取得周围人的信任，必须借助于"明善"：

> 在下位不获乎上，民不可得而治矣。获乎上有道，不信乎朋友，不获乎上矣；信乎朋友有道，不顺乎亲，不信乎朋友矣；顺乎亲有道，反诸身不诚，不顺乎亲矣；诚身有道，不明乎善，不诚乎身矣。

对如何致诚孟子也做了多种阐释。一方面与《中庸》一样，他也认为要想取得周围人的信任，达到诚心正意，必须借助于"明善"——"居下位而不获于上，民不可得而治也。获于上有道：不信于友，弗获于上矣。信于友有道：事亲弗悦，弗信于友矣。悦亲有道：反身不诚，不悦于亲矣。诚身有道：不明乎善，不诚其身矣"[1]；另一方面他强调致诚必须依赖于"反身而诚"，通过反求诸己的工夫获得诚乐。荀子虽然对"诚"所言不多，可他也明确指出："君子养心莫善于诚，致诚则无它事矣。"[2]

先秦思孟学派的重诚思想被宋明理学家加以继承和发展。如上所述，周敦颐提出了"以诚为本"的道德本体工夫论，张载则创设了诚明学说，断言"'自明诚'，由穷理而尽性也；'自诚明'，由尽性而穷理也"[3]，认为修己就应实现这两种途径的有机结合，如此才能达至"天人合一"的圣人境界，程颢主张用诚敬去存养人的仁、义、礼、智、信五常之理。

---

[1]《孟子·离娄上》。
[2]《荀子·不苟》。
[3]《张载集·正蒙·诚明》，章锡琛点校，中华书局1978年版，第21页。

综上可见，历代儒家立足于"天人合一"的致思模式从天道和人道、物性和人性维度，不仅阐发了"诚"作为"天"和"物"真实无妄的实然状态，同时还从两个层面论述了"诚"的价值论意义：一是功能论的价值意蕴，这就是"人道"之"诚"可以成己成物、尽性化物、不勉而中、择善而从、化人和致乐和达至明化，等等；二是规范论的价值意蕴，这就是把"诚"作为人生境界和价值追求提出了"诚意""思诚""至诚""反身而诚""以诚为本""自明诚"等一系列贵诚应然、当然要求。对此朱熹从一定角度做了深刻揭示，他指出："诚者，理之在我者皆实而无伪，天道之本然也；思诚者，欲此理之在我者皆实而无伪，人道之当然也。"[1] 在朱熹看来，如果说"诚"是自然的客观本然之理的话，那么"思诚"就是人对天道之诚尊敬和效法的当然之理。这里，朱熹通过"诚"把天道和人道、物性和人性、事实和价值、实然和应然有机统一了起来。

二、 言行一致

在阐释了儒家诚德之后，下面再来论述儒家的信德。同诚德若合符节，儒家也从多种维度揭示了信德的丰富内涵。

（一）信是人内心真实无妄的态度

从历史起源而言，"信"在甲骨文和金文中均未见到，但在西周文献中则频繁出现。从思想内涵而言，"信"具有许多样态，如信用、信誉、信任、信心、信义、信仰、信念等，同时它又经常同其他道德范畴连用，如忠信、诚信等。信字，从人而言，言又包括语言和言语，按常人的说法，信就是一种用来进行人际交往和沟通的言说道德，它大致包括内在和外在两点。一方面，就对内而言，信表达的是人内心真实无妄的态度，是对忠和诚的一种坚守。这就是历代儒家所极力倡导的忠心和诚心，它们均为信的心理基础——诚本信用和忠本信用。孔子说："言忠信，行笃敬，虽蛮貊

---

[1] 朱熹：《四书章句集注·孟子集注》，中华书局2012年版，第164页。

之邦行矣。"① 何谓忠信？邢昺在《论语注疏》中指出："中心无隐谓之忠。人言不欺谓之信。"俗话说："言为心声。"由忠而言心言如一即为信。另一方面，就对外而言，信代表人的言行一致，也就是孔子所说的"言必信，行必果"。作为信之言并非一般之言。它主要是诺言，因此要有信就务必有诺必践。

（二）信是做人之本

在儒家看来，信是人在社会上立身行事的根基，是待人处世的基本准则。《论语》首篇《学而篇》中有大量有关诚信价值规范的言语，如孔子说"敬事而信""谨而信""主忠信"等。荀子对人讲信的作用也做了概括，他说："体恭敬而心忠信，术礼义而情爱人，横行天下，虽困四夷，人莫不贵。"②

在为人处世之道中，先秦儒家尤其注重把"信"作为交友之道。孔子把"老者安之，朋友信之，少者怀之"③ 作为个人的社会理想。孔子的弟子同样重视诚信在交友中的作用。曾子说："吾日三省吾身：为人谋而不忠乎？与朋友交而不信乎？传不习乎？"④ 这里，曾子把与朋友交往中是否做到诚信作为每天反躬自省的内容之一。子夏明确提出："贤贤易色；事父母，能竭其力；事君，能致其身；与朋友交，言而有信。虽曰未学，吾必谓之学也。"⑤ 作为孔子的私淑弟子，孟子在《孟子·滕文公上》中更是将"朋友有信"当作五伦之一："使契为司徒，教以人伦：父子有亲，君臣有义，夫妇有别，长幼有序，朋友有信。"到了汉代，董仲舒更是提出了影响深远的"仁、义、礼、智、信"五常。

为了培养人的诚信道德，孔子儒家还提出了"先行其言而后从之"、"听其言而观其行"、"言寡尤，行寡悔"⑥、"敏于事而慎于言"、"罕言利与命与仁"等一系列谨言慎行观念，并把文、行、忠、信作为教育人的主要

---

① 《论语·卫灵公》。
② 《荀子·修身》。
③ 《论语·公冶长》。
④ 《论语·学而》。
⑤ 《论语·学而》。
⑥ 《论语·为政》。

内容，要求弟子"笃信好学，守死善道"①。

这里必须澄清的是，孟子的"五伦"针对父子、君臣、夫妇、长幼和朋友五种人际关系分别提出了相应的亲、义、别、序和信五种道德要求，先秦儒家突显了"信"作为交友之道内容的意蕴，但这并不排除父子、君臣、夫妇、长幼和朋友应当遵循其他道德规范，不仅朋友之间相处要讲信，处理或调节其他人际关系也要守信，这从下面将要提到的儒家把"信"视为立政之道可以得到印证。

（三）信是君子不可缺少的基本品质

儒家为不同的社会主体设计了不同层次的君子、贤人、圣人等理想人格。"君子"尽管带有某种价值理想特质，但经过一定的努力，绝大多数人都可以达到，因而是一种可以为大多数人所共有、共享的人格范型。在儒家文献中，"君子"有时带有"位"的意义，但主要指具有高尚操持的人，它通过与小人的对比展现了多种道德品性，其中"信"为其不可或缺的品性。

在《论语》中，孔子提出君子应谨言慎行，说："君子不以言举人，不以人废言。"② 这是因为言与行并非完全一致，有言者未必有德，有德者未必有言；君子应先行后言，以确保言而有信："子贡问君子。子曰：'先行其言而后从之。'"③ 君子应为言过其实而感到羞耻："君子耻其言而过其行。"④ 孔子在《论语·卫灵公》中说："君子义以为质，礼以行之，孙以出之，信以成之。君子哉！"君子必须借助于信德来完成义质。

《中庸》中说："君子不动而敬，不言而信。"《礼记》等书中也阐明了信为君子之本，如《大戴礼记·曾子立事》讲到君子应先行后言："君子博学而孱守之，微言而笃行之。行必先人，言必后人。君子终身守此悒悒。"又如《礼记·表记》讲到君子言必足信："君子不失足于人，不失色于人，不失口于人。是故君子貌足畏也，色足惮也，言足信也。"

---

① 《论语·泰伯》。
② 《论语·卫灵公》。
③ 《论语·为政》。
④ 《论语·宪问》。

（四）信是立政之道

儒学最核心的内容一为为人之道，二为为政之道，而儒家为政之道所推崇的根本理念则是为政以德。儒家阐扬的信作为对社会的一种承诺和责任，作为重要的道德品质，是建立人与人之间和谐、友善、信任关系的道德基础，因此儒家特别重视信德在治国理政中的作用。这主要表现在以下方面。

一是从反面强调人一旦缺乏诚信就会让人无所适从。孔子说："人而无信，不知其可也。大车无輗，小车无軏，其何以行之哉？"① 在《论语》中，"信"有两层含义：受人信任和对人有信用。这里的"信"无论解为统治者的信誉还是老百姓的信任，都说明信的重要性。我们之所以把它放在为政之道中来讲，主要是因为它是孔子针对弟子问政所做的回答，它表明治国理政如果缺乏信德，就什么事都办不成。

二是从正面强调讲信是为政的基本要求。孔子指出："道千乘之国，敬事而信，节用而爱人，使民以时。"② 这就是说君王在治理国家时应谨慎处理事务并讲究诚信。儒家还阐述了诚信作为基本国策的重要性。在《孔子家语》中，孔子称赞子路治蒲三年做到了"忠信以宽"，同时，他认为"恭敬忠信而已矣。恭则远于患，敬则人爱之，忠则和于众，信则人任之，勤斯四者，可以政国"③，"君子信而后劳其民；未信，则以为厉己也。信而后谏；未信，则以为谤己也"④。为大家所熟悉的是在子贡问政时孔子强调"足食、足兵、民信"，如不得已必去之则先去掉足食、足兵而保留民信。

三是强调诚信是社会治理的基础。孔子认为如果老百姓无诚信则当政者就失去了根基，反之君子倘取信于民则会保证施政效果。他指出，执政者只有专心注重自身修养，才能得到黎民百姓的信赖和拥护；只有喜好信德，才能得到民众真心实意的对待：

上好礼，则民莫敢不敬；上好义，则民莫敢不服；上好信，则民

---

① 《论语·为政》。
② 《论语·学而》。
③ 《孔子家语·贤君》。
④ 《论语·子张》。

莫敢不用情。夫如是，则四方之民襁负其子而至矣，焉用稼？①

孔子还总结出历代圣明君主治国的经验是重在宽厚、诚信、勤敏和公允，而统治者如果守信就会得到老百姓的信任：

谨权量，审法度，修废官，四方之政行焉。兴灭国，继绝世，举逸民，天下之民归心焉。所重：民，食，丧，祭。宽则得众，信则民任焉，敏有功，公则说。②

子张曾问孔子怎样才能做到仁，孔子曰："能行五者于天下，为仁矣。"这是因为"恭、宽、信、敏、惠。恭则不侮，宽则得众，信则人任焉，敏则有功，惠则足以使人"③。虽然这里孔子旨在解答何为仁，但他力主德治仁政，因而将五种品德施行于天下，也就包含着对为政以信的重视。荀子不仅在《荀子·王霸》中主张"信立而霸"，还在《荀子·议兵》中强调"政令信者强，政令不信者弱"。可见，以孔子为代表的儒家十分强调政治信德的规范指导意义，把信上升为用以调节君民、君臣关系的基本准则。

且不说后世儒家如何论说信德，就先秦儒家来说，往往把信摆到道德基本规范的重要地位。儒家尚信思想对中国社会治理产生了长久而深远的影响。宋初政治家司马光说："夫信者，人君之大宝也。国保于民，民保于信。非信无以使民，非民无以守国。是故古之王者不欺四海，霸者不欺四邻，善为国者不欺其民，善为家者不欺其亲。……上不信下，下不信上，上下离心，以至于败。"④清代郑端在所撰的《政学录》卷三中说："信者，居官立事之本。与民信，则不疑而事可集矣。期会必如其约，无因冗暂违；告谕必如其言，无因事暂改。行之始必要之终，责诸人必先责己。"汪辉祖的《佐治药言》也说："官能予人以信，人自帖服。"

在儒家诚信思想体系中，同贵诚一样，尚信也是工具理性和价值理性的统一。一方面，"信"是达到某种价值目标的重要手段——"民无信不立"⑤、"上好信，则民莫敢不用情"、"信则人任"、"信立而霸"；另一方面，"信"本身也是值得个人和社会追求和倡导的道德价值目标——"言忠

---

① 《论语·子路》。
② 《论语·尧曰》。
③ 《论语·阳货》。
④ 《资治通鉴》卷二。
⑤ 《论语·颜渊》。

信"、"敬事而信"、"笃信好学"、"足食、足兵、民信"、"夫信者，人君之大宝也"、"信者居官立事之本"等。正因如此，《礼记·礼运》不仅把"信"（讲信修睦）与"仁""公""和"一起拉入"大同社会"理想之中，还把"信"（以考其信）作为"小康社会"的价值理想加以肯定。

三、诚信合一

先秦孔孟儒家尽管重视"诚"与"信"，但是这两个范畴一般分开来讲，并没有作为一个合成词使用，"信"主要与"忠"连用，构成"忠信"——孟子力倡"忠信"，他提出"君子行忠信，可以保一国""忠信以为甲胄"和"忠信以为城池"等。由于"信"字牵涉心、言、行三个方面，它立足于内心的真诚、真实无妄，因而它同"诚"密不可分。犹如杜振吉所指出的，"诚"与"信"在含义上不尽相同，但又有着密切的联系，这种联系突出地反映在诚与信的互训上，即以"诚"释"信"，又以"信"释"诚"。《说文解字》中就说："诚者，信也。""信者，诚也。"从先秦时期开始，"诚"与"信"即开始连用，《荀子·不苟》中就有"诚信生神"一语，此后"诚信"便作为一个完整的范畴不断被使用。[1]

到了宋代，二程强调了诚与信的统一性。程伊川认为："学者不可以不诚，不诚无以为善，不诚无以为君子。修学不以诚，则学杂；为事不以诚，则事败；自谋不以诚，则是欺其心而自弃其忠；与人不以诚，则是丧其德而增人之怨。"[2] 他还认为诚信无间："学贵信，信在诚。诚则信矣，信则诚矣。不信不立，不诚不行。"[3]

朱熹既看到了诚与信的同一又指明了二者之异。他说：

诚是自然底（的）实，信是人做底（的）实。故曰："诚者，天之道。"

诚是个自然之实，信是个人所为之实。中庸说"诚者，天之道也"便

---

[1] 参见杜振吉：《儒家的诚信思想及其现代价值》，载《山东社会科学》2012年第3期。
[2] 《二程集·河南程氏遗书》卷第二十五，王孝鱼点校，中华书局2004年版，第326页。
[3] 《二程集·河南程氏遗书》卷第二十五，王孝鱼点校，中华书局2004年版，第318页。

是诚。若"诚之者,人之道也",便是信。信不足以尽诚,犹爱不足以尽仁。①

这里,朱子认为诚与信同是"实"之义,但诚侧重于"天道",而信侧重于"人道";诚涵盖了信,比信更有包容性。当代许多学者把诚与信看成是体与用的关系,认为诚是体,信是用。实质上,信从人言,它前有心(诚心、诚意)后有行,成为心与行的中介,正因如此,心诚才信,但诚逻辑上仅仅是信的必要条件。因为,信还涉及言行一致、有诺必践,光有诚心无法绝对保证信;要守信还要具备客观条件,有时受利益的驱使、能力的限制及外在条件的制约,一个人即使心诚也会不愿和不能守信。

与法家重视"信赏必罚"的法律诚信有别,儒家更为重视道德诚信。孔子反对巧言、大言、假言,认为"巧言令色,鲜矣仁"②、"巧言乱德"③,要求"君子欲讷于言而敏于行"④,做到"言必信,行必果"⑤。由于儒家重德轻法,因此我们说这些言论表达的是孔子对伦理诚信的重视。法家尽管有时重视罚赏诚信轻视伦理诚信,乃至消解人与人之间一切诚信和信任关系,显得有些"薄恩寡情",不过,它并没有完全否定诚信,如商鞅在《商君书·修权》中说:

> 国之所以治者三:一曰法,二曰信,三曰权。法者,君臣之所共操也;信者,君臣之所共立也;权者,君之所独制也。人主失守,则危;君臣释法任私,必乱。故立法明分,而不以私害法,则治。权制独断于君,则威。民信其赏则事功成,信其刑则奸无端。惟明主爱权重信,而不以私害法。故上多惠言而克其赏,则下不用;数加严令而不致其刑,则民傲死。凡赏者,文也;利者,武也。文武者,法之约也。故明主慎法。明主不蔽之谓明,不欺之谓察。故赏厚而利,刑重而必。不失疏远,不违亲近。故臣不蔽主,下不欺上。

法家所推崇的诚信依赖武力、强权、制度等力量固然不足取,可它强调的硬约束又是为儒家诚信所应吸收的。儒家伦理诚信主要依赖人情、习

---

① 黎靖德编:《朱子语类》卷第六,王星贤点校,中华书局1994年版,第103页。
② 《论语·学而》。
③ 《论语·卫灵公》。
④ 《论语·里仁》。
⑤ 《论语·子路》。

惯、传统、舆论及个人良知作保障，是一种软约束，而不像法律诚信那样可以通过刑罚加以强制，因此，建立在情理和义气等基础上的诚信有时难以真正落实——《礼记·表记》有言："子曰：恭近礼，俭近仁，信近情，敬让以行。此虽有过，其不甚矣。夫恭寡过，情可信，俭易容也，以此失之者，不亦鲜乎！《诗》曰：'温温恭人，惟德之基。'"这大概是导致传统中国人往往"诚有余而信不足"、履约率不高的原因吧。现实生活中，许多人为人不可谓不真诚，不可谓不实在，但真正见诸实际行动上，往往不大讲信誉。儒家伦理诚信固然是建立当代诚信观念的文化之源，但对之尚得进行现代化的改造，应经过法律的洗礼，进一步建立起以个人信用为基础的社会信用体系。

任何道德规范都具有相对性，信也不能加以绝对化。儒家诚然推崇诚信，强调言行一致，但又从"通权达变"角度强调不能刻板遵循它，因此，孔子认为"言必信，行必果，硁硁然小人哉！抑亦可以为次矣"[1]。为信而信只是小信，只有那种信与义相结合才是大信，故而"信近于义，言可复也"[2]，与人约信，只有合乎道义，说话才可兑现（践诺）。孔子还强调，一个人必须用诚信的态度去完成道义原则，即"信以成之"[3]。孟子作为某种意义上的一个惟义主义者更是强调信与义一致，而认为"大人者，言不必信，行不必果，惟义所在"[4]。

从价值论来讲，真、善、美、利四种价值达到统一仅是人类的最高理想。在实际生活中，这四者之间可能会产生矛盾与冲突。人生最痛苦的不是在义与利、善与恶之间进行抉择，而是在善与善之间加以取舍。在儒家伦理思想中，信同勇一样并不纯然是善的，即使它是善的，也要服从更高更大的善。如上所述，孔子不光把信看成行仁的具体展现，还强调"君子义以为质，礼以行之，孙以出之，信以成之"[5]，从而把仁义规定为信的本质伦理基础。他还讲："信近于义，言可复也。"[6] 这些充分表明，孔子并不

---

[1]《论语·子路》。
[2]《论语·学而》。
[3]《论语·卫灵公》。
[4]《孟子·离娄下》。
[5]《论语·卫灵公》。
[6]《论语·学而》。

是泛信主义者，而是以仁义为重。这也许正是导致亚圣孟子并未遵循孔子"言必信，行必果"的意蕴而强调"言不必信，行不必果，惟义所在"的重要思想根源。朱熹也强调："如今人与人要约，当于未言之前，先度其事之合义与不合义。合义则言，不合义则不言。"①从理论和实践上说，崇信并不必然是好的，有时谎言也会是善意的。这是因为，一味笃信可能会带来恶果，可能带来小利大害，可能损害亲情、关爱、健康等。故此，伦理学也强调诚信的相对性，认为在特定场合（如某人得了绝症）可以隐瞒、说谎。由此我们不难理解孔子为何主张"父子相隐"。要知道，父子笃亲对于代际关系的和谐至关重要，这是一种自然的情义。当然，对儒家的信义这一权变伦理应做辩证分析，必须保持合理的度，不能以义害信、以善伤真。王润生认为中华民族存在欺瞒症、近视症、非我症、不合作症、良知麻痹症、守旧症、依赖症等，指出儒家过于理想化的人格设计导致人的伪善及对圣贤的神化，孔子作《春秋》本是弘扬大义，但为此提出"为尊者讳耻，为贤者讳过，为亲者讳疾"这种以善伤真的文化是导致诸如"知无不言，言无不尽""良药苦口利于病"的古圣难以变成真正有效的文化指令的原因之一，是导致"文革"时期"假、大、空"成风的原因之一，虽然以善伤真并非绝对不可取，但在实际运用过程中，应进行利弊比较。②

四、结语

先秦孔孟儒家尽管重视"诚"与"信"，但是在当代中国，培养人们的诚信习惯与信念仍是一项重大的道德建设课题。令人遗憾的是，社会中缺诚失信的不良现象屡见不鲜，造假、贩假、售假、用假的行为屡禁不止。这些假冒伪劣缺诚失信的现象危害极大，甚至形成了"诚信危机"。要解决诚信缺失问题，就必须加强诚信的专项治理，加强诚信价值观建设。而要提高治理水平、培育和践行诚信核心价值观，就应从儒家诚信伦理思想中吸取宝贵的资源。这就既要创造性地转化儒家建立在义务、血缘、亲情和

---

① 黎靖德编：《朱子语类》卷第二十二，王星贤点校，中华书局1994年版，第520—521页。
② 参见王润生：《我们性格中的悲剧》，贵州人民出版社1988年版。

友情基础上的诚信思想——荀子所讲的君子"能为可信，不能使人必信己""耻不信，不耻不见信"正是一种出于良知和道义的主观承诺，着力于构建以经济交换为特征的经济诚信，使诚信成为大众化、普遍化的道德存在，又要在全社会大力倡导儒家所阐发的道德诚信，以弥补法律诚信和契约信用的互利性、交换性的不足，同时致力于建立并完善以契约为基础的法律诚信和社会信用体系，克服儒家诚信伦理单一义务本位的偏颇，树立起权利义务对等的诚信精神，把道德诚信和法律诚信有机结合起来。

第六章　儒家德治思想传统

德治思想是儒家学术文化的核心，它蕴含着优秀的传统美德和精神追求，是儒家政治思想的基石，是中华民族悠久历史传统的精华，也是中华民族能够生生不息、发展壮大的丰厚滋养和强大支柱。从尧舜时期的"克明俊德"，到孔子、孟子的"德治""仁政"，再到明清时期儒家对德治思想的承继，儒家德治思想不断丰富完善，并成为中国人占统治地位的意识形态。作为一项治国理政的基本方略，儒家德治思想不仅在安邦定国、国家统一、社会稳定方面发挥着极为重要的作用，对中国人的修身养性、安身立命、个性发展也产生了极为广泛的影响。

儒家德治思想在当代体现为"以德治国"的基本方略。对这一基本方略社会反应不一。绝大多数从事传统文化研究的人表示热烈欢迎和认同，认为这是对儒家德治思想在新时期条件下的继承发展，有助于加强社会主义道德建设，有助于改善道德信仰缺乏、良知麻木等不良现象，有助于重建"礼仪之邦"的良好形象。然而，有人认为"以德治国"方略同儒家德治思想有本质上的差异，在历史背景、现实条件、根本目的和路径依赖等方面完全不同。我们所讲的"德"是指社会主义道德，它是迄今为止人类最先进的道德类型；而历代儒家所提倡的"德治"，其"德"主要是封建的过时的道德。更多的人特别是一些法律界人士表示反对"以德治国"，认为它不过是中国传统"德治"政治思想的翻版，它所带来的必然是落后的"人治"，造成圣贤崇拜和清官政治，不利于国人树立法治意识，不利于法治国家的建立。正是在一些人的反对下，加上中国社会市场化、现代化、世俗化对道德的某种冲击和排斥，今日"以德治国"的声音变得十分微弱。

在我看来，一些人之所以不愿意接受儒家德治思想和"以德治国"基本方略，就在于他们对儒家德治思想存在种种疏离和误解，对"以德治国"的重大意义认识不足，对法律与道德之间的辩证统一关系缺乏正确把握。加强公民道德建设，提高公民道德自律能力和主体道德素质，切实解决当前中国社会道德危机现象，就必须在加强社会主义法治建设、坚持依法治国的前提下，坚持不懈地加强道德建设，坚持以德治国，把"法治"和"德治"有机结合起来。

一、儒家德治思想传统的产生、发展与内涵

儒家德治思想传统可谓源远流长、博大精深，是中华民族政治思想优秀遗产的重要构成部分。

早从远古时期起，尧、舜、禹、汤、文、武、周公这些被儒家所推崇的圣贤或道统人物在其政治实践中就很重视德治教化。尧、舜同为儒墨道神化的人格形象。《墨子·尚贤中》认为"尧舜……之所以王天下，正诸侯者，此（指尚贤）亦其法已"。《庄子·庚桑楚》讲："尊贤授能，先善与利，自古尧、舜以然。"《尚书·尧典》说尧"钦、明、文、思、安安，允恭克让，光被四表，格于上下，克明俊德"。《大戴礼记·五帝德》也指出尧"其仁如天，其知如神。……富而不骄，贵而不豫"。在《论语·泰伯》中，孔子也称赞尧："大哉！尧之为君也！巍巍乎，唯天为大，唯尧则之。……其有成功也，焕乎，其有文章。"儒墨虽"政见"有所不同，但均视俭为美德，并将之赋予禹，孔子曾赞扬禹"菲饮食""恶衣服"[1]。舜不仅同尧一样，让位于贤人禹，在他的政治实践中也更加注重德治。舜集重孝（被后世誉为二十四孝之首）、尚贤、树立五教、实行礼乐等优秀品质于一身，得到孔孟尤其是孟子的极力推崇，把他同尧禹一起描绘为"圣王"，使之成为躬行德治的楷模。孔子从多个角度称扬"大舜"，指出"巍巍乎，舜、禹之有天下也而不与焉"[2]、"舜有臣五人而天下治"[3]、"舜有天下，选

---

[1]《论语·泰伯》。
[2]《论语·泰伯》。
[3]《论语·泰伯》。

于众，举皋陶"①。孟子对大舜明德更是不吝赞美之词——"大舜有大焉，善与人同。舍己从人，乐取于人以为善"②、"天下大悦而将归己。视天下悦而归己，犹草芥也，惟舜为然"③、"人之有道也，饱食、暖衣、逸居而无教，则近于禽兽。圣人有忧之，使契为司徒，教以人伦：父子有亲，君臣有义，夫妇有别，长幼有序，朋友有信"④、"尧、舜之道，不以仁政，不能平治天下"⑤、"舜尽事亲之道而瞽瞍厎豫，瞽瞍厎豫而天下化"⑥。对于大禹的德治，孔子只是说禹不讲究衣食华贵，而禹"三过家门而不入"的动人传说在春秋时期作为德治典型而流传，孟子肯定大禹"闻善言则拜"⑦、"禹思天下有溺者，由己溺之也"、"禹、稷当平世，三过其门而不入"⑧。尽管上述孔孟儒家对尧、舜、禹注重以德治国给予的肯定更多的是依据历史传说，甚至包含着一定的虚构和神化成分，但这也充分表达了先秦儒家倡扬德治的政治理想。

当然，真正对儒家德治思想产生更为直接和深广影响的恐怕应是商汤、文、武、周公的政治伦理化实践。在《孟子》一书中，孟子多处论及商汤德政问题，他指出："汤执中。"⑨ "惟仁者为能以大事小，是故汤事葛。"⑩ "伊尹相汤以王于天下。"⑪ "汤之于伊尹，学焉而后臣之。"⑫ 虽然孟子对商汤的德政评价低于尧舜之道，但总体上还是认可的。正如许多论者所承认的，早在周代德治思想就已开始萌芽。郭沫若在《青铜器时代》一书中指出"敬德"思想为周人所独创，并提出了"以德配天"说和"敬天得民"说。《大戴礼记》中说："敬胜怠者吉，怠胜敬者灭；义胜欲者从，欲胜义者凶。……以仁得之，以仁守之，其量百世。以不仁得之，以仁守之，其量十世。以不仁得之，以不仁守之，不及其世。"《周书》谈到周公旦总结

---

①《论语·颜渊》。
②《孟子·公孙丑上》。
③《孟子·离娄上》。
④《孟子·滕文公上》。
⑤《孟子·离娄上》。
⑥《孟子·离娄上》。
⑦《孟子·公孙丑上》。
⑧《孟子·离娄下》。
⑨《孟子·离娄下》。
⑩《孟子·梁惠王下》。
⑪《孟子·万章上》。
⑫《孟子·公孙丑下》。

商朝因采用严刑峻法而致灭亡的教训时指出"皇天无亲,惟德是辅;民心无常,惟惠之怀",认为做君王的人理应"以德配天""敬德保民"。周人还借助于"德"论证周代商的必然性。可以说,周代不仅在中国历史上提出了较为明确的德治主张,同时也开创了中国德治政治的先河。对此,孔孟荀儒家也给予了充分的继承和借鉴。《中庸》说:"'文王之德之纯!'盖曰文王之所以为文也,纯亦不已。"孟子则称赞文王的王政曰:"昔者文王之治岐也,耕者九一,仕者世禄,关市讥而不征,泽梁无禁,罪人不孥。老而无妻曰鳏。老而无夫曰寡。老而无子曰独。幼而无父曰孤。此四者,天下之穷民而无告者。文王发政施仁,必先斯四者。"① 作为周代开国功臣的武王,其"以德治国"的政绩也受到先秦儒家的高度赞许。孔子说武王是"谨权量,审法度,修废官,四方之政行焉"②、"兴灭国,继绝世,举逸民,天下之民归心焉"③。《中庸》讲:"武王、周公,其达孝矣乎!"孟子认为武王"不泄迩,不忘远"④。孟子、荀子一反当时认为汤、武之有天下是出于篡夺的说法,而为武王德政作辩护并提出汤武革命论。孟子说:"贼仁者谓之贼,贼义者谓之残,残贼之人谓之一夫。闻诛一夫纣矣,未闻弑君也。"⑤ 荀子说:"汤、武非取天下也,修其道,行其义,兴天下之同利,除天下之同害,而天下归之也。"⑥ 后来,《易传》明确指明"汤、武革命,顺乎天而应乎人"。至于制礼作乐的周公更是受到儒家的推崇。《尚书大传》讲,周公"制礼乐,一统天下,合和四海"。孟子称周公为"古圣人"⑦。荀子说:"周公其盛乎!身贵而愈恭,家富而愈俭,胜敌而愈戒。"⑧

在继承和发展夏商周三代德治传统的基础上,自孔子始,历代儒家也都提出了德治主张。孔子明确提出"为政以德",要求做到"道之以德,齐之以礼"⑨,从而奠定了儒家德治的基础。孟子从人性善出发,鲜明地倡导

---

① 《孟子·梁惠王下》。
② 《论语·尧曰》。
③ 《论语·尧曰》。
④ 《孟子·离娄下》。
⑤ 《孟子·梁惠王下》。
⑥ 《荀子·正论》。
⑦ 《孟子·公孙丑下》。
⑧ 《荀子·儒效》。
⑨ 《论语·为政》。

仁政说和王道政治，强调以仁义和民本统一天下、治理国家，《孟子》大部分篇幅正是讲述伦理本位的为政之道。荀子为政思想的最大特色是"隆礼重法"，他否定了孟子尊王贱霸的观点，而力陈礼法双行、王霸杂用，以王道为主。经过荀子的系统阐发，儒家德治思想的基本框架大致确立起来。

秦始皇用武力统一中国后，采用商鞅、韩非等法家任法不任贤、"重刑少赏"、反对仁慈亲亲的分封政策，加强中央专制统治，实施"焚书坑儒"，取消"德治""礼治"教育，结果造成了哀鸿遍野、民怨沸腾、赭衣满道的惨象。在陈胜、吴广农民大起义声中，秦朝仅维持了15年的统治就灭亡了。汉兴之后，刚开始采纳了黄老道家"无为而治"的政治思想。后来，董仲舒总结了强秦重法轻德而亡的历史教训，强调德治、仁政对于巩固汉朝大一统政治的重要意义，提出"文德为治""文德为贵，而威武为下"[①]的观念。汉武帝"独尊儒术"以后，汉朝统治者实施了"尊王攘夷"、刑法和仁政并举的阳儒阴法政治策略，也就是"本霸王道杂之"。从此以后，中国历代封建统治者基本上采用把法治和德治相结合的统治术。至宋代，理学家极力宣扬以道治国，以德王天下，并从道统论出发，力主天理治国，把道统同政统合二为一。朱熹在继承孔子"为政以德"思想的基础上，提出了"以德为本"的政治主张。

二、儒家德治思想传统的基本思路

儒家德治思想在2000多年的演变过程中，变得极为丰富，围绕德治的基本前提和基础问题，创造性地提出了内圣外王、以民为本、王道政治、德主刑辅等观念，为当代中国个人发展提供了许多可资利用的宝贵精神资源。

（一）内圣外王

由庄子所提出来的"内圣外王"不仅表达了儒家的做人思想，同样传达了儒家关于政治的构想，它表明为政者在成就外王事功之前，必须具有

[①] 董仲舒：《春秋繁露·服制像》，张世亮、钟肇鹏、周桂钿译注，中华书局2012年版，第171页。

良好的德性修养，德性乃是德治的基础，德治不过是官员内在人格修养在现实政治实践中的外在展现。孔子主张"为政以德""道之以德"①，用道德来从政，来引导人民。他还讲"修己以安人，修己以安百姓"。这里，孔子把修己作为本，把安人、安百姓作为用，把具备"圣德"视为外王的前提。《大学》提出了格物、致知、正心、诚意、修身、齐家、治国、平天下的八条目，明确把内在的心性修养规定为治国等外王事业的出发点；同时，它还指明从格物、致知、诚意、正心到齐家、治国、平天下，"自天子以至于庶人，一是皆以修身为本"。《中庸》引述孔子的话说："故大德必得其位，必得其禄，必得其名，必得其寿。"孟子力倡仁政说，而他的仁政思想正是建立在"四心"说和"四德"说的根基之上。他指出："人皆有不忍人之心。先王有不忍人之心，斯有不忍人之政矣。"②他在继承和发展《尚书》《诗经》《论语》和《易传》《大学》的基础上，明确指出"天下之本在国，国之本在家，家之本在身"③，把修身说成是国家之本。荀子是先秦思想的集大成者，是法家化的儒家，他力主"隆礼重法"，按照"内圣外王"的逻辑框架，提出任贤使能，主张"无德不贵，无能不官"④，要求根据礼义的修养进行"度量分界"、划分等级："虽王公士大夫之子孙也，不能属于礼义，则归之庶人。虽庶人之子孙也，积文学，正身行，能属于礼义，则归之卿相士大夫。"⑤上承孔子以德致位、德位一致的政治理想，荀子还明确强调"德必称位，位必称禄，禄必称用"⑥。

先秦儒家提出的德性决定德治、内圣决定外王思想从社会领域来说实质上是所谓的道统决定政统、治统。宋明理学家接过韩愈的"道统说"旗帜，坚持以仁、义、礼、智、信、忠等为主体内容的道去治国行政。宋明理学家一方面主张把人内在的天理道心发散到治国理政中去，如张南轩认为天理应是治国之本，认为"王者之政，其心本乎天理，建立人纪，施于

---

①《论语·为政》。
②《孟子·公孙丑上》。
③《孟子·离娄上》。
④《荀子·王制》。
⑤《荀子·王制》。
⑥《荀子·富国》。

万事"①；另一方面则力图把儒家道德学说转化为政统，突显仁义之道高于君主之位，如二程主张格君心之非，朱熹则认为"天下事有大根本，有小谤本。正君心是大本"②，反对封建君主的独裁与暴政。

从某种意义上说，儒家德性决定德治的内圣外王之道，反映了其政治伦理化与伦理政治化的政治理想主义。把伦理同政治结合起来，不光是儒家的主观政治愿望，它同样具有现实的社会基础。在"家国同构"的传统中国宗法社会，父权、族权和君权往往交织在一起，作为维护家族（庭）内部关系的伦理原则必然延伸到社会政治生活领域，像"忠孝混一""移孝作忠"即是家族主义伦理对国家政治的渗透。早在西周，就开始在一定程度上实行"礼治"，而当表示"吾从周"的孔子纳礼入仁时，这实际上正是一种伦理政治化和政治伦理化的努力。到了汉代，大儒董仲舒明确建构起来的"三纲五常"不仅是一种道德原则，也是用来安邦定国的政治制度，从而具有伦理和政治的双重含义。罪莫大于不孝。汉代独尊儒学以后大力推行"以孝治天下"，从而使中国真正具有伦理政治化的现实政治建制。可以说，伦理与政治的相互结合，既是儒家实施德治主义纲领的政治诉求，也是封建统治者用来强化其夺取政权、巩固政权的合法性和合理性的重要举措。

如上所述，推行内圣外王之道，儒家认为关键在于修身，也就是使执政者具备较好的德性。故此历代儒家在如何修养心性上用力颇多。任何社会的政治建构均建立在某种人性学说之上，例如西方的三权分立恰是以人性恶为依据。历代儒家在人性理论上并不相同，但在强调修养心性以实现"德治"上都是相通的，只是修养方法上有所不同罢了。主张性善论的孟子提出了"四心说"（亦可称四端说）、"四德说"、良知良能说，以论证人的性善（且不论是本善还是向善），从而为其仁政说奠定了理论依据；与此同时，他又指出人的先天善性必须尽其才，必须蓄养之，否则就会遮蔽乃至流失，导致人弃善作恶——"苟得其养，无物不长；苟失其养，无物不消"③，因而他极力倡导人要存心养性。主张性恶论的荀子力倡"化性起

---

① 《南轩文集·汉家杂伯》。
② 黎靖德编：《朱子语类》卷第一百八，王星贤点校，中华书局1994年版，第2678页。
③ 《孟子·告子上》。

伪"，以矫正化导人之情性，引导人存恶就善，实现起礼义、制法度以至隆礼重法的政治目的。宋明理学家张载、程朱等人则立足于人性善恶二元论（也可说是性善恶混论）而要求人们存理灭欲，去除人心（私心）而保留道心，并以此按照道德治理国政。

对于从德性到德治、从内圣到外王的儒家政治理念，前贤做出了精深的研究和评价。有的认为，圣者为王仅是一种美好的政治理想，圣人未必一定为王，孔子被人尊为圣人，但他也不过是"素王"；"内圣"与"外王"分属于不同的社会领域，前者是个人信念和修养问题，注重的是个人的道德自觉自律，后者旨在解决客观的社会组织结构方面的问题，属于公共事务，它要求一系列客观理性法则以及程序化的规则。我们已在儒家人学思想一章中指出：孔子、孟子虽未将"圣"与"王"合称，但却也未将两者相分；荀子虽然将"圣""王"合称，却指明了它们在尽伦与尽制上的差别。这里，我要进一步指出的是，"内圣"未必一定为"外王"，也未必适合为"外王"。不论是"外王"还是政治有时并不一定需要高尚的"圣德"，两者之间并无必然联系。儒家强调德性是德治乃至治国的基本前提，当权者应具备一定的道德素质，一般来说是不错的。况且，道德作为社会控制和政治管理的必要手段，坚持"以德治国"，也是必要的。然而，儒家的内圣外王之道毕竟存在两大缺陷：一是过分理想化，不仅对统治者提出的道德要求过高，甚至认为道德高于政统，忽视了在特定的社会政治情势（例如王权衰落、列国争霸等）下法治更为有效；二是过于片面化，过多强调统治者的道德素质，忽略了一个有效的掌权者还应该具备能力素质、政治素质、知识素质等，要知道，一个好的管理者应该德才兼备。

（二）以民为本

以德治国在某种意义上即是以德治民。所谓政者，即事也；所谓治者，即理也。因而政治就是治理人民。孙中山先生说："政治两字的意思，浅而言之，政就是众人的事，治就是管理，管理众人的事，便是政治。"[①] 国以民为主，不论是国家政权的获取，还是政权的巩固和维护，以至国家的繁

[①]《孙中山选集》下册，人民出版社1956年版，第66页。

荣昌盛，都离不开广大民众的支持与参与。毋庸置疑，儒家倡导的德治也好，"以德治国"的基本方略也好，主体和重点首先是为政者，它们均要求当权者具备较高的德性修养，同时也要求当权者在政治实践中要按照纲常伦理去治理国事与民事，以协调好君民关系或干群关系。然而，作为为政之道，德治也对广大民众提出了道德要求，要求他们加强自身的道德修养，并遵循基本的社会道德规范。从这一意义上说，广大民众也不失为德治的主体。国无德不立。离开人民群众的道德主动性、创造性和积极性，以德治国就失去了根基。

正是由于看到了人民在政治生活中安邦定国的重要作用和地位，周代统治者往往将道德和民众相提并论，在人文主义逐渐萌发的同时，民本主义观念也日渐兴起。《尚书》称赞尧"克明俊德，以亲九族。九族既睦，平章百姓。百姓昭明，协和万邦，黎民于变时雍"①，并提出"德惟善政，政在养民"②。针对当时流行的神本观念，《尚书》还明确提出了民本思想："民惟邦本，本固邦宁"③、"天视自我民视，天听自我民听"④。政治家周公说："人无于水监，当于民监。"⑤ "爰知小人之依，能保惠于庶民。"⑥ 他把了解和关心民众疾苦作为检验政绩的镜子。周代的德治思想和实践归结为一点，就是"敬德保民"。

孔子、孟子可以说是民本政治思想的开创者和集大成者，他们从多个方面进行了系统阐述。

1. 重民。

孟子充分论述了以民为本在德治中的重要作用和意义。他首先提出了"民贵君轻"观念："民为贵，社稷次之，君为轻。是故得乎丘民而为天子，得乎天子为诸侯，得乎诸侯为大夫。诸侯危社稷，则变置。"⑦ 这里的民贵君轻同封建尊卑等级（尊君）并不矛盾。因为民之所以贵，就在于民是维

---

① 《尚书·尧典》。
② 《尚书·大禹谟》。
③ 《尚书·五子之歌》。
④ 《尚书·泰誓中》。
⑤ 《尚书·酒诰》。
⑥ 《尚书·无逸》。
⑦ 《孟子·尽心下》。

护君主政权的基石,就在于民心向背是决定国家稳定与否的根本。正如朱熹所言:"国以民为本,社稷亦为民而立,而君之尊,又系于二者之存亡。"① 为论证重民的重要性与合理性,孟子提出了"民心决定论"。他在讨论三代政治得失时指出:"桀纣之失天下也,失其民也;失其民者,失其心也。"② 孟子还把"人和"看成决定战争胜负的关键,认为"天时不如地利,地利不如人和""得道者多助,失道者寡助"③。春秋战国之时,君权神授观念还较为流行,故而孟子也尊天、畏天。但他也从民本出发,认为"天"和"民"均是决定政权更迭的重要因素。《孟子·万章上》篇中,孟子分析道,尧把舜介绍给"天",使舜"主祭而百神享之";尧又把舜介绍给民,使舜"主事而事治,百姓安之"。他引述《尚书》"天视自我民视,天听自我民听",表明既重视天意也重视民心。荀子借用古语说明君为舟民为水的关系:"君者,舟也;庶人者,水也。"④ 而汉代贾谊也说:"闻之于政也,民无不为本也。"⑤

2. 爱民。

不论是孔子还是孟子,君主爱民无疑表现为以仁爱之心去关心、体恤百姓,用孟子的话来说就是以不忍人之心行不忍人之政——仁政。下面我们将详论。作为德治的爱民具体应是按照伦常规范去顺民、使民。孔子对子产的为政之道大加赞赏,认为子产为政"有君子之道四焉:其行己也恭,其事上也敬,其养民也惠,其使民也义"⑥,可见,子产为政之道的可赞许之处就是他教养人民施以恩惠,按照道义原则去役使百姓。同时,孔子也强调应当按照合理性去顺民、用民,认为治国理政必须"敬事而信,节用而爱人,使民以时"⑦。孟子全面继承和发展了孔子的爱民思想,他不仅创造性地提出了"仁政"学说,还从不同层面论述了实施德治过程中的爱民、顺民、安民。一是反对暴民。对于那种不体恤百姓,"上慢而残下"的虐民

---

① 朱熹:《四书章句集注·孟子集注》,中华书局2012年版,第344页。
②《孟子·离娄上》。
③《孟子·公孙丑下》。
④《荀子·王制》。
⑤《新书·大政上》。
⑥《论语·公冶长》。
⑦《论语·学而》。

做法，孟子认为应"吊民伐罪"。二是与民偕乐。孟子在同齐宣王对话中讲："为民上而不与民同乐者，亦非也。乐民之乐者，民亦乐其乐；忧民之忧者，民亦忧其忧。"①他在与庄暴讨论如何爱好音乐时指出，老百姓之所以表现出怨恨，就是因为周王在老百姓兄弟妻子流离失散时仍独自享受音乐、打猎，不能"与民同乐"②。三是反对战争，特别是不义战争。孟子认为"春秋无义战"，他抨击"能为君约与国，战必克"的人，是"民贼"，要求对"善战者服上刑"，反对"兼并"战争，因而他十分推崇王者之师。四是君臣对等。孟子不仅提出了"君有大过则谏，反复之而不听，则易位"③、"诸侯危社稷，则变置"等政治革命思想，还提出了君臣关系互尽义务论："君之视臣如手足，则臣视君如腹心；君之视臣如犬马，则臣视君如国人；君之视臣如土芥，则臣视君如寇仇。"④

3. 富民。

养民富民是儒家以民为本思想的重要内容，也是儒家德治政治管理方式的重要体现。孔子首先提出了"利民""教民""惠民"和"养民"等范畴，他在回答子贡问如何从政时说"足食，足兵，民信之矣"⑤，并对民要"富之"和"教之"，同时要做到"因民之所利而利之"⑥，反对对老百姓横征暴敛。孟子对孔子的富民观念做了充分展开，提出了一系列养民主张，强调养生之道，认为"养生丧死无憾，王道之始也"⑦，把"养生丧死无憾"这类民生问题视为王道政治的出发点。为此，孟子在经济上主张使民有恒产，也就是制民以产。孟子借鉴了管子"仓廪实，则知礼节；衣食足，则知荣辱"⑧的观点，立足于"民之为道也，有恒产者有恒心，无恒产者无恒心。苟无恒心，放辟邪侈，无不为己。及陷乎罪，然后从而刑之，是罔民也"⑨，要求"明君制民之产，必使仰足以事父母，俯足以畜妻子，乐岁

---

① 《孟子·梁惠王下》。
② 《孟子·梁惠王下》。
③ 《孟子·万章下》。
④ 《孟子·离娄下》。
⑤ 《论语·颜渊》。
⑥ 《论语·尧曰》。
⑦ 《孟子·梁惠王上》。
⑧ 《管子·牧民》。
⑨ 《孟子·滕文公上》。

终身饱，凶年免于死亡。然后驱而之善，故民之从之也轻"①。为使民有恒产，孟子一方面提出"取于民有制"，反对横征暴敛。孟子严厉批评了诸侯的溺民政治导致"庖有肥肉，厩有肥马，民有饥色，野有饿莩，此率兽而食人也"②，"凶年饥岁，君之民老弱转乎沟壑，壮者散而之四方者，几千人矣；而君之仓廪实，府库充，有司莫以告，是上慢而残下也"③。基于此，孟子特别强调重视农业生产，要求执政者"不违农时"，征收赋税要有节制："省刑罚，薄税敛，深耕易耨。"④ "易其田畴，薄其税敛，民可使富也。"⑤ "是故贤君必恭俭礼下，取于民有制。"⑥ 他还指明了无节制的横征暴敛会带来民众饥饿、流离失所的恶果："有布缕之征，粟米之征，力役之征。君子用其一，缓其二。用其二而民有殍，用其三而父子离。"⑦ 另一方面，孟子提出了使民有恒产的主张。他认为，推行仁政，必先从"正经界"开始，然后恢复"井田制"——"方里而井，井九百亩，其中为公田。八家皆私百里，同养公田。公事毕，然后敢治私事"⑧。他还描绘了"五亩之宅""百亩之田"会带来"七十者可以食肉"和"数口之家可以充饥"的美好理想。且不论孟子的"井田制"是否引导人倒退、复辟奴隶制，至少他关心民事民瘼，维护小农自给自足生活，以利于封建政权的稳定和社会秩序的维护，是可以肯定的。

虽然荀子同孟子治道有所不同，但在富民上却是高度一致的。在《荀子》一书中，他多处论及统治者（君王）要利民、裕民、富民。在他看来，"不富无以养民情"，指出："足国之道：节用裕民而善藏其余。……彼裕民，故多余。裕民则民富，民富则田肥以易，田肥以易则出实百倍。"⑨

比较儒、墨、法等先秦诸家，应该说在具体施政方案和统治方法上有所不同，但在寻求富民这一治国之道上是相同的，可谓殊途同归。

---

① 《孟子·梁惠王上》。
② 《孟子·梁惠王上》。
③ 《孟子·梁惠王下》。
④ 《孟子·梁惠王上》。
⑤ 《孟子·尽心上》。
⑥ 《孟子·滕文公上》。
⑦ 《孟子·尽心下》。
⑧ 《孟子·滕文公上》。
⑨ 《荀子·富国》。

4. 教民。

教化民众不仅包括上述的以德示人、以身作则（身教），还包括对广大民众进行以道德为主的教育。什么是德化？《韩非子·难一》说："仲尼叹曰：'舜其信仁乎？乃躬藉处苦而民从之。'故曰：'圣人之德化乎！'"《说文解字》曰："化，教行也。""教，上所施，下所效也。"由于教化可以使统治者的价值观、道德观内化为被统治者的自觉意识，有利于政治管理，因此，历代儒家十分重视对民众的教化。孔子在同弟子冉有对话中讲到，既庶又富后，应"教之"①，这表明，他认识到"富"是"教"的经济基础，然而光富不行，还必须对民众进行教化。这一"富而后教"思想同新时期中国共产党坚持物质文明建设同精神文明建设一起抓不谋而合。另外，孔子在回答子张问如何从政时指出，必须"尊五美，屏四恶"②，把"不教而杀"当作"四恶"之一加以抨击。孔子不但对学生重视"六艺"教育，还强调"四教"："文，行，忠，信。"③

孟子承接孔子"富而后教"思想，提出"富而教之"论断，认为"善政，不如善教之得民也"④。他从人与动物有本质区别的角度指出："饱食、暖衣、逸居而无教，则近于禽兽。"因此，古圣先贤大舜命契为司徒，教育人民遵循"父子有亲，君臣有义，夫妇有别，长幼有序，朋友有信"⑤ 五伦。同时，孟子还主张设立学校对民众进行道德教育："谨庠序之教，申之以孝悌之义。"⑥ 荀子更多的是强调"平政爱民"应"学而致富"，不过，他同样明确肯定了孔子对"不教而诛"的摒弃，认为"不教而诛，则刑繁而邪不胜；教而不诛，则奸民不惩"⑦。

(三) 王道政治

王道政治首先由孟子明确阐发。针对当时诸侯争霸的政治情势，他从

---

① 《论语·子路》。
② 《论语·尧曰》。
③ 《论语·述而》。
④ 《孟子·尽心上》。
⑤ 《孟子·滕文公上》。
⑥ 《孟子·梁惠王上》。
⑦ 《荀子·富国》。

孔子的仁义学说、"德政"思想以及自身的仁政主张出发，努力倡导尊王贱霸，把儒家的"德治"思想进一步具体化。在孟子那里，王道政治的内容十分丰富，可以说同德治是一体两面，既包括用仁、义、礼、孝等儒家核心道德规范去治理国家、管理人民，也包括以民为本的政治伦理化实践，如他讲使民"养生丧死无憾"是王道之始，"保民而王，莫之能御"，同时还包括用非暴力手段去争取和巩固政权。孟子揭示了王道和霸道所产生的不同政治后果："以力假仁者霸，霸必有大国，以德行仁者王，王不待大。汤以七十里，文王以百里。以力服人者，非心服也，力不赡也；以德服人者，中心悦而诚服也，如七十子之服孔子也。"① 可见，实行"以德服人"的王道，才能使老百姓心悦诚服。孟子认为，君主如果与民同忧乐，"不王者，未之有也"②。他还讲，王如施仁政于民，就"可使制梃以挞秦楚之坚甲利兵矣"③。在同齐宣王的对话中，孟子回答据德怎样才可以称王时，指出"保民而王，莫之能御"④。由此可见，孟子的王道政治思想同他的民本主义德治理论是一脉相承的。

战国末期的荀子反对孟子过分尊王抑霸及其仁政的理想主义政治构想，而主张王霸杂用。首先他大力发展了孔子重礼的一面，强调礼法并用，重王道但不否定霸道，提出"隆礼尊贤而王，重法爱民而霸"⑤的观点。他指出："粹而王，驳而霸，无一焉而亡。"⑥ 王、霸缺一不可，但以王道为要。其次，荀子往往礼义并提，于是他又从是否合义角度区分了王道与霸道，主张义立而王："用国者，义立而王，信立而霸，权谋立而亡。三者明主之所谨择也，仁人之所务白也。挈国以呼礼义，而无以害之，行一不义，杀一无罪，而得天下，仁者不为也。栎然扶持心国，且若是其固也。"⑦ 再次，荀子上升到"德"的高度提出了"以德兼人"的观点，他说："凡兼人者有三术：有以德兼人者，有以力兼人者，有以富兼人者。"⑧ 他指出采用这三

---

① 《孟子·公孙丑上》。
② 《孟子·梁惠王下》。
③ 《孟子·梁惠王上》。
④ 《孟子·梁惠王上》。
⑤ 《荀子·强国》。
⑥ 《荀子·强国》。
⑦ 《荀子·王霸》。
⑧ 《荀子·议兵》。

种政术会带来不同的效果："以德兼人者王,以力兼人者弱,以富兼人者贫。古今一也。"① 很明显,荀子更为重视王道。

秦汉一统中国之后,以董仲舒为代表的儒家总结了秦亡教训,认为"王者承天意以从事,故任德教而不任刑"②,主张德主刑辅。汉武帝独尊儒术以后,采用阳儒阴法政治统治术,坚持以王道为主,霸道辅之。汉宣帝宣称:"汉家自有制度,本以霸王道杂之。"③ 这就使儒家王道政治思想落实到现实政治层面。

(四) 德主刑辅

毫无疑问,孔子是重德轻法的,但是他并未完全抹杀法治的作用。他尽管说"道之以政,齐之以刑"只能使民众免于惩罚却不能保证人有羞耻之心,但毕竟肯定了法治可以达到"民免"的目的。孔子所说的"礼乐不兴,则刑罚不中;刑罚不中,则民无所措手足"④ 的确把礼乐摆在首要位置,但也同时认为刑罚可以使民众行为有据。而他所说的"听讼,吾犹人也,必也使无讼乎"⑤ 也表明孔子并非绝对排斥法治。在他看来,只要有善人治理国家,就可以去除残杀:"善人为邦百年,亦可以胜残去杀矣。"⑥《大戴礼记·礼察》曾引用孔子的话说:"礼者,禁于将然之前;而法者,禁于已然之后。是故法之用易见,礼之所为生难知也。……礼云礼云,贵绝恶于未萌,而起敬于微渺,使民日徙善远罪而不自知也。"据《左传》记载,孔子曾说:"政宽则民慢,慢则纠之以猛。猛则民残,残则施之以宽。宽以济猛,猛以济宽,政是以和。"⑦ 可见,孔子主张宽猛相济、礼法并用。

孟子、荀子各自从不同维度发展了孔子德主刑辅的思想。孟子似乎更为重视仁政,而极力反对暴政、战争和霸道。然而,这并不是说孟子丝毫没有认识到法治在行政中的作用。例如他指出:"徒善不足以为政,徒法不

---

① 《荀子·议兵》。
② 《汉书·董仲舒传》。
③ 《汉书·元帝纪》。
④ 《论语·子路》。
⑤ 《论语·颜渊》。
⑥ 《论语·子路》。
⑦ 《左传·昭公二十年》。

能以自行。"① 荀子主张隆礼重法、礼法并重。他说："治之经，礼与刑，君子以修百姓宁。明德慎罚，国家既治四海平。"② 荀子重礼治已如前述，他同样强调称王治国必须实行法治，主张赏功罚罪，"刑不过罪，爵不踰德"③，执法必严。荀子坚持德治与法治并重还表现在他常常礼法并用，援法入礼，把礼与法均视为一种外在制度化、规制化的规范。不过，同孔子一样，荀子还是倾向于以德礼为主。这主要表现在以下四个方面。第一，荀子以礼释法，认为礼是法之大分、类之纲纪。第二，虽然荀子指出礼法都是治之端始，但把礼规定为"治辨之极"和"强国之本"，礼被置于更为重要的地位——礼高于法。第三，荀子提出了道德之威、暴察之威和狂妄之威，认为"道德之威成乎安强，暴察之威成乎危弱，狂妄之威成乎灭亡也"④。不难看出，他更赞赏道德之威。第四，荀子认为法治的推行离不开道义，如他说："坚甲利兵不足以为胜，高城深池不足以为固，严令繁刑不足以为威。由其道则行，不由其道则废。"⑤ 同时，法治还必须有君子作保证："有君子，则法虽省，足以遍矣；无君子，则法虽具，失先后之施，不能应事之变，足以乱矣。"⑥

先秦儒家德主刑辅思想在汉代得到了传承和发展。贾谊揭示了礼法具有不同的功能，认为"礼者禁于将然之前，而法者禁于已然之后"⑦。不过，贾谊似乎更为突显礼义治国的作用，如他说："世主欲民之善同，而所以使民善者或异。或道之以德教，或殴之以法令。道之以德教者，德教洽而民气乐；殴之以法令者，法令极而民风哀。"⑧ 董仲舒从阳尊阴卑视角明确提出了德主刑辅思想，为此他主张厚德简刑、文德为贵威武为下、任德不任刑、德经刑权等。他说："古者修教训之官，务以德善化民，民已大化之后，天下常亡一人之狱矣。"⑨ 宋代朱熹的政治思想同样秉持了儒家德主刑

---

① 《孟子·离娄上》。
② 《荀子·成相》。
③ 《荀子·君子》。
④ 《荀子·强国》。
⑤ 《荀子·议兵》。
⑥ 《荀子·君道》。
⑦ 《汉书·贾谊传》。
⑧ 《汉书·贾谊传》。
⑨ 《汉书·董仲舒传》。

辅的传统。他指出:"德与政非两事。只是以德为本,则能使民归。"① 他还就德为本做了解释:"愚谓政者,为治之具。刑者,辅治之法。德礼则所以出治之本,而德又礼之本也。此其相为终始,虽不可以偏废,然政刑能使民远罪而已,德礼之效,则有以使民日迁善而不自知。故治民者不可徒恃其末,又当深探其本也。"② 在训释孔子"为政以德"命题时,朱熹强调指出:"为政以德,非是不用刑罚号令,但以德先之耳。"③

三、 儒家德治思想传统的思想依据

"无礼不宁"一语是由荀子在《荀子·大略》中提出来的:"故人无礼不生,事无礼不成,国家无礼不宁。"这尽管是讲礼在治人治国中的重要作用,但它未尝不是对儒家强调"以德治国"重要性的反映。周朝统治者在总结夏商灭亡的经验教训时,充分认识到它们之所以失国,是因为失德而失去了天命的庇护;而周朝之所以兴起,是因为敬德修业。为此,《尚书》提出了"惟不敬厥德,乃早坠厥命""皇天无亲,惟德是辅。民心无常,惟惠之怀。为善不同,同归于治;为恶不同,同归于乱""敬德保民""德惟治,否德乱""正德、利用、厚生、惟和"等一系列关于"德治"在关系国家存亡兴衰中的重要意义的思想,初步确立了我国早期重视"德治"的历史传统。以孔子为代表的儒家也明确阐述了"德治"的多种社会功能。

(一) 道德教化功能

孔子说:"道之以政,齐之以刑,民免而无耻;道之以德,齐之以礼,有耻且格。"④ 这里,孔子比较了法治与德治效用的差异,认为如果只是运用行政手段和刑罚手段去治理民众,管理国家,那只会使民众避免犯罪,但不能培养他们的廉耻之心;但如果用道德来治理百姓,用礼义来约束他们,则人们不但有廉耻之心,而且能纠正自己的过错。显然,孔子无意完

---

① 黎靖德编:《朱子语类》卷第二十三,王星贤点校,中华书局1994年版,第533页。
② 朱熹:《四书章句集注·论语集注》,中华书局2011年版,第344页。
③ 黎靖德编:《朱子语类》卷第二十三,王星贤点校,中华书局1994年版,第534页。
④《论语·为政》。

全否定法治的作用，不过他揭示了其内在局限性，而突显了德治在教化民众方面的重要价值。《大学》在讲到"絜矩之道"时指出："所谓平天下在治其国者：上老老而民兴孝，上长长而民兴弟，上恤孤而民不倍。"这是说，平天下的根本在治好国，而治好国应掌握测量方正的法则，因为为政者的德行可以教化民众培养孝、悌、信等品德。荀子更是从多种角度阐述了以德治国的道德教化作用：从礼法起源角度，荀子认为礼义法度可以矫正人之情性——"古者圣王以人之性恶，以为偏险而不正，悖乱而不治，是以为之起礼义、制法度，以矫饰人之情性而正之，以扰化人之情性而导之也"①；从圣王礼义之治的意义的角度，荀子指出："今人之性恶，必将待圣王之治，礼义之化，然后皆出于治，合于善也。"②

（二）道德示范功能

儒家十分强调和赞许君王以德治国对于人民大众道德品质的表率作用。孔子在《论语》中多处论及于此。他在回答季康子如何从政之问时指出："子欲善，而民善矣。君子之德风，小人之德草。草上之风，必偃。"③可见，小人（含民众）的道德是受君子（含统治者）的道德左右的。同样在回答季康子问政时，孔子说："政者，正也。子帅以正，孰敢不正？"④统治者带头行正道，老百姓没有不行正道的。《论语·子路》也谈到孔子讲述了正己正人的问题，他说："苟正其身矣，于从政乎何有？不能正其身，如正人何？"只要统治者能够端正自己的言行，那么从政就不是一件难事，就可以达到正人的目的。孔子还直接明了地揭示了君子的道德带动作用。他这样说："上好礼，则民莫敢不敬；上好义，则民莫敢不服；上好信，则民莫敢不用情。"⑤这里，孔子从道德权威角度强调统治者只要自身讲究礼、义、信等品德，就会促使民众诚实、敬重、顺从。作为孔子的私淑弟子，孟子尽管更多的是从社会政治维度言说儒家德治的功能，可他也认识到了德治的道德示范作用，他较为有名的论断"惟大人为能格君心之非。君仁莫不

---

①《荀子·性恶》。
②《荀子·性恶》。
③《论语·颜渊》。
④《论语·颜渊》。
⑤《论语·子路》。

仁，君义莫不义，君正莫不正"① 即是讲述"上行下效"的问题。

荀子的"隆礼重法"思想强调礼是确立人们身份、地位的等级制度，是制约人性、调控行为的行为规则和规范，是治国的根本大法，认为礼具备改造人性、为政治民、救善除恶、使君爱民等作用，从而指出圣王制礼、隆礼、循礼可以引导民众弃恶从善。他解释说，君主的以身作则能够引导民众："故为人上者，必将慎礼义，务忠信，然后可。"② 在传统中国社会，儒家政治目标之一就是君师合一，而荀子特别强调"师法"的作用。他说："师者，所以正礼也。……无师，吾安知礼之为是也？"③ 他还讲："人有师有法，而知则速通，勇则速畏，云能则速成，察则速尽，辩则速论。"④

从现实政治生活来说，儒家揭示的德治的道德教化示范功能，通过汉以后一大批儒学化的官吏在政治活动中身体力行、为民表率、敦风化俗得到体现。例如《汉书·循吏传》讲地方官吏黄霸在坚持以德治政之际，致力于用儒家伦理去教化劝导民众，他的功绩得到汉宣帝的褒奖，诏曰："百姓向化，孝子弟弟贞妇顺孙日以众多，田者让畔，道不拾遗，养视鳏寡，赡助贫穷，狱或八年亡重罪囚，吏民向于教化，兴于行谊，可谓贤人君子矣。"

（三）行为调控功能

为政以德不仅要求从君主到各级官吏自身要依德而行，同时也要求各级行政者用道德去教化民众、约束民众，而且也要求广大民众必须按照社会道德纲常去调节自身的社会化行为，以正确处理个人同社会之间的人际关系。正因如此，坚持以德治国，就可以使民众的行为走向有序化和合理化。对此，孔子做了独到的分析。在他看来，要使民众服从，就应举贤使能，因而他说："举直错诸枉，则民服；举枉错诸直，则民不服。"⑤ 提拔重用正直的人，使之置于奸邪之人之上，民众就会服从统治。在回答季康子如何使民恭敬、忠诚和互相勉励时，孔子指出："临之以庄，则敬；孝慈，

---

① 《孟子·离娄上》。
② 《荀子·强国》。
③ 《荀子·修身》。
④ 《荀子·儒效》。
⑤ 《论语·为政》。

则忠；举善而教不能，则劝。"① 这是说在为政时，用庄重的态度对待他们，他们就会恭敬；掌权者孝顺父母、慈爱幼弱，他们就会忠诚；提拔好人、教育能力差的人，他们就会劝勉。孔子还曾指出："君子笃于亲，则民兴于仁；故旧不遗，则民不偷。"② 君子如对亲人感情深厚，那么百姓就会兴起仁爱之风；如果不遗弃老朋友，那么百姓就不会对人感情淡薄。在谈述"正名"思想之后，孔子为卫国的国君陈述了如下治理政事的道理："事不成，则礼乐不兴；礼乐不兴，则刑罚不中；刑罚不中，则民无所措手足。"③ 他又说："上好礼，则民易使也。"④ 由此我们不难理解孔子为何那么推崇礼乐文明，因为它在促使法治文明保持恰当的前提下，可以为百姓的行为找到正确定位，使之不至于举措失当。在孔子看来，一个人如果具备忠、信、笃、敬等道德品质，就会畅行天下，此即"有理走遍天下，无理寸步难行"。他如此讲："言忠信，行笃敬，虽蛮貊之邦行矣；言不忠信，行不笃敬，虽州里行乎哉?"⑤ 这里，我们不由联想到孟子的"仁者无敌"名言。不论是行政官员，还是平民百姓，在孔子的观念中，只要具备五种优良品行，就会获得良好的社会信任和肯定。他说能行恭、宽、信、敏、惠这五者于天下，就是仁，就会带来良好的社会效果，即"恭则不侮，宽则得众，信则人任焉，敏则有功，惠则足以使人"⑥。吊诡的是，一向强调以民为本的孟子在宣传仁政之际，反而对以德治国的行为调控作用所言不多，不过在《孟子·梁惠王下》一章中，孟子还是高度概括地讲到"君行仁政，斯民亲其上、死其长矣"，君主只要施行仁政，那么老百姓不仅会对上司表示热爱之情，甚至还会为之拼命。

对人性充满不信任的荀子，似乎更为关注实行礼治主义对于矫正和控制人的行为的调控功能。首先，荀子认为制礼义可以使人等差有序，各安其分，"故制礼义以分之，使有贫富贵贱之等"⑦。他从尊崇先王之道视角指

---

① 《论语·为政》。
② 《论语·泰伯》。
③ 《论语·子路》。
④ 《论语·宪问》。
⑤ 《论语·卫灵公》。
⑥ 《论语·阳货》。
⑦ 《荀子·王制》。

出:"先王案为之制礼义以分之,使有贵贱之等,长幼之差,知愚能不能之分,皆使人载其事,而各得其宜。"① 其次,荀子指明礼义可以为人立身提供行为准则。荀子把礼看成人道之极,视为人社会实践活动的准绳:"礼者,人之所履也。"② 荀子从礼是人修身、待人的根本原则出发,指出:"不法礼,不足礼,谓之无方之民;法礼,足礼,谓之有方之士。"③ 从日常生活角度,荀子对重礼产生的作用也做了深刻阐释。他说:"凡用血气、志意、知虑,由礼则治通,不由礼则勃乱提僈;食饮、衣服、居处、动静,由礼则和节,不由礼则触陷生疾;容貌、态度、进退、趋行,由礼则雅,不由礼则夷固、僻违、庸众而野。"④ 再次,荀子强调遵礼可以使人养生安乐:"治民不以礼,动斯陷矣。"⑤ 管理民众不根据礼,一行动就会出错。人性均贵生乐安,而要达到此目的,就务必依礼而治。荀子讲:"故人莫贵乎生,莫乐乎安;所以养生安乐者,莫大乎礼义。"⑥

（四）安邦定国功能

孔子承继和发展了周代德治传统,从修己以安人、修己以安百姓出发,反复说德治是一种安邦定国之术。他说:"为政以德,譬如北辰,居其所而众星共之。"⑦ 如果统治者能够用道德去从政,就会像北斗星一样受到民众的拥戴。孔子高度肯定了"善人为邦百年,亦可以胜残去杀矣"⑧。这表明他认同任用善人统治国家会带来战胜残暴、免除杀戮的积极效果。孔子之所以护持"不患寡而患不均,不患贫而患不安"⑨ 的理想政治局面,是因为在他看来"均无贫,和无寡,安无倾"⑩ 明确表明了他主张用均平、和谐、安全等道德价值去整合社会秩序的理念。同时,孔子也力倡用重义价值观去维持社会和谐局面,他讲:"君子义以为上。君子有勇而无义为乱,小人

---

① 《荀子·荣辱》。
② 《荀子·大略》。
③ 《荀子·礼论》。
④ 《荀子·修身》。
⑤ 《荀子·大略》。
⑥ 《荀子·强国》。
⑦ 《论语·为政》。
⑧ 《论语·子路》。
⑨ 《论语·季氏》。
⑩ 《论语·季氏》。

有勇而无义为盗。"①

围绕德治在安邦定国方面的地位与作用，孟子做了更为全面的阐释，为他的仁政主张进行了有力辩护。他在论述"亦有仁义而已矣"时，明确指出："未有仁而遗其亲者也，未有义而后其君者也。"② 从来没有讲求仁义而遗弃父母、怠慢国君的人。至于孟子的王道政治思想，下面将详论。这里只想强调的是，孟子十分肯定王道的政治控制力作用。他的著名论断"保民而王，莫之能御也"③，足以说明他对王道政治功用的信心。为宣传仁政学说，孟子确认人天生有恻隐之心、羞恶之心、辞让之心和是非之心四种善端，认为只要扩充它们，就能使人事父母、保天下："凡有四端于我者，知皆扩而充之矣，若火之始然，泉之始达。苟能充之，足以保四海；苟不充之，不足以事父母。"④ 孟子还认为当权者必须以善养人，因为"以善服人者，未有能服人者也；以善养人，然后能服天下"⑤。

荀子的礼治主义同样对德治的安定作用有独到的分析。他认为，礼就如同衡、绳墨、规矩一样，依据它去治国，就可以正国、定国。他说："国无礼则不正。"⑥ 礼作为国家的根本大法，是国之命脉所系，因此荀子强调"隆礼贵义者其国治，简礼贱义者其国乱"⑦、"得礼义然后治"⑧、"礼者，表也。非礼，昏世也；昏世，大乱也"⑨，一言以蔽之，"人无礼不生，事无礼不成，国家无礼不宁"⑩。

《礼记》中的《大学》《中庸》两篇也不乏关于德治对政治的安定作用的论述。《大学》把德性提到得失天下的高度加以强调，认为"君子有大道，必忠信以得之，骄泰以失之"。《大学》还立足于民众维度要求君子要"慎乎德"，提出了"德本财末"的重要观点："德者本也，财者末也，外本内末，争民施夺。故财聚则民散，财散则民聚。"《中庸》提出治理天下有

---

① 《论语·阳货》。
② 《孟子·梁惠王上》。
③ 《孟子·梁惠王上》。
④ 《孟子·公孙丑上》。
⑤ 《孟子·离娄下》。
⑥ 《荀子·王霸》。
⑦ 《荀子·议兵》。
⑧ 《荀子·性恶》。
⑨ 《荀子·天论》。
⑩ 《荀子·大略》。

九经，这就是修身、尊贤、亲亲、敬大臣、体群臣、子庶民、来百工、柔远人和怀诸侯。这九经绝大多数是讲实行德化和德政，而依照九经理国就会道立、不惑、不怨、不眩、礼重、百姓劝、财用足、四方归之及天下畏之。

根据上述孔子、孟子、荀子的王道政治设想，结合中国上古和秦汉的现实政治实践，我认为可以把儒家的王道政治主义归结为仁治、礼治和孝治三种具体的政治运行机制，当然这其中也包含着"义立而王"的观念。

1. 仁治。

无疑，孟子的仁政学说是儒家王道政治思想中仁治的典型理论形态，是儒家德治思想的鲜明代表。不过，犹如梁启超在《先秦政治思想史》中所说的"儒家言道言政，皆本于仁"①，孔子虽然明确讲的是"为政以德"，但他是儒家仁学的开创者，且仁又是全德之称，因此，谈儒家的仁治不能不从孔子谈起。在孔子看来，仁德是实行仁政的基础，仁政则是仁德在政治中的外在表现。孔子认为仁者爱人，这其中必然包含仁君对百姓的爱民。他把恭、宽、信、敏、惠五者归之于仁，而他正是从政治角度来强调五德的重要性：不侮、得众、人任、有功和使人。孔子还把"博施于民而能济众"看成仁。孟子从性善论出发，指出人皆有仁心（"不忍人之心"）或恻隐之心，然后明确提出了他的仁政学说："人皆有不忍人之心。先王有不忍人之心，斯有不忍人之政矣。以不忍人之心，行不忍人之政，治天下可运之掌上。"②孟子所谓的仁政，内容是十分丰富的，既包括上述的以民为本和王道政治，也包括仁民爱物，还包括不杀生和推恩——"老吾老，以及人之老；幼吾幼，以及人之幼"③。荀子的仁政思想则较为简略，只是提出了"仁义法正之质""仁义礼善之于人"等观念。到了董仲舒这里，他把仁、义、礼、智、信"五常"作为举贤良对策要求"王者所当修饬"，并断言仁乃是五常之道的根本，也是王霸之道的根本："霸王之道，皆本于仁，仁，天心，故次之以天心。爱人之大者，莫大于思患而豫防之。"④

---

① 梁启超：《饮冰室合集》（第九卷），中华书局1989年版，第67页。
② 《孟子·公孙丑上》。
③ 《孟子·梁惠王上》。
④ 董仲舒：《春秋繁露·俞序》，张世亮、钟肇鹏、周桂钿译注，中华书局2012年版，第186页。

2. 礼治。

儒家特别推崇制礼作乐的周公，向往周代的礼治秩序和礼乐文明。孔子不仅为个人的日常生活提出了各种依礼、尊礼、循礼而行的种种要求，还从"不知礼，无以立"①出发，为统治者制订了礼治的各种方略。他认为"贫而无谄，富而无骄"不如"贫而乐，富而好礼"②、"道之以德，齐之以礼，有耻且格"③，强调"君使臣以礼，臣事君以忠"④，执政者应"以礼让为国"⑤，使人"约之以礼"⑥。孟子不像孔子那样重视礼，也未单独加以强调，况且他也基本不提周礼，仅把礼作为同仁、义、智一起的"四德"之一，提出仁宅、义路和礼门的逻辑架构，认为礼是出自人的辞让之心，它对仁义加以修饰和节制。不过，他也提出了一些同礼治有一定关联的主张和观点，例如"非仁无为也，非礼无行也"⑦、"言非礼义，谓之自暴也"⑧。荀子较为全面地阐述了礼治，明确提出了"隆礼重法"的治国思想。他把礼视为治国的常规："治之经，礼与刑。"⑨ 他将礼界定为治之始、治辨之极；强调礼是处理政事的指导原则，如果不依礼而行，政事就无法完成："礼者，政之挽也。为政不以礼，政不行矣。"⑩ 荀子指明礼是强国之本，认为"国无礼不正""国之命在礼"，指出实践礼是实施王道政治的重要环节——"能以礼挟而贵名白，天下愿，令行禁止，王者之事毕矣"⑪，从而揭示了礼治在为政治民中的重要作用。

汉代秦以后，刘邦后来认识到礼对于治理朝政的价值而命叔孙通制礼，使"自诸侯王以下莫不振恐肃敬。……无敢讙哗失礼者"⑫。自此，礼学开始走向礼治，礼学遂蔚为大宗。郑玄所注《三礼》也成为儒学重要经典。唐代不仅出现了很多《三礼》注疏，还形成了直接服务于朝政的礼典，如

---

① 《论语·尧曰》。
② 《论语·学而》。
③ 《论语·为政》。
④ 《论语·八佾》。
⑤ 《论语·里仁》。
⑥ 《论语·雍也》。
⑦ 《孟子·离娄下》。
⑧ 《孟子·离娄上》。
⑨ 《荀子·成相》。
⑩ 《荀子·大略》。
⑪ 《荀子·致士》。
⑫ 《史记·刘敬叔孙通列传》。

《贞观礼》《大唐开元礼》等。宋明理学虽然弱于外王，未有成系统的礼治思想，但他们大多把"礼"等同于"理"。明清之际，戴震等人曾批评封建礼教，指斥理学的"存天理，灭人欲"是以"礼"杀人，这也从反面说明"礼"仍是宋明理学的核心观念之一。自从儒学在汉代上升为官方统治思想以后，在其重礼、好礼、隆礼等思想的长期浸润下，中国传统社会形成了如费孝通在《乡土中国》一书中所指出的"礼治秩序"。

3. 孝治。

孝本是用来处理亲子关系的家族伦理规范，何以能成为一种统治手段呢？这一则是因为传统中国社会"家国同构"、父权君权一体，因而可以"移孝作忠""忠孝混一"，孝可以为封建王朝所用；二则"孝慈则忠"，君王以孝为政，可以起到正己正人的功效，故此汉代许多君主以"孝"加在谥号之前；三则当权者在推行德治时需要对老百姓进行孝行教育，而民众奉行孝道能够维护"亲亲"和"尊尊"宗法关系，这也有利于国家的安定和谐，因而以孝治国是维护君主统治的必要条件。《尚书》《吕氏春秋》等文献早就揭示了"孝治"的思想。《尚书·尧典》说"克谐以孝"，《吕氏春秋·孝行篇》讲到商朝刑法有"刑三百，罪莫大于不孝"之规定。前面我们已经探讨了先秦孔孟儒学有关孝的道德规范思想，这里只想从孝治方面强调指出，孟子十分推崇古代的孝治，把大舜神化为大孝子，并从"事亲为大"原则出发为大舜"窃负而逃"和"封之有庳"做辩护。在他看来，"尧舜之道，孝弟而已矣"①，文王的德化也只是"善养老"②罢了。自汉代以后，统治者宣扬"以孝治天下"，东汉选拔人才的主要方式则是"举孝廉"。由于孔子在《孝经·天子章》讲到"天子之孝"可以使"爱亲者，不敢恶于人；敬亲者，不敢慢于人"。因此《孝经》受到后世封建君主的认可，唐代唐玄宗亲自御批《孝经》。唐代承汉代使天下人诵《孝经》的德治传统，规定学生皆习《孝经》，同时仿汉代对孝悌以天子名义加以旌表，并且为不孝罪行制定了详细的量刑标准，从而把"孝治"纳入法制化轨道。唐、宋以后，统治者通过科举考试更进一步把汉代以孝选官作为国家人事制度加以完善。

---

① 《孟子·告子下》。
② 《孟子·尽心上》。

第七章 儒家德治文化与中国社会治理

作为上下五千年中国道德文化和政治文化的有机组成部分，德治思想是儒家学术文化的核心，以其为核心的儒家德治文化蕴含着优秀的中华美德和崇高的精神追求，是儒家政治思想的基石。在长期的历史发展过程中，它成为中华民族悠久的历史传统，成为中华民族能够生生不息、发展壮大的强大支柱。从尧舜时期的"克明俊德"，到孔孟的"德治""仁政"，再到明清时代儒家对德治思想的承继，儒家德治思想和德治文化不断丰富完善，并成为古代中国社会占统治地位的意识形态的重要传统。

直到今天，仍然有人认为，儒家德治文化因其带有人治色彩、清官意识、等级观念、理想主义、否定法治等弊端而不适应当代中国政治科学化、民主化发展和社会治理现代化的要求，不能成为治国理政的精神资源。在我看来，作为一项治国理政的基本方略构想，历史上儒家德治文化传统在安邦定国、国家统一、社会稳定方面发挥着极为重要的作用。在当代，概括地说它在改善中国社会治理、提高国家治理体系和现代化水平方面至少具有四大社会作用：一是儒家"德治"是当代中国社会法治建设的重要补充；二是儒家德治思想有利于人的素质塑造；三是儒家德治思想文化可以强化官员道德修养；四是儒家德治文化传统包含着当代中国民主政治建设的重要资源。基于此，要传承和弘扬儒家德治文化这一中华伦理传统，实现它的创造性转化和创新性发展，以为中国社会治理提供可资借鉴的文化动源，就必须正确认识和把握德治与法治、人治、官治、民治之间的辩证关系。

一、德治与法治

在当代中国，儒家德治传统在一定意义上体现为"以德治国"的基本方略。对"以德治国"基本方略，社会反应不一。绝大多数人表示认同，认为这是对儒家德治思想和德治文化传统在新时期条件下的继承发展，有助于加强公民道德建设，有助于克服当前道德信仰缺乏、良知麻木、礼崩乐坏等道德危机现象，有助于重建中国"礼仪之邦"的良好形象。然而，有的人认为"以德治国"方略同儒家德治思想和德治传统有本质上的差异，在历史背景、现实条件、根本目的和路径依赖等方面完全不同。"以德治国"方略所讲的"德"是指社会主义道德，它是迄今为止人类最先进的道德类型，而历代儒家所提倡的"德治"，其"德"主要是封建的过时的道德。有的人直接反对"以德治国"基本方略，认为它不过是中国传统"德治"政治思想的翻版，它所带来的必然是落后的"人治"，造成圣贤崇拜和清官政治，不利于国人树立法治意识，不利于法治国家的建设。正是在一些人的反对下，加上中国社会市场化、现代化、世俗化对道德的某种冲击和排斥，今日"以德治国"的声音变得比较微弱。

在进行社会治理时，也引发了如何正确认识和把握法律与道德、法律文化与伦理文化、德治与法治一般性关系的讨论。应该说，在法德关系上，以下观点得到了绝大多数人的认同，即法律以其权威性和强制手段规范社会成员的行为，道德则以其说服力和劝导力提高社会成员的思想认识和道德觉悟。然而在如何认识和处理"以德治国"方略同我国传统的儒家德治思想的关系问题上，出现了两种错误的偏向。一是忽视这两者之间的差别，而将它们等同起来；二是过分夸大两者的不同，而否认它们的联系。贯彻"以德治国"基本方略，一定要深入把握它同儒家德治文化的辩证关系，认识到这两者之间既有一致性又有差异性，既有继承又有发展。

"德治"与"法治"之间的关系比一般人所想象的要复杂得多，很有进一步加以反思的必要性和合理性。在讨论德治与法治问题的过程中，许多人首先肯定了这两者之间的差异，归纳起来，大致表现为以下两方面。一是两者性质不同。道德具有自律性、理想性、利他性，法律具有他律性、现实性和利己性。二是两者发挥作用的依靠力量不同。法律是统治阶级通过国家权力机关制定和实施的，以其权威性和强制手段规范社会成员的行为（法治）；道德是社会约定俗成的，它通过主体内心信念、社会舆论和传统习惯等来发挥作用，并以其说服力和劝导力提高社会成员的思想觉悟。其次，许多人认识到了法律与道德的分化与冲突。然而也有少数人却有意无意忽视法律与道德的对立性和斗争性，而片面强调这两者之间的统一，其中最突出的就是过分突显法律的合道德性及道德的法律化。有人认为，法律和道德之间常常相互支持，以法律来支持道德，以道德来支持法律，道德通过影响立法、司法、社会成员而影响法的运行，法律则通过制度上的优势和强力手段的优势来保证上升为法律的那一部分道德规范的运行。① 有人更是明确指出："法治的建立与维护离不开道德的基础。所谓法治的道德基础，至少包括了以下两个方面的含义：其一，作为社会调控主导性手段的法律必须以道德为基础并与道德要求相一致；其二，法治要建立起来，必须得到道德的支撑与配合。"②

从社会功能上说，法律的确必须具有道德基础，必须有社会伦理提供支持。作为法律客体，法律条文、法律规范本身虽说不一定要以合德性作为必要前提，但是，那种符合道德的法律，其权威性更大，能得到民众更广泛的支持，其产生的社会价值也更大；从历史上看，某些法律正是因为同人类普遍接受的伦理观念或道德价值相冲突，而得不到"普遍的服从"，甚至成为社会冲突的法理根源。然而，并非任何法律都必须合道德，有些不道德的法律可能比道德的法律更实用，一些"恶法"或"不义之法"并不是完全缺乏历史合理性和价值性。新时期以来，中国法律对私营经济、民营经济给予了充分肯定，尽管它容纳了"剥削"这一"恶"的社会价值分配机制，可它却是我国社会发展所必需的。

就中国古代社会治理学说和政治思维而言，大致可以分出两大类，即无为政治和有为政治。无为政治或无为而治主要是由老子、庄子等人提出的治国方略。有为政治包括以法治国、以力治国、以智治国和以德治国。

---

① 参见仲崇盛、宋戈：《论"依法治国"中法律与道德的关系》，载《理论与现代化》2001 年第 1 期。

② 郁建兴：《法治与德治衡论》，载《哲学研究》2001 年第 4 期。

以仁治、礼治、孝治等为基本内容的"德治"思想主张总体上是由儒家所倡导的。

应当承认,"以德治国"方略同儒家"德治"思想的确存在一定的差异,绝对不能将它们混为一谈。首先,儒家传统"德治"思想是一种泛道德主义,它不适当地扩展道德管辖的范围,管了它不应管也管不好的事情。同时它又是一种道德理想主义,所提的道德标准和要求太高了,一般人难以做到。而"以德治国"方略是在总结中国以往道德建设和社会治理经验的基础上提出来的,它符合社会发展状况,符合人民群众的思想觉悟水平。况且,党和国家新时期以来一贯强调在社会主义精神文明建设过程中,要把先进性要求和广泛性要求结合起来。其次,儒家"德治"忽视制度建设,忽视乃至否定法治和民主对于治理国家的重要意义。它把"德治"看作国家治理的根本,这就是所谓的"德主刑辅",并把良好政治的希望寄托在"明君""贤人"或"清官"身上,是一种"贤人政治"。"以德治国"则是以社会主义制度和法治为根本前提的,它同后者是紧密结合的。此外,儒家"德治"思想主要体现了统治阶级的意志,是为了维护统治阶级的利益,而"以德治国"则是体现了广大人民群众的意志,它要代表最广大人民群众的根本利益。

然而传统以儒家德治理念、德治思维、德治价值观等为基本内容的儒家德治文化又蕴含着许多"合理内核",它构成了现今以德治国思维的重要历史源泉。第一,儒家德治文化充分肯定和重视道德的社会作用,在这一点上同"以德治国"方略是相通的。虽然儒家所提倡的纲常伦理夹杂着封建性糟粕,可它也包含着许多直到今天仍然适用的超时代的普遍性原则和规范,例如仁、义、礼、智、信,例如孝顺,例如和谐。第二,儒家德治文化中的人本原则和民本观念与"以德治国"的根本精神也是内在一致的。在某种意义上,儒家所倡导的德治思想和实行"仁政"的政治主张,是建立在"民为邦本"的基础上,它体现了重民、爱民、顺民等民本主义思想。同样,"以德治国"方略一方面是以广大干部群众一定的道德水平为前提的,体现了对他们道德人格的极大尊重;另一方面它的根本目的是反对巧取豪夺、以权谋私、欺压百姓、横征暴敛等消极腐败政治,以维护广大人民群众的根本利益。第三,儒家德治文化为"以德治国"方略提供了许多可供继承和发展的有益养料，像富而好礼的观念、改进民风民习的观念、身正令行的观念等，经过一定的批判改造，仍可以为"以德治国"所用。

孟子说："徒善不足以为政，徒法不能以自行。"①《礼记·祭法》说："文王以文治，武王以武功，去民之菑。"不可否认，有时"武功"比"文治"更实用。齐国之所以能成就霸业，就在于奉行法家路线，正如《晏子春秋》所言："昔者先君桓公之地狭于今，修法治，广政教，以霸诸侯。"因而在中国大力加强法治建设、迈向法治社会的过程中，应当大力倡导依法治国，为广大人民群众的行为提供良好的法律环境和法律规范，使他们的生命财产安全得到法律保障，让大家真正能够安居乐业，既不应像某些现代新儒家所期望的那样坚守"儒学本位论"，重建什么王道政治，搞什么泛伦理主义的以德治为主，也不应再退回到"文革"时期推行"精神万能论"和道德理想主义。然而，我们也不应把德治和法治完全对立起来，应当承认它们各自有不同的适用范围和社会功能，两者相互支持、相互转化和相互补充，在社会治理和政治生活中应将德治和法治有机结合起来。既然儒家的"德治"思想文化既有精华又有糟粕，既同"以德治国"方略存在一致的一面又存在许多不同，那么在进行社会治理的过程中，既要注意吸收儒家传统德治文化中的合理之处，又要注意剔除其中的消极成分，防止它们对国家发展带来消极影响。只有这样，才能增强"以德治国"和"依法治国"的主动性、针对性和科学性。

对中国传统"德治"文化和"法治"文化，以习近平同志为总书记的中央领导集体也主张有鉴别性地对待和有扬弃性地继承。2014年10月13日，习近平总书记在主持中共中央政治局第十八次集体学习时指出："对古代的成功经验，我们要本着择其善者而从之、其不善者而去之的科学态度，牢记历史经验、牢记历史教训、牢记历史警示，为推进国家治理体系和治理能力现代化提供有益借鉴。""我国古代主张民惟邦本、政得其民，礼法合治、德主刑辅，为政之要莫先于得人、治国先治吏，为政以德、正己修身，居安思危、改易更化，等等，这些都能给人们以重要启示。"习近平总书记在主持中央政治局第四次集体学习时强调："要坚持依法治国和以德治

---

① 《孟子·离娄上》。

国相结合,把法治建设和道德建设紧密结合起来,把他律和自律紧密结合起来,做到法治和德治相辅相成、相互促进。"正是根据这一文化科学态度和社会治理基本方针,十八届四中全会通过的《中共中央关于全面推进依法治国若干重大问题的决定》在谈到全面推进依法治国的基本原则时更深入地阐述了法治和德治相结合的治国理政理念。它指出,为了保障人民民主,必须把依法治国确定为党领导人民治理国家的基本方略,把依法执政确定为党治国理政的基本方式。同时它又强调礼法合治、法德并举,指出国家和社会治理需要法律和道德共同发挥作用,要坚持依法治国和以德治国相结合,坚持一手抓法治、一手抓德治,大力弘扬社会主义核心价值观,弘扬中华传统美德,培育社会公德、职业道德、家庭美德、个人品德,既重视发挥法律的规范作用,又重视发挥道德的教化作用,以法治体现道德理念、强化法律对道德建设的促进作用,以道德滋养法治精神、强化道德对法治文化的支撑作用,实现法律和道德相辅相成、法治和德治相得益彰。

二、 德治与人治

一些人之所以不愿接受儒家德治思想和"以德治国"方略,不仅在于他们不能正确认识法律和道德的关系,不能科学把握儒家德治思想与"以德治国"方略的同异性,还在于没有正确认识"人治"的历史转换过程,否定德治理念能够在很大程度上提高广大民众的主体素质。在他们看来,一个现代化的法治国家,需要每个人成为"法律人",而不是道德君子般的"伦理人",人们应该强化的是法律意识,而不是道德观念,更不是封建时代的"清官意识";市场经济的发展必然带来"恶",它同仁义道德相冲突,市场经济是法制经济,只能用法规加以约束,道德调节苍白无力,市场经济呼唤的是"经济人"人格,而不是"伦理人"人格;改革开放前,中国由于受儒家泛道德主义的影响,实行"政治挂帅、思想领先""狠斗私字一闪念"等道德教化,不仅没有提高人的文明素质,反而产生了大量道德伪善和道德危机(亲人反目成仇、人与人之间互不信任等)现象;西方发达国家坚持"依法治国",既为社会秩序提供了法律保证,也培养了人的整体文明素养……

必须客观地指出，由儒家德治思想引导下所形成的德性文化和人治文化以及道德社会，其对人的素质锻造具有积极和消极的二重性。这一点，不妨引证任剑涛的观点加以分析。他从德治文化对中华民族国民性影响的角度指出，德性人治文化一方面形成了一种重道德修养的社会氛围，造就了一大批可敬的史家、勇士、忠臣、志士、使节、贤相，他们以其高尚的道德节操，感染了众多中国人。同时，以道德修养的高低衡量人是否值得尊重，是否能担任领导者角色，具有平等内涵，它可对统治者的横征暴敛进行约束，而志道据德的观念，也能提高人生境界，"杀身成仁""舍生取义"的人生壮举正是在德性文化氛围中出现的。另一方面，道德律的形成，必定造成伦理中心主义格局，它不仅排除物质利益原则，使人陷入道德律令的泥潭，过分强化对人的规范作用，人无法自主生活，成了旧道德的奴隶，而非好即坏、非善即恶的二元化道德判断标准使人无法处在一种道德意识正常化状态，使人只有畏惧感，道德变成制造"单面人"的工具。而且道德中心主义只是把人的向善之心作为唯一的动力，忽视了卑劣的贪欲也是文明时代发展的重要动力，会使人过一种虚假的生活。[①]

我们看到，当前中国社会道德状态有诸多不尽如人意的地方，一些人道德麻木、良知丧失、见死不救、唯利是图、制假售假、卖淫嫖娼、坑蒙拐骗、杀人越货屡禁不止，道德责任感缺失，道德信仰空虚，同时行贿受贿、权钱交易、渎职失职等现象滋生。产生道德危机问题的原因固然很多，可这也与坚持"以德治国"不够有力有关、与忽视以道德治理为基本内涵的"人治"有关：一是由于历次激进的反传统运动，加之西学的冲击，我们摒弃了儒家德治传统，丧失了以儒家伦理为主要内容的道德权威；二是关于道德方面的奖惩机制、监督机制不够完善，对道德过失的宽容度过高，好人不得好报，难以做到惩恶扬善；三是制订的道德规范出现空白、衔接不当、过于理想化、落实不到位等问题，无法内化为公民的道德自律；四是有关道德教化、劝诫的社会组织发育不全，诸如道德评议会之类的民间团体只是在个别地方存在；五是对各种道德知识和道德修养的学习力不够，流于形式和说教；六是在干部任用提拔中任人唯亲、重才轻德现象时有发

---

① 参见任剑涛：《从自在到自觉——中国国民性探讨》，陕西人民出版社1992年版。

生。正是由于上述种种原因，使人们对各种社会伦理产生疏离感、冷漠感，严重削弱了主流道德的说服力、劝导力、整合力和教化力。

中国传统"人治"之所以会造成片面化道德君子般的"伦理人"和"清官意识"，不在于它注重道德教化和道德治理，而在于单纯依赖各级官吏的道德修为，轻视法治的作用，轻视普通大众在社会治理中的作用；将统治者个人权力和个人意志置于法律之上，把国家的兴衰存亡、政治的成败得失寄托于领导者个人能力和素质上。无疑，当代中国社会治理所要求的"人治"要剔除儒家德治思想中的过于依赖当政者"发善心""致良知"的道德理想主义和凸显少数"圣贤""圣王"感化作用的道德精英主义，但是它在重视法律、制度治国理政的前提下，也注重人的因素和力量，也注重发挥道德对提高社会治理能力现代化的整合功能，也注重调动所有人参与道德建设和社会治理的积极性、主动性和创造性，从而把"人依法而治""人依规而治"和"人依德而治"有机结合起来。

为政之要莫先于得人。"得人"不仅是指得民心、顺民意、体民情，以人为本，还在于拥有广泛的具有较高思想觉悟、道德品性和知识技能的人。只有这样，才能使"人治"为社会治理体系和能力现代化提供正能量。前述正反两方面事实说明，只有批判继承"仁治""礼治""孝治"等儒家德治思想的有益成分，坚持合理取舍传统"人治"思想，实现"人治"的创造性转化，坚持以德治国、以德教民、以德化民、以德治民，加强道德问题专项治理，并同法治有机结合，才能根本改变当前道德治理水平低下造成的道德危机，达到社会"善治"的目的。

一是发挥"好人""贤人"的道德模范作用。不论是中国传统社会还是新中国，均利用人见贤思齐的心理，树立了大量道德楷模让人们学习仿效，激励民众培养向善之心，培植人的德性。虽然当今中国社会正日益走向世俗化、大众化，不再是英雄崇拜的时代，而是明星崇拜的时代，但是党和国家通过大力实施道德模范示范工程，在全国范围内选树各种先进典型、感动中国的"十大人物"和"最美好人""草根英雄"等全国道德典型，并大力推广宣传他们的优秀事迹，这些对于广大人民群众尊崇英模、去恶扬善发挥着很好的激励作用。

二是提升人的道德品质。从现实性说，批判性继承儒家德治思想，坚持以德治国，也有助于提高人的综合素质特别是道德素质。不论是实施儒家的德治思想，还是坚持"以德治国"的基本方略，且不说它们具有道德教化、道德示范、行为调控、安邦定国等功能，它们还可以为人的素质提高创造良好的政治导向机制、文化教育机制、社会奖惩机制等各种社会机制。在儒家德治思想主导下，往往援德入法，礼法一体，把缺德行为（如不孝）作为罪行加以惩处，促使人们扬善抑恶，出现了某些人治社会令人向往的良风美俗和大同景象。

三是加强公民道德建设。中华人民共和国建立以后，已经不完全是孟子所说的"劳心者治人，劳力者治于人"[①]的分治时代，而是逐渐走向公民社会和共治时代，广大人民群众（包括劳心者和劳力者）成为社会管理以至社会治理的主人。因此，作为"人治"的重要环节，公民道德建设受到了高度重视。改革开放以来，党和国家利用道德手段去治国理民，利用道德力量去整合社会秩序，利用道德工具去调控公民的社会化行为，不仅坚持"两手抓，两手都要硬"战略，颁布了社会主义精神文明建设的两个决议，推出了《公民道德建设实施纲要》，还树立了社会主义荣辱观，在大、中、小学校课程中设置了公民思想品德，更为重要的是明确提出了"以德治国"基本方略。这一系列德治举措有力地推动了我国公民道德素质的提高和社会文明程度的提升。

总之，加强公民道德建设，提高公民道德自律能力和主体道德素质，切实解决当前中国社会道德危机现象，就必须在坚持不懈地加强社会主义法治建设、坚持依法治国的前提下，坚持不懈地加强道德建设，坚持以德治国，把法治和德治、人治有机结合起来。

三、德治与官治

"以官治民"是中国社会承袭几千年的社会政治管理方式，这一"官治"或"吏治"模式建立在小农经济、封建等级、王权至上和人身依附的基础上。而当代中国社会所提倡的"官治"批判性地扬弃了以官治民的

[①]《孟子·滕文公上》。

"官治"旧有传统，建立在现代经济、人格平等、官民一致和以人为本等基础之上。

儒家德治思想存在两大缺陷：一是过分理想化，不仅对统治者提出的道德要求过高，甚至认为道统高于政统，忽视了在特定的社会政治情势（例如王权衰落、列国争霸等）下法治更为有效；二是过于片面化，过多强调统治者的道德素质，忽略了一个有效的掌权者应该具备的能力素质、政治素质、知识素质等，要知道，一个好的管理者应该德才兼备，具有较强的综合素质。不过，"以德治国"毕竟是社会控制和政治管理的重要手段，儒家强调德性是德治乃至治国的基本前提，当权者具备一定的道德素质或德性修养，对于各级官吏提高执政水平和能力、实施合理合法合情的"官治"是完全必要的。

周朝统治者在总结夏商灭亡的经验教训时，充分认识到它们之所以失国，是因为失德而失去了天命的庇护，而周朝之所以兴起，是因为敬德修业。为此，《尚书》提出了"惟不敬厥德，乃早坠厥命""皇天无亲，惟德是辅。民心无常，惟惠之怀。为善不同，同归于治；为恶不同，同归于乱""敬德保民""德惟治，否德乱""正德、利用、厚生、惟和"等一系列关于"德治"在关系国家存亡兴衰中的重要思想，初步确立了中国早期重视"德治"的历史传统。以孔子为代表的儒家也明确阐述了"德治"的多种社会功能。治国先治吏。就官员道德修养而言，弘扬儒家的德治思想传统，坚持"以德治国"的基本方略，既有利于加强党员干部自身的道德建设，也有助于广大党员干部搞好社会主义道德建设，从而提高"官治"的实际效能。

一是"德治"要求党员干部自身要做到正己正人。只有不断加强自身的官德修养，才能具有影响力和凝聚力，才能成为群众信得过的组织者、指挥者。"以德治国"方略实际上向广大党员干部提出了很高的道德要求，它要求党员干部必须自觉地加强自身道德修养，必须正人先正己。孔子强调说："其身正，不令而行；其身不正，虽令不从。"[1] 只有做到修身、齐家，才能治国、平天下；只有自身具有道德品质，才有资格和能力去从事

---

[1]《论语·子路》。

领导工作。党员干部只有做到思想领先,品德高尚,作风正派,才能得民心,才能达到以德感人、以德服人、以德治人的"仁政"目的。正因如此,近年来党中央提出在提拔任用干部时,强调应德才兼备,以德为先。

二是"德治"激励和鞭策广大党员干部努力做到以身作则。搞社会主义现代化,党员干部以身作则是极其重要的。中国共产党作为执政党,是社会主义事业的倡导者、领导者和组织者,各级政府和各个单位的党员干部又是所在政府和单位的中坚力量,大多是社会中素质较高的先进分子,其行为和思想作风直接影响着整个社会的精神面貌。党是整个社会的表率,党的各级领导又是全党的表率。为此,广大党员干部应当以身作则,率先垂范,以此促进整个社会风气的好转。一方面,从党风建设特别是廉政建设角度强调严于律己,以身作则。领导干部一定要艰苦奋斗,清正廉洁。廉洁自律是各级领导干部必须具备的品格,也是党和人民的起码要求。要知道,上梁不正下梁歪,中梁不正倒下来;正人先正己,身教重于言教。另一方面,从讲政治的角度强调领导干部要以身作则。各级领导干部应从讲政治的高度自重、自省、自警、自励,在各方面以身作则,树立好的榜样。再一方面,是从领导艺术的角度强调领导干部要做到以身作则。领导干部要做到:要求别人做到的,自己首先做到;禁止别人做的,自己坚决不做。要十分注意一级带一级,一级抓一级,一级管一级,特别是各级一把手更要起表率作用。

三是"德治"告诉党员干部要善于运用道德手段去治理国家、管理社会。道德是一种调节社会关系的行为规范,是维持社会秩序的工具理性,是借助善恶观念进行评价和发出命令的社会意识形态。而社会主义道德是人类较高层次的道德类型,它具有调节、教育和认识等多种职能。社会主义道德不是万能的,所以我们不能像"极左"时期那样过分突出道德的作用,忽视物质利益原则;但是社会主义道德又不是无能的,不是可有可无的,它可以为个人和社会的发展提供精神力量和行为规范。荀子有言:"儒者在本朝则美政,在下位则美俗。"[①] 作为党员干部,应具备一定的儒者情怀,具备"美政""美俗"的责任担当,在致力于社会管理时运用道德手

---

① 《荀子·儒效》。

段，注意做到"为政以德"。要知道，虽然市场经济受"看不见的手"的支配，可它也是一种道德经济，同样需要讲道义、讲良心、讲公正、讲互利。在处理各种利益矛盾时，也要注意发挥道德工具的作用，借以调整人与人之间的关系。

"德治"与"法治"相结合的重要思想，为广大党员干部加强道德修养、提升"官治"能力指明了总的方向和根本途径。它表明党员干部应努力掌握各种法律知识，做一个懂法、用法的管理者，同时也要充分认识到道德有它不可替代的功能，应努力提高自身的道德水平，做一个懂德、崇德、用德和向善的管理者。为了更好发挥儒家德治传统功能，贯彻"以德治国"基本方略，提高"官治"的效率，广大干部具体应从以下三方面加强道德修养。

首先，不断深化规范意识。法律和道德是调节人的行为的最重要的社会规范。它们的表现形式、依靠的力量、作用的范围、对人的行为要求有所不同，有时彼此还会发生一定的冲突，例如有些行为是合法的，但不一定是道德的（照章纳税），有时甚至是不道德的（例如"不义之法"或"恶法"）。在某种意义上说，法律是被动的、外在的、他律的，而道德则是主动的、内在的、自律的。不过，从根本上法律和道德规范是相互渗透、相互补充、相互促进和相辅相成的。一方面，党员干部要加强思想修养，掌握和运用各种法律法规，强化法律规范意识是极其重要的方面，因为法律一般是建立在道德的基础之上。另一方面，学习和践履社会道德规范，并把它们转化成内心信念和自觉的实践行为，不仅可以直接促进自己道德境界的提高，也有利于法律观念的培养，从而提高以德治政的水平。可见，要加强党员干部的道德修养，就必须着力于促使他们掌握各种法律规范和道德规范，增强规范意识。

其次，塑造责任伦理。领导干部担任一定的领导职务，也就是扮演一定的社会角色，这就意味着他既享有一定的权力，也要承担某种社会责任。大家知道，责任可以分为政治责任、经济责任、法律责任和伦理责任。所谓责任伦理，也就是伦理责任。加强党员干部道德的修养，要求他们在行使权力的过程中，增强两种责任感。一方面是树立伦理义务意识。对于共产党的干部来说，人民赋予他某一权力，他就应承担相应的义务，包括道德义务。在改革开放和市场经济大潮的冲击下,少数领导权力欲强了,责任感却淡了。这些人在权力和责任之间出现了严重的倾斜,责任"责人",权力归己,忘记了一位为官者应承担的道德职责。一些自私、懦弱、缺乏良知和义务感的领导,其所作所为同"以德治国"的要求是格格不入的。另一方面是树立敢于承担道德责任的意识。应该让那些由于严重的失误和不作为(如"见死不救")而造成严重后果的党员干部,不仅承担法律的、政治的、经济的责任,也承担道德责任,对他们进行道德谴责,使他们感到羞耻、自责、良心不安,以唤醒他们的道德自律心。

再次,要坚持任人唯贤。传统儒家强调立德、立功、立言"三不朽"[1],强调"尚贤使能",强调德、识、才、学并举,以努力做到"仁且智"。今后,应当在选择、运用干部上坚持把思想道德放在第一位,处理好德性和能力之间的关系,以此激励党员干部注意道德修为。

四、 德治与民治

历史上美国林肯首先提出来"民有、民治、民享"思想,受此启迪,中国民主革命先行者孙中山先生在1912年建立中华民国后主张"建设一世界上最富强最快乐之国家为民所有、为民所治、为民所享者",继而创造性地提出"民族、民权、民生"的三民主义政治纲领,旨在达成政治秩序有序、稳定和连续的民治社会理想。

儒家德治思想对中国民主政治建设同样会产生很大影响。有些人之所以排斥儒家德治,正是由于他们认为儒家的德治实为"人治",而民主往往是建立在法治和法制的基础上。早在亚里士多德时代,就把人视为一个政治动物。实际上,民主不只是一种政治选择机制、修错机制或社会管理机制,它同样也是人的内在需求,是人的基本权利——政治参与权。正确认识和把握好儒家德治文化传统同当代民主政治建设的对立统一关系,将有助于维护人的政治权利,尤其是民主政治讲究的是多数原则——少数服从

---

[1]《左传·襄公二十四年》:"大上有立德,其次有立功,其次有立言,虽久不废,此之谓不朽。"孔颖达疏:"立德,谓创制垂法,博施济众,圣德立于上代,惠泽被于无穷。"

多数，而这也可能导致多数人的暴政，故此现代民主也强调要维护少数人的权利。同时，人的全面发展不仅表现为个性的丰富、综合素质的提高和社会关系的全面建立，还包括人的政治发展，民主政治建设需要人具备较高的素质，包括道德素质——如对对手的人格尊重。

一直以来，儒学之所以受到排斥，恰是因为它被认为是替封建专制做辩护，它是导致东方专制主义的罪魁祸首，尤其是它所提出来的"三纲五常"更是扼杀人的个性、否定平等的工具，它所宣传的德治只是寄希望圣君贤相、青天大老爷，不过是维护封建家天下的南面之术，而同民主共和制格格不入。为了回应西方民主科学文化的冲击，港台一些现代新儒家人士用"返本开新"的致思路向来承续中国文化的"道统"。所谓"返本开新"，大意是返回传统的心性之学之本源，开出西方式的民主科学之新局。唐君毅、牟宗三等人一方面承认中国无民主政治制度，无纯粹理论科学，承认德性之知和"理性运用表现"与理性之知及"理性架构表现"之区分，承认中国要发展源于西方的近代民主政治；另一方面又出于"民族中心主义"的文化认同意识或"恋母情结"，将民主科学纳入儒家文化本体架构之中，并断定中国文化的"仁心"或道德理性可以转出民主科学。他们辩护道："第一，'人皆可能为尧舜，一切人都可登天国'的大平等精神正是一切民主精神之最后唯一根据，从中国历史文化之重道德主体之树立，即必当发展为政治上之民主制度。第二，中国发展科学完全可以从中国文化之仁教自身上立根，一切科学的价值都只是为了发展仁教，科学不过是中国文化道德精神求其自身之完成与升进所应有之事。第三，传统中国的'德性主体'、道德理性与'知性主体'、理论理性是彼此关联的，从前者可以开出后者。"令人遗憾的是，唐君毅、牟宗三等人并未深入阐述从传统的心性之学转化出民主科学的具体机制——环节、条件、原因等，对儒家文化过分"热情与诚意"的价值取向，使他们忽视了传统文化创造转化的可操作性。我认为，儒家德治思想同民主政治既有一致乃至结合之处，也有相冲突的一面。

儒家的德治思想在一定意义上可以助成民主的生长发育。其理由有：一是儒家德治思想蕴含着一些民主政治发展的因素。儒家以民为本观念强调要重视民心，认为民心决定政权的巩固、国家的兴亡，这同民主要求尊重民心、民意是相通的。儒家德治强调君臣对待，格君子之非，可以推翻独夫民贼，君主以德为国，这些在一定程度上可以限制暴政和极端专制。二是儒家德治思想可以为民主政治提供某种人权基础。儒家德治思想提出当权者要富民、利民、教民、重民和爱民，这实际上是为了维护人民群众的生存权、受教育权和人格权，民主说到底不过是通过某种选择机制更好地保障国民的生存权、享受权和发展权，可见，两者是一致的。虽然儒学中并没有发展出人权概念，但从实质上讲，孟子所讲的"制民之产"① 或"恒产"，以及孔子讲的"其行己也恭，其事上也敬，其养民也惠，其使民也义"② 正是指对人的财产权、劳动权和人格权等的尊重和维护。三是儒家的德治思想同民主政治具有共同的选择机制。儒家的以德治国要求"选贤与能"，通过"举孝廉"方式选拔有德之人担任各级官吏；而民主选举也不过是更好地把德才兼备的人才推选出来，成为治国理政的管理者，两者之间殊途而同归。儒家的德治本质上是通过"举贤才"创设一种贤人政治，它同民主政治所致力于发展的精英政治并没有根本上的差别。四是儒家的德治与民主政治在对主体的素质要求上是一致的。许多人认为儒家的德治是一种"人治"，而民主则是一种"法治"，二者治理机理完全不同。殊不知，德治也好，民主也好，在特定意义上均是"人治"。民国以来，许多人说中国是"人治"社会，而西方则是"法治"社会。这样讲虽然不能说不对，但是不准确。因为，中国传统社会并非无法律和法治，儒家也并一概不反对法治或刑罚，只是中国传统社会皇帝掌握着更多生杀予夺之权，人民更多依靠情义、习惯、传统等来处理问题罢了。费孝通指出，法治其实是"人依法而治"，并非没有人的因素；所谓人治和法治之别，不在人和法这两个字上，而是在维护秩序时所用的力量和所依据的性质。他认为传统中国社会是一个乡土社会，这个社会是"礼治"的社会，它主要依赖传统。③ 的确，德治和法治的区别不在于是否有"人"，实际上，同德治一样，法治也要靠人来推动实施，两者只是手段不同；民主法治要讲究程序性、强制性和客观性，而德治更为突出主观性、随机性和非强制性。如果坚持

---

① 《孟子·梁惠王上》。
② 《论语·公冶长》。
③ 参见费孝通：《乡土中国》，三联书店1985年版，第48—51页。

不懈地以德治国，就可以增强人的尊严感和民本意识，提高执法者的道德水平和以法治国的自律性。

儒家德治思想中蕴含的民本观念毕竟不能像某些现代新儒家人物所期许的那样能够直接"开出"民主来，它离真正的民主尚有一段距离。第一，民本毕竟不同于民主，它寄希望于圣君贤相实施仁政，民是否为本，视君有无道德自觉，并且君主只对自己负责，而不对人民负责。更进一步，民本的根本目的是王位和国家的长治久安。而民主则不然，它尊重人民主权（"主权在民"）和选举权，它要求对权力实施制约和监督，要求行政官员对人民负责。第二，只知尊重民意，却缺乏行之有效的机制——制度、组织、程序等去实现。第三，现代民主包含着平等精神，而"民贵君轻"说显然是有悖于平等原则的，即便是儒家"人人皆可以为尧舜"的人格平等观念，由于它是建立在性善论的道德理想上，而同不分种族、年龄、智愚等在"法律面前人人平等"的民主基础格格不入。第四，中国封建社会作为一种"超稳定结构"延续了2000多年，君主政体源远流长，使得民主难以扎根。

自从确立民主政治制度以后，中国社会的民主化进程大大加速。从国体来说，确立了劳动人民当家做主的地位；从政体来说，建立了依照民主集中制原则建立起来的人民代表大会制度。同时，中国还发展了中国共产党领导下的多党合作制度、社会协商对话制度等。改革开放以来，中国在民主政治建设方面还采取了如下措施：党政分开、政企分开、权力下放、实施社会监督、完善基层（县、乡、村、居委会、厂矿企业）民主（如实行直接选举、差额选举等）、改革选举制度（如实行定期选举）、废除终身制、实行常任制等。当然，中国的民主还有许多不完善的地方。

民主作为一种社会参与方式，由于它包含多数原则（少数服从多数）、程序原则、少数原则（保护少数人的权利），而且有提高决策科学化、高效化的功能，因此，民主化就成为人类社会不可逆转的大趋势。中国政治的发展不可能脱离人类文明发展的大道，因而民主化就势必成为它的必然选择。然而，我们又不能照搬西方的民主制度，而只能根据中国的国情逐步地推进民主。首先，可以批判地吸取西方民主的某些形式和做法，如选举程序等。但如果把诸如多党制、议会制、三权分立、普选制等搬到中国来，就可能出现民国时期那样政党林立、各自为政、你争我夺的混乱局面。其次，不能盲目迷信西方民主文化，因为它也会造成金元政治、腐败（如贿选）、暴政（如希特勒就是根据民选上台的）、政治不稳、缺乏变易性和灵活性等弊端。再次，中国现有政治条件、法制条件、经济条件以及国民的文化心理素质，决定了中国不可能实行西方式的"大民主"，也不可能使完善的民主一步到位，而只能在中国共产党的领导下，逐步完善上述各项民主制度，反对特权、家长制作风、一言堂、官僚主义等。

要构建中国民主化政治，既要克服传统的阻碍民主的文化因素，又要创造必要的文化条件。在中国传统文化中有许多不利民主生长的成分，例如孔孟之道中的纲常礼教、名分等级、宗法家长制、权威人格、一元价值观、个人的不发展，等等，这些都是在中国政治民主化进程中要加以摒弃的。另一方面，又要大力强化国民的法制观念、权利观念、平等意识、参与意识，提高全体公民的科学知识水平和政治素质，以培养中国政治民主的文化心理基础。

第八章　儒家社会中和思想与人的全面发展

我将在下面从社会理想维度对儒家的大同与小康社会理想做分析，这里从"中和之道"的视角探讨儒家社会中和思想及其对人发展的影响。我认为，这对于深化儒家社会理想包括大同理想具有极其重要的意义。这一则是因为中和思想是中华文化的重要组成部分。贵和尚中不仅已成为中华民族精神的有机要素，成为中华民族国民性的重要展现，还成为传统中国社会人赖以待人处世的"为人之道"，成为人重要的社会理想价值目标，成为人追求真、善、美、利的重要生存智慧。二则是因为社会中和理论是儒学的核心内容。在儒家那里，中和诚然指向宇宙自然本性的"天道"，且不说汉代儒家中和思想的主体形态是宇宙自然中和论或阴阳中和论，即使是先秦儒学和宋明理学，其中和思想也不乏作为宇宙本体的自然中和观点。不过，就主旨和重心而言，儒家中和思想的主体则是社会人伦中和论，它在把中和道德化的同时进一步社会化，中和构成了儒家社会思想的"道统"。为了改变"礼崩乐坏""天下无道""人心不古"的混乱局面，历代儒家社会中和思想追求人与人之间的和谐、人与社会之间的和谐以及人与自身之间的和谐，这就是德和、中和、心和和政和。三则是因为在儒家多种多样的思想形态中，社会中和思想对中国人发展的影响最为直接、最为深刻，也最为广泛，很大程度上塑造了中国人的中庸人格和谦谦君子型人格，以致从总体上模铸了中国人的中和人格。尤其是《礼记·礼运》篇所构想的大同与小康社会理想在很大程度上吸收融贯了儒家中和之道，借此塑造了中国人的中和社会价值追求。四则是因为自古以来人们对儒家社会中和思想存在许多误解和误读，有的人把儒家所倡导的中和加以割裂，或是偏重于"中"，或是偏重于"和"，而在当代构建和谐社会、和谐世界的历史大背景下，许多人忽视了儒家的大中之道，而只注意到它的和谐思想；有的人把"和"仅仅理解成了"和合"，或者仅仅规定为"和谐"，殊不知，儒家之"和"包含着更为丰富多样的含义。要全面准确地把握儒家社会中和思想，就必须返本开源，对其进行创造性诠释。

一、儒家社会中和的基本内涵

"中"与"和"虽然具有各自相对独立的规定性，因而早期它们被分别加以运用，但后来逐渐由于两者的内在相关性而构成为一个合成词。在人类社会早期，中和观念在古希腊和古中国几乎同时产生，只是由于受大陆温带型气候和宗法家庭制度的双重影响，传统中国的中和观念较为浓厚且一直延续下来。早在夏、商、周三代文化之中，中和概念即被提出并得到运用，尧、舜、禹就已萌生"允执厥中"理念，由《诗》《书》《礼》《易》《乐》和《春秋》所构成的六经蕴含着较为丰富的中和思想，而周代史伯、晏婴等思想家更是明确提出了"和实生物""心平德和""可否相济"等重要命题，并展开和同之辩。正是在汲取前人中和思想的基础上，孔子赋予"中"和"和"以新的内容和形式，提出并阐释了贵和尚中学说，后世儒家又分别发展出阴阳中和哲学和心性中和哲学。在儒学系统中，中和具有不同的丰富内涵，它既是一种人类认识和改造外在世界的实践理性，又是处理和解决社会冲突和矛盾的政治谋略；而社会中和既是实现国家长治久安、和谐发展的价值理想，又是协调个人与个人之间、群体与群体之间关系的哲学智慧；既是一种祈求圆润融通、协和万邦的人格境界，又是一种宽容大度、和衷共济的伦理品性。

（一）作为社会中和基础的自然中和

"中"作为表示事物的某种实然状态，它的本义主要是指中央、中间等。起初它是指中帜，也就是在某一地方树立的徽帜，后引申为中央和权威。《论语·尧曰》曰："尧曰：'咨！尔舜！天之历数在尔躬，允执其中。四海困穷，天禄永终。'舜亦以命禹。"这里所提及的"中"并非朱熹所训释的不偏不倚、恰好的"道理"，而是指代表某种权威的中帜。即使是《孟子·尽心上》的"中天下而立,定四海之民"和《荀子·大略》的"王者必居天下之中,礼也"所说的"中",同样是指中央之地。随着人类思维水平的提高,从先秦到宋明的儒家才把"中"提升为整个宇宙自然的"事理之中",借以肯定客观事物所表现出来的不偏不倚、无过不及的状态。正如朱熹所肯定的"然则天地之中是指道体,天然自有之中是指事物之理"[1]。

作为自然之"和"主要体现在三方面。一是和音、和食等。根据段玉裁《说文解字注》,"和"同"禾""盉"等可以互训,表示音乐、味道和禾苗的调和及和谐。二是阴阳之和气。早至西周时期,我们的先民就已产生朴素的阴阳观念。《国语·周语》说:"气无滞阴,亦无散阳,阴阳序次,风雨时至,嘉生繁祉,人民和利,物备而乐成。""阳伏而不能出,阴迫而不能蒸,于是有地震。"这是对阴阳五行和谐很好的表达。董仲舒的和论在继承周朝史伯"和实生物"、老子"万物负阴而抱阳,冲气以为和"等思想的基础上,进一步提出了"和者,天之正也,阴阳之平也,其气最良,物之所生也,诚择其和者,以为大得天地之奉也。天地之道,虽有不和者,必归之于和,而所为有功;虽有不中者,必止之于中,而所为不失"[2] 的命题,突显了"和气生物"的观念。三是宇宙之和。这最早是由《周易》提出来的,其"保和太和"旨在说明世上万事万物处于互有相容、彼此协调的最佳理想状态。总起来看,不论是和味(五味)、和音(五音)、和苗,还是阴阳之和,抑或是太和,本质上不过是表示客观世界不同因素、层次和方面处于统一协调的关系状态。

(二) 作为方法论的社会实践中和

外在客观事物的中和决定了人必须顺物之情而对客体进行调和、整合。就"中"而言,老子所讲的"万物负阴而抱阳,冲气以为和"的"冲"也可作"中"解,它表示的是激荡、汇通等含义。而《中庸》中的"发而皆中节",以及后来人们常说的中的、中标,其"中"正是表明人的行为符合特定的应然要求和理想。当然,作为社会实践活动的"中",儒家更多的是

---

[1] 黎靖德编:《朱子语类》卷第十八,王星贤点校,中华书局1994年版,第411页。
[2] 董仲舒:《春秋繁露·循天之道》,张世亮、钟肇鹏、周桂钿译注,中华书局2012年版,第609页。

强调执中、用中、立中和致中。就"和"而言,"和"有时指调和(行为),有时指调和的结果(作为形容词)。①《尚书》提出的"协和万邦""燮和天下"和"神人以和"等论断中的"和",大致相当于"调和""整合""协调"的意思。自古以来,音乐被认为具有移风化俗、陶冶情性、抵达中和的功能,因此,《吕氏春秋·乐论》指出:"乐之务在于和心,和心在于行适。"这里,"和"带有"协调"之意。不过,对社会实践行为之"和"揭示最为深刻、影响最大的莫过于史伯和晏婴的和同论。史伯说:

> 夫和实生物,同则不继。以他平他谓之和,故能丰长而物归之;若以同裨同,尽乃弃矣。故先王以土与金木水火杂,以成百物。是以和五味以调口,刚四支以卫体,和六律以聪耳,正七体以役心,平八索以成人,建九纪以立纯德,合十数以训百体。出千品,具万方,计亿事,材兆物,收经入,行姟极。故王者居九畡之田,收经入以食兆民,周训而能用之,和乐如一。夫如是,和之至也。于是乎先王聘后于异性,求财于有方,择臣取谏工而讲以多物,务和同也。声一无听,物一无文,味一无果,物一不讲。王将弃是类也而与剸同。天夺之明,欲无弊,得乎?②

显而易见,史伯所言的"和",是讲将不同质态的成分、方面加以混合、调和,使事物处于相辅相成、相互协调的统一关系之中,它既包括对物质的整合,又包括人际关系和人的身心协调,同时还包括政治上的和合。齐大夫晏子在继承史伯"和实生物,同则不继"观点的基础上,不仅提出了"和"与"同"相异的思想,还进一步提出杂多和对立的事物"相济""相成"的思想,从而深化了史伯的认识。晏婴在同齐国国君的一次对话中论述了"和与同异"的观点。齐景公觉得他与臣子梁丘据的关系是"和",晏婴表示不同意,认为"据亦同也,焉得为和",然后指出:

> 和如羹焉,水火醯醢盐梅以烹鱼肉,燀之以薪,宰夫和之,齐之以味,济其不及,以泄其过。君子食之,以平其心。君臣亦然。君所谓可而有否焉,臣献其否以成其可。君所谓否而有可焉;臣献其可以

---

① 参见董根洪:《儒家中和哲学通论》,齐鲁书社2001年版,第41页。
②《国语·郑语》。

去其否。是以政平而不干，民无争心。……先王之济五味，和五声也，以平其心，成其政也。声亦如味，一气，二体，三类，四物，五声，六律，七音，八风，九歌，以相成也。清浊，小大，短长，疾徐，哀乐，刚柔，迟速，高下，出入，周疏，以相济也。君子听之，以平其心，心平，德和。故《诗》曰：'德音不瑕。'今据不然。君所谓可，据亦曰可；君所谓否，据亦曰否。若以水济水，谁能食之？若琴瑟之专一，谁能听之？同之不可也如是。①

这里，晏婴从调羹讲起，认为只有各种佐料、火候等相互交融，才有味道；然后，指明在政治上只有君臣所说的话都有否有可，互有商讨，才能做到政平民和。他从日常生活、艺术活动和政治行为多种角度说明"和"与"同"异，它是指将不同质态因素加以整合。

（三）作为价值观的伦理中和

早在三代，"中"与"和"即已被赋予某种伦理意蕴。德，从心从直。许慎《说文解字》提出："直，正见也。"可见，德蕴含着人的中正之心含义。《酒诰》则直接说："尔克永观省，作稽中德。"这里，"中"俨然变成一种道德品性。《诗经》《尚书》《礼经》《乐记》《易经》《春秋》等原始六经虽未明确提出中德观念，但它们都体现出乐而不淫、哀而不伤、不刚不柔、无相夺伦等中德理念，共同构成了孔子提出"中庸"的思想来源。"和"尽管作为一种伦理品性远至春秋才得以产生，但在三代时期即已萌芽。不论是《周易》所说的"和兑，吉""鸣鹤在阴，其子和之"，还是《尚书》中所言说的"自作不和，尔惟和哉！尔室不睦，尔惟和哉！尔邑克明，尔惟克勤乃事""时惟尔初，不克敬于和，则无我怨"，都表明"和"已具备了人伦之意蕴。中和范畴在儒家那里更多的是被当作伦理概念加以运用的。特别是先秦孔孟荀儒学和宋明理学，尤为重视中和的道德特质。众所周知，儒家文化是一种伦理型文化，而"中"恰恰又是衡量道德品性的重要尺度。孔子说："天之历数在尔躬。允执其中。"② 孔子之所以推崇

---

① 《左传·昭公二十年》。
② 《论语·尧曰》。

尧，就在于他表现出"持中"的伦理风范。鉴于"过"与"不及"游离了"中"的轨道，逾越了"中"的伦理限度，故孔子表示否定与轻视。孔子还讲："中庸之为德也。"① "君子中庸，小人反中庸。"② 并且他提倡"君子无所争"③。早在古希腊，亚里士多德就阐述了以中道为核心和原则的道德理性。他说："因为德性必须处理情感和行为，而情感与行为有过度与不及的可能，过度与不及皆不对，只有在适当的时间和机会，对于适当的人和对象，持适当的态度去处理，才是中道，亦即是最好的中道。这是德性的特点。"④ 可见，"中"不是简单的折中，而是"适当""适度"。在亚氏那里，只有做到"中道"，才符合伦理理性：不及是恐惧、胆小，过度则是鲁莽，勇敢才是这两者的中道。不难看出，中庸之道在中外文化史上主要指调控人的合理行为的道德范畴或伦理命令。

"中"与"和"作为伦理价值符号，它们大致具有两种意蕴。一是表示某种理想的伦理价值状态。在儒家经典文本里，诸如"致中和""夫礼，所以制中也""喜怒哀乐之未发，谓之中"等，其"中"意味着人的行为道德合理性——不偏不倚、无过与不及等。正如董根洪先生深刻指出的，《中庸》"喜怒哀乐之未发，谓之中"，这个未发之中作为人的由"天命"而来的心性之"中"，是一道德本体，它构成人所追求的理想人格或人性，其实质是儒家的道德意识和道德理性。⑤ 至于"和"，像《论语》所说的"礼之用，和为贵"，《中庸》中所讲的"致中和"，朱熹《中庸章句集注》谈到的"发皆中节，情之正也，无所乖戾，故谓之和"，均是在道德理想意义上使用"和"的。二是作为动词的道德实践行为范畴。这一点前已述及，这里只想强调的是，儒家的"和"除了突显其本体论意义外，例如《礼记·乐记》中的"和，故百物皆化"、《荀子》的"万物各得其和以生"、《吕氏春秋》的"天地合和，生之大经也"等，一般是在道德实践理性维度上加以界定和运用。不过，对中华民族精神影响最大的恐怕还是《论语·子路》的："君子和而不同，小人同而不和。"孔子的意思是说，君子注重从事物

---

① 《论语·雍也》。
② 《中庸》。
③ 《论语·八佾》。
④ 参见［古希腊］亚里士多德：《尼各马可伦理学》，苗力田译，中国社会出版社1999年版。
⑤ 参见董根洪：《儒家中和哲学通论》，齐鲁书社2001年版，第62页。

差异和矛盾中去把握统一和平衡，而小人则追求绝对的无原则同一、专一、单一，这就从道德人格角度说明了孔子推崇的是那种包容、调和、和解等君子型人格。有时，儒家文本中的"和"兼具价值状态和实践理性双重含义。例如，董仲舒在《春秋繁露·循天之道》中所说的"德莫大于和"。

（四）作为治国方略的政治中和

中和最早在三代时期是作为统治者的"立国之道"提出来的，后来被提倡经世致用的历代儒家加以继承和发挥。

一方面，儒家的社会中和把"中和"当作治国行政的手段加以倡导。《论语》所讲的"允执厥中"直接就是尧、舜、禹治国安邦的"道统"，借以维护国家的长治久安，在周人那里，"中德"还是被统治者垄断着，还未作为大众人格。这就不难理解宋代范镇在同司马光就"中和"问题展开论辩时不同意将中和视为养生作乐之本，而认为致中和只是帝王之类"有位者"的职责。史伯的"和实生物"和晏婴的"可否相济"很显然是作为帝王的南面之术提出来的。孔子所讲的中和固然有作为普通大众人格的伦理意义，但也十分突出它作为"为政之道"的一面，不论是他所说的"尊五美，屏四恶，斯可以从政矣"[1]，还是他所讲的"宽以济猛，猛以济宽，政是以和"[2]，都表明孔子倡导政治中和。孟子之所以强调"天时不如地利，地利不如人和"，也是为了宣扬他心目中的"仁政"。荀子所论说的中和固然包含着"群居和一之理"（《荀子·礼论》），但它将"比中而行之"看作"先王之道"，也是为了维护政治统治秩序。汉代董仲舒的社会中和思想作为"天人之策"的重要内容，主张"以中和理天下"。扬雄也将中和视为最高的政治原则，提出了"立政鼓众，动化天下，莫上于中和"[3] 的观点。宋明理学由于"强内圣弱外王"，故此其中和论更为突显伦理心性层面而忽视政治意蕴，不过，宋明理学并未放弃修身以治国平天下的伦理政治化理路，因而其伦理中和也是为了服务于政治中和。

另一方面，儒家社会中和思想把"中和"当作政治目的加以强调。"乐

---

[1]《论语·尧曰》。
[2]《左传·昭公二十年》。
[3]《汉书·扬雄传下》。

道极和，礼道极中。"为了达到社会中和的目标，儒家从政治维度提出了一系列行之有效的中和之道。《尚书》汇集了古代中国圣人之治的信息，而它的中心思想即是中和，周公制礼作乐正是为了实现社会中和。《礼记》所提出来的"以五礼防万民之伪而教之中"，《周礼·春官》中的"以天产作阴德，以中礼防之"，都表明了礼以致中的原典精神。在孔子、孟子那里，中和同仁、义、礼之间互相作用、互为目的，因此孔子、孟子的仁义中和思想才突出了"无仁义无以故中和"的思想特质。荀子秉承了孔子"礼所以致中"的思想，为了实现社会的安定和合，他从礼法制度以及明分使群、等差有序等角度，强调礼义教化。

(五) 作为社会主体基础的心性中和

儒家社会中和思想对早期中和的改造不仅表现在中和伦理化上，也表现在中和人文化上。儒家把中和引入主体的养身之道中。董仲舒指出："能以中和养其身者，其寿极命。"这里，董氏较早提出了中和是人养身长寿的有益方法。中和可以养生的思想被宋代司马光加以充分发挥，他把"中和"提到"养生作乐之本"的高度加以强调。当然，儒家的社会中和思想更为重视心性中和。荀子较早涉及了儒家的心性中和，他从"化性起伪"思想出发，提出治心于中、心之所可中理、人之性和气所生等理念。《中庸》在儒家发展史上第一次较为明确地提出了心性中和，其"喜怒哀乐之未发，谓之中；发而皆中节，谓之和"开创了儒家心性中和的新模式。李翱在"复性论"中提出了圣人"制礼以节之，作乐以和之"以及"情者，性之动也，百姓溺之而不能知其本也"[1] 等命题，将心性工夫与礼乐教化相结合。宋代王安石认为性情相须，当情外化于外时有一个"当"与"不当"的问题，也就是有一个"中"与"不中"的问题，并提出了"大礼，性之中；大乐，性之和"[2] 等心性中和论断。最后，程朱理学将传统心性中和哲学发展到极端，并从体与用、未发与已发、静与动、性与情等多角度较为深刻地阐发了儒家的心性中和理论。

---

[1]《李文公集·复性书中》。
[2]《王临川全集·礼乐论》。

二、儒家的社会中和之道

儒家不仅深刻揭示了社会中和的丰富内涵，还从多个层面阐明了社会中和之道，提出了多种多样致社会中和的方法、途径、原则和策略。

（一）以他平他

所谓"以他平他"，就是追求多样性的有机统一，讲究"和而不同"。在《论语》中，孔子多次强调要在尊重差异的基础上追求和谐，反对盲目附和和苟同，并且提出了"君子周而不比，小人比而不周"①、"君子泰而不骄，小人骄而不泰"②、"君子矜而不争，群而不党"③的道德化和谐型君子人格。与此同时，为了追求大和、真和，孔子还特别反对乡原人格。乡原之人只知一味附和、顺从，缺乏主见和独立性，可谓是对和顺的误用，因此孔子认为"乡原，德之贼也"④。

（二）无过不及

在儒家看来，致中和的重要方法首先从消极意义上说就是做到不偏不倚、无过不及。孔子说："不得中行而与之，必也狂狷乎！狂者进取，狷者有所不为也。"⑤很显然，孔子推崇的是"中行"，亦即"执中""用中"，而狂与狷则由于过与不及，而置于从属地位。为了遵行中道，孔子也曾批评子张过头（"师也过"）而子夏则有些不及（"商也不及"）。在谈到如何从政时，孔子提出应"尊五美，屏四恶"。所谓"五美"，即"惠而不费，劳而不怨，欲而不贪，泰而不骄，威而不猛"⑥。这表明，鉴于费、怨、贪、骄、猛等太过，所以，要做到政通人和，就必须防止其发生。其次，从积极意义上相反相成也是致中和的不二法门。前已述及，晏婴说"和"如同

---

① 《论语·为政》。
② 《论语·子路》。
③ 《论语·卫灵公》。
④ 《论语·阳货》。
⑤ 《论语·子路》。
⑥ 《论语·尧曰》。

羹一样，必须做到"齐之以味，济其不及，以泄其过"。孔子继承了这种相反相成以达和谐的思想，指出"政宽则民慢，慢则纠之以猛。猛则民残，残则施之以宽"①。为此必须"宽以济猛，猛以济宽"，如是，才能达到"政是以和"②。再次，执两用中同样是致社会中和的重要功夫。"中"与"和"表示事物相反相成两个方面的平衡点，是使事物保持均衡和秩序的关节点，因而要达至社会中和，需要主体运用智慧对事物的两个方面进行深入认识。孔子说："吾有知乎哉？无知也。有鄙夫问于我，空空如也，我叩其两端而竭焉。"③ 这里，孔子表面上是讲人的求知方法，可它也间接揭示了如何深入探索事物的对立方面以达到对事物"中"的把握。如果结合《中庸》中孔子所讲的"舜其大知也与？舜好问而好察迩言，隐恶而扬善，执其两端，用其中于民，其斯以为舜乎"，那么，我们就会认识到，只有"执其两端"，防止行为偏差，或走极端，才能"用中""执中"。

（三）中和互动

"中"与"和"固然各自具有特定的规定性，故此两者经常单独使用，但它们又时时作为一个合成词而连用，这两者既是一种价值理性和目的理性，又是一种工具理性和实践理性，相互作用，相反相成，在儒学中同等重要，从而使得贵和尚中成为全民族的核心价值观之一。《尚书》提出的"协于中""和厥中"命题，已然蕴藏着"中"与"和"相结合的思想种子。基于"中""和"共同具有适中、平和、稳定、秩序等意义，《管子》率先提出了"中和"范畴，《荀子》则三次使用了"中和"概念，此即"故乐者，天下之大齐也，中和之纪也"④、"故公平者，听之衡也；中和者，听之绳也"⑤、"恭敬以先之，政之始也。然后中和察断以辅之，政之隆也"⑥。《中庸》上升到本体论高度论及"中和"问题，这就是子思所说的影响至为深远的"喜怒哀乐之未发，谓之中；发而皆中节，谓之和。中也

---

① 《左传·昭公二十年》。
② 《左传·昭公二十年》。
③ 《论语·子罕》。
④ 《荀子·乐论》。
⑤ 《荀子·王制》。
⑥ 《荀子·致士》。

者,天下之大本也;和也者,天下之达道也。致中和,天地位焉,万物育焉"。秦汉以后,历代儒家对"中和"做了不同阐释,不过,相对而言,后儒似乎更为推崇"中",宋明心性中和哲学更是如此。"执中更具明确性实践方法的功能,执中内在包含了调和,执中也必然导致调和,总体上执中显得比调和更根本。"① 实际上,"中"与"和"作为"大本""达道",它们彼此相互为用,互为目的。对此,宋代思想家司马光做了很好的阐释。他说:"善为之者,损其有余,益其不足;抑其太过,举其不及。大要归诸中和而已矣。故阴阳者,弓矢也;中和者,质的也。弓矢不可偏废而质的不可远离。"② 损有余弥不足、抑太过举不及,既是"中",也是"和",二者浑然一体。宋明儒学尤其是程朱中和哲学往往把"中"与"和"视为性与情、体与用、未发与已发之关系,例如朱熹讲:"天地之性浑然而已,以其体言之,则曰中;以其用而言,则曰和。"③ "以中对和而言,则中者体,和者用,此是指已发、未发而言。"④ 这样,"中"与"和"属于体用合一,本立而用行也。宋明儒者只知秉承《中庸》有关"中和"的未发、已发观念,只注意到中内和外。殊不知,"和"同样可以是内在于人的,"中"则也可以体现于外。司马光指出:

是以圣人制动作礼义威仪之则,所以教民不离于中。不离于中,所以定命也。能者则养其中以享福,不能者则败其中以取祸。……乐也者,动于内者也;礼也者,动于外者也。乐极和,礼极顺,内和而外顺,则民赡其颜色而弗与争也。……致乐以和其内,致礼以顺其外。⑤

在此,司马光虽未讲到乐和对于礼中的推动作用,但他毕竟讲述了和内中外,这显然是对《中庸》中和乃是未发与已发关系的有益补充。关于人的内心和谐,季羡林先生在和温家宝总理谈话时特别提到过。应当说,主体的身心和谐比起"中"来更具根本性,它不失为人赖以"执中""致中""用中"的重要主体基础。

---

① 董根洪:《儒家中和哲学通论》,齐鲁书社2001年版,第67页。
② 《司马文正公传家集》卷六十一《答李大卿孝基书》。
③ 《朱子全书》卷第二十四。
④ 黎靖德编:《朱子语类》卷第六十三,王星贤点校,中华书局1994年版,第1522页。
⑤ 《司马文正公传家集》卷六十二《答范景仁书》。

（四）礼义有序

早在《周礼》中，就有对"礼可以导致社会中和"这一理论的诠释："以天产作阴德，以中礼防之。"① "以五祀防民之伪而教之中。"② 孔子希望建立一种人人各安其位、各得其所、符合名分等级的以"君君、臣臣、父父、子子"为主要内容的社会礼治中和秩序，激烈抨击由"礼崩乐坏"带来的社会混乱景象："天下有道，则礼乐征伐自天子出；天下无道，则礼乐征伐自诸侯出。"③ 孔子充分认识到了礼在调节个人行为、维持社会秩序、保持社会平衡中的作用，认识到了"礼"通过为人进行角色定位和关系定位而达到社会整合的价值。例如，他说："礼乐不兴，则刑罚不中；刑罚不中，则民无所措手足。"④ 他还讲："故坏国，丧家，亡人，必先去其礼。"⑤ "民之所由生，礼为大。非礼无以节事天地之神也，非礼无以辨君臣上下长幼之位也，非礼无以别男女父子兄弟之亲、婚姻疏数之交也。"⑥ "不学礼，无以立。"⑦ "博学于文，约之以礼，亦可以弗畔矣夫！"⑧ 正是看到礼对于维持社会正常运行、构建和谐可控的社会秩序的重要性，孔子要求个人严格讲究礼节、礼数、礼让，做到"非礼勿视，非礼勿听，非礼勿言，非礼勿动"⑨。孟子一方面强调"执中无权"⑩、"中道而立"⑪、"中天下而立"⑫，另一方面则指出，为了建立和谐友善的人际关系，就要重义轻利。他既看到了仁义会成为"赢利"的手段或工具，如他告诉梁惠王用仁义治国也可以带来好处——"人人亲其亲、长其长而天下平"⑬，又认识到"放于利而

---

① 《周礼·春官》。
② 《周礼·地官》。
③ 《论语·季氏》。
④ 《论语·子路》。
⑤ 《礼记·礼运》。
⑥ 《礼记·哀公问》。
⑦ 《论语·季氏》。
⑧ 《论语·颜渊》。
⑨ 《论语·颜渊》。
⑩ 《孟子·尽心上》。
⑪ 《孟子·尽心上》。
⑫ 《孟子·尽心上》。
⑬ 《孟子·离娄上》。

行,多怨"、"上下交征利而国危矣"①,因此主张重义轻利、舍生取义,要求人们在待人处世时兼顾社会利益。当义与利、理与欲发生冲突时,个人必须以义驭利:"鱼,我所欲也;熊掌,亦我所欲也,二者不可得兼,舍鱼而取熊掌者也。生,亦我所欲也;义,亦我所欲也,二者不可得兼,舍生而取义者也。"② 在孟子这里,依照仁义原则来调节人与人之间的社会关系,就要做到明耻知羞、非有勿取、尊敬长辈、事君以忠等。隆礼和重法是荀子社会思想的核心内容之一。

如果说孔子"礼所以制中"说明礼仅仅是达到社会中和的手段的话,那么荀子"曷谓中?曰:'礼义是也。'"③ 则把"礼义"等同于"中"了。他除了强调要注意赏善罚恶、实施严刑峻法外,还从不同角度论述了社会必须隆礼、循礼、重礼。首先,他从"化性起伪"的角度阐述了礼义的来源及其社会调节功能,其次他直接从礼义的功能角度论述了社会要想和谐就必须依礼而行。他说:"今当试去君上之埶,无礼义之化,去法正之治,无刑罚之禁,倚而观天下民人之相与也。若是,则夫强者害弱而夺之,众者暴寡而哗之,天下之悖乱而相亡,不待顷矣。"④ 如果不对人类进行礼义刑罚的管理,整个社会就会陷入以强欺弱、以众凌寡的混乱状态。礼作为一种社会规范和准则还具有划分社会等级、维护社会秩序的作用:"礼也者,贵者敬焉,老者孝焉,长者弟焉,幼者慈焉,贱者惠焉。"⑤ 在《荀子·修身》中,荀子还说:"由礼则和节,不由礼则触陷生疾。"可见,在荀子那里,礼具有给人以求、养人之欲、区分等级、维持秩序、保持社会和谐运行的作用,因此,他心目中的理想社会是人人彬彬有礼。"礼"同"义"是密切相关的。同孟子一样,为了安邦定国,荀子也是贵义轻利。在理想的国度里,荀子认为人们都按仁义行事,自觉履行自己理应承担的社会义务。荀子之所以推崇礼义国度,是因为仁义是安邦立国的根本,即

---

①《孟子·梁惠王上》。
②《孟子·告子上》。
③《荀子·儒效》。
④《荀子·性恶》。
⑤《荀子·大略》。

"仁义德行，常安之术也"①、"故用国者，义立而王，信立而霸"②、"夫义者，内节于人，而外节于万物者也；上安于主，而下调于民者也；内外上下节者，义之情也"③。荀子认为，要想治理好国家，使其和谐、稳定、强盛，除了信守道义准则外，还要正确认识和处理义和利之间的关系，因为"义胜利者为治世，利克义者为乱世。上重义则义克利，上重利则克义"④。如果一味唯利是图，不信守仁义道德，背信弃义，对内欺诈百姓以图小利，对外欺骗他国以图大利，则会导致上下离心离德，国家陷入危亡的境地。所以，荀子一再强调要做到先义后利、重义轻利。

（五）安贫乐道

人对富贵的追求及贫富分化历来是影响社会中和的重要因素，孔子所处的时代被称为"乱世"，贫富对立严重威胁着社会秩序。为了应对社会混乱的局面，孔子提出了"均平"和"安贫"的方略。他说："丘也闻有国有家者，不患寡而患不均，不患贫而患不安。盖均无贫，和无寡，安无倾。"⑤这意思是说，我听说有国的诸侯、有家的大夫不担心人民稀少而担心财富不均，不担心贫穷而担心不安定，因为财富均匀便不觉得贫穷，彼此和睦便不觉得人口稀少，境内安定便不会有倾覆的危险。很显然，孔子认为贫穷无害大局，而贫富不均则会引发双方的对立冲突，破坏社会的和谐，因而他提出统治者应当防止社会的"不均""不安"。除了要求人们"安贫""均平"外，孔子还主张"乐道"，做到"君子爱财，取之有道"（和尚语）。他肯定了追求富贵是人的本性，但主张合乎仁道而去求取。他说："富与贵是人之所欲也，不以其道得之，不处也。"⑥ 董仲舒也指出："大富则骄，大贫则忧，忧则为盗，骄则为暴。"⑦ 可见，董氏认为贫富两极分化会造成社会混乱，因而主张调均。孔子和董仲舒提出的"均平""安贫"和

---

① 《荀子·荣辱》。
② 《荀子·王霸》。
③ 《荀子·强国》。
④ 《荀子·大略》。
⑤ 《论语·季氏》。
⑥ 《论语·里仁》。
⑦ 董仲舒：《春秋繁露·度制》，张世亮、钟肇鹏、周桂钿译注，中华书局2012年版，第284页。

"乐道"思想对于传统中国人的价值观念和社会理想产生了深远影响,许多起义的农民就提出了平均主义口号(如"等贵贱,均贫富"),它对于中国封建社会超稳定结构的构建也产生了很大作用。

(六)明分使群

一个中和社会应该是有着合理的社会分工,人人各安其位、各得其所、各尽所能的社会。孟子反对代表墨家思想的许行弟子陈相主张的人人不分贵贱都应从事生产劳动的观点,而认为要维持国家的社会经济生活秩序,必须实行必要的社会分工:"有大人之事,有小人之事。……或劳心,或劳力;劳心者治人,劳力者治于人;治于人者食人,治人者食于人:天下之通义也。"① 在社会生产生活中,劳心者与劳力者承担着不同的社会职能,劳力者从事物质生产,劳心者则从事政治活动、管理活动及文化活动,他们各司其职,这种社会分工既是治国为政、安邦定国的社会控制手段,也是促进社会经济发展及维持社会秩序的需要。而且,有了合理的社会分工,就能够互通有无、互惠互利,从而为社会和谐创造相应的物质文化条件,满足人类不同层次、不同群体的需求。如果说"治于人者食人,治人者食于人"体现了整个社会领域不同社会分工及其交换的话,那么,农夫"以粟易械器"、"陶冶亦以其械器易粟"② 则体现了生产领域的社会分工及其交换。只有进行不同形式的社会分工,才能"以其所有易其所无"③,通过相互交换达到"通功易事,以羡补不足"④,从而使社会生活秩序能够正常运行和发展。荀子在论述人类社会秩序时提出了著名的"明分使群"观点。他认为,人优于动物的地方就在于既能结成群体又能适当分化;既结合并生存于一定的社会组织中,又具有各自的社会角色并承担一定的社会职能:"(人)力不若牛,走不若马,而牛马为用,何也?曰:人能群,彼不能群也。人何以群?曰:分。分何以能行?曰:义。"⑤ 荀子进一步指出,明分使群还可以防止社会的混乱、争杀。他说:"故人生不能无群,群而无分则

---

① 《孟子·滕文公上》。
② 《孟子·滕文公上》。
③ 《孟子·公孙丑下》。
④ 《孟子·滕文公下》。
⑤ 《荀子·王制》。

争，争则乱，乱则离，离则弱，弱则不能胜物。"① 荀子追求的和谐社会分工十分明确，因为社会角色分工是一个社会正常运转和发展的基础。他认为，社会上许多工作需要人去做，而这些工作又不可相互替代，只有通过社会分工，社会机体才能正常运转，社会秩序才能不乱。同时，个人的能力总是相对有限的，他不可能从事一切工作，个人只有各安其位并同他人交往合作，才能生存。"故百技所成，所以养一人也。而能不能兼技，人不能兼官，离居不相待则穷，群而无分则争；穷者患也，争者祸也，救患除祸，则莫若明分使群矣。强胁弱也，知惧愚也，民下违上，少陵长，不以德为政：如是，则老弱有失养之忧，而壮者有分争之祸矣。事业所恶也，功利所好也，职业无分：如是，则人有树事之患，而有争功之祸矣。"② 有了某种相对固定的社会分工，家与国才能安定，社会才能得到很好的治理："有夫分义，则容天下而治；无分义，则一妻一妾而乱。"③ 有了明确的社会角色分工，社会秩序才不致紊乱，整个社会才能出现人人各得其所、各尽所能的和谐有序状态，才能使"农以力尽田，贾以察尽财，百工以巧尽械器，士大夫以上至于公侯，莫不以仁厚知能尽官职"④，从而达到"至平"社会。

（七）等差有分

孔子提出了很有名的正名思想，强调等级名分对于达至社会中和的影响。他说："名不正，则言不顺；言不顺，则事不成；事不成，则礼乐不兴；礼乐不兴，则刑罚不中；刑罚不中，则民无所措手足。"⑤ 虽正不必中，但中必正。所谓"正名"实质上就是做到"君君、臣臣、父父、子子"，每个人都按某种等级化的角色行事。只有"正名"，才能言顺罚中。在《荀子·君子》篇中，荀子又提出了"尚贤使能，等贵贱，分亲疏，序长幼"的社会中和理想。他充分肯定了等级名分对于社会中和秩序的重要性。他这样说：

---

① 《荀子·王制》。
② 《荀子·富国》。
③ 《荀子·大略》。
④ 《荀子·荣辱》。
⑤ 《论语·子路》。

> 人之生不能无群,群而无分则争,争则乱,乱则穷矣。……古者先王分割而等异之也,故使或美,或恶,或厚,或薄,或佚,或乐,或劬,或劳,非特以为淫泰夸丽之声,将以明仁之文,通仁之顺也。故为之雕琢、刻镂、黼黻文章,使足以辨贵贱而已。①

这意思是说,人的生存不能没有群体,有群体如果没有等级差别就会产生混乱;古代帝王把人类社会划分为不同的等级差别,并不是故意制造荒淫、骄横、奢侈,而是要明确崇礼尊贤的礼乐等级制度。荀子认为治国之道最重要的是区分社会不同等级名分,使人人各安其位。他说:"圣王财衍,以明辨异,上以饰贤良而明贵贱,下以饰长幼而明亲疏,上在王公之朝,下在百姓之家,天下晓然皆知其所以为异也,将以明分达治而保万世也。"②圣王掌握着富余的财物是为了装饰各个等级的人以表明等级差别,明确等级名分,这可以有秩序地治理国家,永保万世长久。荀子之后,对安分守职以达至中和社会问题做了较好阐释的是唐朝初年著名经学家孔颖达。他认为,社会上的每一个人均安其职、守其分是实现天下和谐的重要基础。他说:"夫妇有别,则性纯,子孝故能父子亲也。孝子为臣必忠,故父子亲,则君臣敬;君臣既敬,则朝廷自然严正;朝廷既正,则天下无犯非礼,故王化得成也。"③可见,当夫妇父子各尽其责时,社会包括朝廷就会变得中正平和。

(八) 乐以致和

就乐与社会中和的联系,《尚书·舜典》做了说明:"八音克谐,无相夺伦,神人以和。"这表明由八音的协调可以带来神人的和顺和融合。在谈到三代音乐能够促进社会和谐方面的价值时,宋代陈旸在其《乐书》中做了精辟概括。他指出:"先王作乐以情性为纲,以中和为纪。……乐至则无怨,节则不过,所以为中,无怨则太平,所以为和。"这是说,音乐的熏陶教化,可以使社会人心无怨无过,达到中和太平。先秦时期,孔子也肯定

---

① 《荀子·富国》。
② 《荀子·君道》。
③ 《五经正义》。

了乐致中和的功能，他认为《诗经·关雎》可谓"乐而不淫，哀而不伤"①，良好的音乐（如韶乐）会给人带来快乐而不会造成淫伤。就音乐对于社会中和的助成作用，荀子同样做了充分肯定。他认为，"乐合同，礼别异"②，实现社会中和的重要途径就是"审一以定和"③。不难理解，这个"一"不仅是指"礼"，也是指"乐"。荀子特别强调礼乐中人心、化风气、敦教化借以维持社会中和秩序的作用，指出："乐行而志清，礼修而行成，耳目聪明，血气和平，移风易俗，天下皆宁，美善相乐。"④ 荀子之所以重视乐教，就在于他认识到乐教有助于达成社会之中和，故他说："乐也者，和之不可变者也。"⑤ "乐者，天下之大齐也，中和之纪也，人情之所必不免也。"⑥ 这种以音乐为中和"纪纲"的"乐之中和"⑦ 论反映了荀子在高度推崇音乐功用的前提下，又高度重视以乐教培养中和理想人格。⑧ 荀子对音乐导致社会之和（不仅是和谐）推崇备至，以致给人以夸大之嫌。他指出："君臣上下同听之，则莫不和敬；闺门之内，父子兄弟同听之，则莫不和亲；乡里族长之中，长少同听之，则莫不和顺。"⑨ 这里，乐教的作用被荀子发挥至可以使不同社会主体达到和敬、和亲、和顺的境地。不仅如此，荀子还认为声乐教化能够使"民和不流"、"齐而不乱"⑩。孔颖达同荀子一样，对乐致社会人伦中和推崇至极，他说："乐能感人心，故极益于和也。"⑪ "先王制乐得天地之和，则感动人心，使之和善。"⑫ 李翱也强调了礼乐的中和作用，认为"安于和乐，乐之本也；动而中礼，礼之本也"⑬。

---

① 《论语·八佾》。
② 《荀子·乐论》。
③ 《荀子·乐论》。
④ 《荀子·乐论》。
⑤ 《荀子·乐论》。
⑥ 《荀子·乐论》。
⑦ 《荀子·劝学》。
⑧ 参见董根洪：《儒家中和哲学通论》，齐鲁书社2001年版，第148页。
⑨ 《荀子·乐论》。
⑩ 《荀子·乐论》。
⑪ 《礼记正义》。
⑫ 《礼记正义》。
⑬ 《李文公集·复性书上》。

（九）治心养性

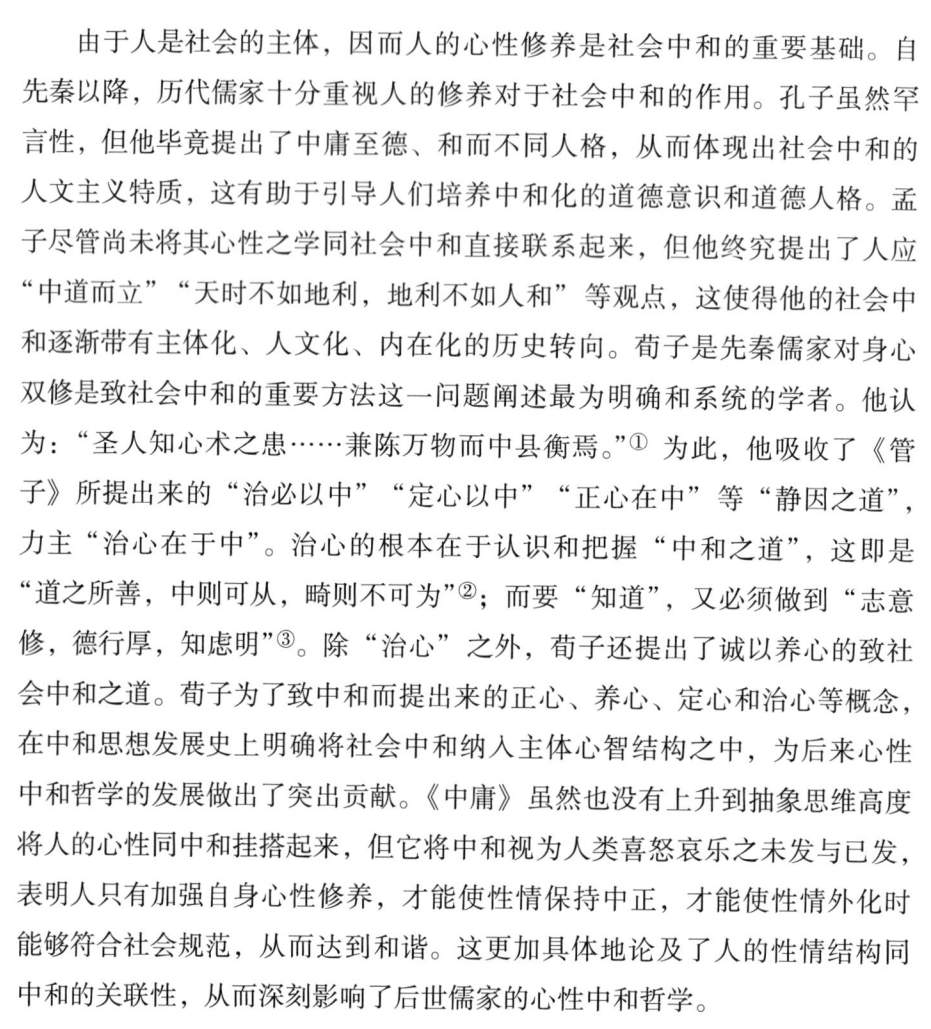

由于人是社会的主体，因而人的心性修养是社会中和的重要基础。自先秦以降，历代儒家十分重视人的修养对于社会中和的作用。孔子虽然罕言性，但他毕竟提出了中庸至德、和而不同人格，从而体现出社会中和的人文主义特质，这有助于引导人们培养中和化的道德意识和道德人格。孟子尽管尚未将其心性之学同社会中和直接联系起来，但他终究提出了人应"中道而立""天时不如地利，地利不如人和"等观点，这使得他的社会中和逐渐带有主体化、人文化、内在化的历史转向。荀子是先秦儒家对身心双修是致社会中和的重要方法这一问题阐述最为明确和系统的学者。他认为："圣人知心术之患……兼陈万物而中县衡焉。"① 为此，他吸收了《管子》所提出来的"治必以中""定心以中""正心在中"等"静因之道"，力主"治心在于中"。治心的根本在于认识和把握"中和之道"，这即是"道之所善，中则可从，畸则不可为"②；而要"知道"，又必须做到"志意修，德行厚，知虑明"③。除"治心"之外，荀子还提出了诚以养心的致社会中和之道。荀子为了致中和而提出来的正心、养心、定心和治心等概念，在中和思想发展史上明确将社会中和纳入主体心智结构之中，为后来心性中和哲学的发展做出了突出贡献。《中庸》虽然也没有上升到抽象思维高度将人的心性同中和挂搭起来，但它将中和视为人类喜怒哀乐之未发与已发，表明人只有加强自身心性修养，才能使性情保持中正，才能使性情外化时能够符合社会规范，从而达到和谐。这更加具体地论及了人的性情结构同中和的关联性，从而深刻影响了后世儒家的心性中和哲学。

以程朱为代表的宋明道学，对如何达到社会中和做了较为广泛的探讨。程颐强调两点要求。一要主敬涵养，例如他说："敬而无失，便是'喜怒哀乐未发之谓中'也。敬不可谓之中，但敬而无失，即所以中也。"④ 二要格物致知，对外在事物之中理的理性认识，有助于内在性情外化时能中节，

---

① 《荀子·解蔽》。
② 《荀子·天论》。
③ 《荀子·天论》。
④ 《二程集·河南程氏遗书》卷第二上，王孝鱼点校，中华书局2004年版，第44页。

因而他说："此心所发，纯是义理，与天下之所同然，安得不和？"① 又说："如博学之，又审问之，又明辨之，所以能择中庸也。"② 朱熹的致中和功夫论主张存善主敬以致中、省察致知以致和："存养是静功夫。静时是中，以其无过不及，无所偏倚也。省察是动功夫。动时是和。才有思为，便是动。发而中节无所乖戾，乃和也。"③

三、 儒家社会中和的主要特征

儒家社会中和可谓博大精深，内涵丰富，其致社会中和之道也极为广博。从总体上说，儒家社会中和主要表现出如下特点。

（一） 多样性与一元性的统一

"中"在儒家那里，本质上就是指事物的不偏不倚、无过不及。社会之中表示社会政治、主体、伦理及实践活动具有最佳平衡点。它或是指事物两方面（两端）的中间位置，或是指事物多个方面或方向的中间状态（事物之中）。就其基本要求来说，它主张"执其两端，而用中于民""叩两执中"和"允执厥中"，反对过与不及，坚持"中道而行"。社会之"和"不仅表达的是动态的调和、和合、整合，如"君子和而不同，小人同而不和""和实生物"以及"仇必和而解"；同时，社会之"和"也是蕴含和顺、和谐、和亲、协和、平衡、稳定、协调等各种含义的静态理想状态，它要求"以和为贵""保和太和""发而中节"等。简言之，儒家所倡导的社会中和强调社会中正、均衡、稳定和协调，以使社会政治、伦理、个人、实践等保持最佳结构和关系状态。与此同时，社会中和又是相对的，它们是针对社会矛盾及其对立方面、社会事物的多样性而言的，如果说社会之中标志着社会相反相成方面（上下、强弱、善恶、速慢、爱恨、动静、智愚……）及周边事态的中间最佳结合点的话，那么，社会之和则主要是表达社会事物（如不同利益集团、不同生产要素……）的整体协调状态。可

---

① 《二程集·河南程氏文集》卷第九，王孝鱼点校，中华书局2004年版，第608页。
② 《二程集·河南程氏遗书》卷第十五，王孝鱼点校，中华书局2004年版，第170页。
③ 黎靖德编：《朱子语类》卷第六十二，王星贤点校，中华书局1994年版，第1517页。

见,儒家的社会中和既不是像"同"一样将同一质态的因素加以简单相加和机械拼凑,也不是不讲差异矛盾斗争的、无原则的、"为和而和"的折中主义和调和主义,而是一种讲究对立统一的"大本""达道"。

(二) 实然性与应然性的统一

首先,儒家社会中和肯定了中和是宇宙大化流行的客观规律和最佳实然状态,是宇宙万物赖以生成和发展的动力和源泉(如"和实生物"),从而为社会为何中和、怎样达到中和提供本体论根据,《中庸》所说的"中也者,天下之大本也;和也者,天下之达道也。致中和,天地位焉,万物育焉"为此做了最深刻的概括。其次,儒家所阐述的社会中和是事实与价值、是与应当、现实与理想的有机统一。朱熹指出:"凡物皆有两端。"[1] 同样,社会也必然具有左右、好坏、顺逆、智愚、闭合、厚薄、贫富等对立方面,这决定了社会必然具有不偏不倚、无过不及的过渡、中间状态。任何社会不论总体上是处于治世还是乱世,是发达还是落后,是专制还是民主,不同要素、层次和方面之间总是既有斗争性又有统一性,既有冲突又有和谐。不论人是否意识到,社会的中和作为本道是客观存在的。然而,儒家之所以贵和尚中,就在于社会中和以其具有巨大的社会价值而成为人类追求的理想目标。儒家认为,中和不仅可以化育万物,还能够带来政治公正、国泰民安和政治通畅,同时中和之道还能提升整合人心,使人养身长寿,从而使整个社会有序协调发展。荀子说:"上得天时,下得地利,中得人和,则财货浑浑如泉源,汸汸如河海,暴暴如丘山,不时焚烧,无所臧之,夫天下何患乎不足也。"[2] 人们之所以追求社会中和、努力构建和谐社会,还在于社会中和可以直接满足人们对秩序、公正、审美、协调的需要,并由此带来人们的秩序感、节奏感、审美感和安全感(建筑的倾斜会让人恐慌)。在现实生活中,当人们"执中""用中",追求和气、和谐、和顺、和善,讲究调和、融合、整合时,会有利于个人和社会的安宁、富裕和发展。正如董仲舒所言:

---

[1] 朱熹:《四书章句集注・中庸章句》,中华书局2011年版,第22页。
[2]《荀子・富国》。

中者，天地之所终始也；而和者，天地之所生成也。夫德莫大于和，而道莫正于中。中者，天地之美达理也，圣人之所保守也。……是故能以中和理天下者，其德大盛；能以中和养其身者，其寿极命。①

虽然董氏站在宇宙天下宏观维度说明了中和之用，但也指明了中和对于道德发展和人养生的重要作用。柳宗元从正反两方面也揭示了社会中和的重要价值。他说："纯柔纯弱兮，必削必薄；纯刚纯强兮，必丧必亡。韬义于中，服和于躬；和以义宣，刚以柔通。守而不迁兮，交而无穷。变得其宜兮，乃获其终。"② 可见，不走极端的中和之道乃是人获得成功的重要策略。再次，不论是社会中和的事实性还是价值性，它们作为一种客观性状和社会规律对社会主体致中和提出了应当做以及怎么做的要求，换句话说，社会领域里的中和决定了人们必须"用中""致和"。这一点充分体现了儒家社会中和思想积极有为、大胆进取的理性主义精神。用一句话来说就是"人本中和……人道曰为"③。而且，为了真正致中和，构建一个中正、平和、协调的美好社会，不同时期的儒家还提出了循礼而行、等差有序、明分使群、安贫乐道、修身养性等致中和功夫，为人们中道而行指明了有益的方法和途径。

（三）可变性与不变性的统一

在一定的时空范围内，社会上任何事物总是保持相对稳定性，总是存在特定的质量规定性，总是具有一定的合理的度和统一协调状态，因而，社会之中和表现出相对稳定性和持续性。正因如此，孔子才坚持认为要致中和务必以"礼"为标准和原则，反对不讲是非对错、抹杀差异和矛盾的和事佬作风，有子才认为"知和而和，不以礼节之"则不可行。然而，社会又是处于不断运动变化的过程中，充满着可变性，故此社会中和也是与时俱进的。事物的变与不变决定了既要固守中和之道，努力做到贵和尚中，同时又要根据情况的变化而去用中、致和。儒家社会中和思想坚持变与不变的统一，提出了以下三种基本主张。一是反对"乡原"的人格。前面我

---

① 董仲舒：《春秋繁露·循天之道》，张世亮、钟肇鹏、周桂钿译注，中华书局2012年版，第606页。
②《柳河东集·佩韦赋》。
③《潜夫论·本训》。

们已述及孔子对乡原人格的否弃，作为孔子私淑弟子的孟子也表达出对乡原的不屑。他认为"乡原"者乃是"阉然媚于世也者"，他们缺乏操守，失去了自我：

> 非之无举也，刺之无刺也；同乎流俗，合乎污世；居之似忠信，行之似廉洁；众皆悦之，自以为是，而不可与入尧舜之道，故曰德之贼也。①

可见，乡原之所以为孔孟所不取，正是因它背离了真正的社会中和之道。表面上，乡原之流不张扬个性，只知同流合污，取悦众人，试图以此去获取某种人际和谐，但由于不讲原则，不按中道而行，缺乏个性的恒定性，只是为和，这显然不符合社会中和的本义。二是讲求"时中"。儒家诚然讲究"中道而行"，力倡"执两用中"，并追求社会的平稳、和谐与和平，这不失为儒家的"常道""常理"。儒家的社会中和思想又是充满辩证精神的，它在承认中和不变的同时也指认了它的可变一面，因而历史上的儒家又是大力倡导"时中"。儒家特别是先秦儒家具有丰富的时中思想。孔子力主"执中""用中"，但其中庸哲学并不主张僵死地"用中"，而是与时俱进，因而孔子才强调"君子之中庸也，君子而时中"②。孟子曾称赞孔子是"圣之时者也"③，强调"彼一时，此一时也"④，由此出发，他反复强调一切行为必须"不违农时""无失其时"和"勿夺其时"。《易传》对时中也做了大量论述，不仅提出了"随时""及时""时中""时行""时用"等一批相关范畴，还提出了"变则通，通则久""与时谐行""唯变所适"等论断。三是通权达变。孔子十分赞赏权变，他评价虞仲、夷逸是"隐居放言。身中清，废中权"⑤，而认为自己是"无可无不可"⑥，也就是不机械死守，而是灵活应变。更进一步，孔子还提出了"君子之于天下也，无适也，无莫也，义之与比"⑦这类不墨守成规、随机应变的观念。孟子诚然提倡"中

---

① 《孟子·尽心下》。
② 《中庸》。
③ 《孟子·万章下》。
④ 《孟子·公孙丑下》。
⑤ 《论语·微子》。
⑥ 《论语·微子》。
⑦ 《论语·里仁》。

道而立""中天下而立",但也同时主张在"用中"过程中力求创新性、灵活性,为此指明了呆板的"用中"所带来的危害:"执中无权,犹执一也。所恶执一者,为其贼道也,举一而废百也。"① 倘若缺乏权变而死守中道,那就不是执两端而是固守一个方面,这必会因少失多,背离真正的中庸之道。在孟子眼里,"男女授受不亲"②虽然是人人应遵循的礼制,但在嫂嫂溺于水这一特殊处境下,就应将人的生命置于首位,而伸手相救。他称赞孔子是"可以仕则仕,可以止则止,可以久则久,可以速则速"③的"古圣人"④。唐代中期著名思想家柳宗元在探讨如何信守儒家"大中之道"时,对执经达权也做了十分精彩的论说,他指出:"知经而不知权,不知经者也;知权而不知经,不知权者也。偏知而谓之智,不智者也;偏守而谓之仁,不仁者也。"⑤ 这里,柳氏对经权兼备的重要性做了辩证阐释。

四、 儒家社会中和思想对人发展产生的影响

自古以来,对儒家社会中和思想对人发展产生的影响如何评估历来存在分歧,大致分为以下三派观点。一是基本肯定派。董根洪指出,孔子的中庸在历史上和当代都曾被指斥为圆滑媚俗、浮沉取容、蝇营狗苟、无所操决的没有原则性的折中主义和调和主义,实际上,儒家中和作为根本的思维方式和价值取向的完整统一体,它高度体现了中华民族的生存智慧,从而构成了中国传统文化的核心,构成了中华民族的鲜明品格,塑造了中华民族的精神风骨⑥;儒家中和哲学的真精神在"时中",中华民族灿烂的文化和不息的生命也都源于"时中"伟大的品格,与"时中"的刚性相适应,中和人格便是一种"中立而不倚、和而不流"的强矫人格⑦。二是基本否定派。王润生指出,儒家的社会中和思想造成了中国人的性格悲剧,传

---

① 《孟子·尽心上》。
② 《孟子·离娄上》。
③ 《孟子·公孙丑上》。
④ 《孟子·公孙丑上》。
⑤ 《柳东河集·断刑论下》。
⑥ 董根洪:《儒家中和哲学通论》,齐鲁书社2001年版,第5页。
⑦ 董根洪:《儒家中和哲学通论》,齐鲁书社2001年版,第20—21页。

统中国人推崇"世故型"君子,所谓"识时务者为俊杰"就是这种人格在民间亚文化中的体现;从标准文化系统看,孟子主张的"穷则独善其身,达则兼善天下"是一种圆通态度(滑头哲学),为孔子所赞赏的"邦有道,则仕;邦无道,则可卷而怀之"的蘧伯玉同"邦有道,则智;邦无道,则愚"的宁武,均不过是滑头;在"时中"文化背景下,"叫真"的人免不了倒霉,而表现在幼儿教育上则是不问是非,"通达"得无边无际,反过来,和事佬则受到鼓励;"抹稀泥"之所以被视为近视症,就是由于它表面上达到了息事宁人的"和谐"效果,可实际上却导致人与人不信任,使无理者受到包庇和怂恿[①]。三是折中派。他们认为儒家社会中和思想就其主导方面而言对人产生了积极影响,培育了人的中和人格,促进了人的身心和谐;同时也对人的品性造成了某种消极效应,如外圆内方人格。

我基本上同意第三派观点,认为在现实上外在世界及社会主体自身都具有中和特性,同时人也有对中和状态的追求和需要,这些客观上塑造着人的中和人格;而在理论上,以贵和尚中为基本特征的儒家社会中和思想经过长期的历史演变和发展,逐渐成为中华民族共有的价值观、方法论和道德理想,成为绝大多数中国人所具有的思维模式和人生信条,并以此塑造了中国人讲究中道、爱好和平、讲究变通、追求平衡、积极进取、兼容并包等中和人格。但不可否认的是,儒家社会中和思想或是由于理论本身不够完善(如缺乏系统性和可操作性),或是由于理论转化为实践的机制和条件不够健全和完善(如生产力水平低下造成的匮乏),也给人的发展造成了某些负面影响。

(一)儒家的社会中和思想作为一种无形的文化指令,指导着千百年来全体中国人去形成、塑造、培养中和人格

这主要体现在以下三方面。

一是提示人们注意自身的身心中和。对社会主体来说,既有外在的自然中和与社会中和,也有内在的身心中和,这两者均是人必须高度加以重视的。前已述及,有的儒家反复强调人自身中和的重要性。司马光在同范

[①] 王润生:《我们性格中的悲剧》,贵州人民出版社1988年版,第78—81页。

镇就中和的客观普遍性展开论辩时，认为"中和之美，可以为养生作乐之本"，他指出："人之有疾也，必自过与不及而得之。阴阳风雨晦明，必有过者焉，饥饱寒燠劳逸喜怒，必有偏者焉，使二者各得其中，无疾也。"①可见，一个人必须保持阴阳调和，才不至于生病。为此，司马光要求人们的行为要"不失其中""以中和为节"。当然，儒家社会中和思想更为强调人要追求内心的中和，它力劝人们要时刻保持知、情、意三大人格因素协调一致，防止心理失衡，消解内心冲突和紧张，为人的身心健康以及整个社会中和提供心理情感基础。因此，《吕氏春秋》强调"乐之务在于和心"，《礼记·乐记》主张"反情以和其志"。

二是指引人们注意自身伦理品性修养。在绝大多数儒家看来，要达到社会中和，就必须培养一种中和化的伦理人格，也就是要塑造社会主体的伦理心境，具体说就是锻铸仁心、义质、信德、乐感等。这是因为"道心"乃是人实现中和目标的重要主体条件。王阳明深刻指出："修身是已发边，正心是未发边。心正则中，身修则和。"② 现实生活也表明，良好的道德性情（如良知良能）是致中和不可缺乏的前提。假如一个人心术不正、私心杂念过甚，势必走邪门歪道，其行为不仅不能中节，不符合社会规范，还会走极端，偏离正确、适宜、合度的人生轨迹。正是在儒家这类社会中和观念的熏陶下，中国人特别重视自身伦理心性的养成教育，以塑造出一种偏重于道德的中和化人格。

三是塑造人的中和品德。伦理中和是儒家社会中和的重要形态之一，它无疑在很大程度上改变了中国人的心智模式，同时，儒家政治中和、心性中和和实践中和等层面的思想，也在一定意义上培育出中国人的中和伦理。正是在儒家社会中和思想的长期熏陶下，中华民族才具有贵和尚中的传统美德。

(二) 儒家社会中和思想有助于培植人的中和精神

儒家社会中和思想作为官方统治思想的重要内容之一，作为传统中国

---

① 《司马文正公传家集》。
② 吴光等编：《王阳明全集·传习录上》卷一，上海古籍出版社2011年版，第28页。

社会"立国之道",它逐渐演变成为以中和为"大本""达道"的民族精神。这一民族精神成为陶铸社会个体贵和尚中精神的社会背景。儒家社会中和思想特别注意中和教化,主张"和心""立中",尤其是强调"立中之心",这显然极大强化了中国人的中和精神。

一是培育了人的中和思维模式。且不说中和本身就是一种方法论,即使是作为某种世界观和价值取向,儒家社会中和思想也通过宣传、教化和濡化,不断内化积淀到中国人的文化心理之中,成为主体习惯化、固定化、系统化的思维方式,成为广大中国人待人处世的生存智慧,成为人处理人与人、人与社会、人与自然关系的重要工具和规范。

二是构成为致中和的思想观念。为儒家大力倡导的"中"是一种无过不及、不偏不倚、充分体现事物对立统一辩证本质的最佳结构、最佳关系和最佳行为,中庸是中国人化解矛盾、优化生存的合理化生存模式,它被儒家推崇为至德,而"和"则是事物处于和合、协调、平衡、稳定、有序的最佳状态,是实现多样性统一的重要方法。正是由于社会中和具有巨大的社会功能,它才被儒家当作一以贯之的道统而加以推崇和宣扬,日渐转化成中国人的内在信念,成为大家共同信守的普遍价值观。一直以来,贵和尚中成为中华民族国民性的重要标志。

三是培育出中国人的宽容品格。孔子的仁者爱人情怀和泛爱众、宽则得众等观念,孟子的仁民爱物思想,《周易》的"厚德载物"学说,二程理学的"万物一体之仁"概念,固然都是中国人宽以待人精神赖以生成和发展的重要因素,儒家所极力阐扬的"和而不同""和为贵""允执厥中""无过不及"等贵和持中思想同样是影响中国人具有宽容特质的重要原因。坚持致中和,显然有助于形成公正气度和平和心态,这些又是助成宽容品质的心理基础。"中"作为不偏不倚、无过不及的合理之度,它可以防止人的极端化举动,有助于使人团结不同观点、不同派别、不同类型的人。"和而不同"中的"和"主张多样性的统一,讲究协调、融合、和顺,尊重差异和个性,这些更会强化人的宽容精神。

四是塑造中国人爱好和平的精神。中华民族是一个爱好和平的民族。爱好和平这一优秀精神品格诚然同儒家反对战争与掠夺、主张义战和以德治国的王道思想有关,但它更受到儒家和而不同、协和万邦、中道而行、和为贵等社会中和思想的浸润。作为儒家经典的《礼记》首先使用了"和平"概念，汉代大儒董仲舒在大力阐扬儒家中和论的同时，也用了"和平"范畴，虽然这两处"和平"概念还不等于当代和平概念，但已隐含着国家和平的意味。正是在中和哲学的指导下，先秦儒家不仅提出了和平的和谐观，还提出了以和平为目的的"仁战"观。

五是造就人的圆通人生态度。儒家"时中"思想绝不是传统国民性圆滑、世故等劣根性的根源，毋宁说它是形成中国人善于随机应变、通融豁达人生观的重要条件。儒家社会中和所倡导的"有道则现，无道则隐""无可无不可""可以仕则仕，可以久则久，可以速则速"等时中观念，讲究的是灵活性、可变性，它以不违背中庸和仁义为前提，以追求天人和谐与社会和谐为目的。正因如此，儒家的时中思想才受到人的认同，并逐渐内化成个人用以立德、立功、立言的人生态度。

那么，儒家社会中和思想是不是对人的健康发展毫无消极之处呢？恐怕还不能这么说。儒家社会中和学说也存在两点不足。一是过于理想化，连孔子也认为"中庸之为德，其至矣乎！民鲜久矣"。正是由于中和要求过高，使之难以对人产生广泛约束力。二是不够系统化。且不说先秦儒家有关社会中和的思想可谓"残章断篇"，即便是司马光和朱熹的中和之辩对社会中和的论述也不能称为系统。由于对社会中和的内涵、特点、功能、发展等问题缺乏深入透彻、富有逻辑的论述，人们对其很容易产生误解，以致行动上出现偏颇，到今天人们还对张载"仇必和而解"争论不休。正是由于上述两大缺点导致儒家社会中和思想对人的发展大约产生三方面的消极影响。

首先是助长折中作风。中庸之道要求做到不偏不倚、无过不及，可是这并不具有绝对普遍性，只是适用于一部分场合，尤其是道德场合——因为"中"是衡量道德行为合理性的根本标准，有些时候则是二者必居其一，如果采取中道态度，就会有折中主义的嫌疑。例如遇到善恶、闭合、行止、好坏、是非等问题，有时必须在两者之间做出非此即彼的选择，假如犹豫不决，当骑墙派、中庸派，就会沦为折中主义。况且，"中道而行"讲究的是保持事物对立统一的恰好合理度，可是在现实生活中并不容易做到，这样，如果奉行中庸原则，人就会对双方都进行肯定和接受，从而陷入折中主义泥坑。

其次是滋生某种世故型人格。既然儒家的"时中"观念倡导"无可无不可""有道则现，无道则隐""可以仕则仕，可以久则久，可以止则止，可以速则速"，那么在面临社会挑战时，人就会采取躲避态度，以求明哲保身；加之社会充满各种矛盾和冲突，个人就会随遇而安，而不是挺身而出。在有些场合，矫枉必须过正，需要人冲破旧有条框的束缚，可是"中和之道"却要求人不偏不倚、无过不及，这显然不利于培养人的敢闯敢干精神，使得人走向自我萎缩，只求自保，变得平庸。在"和为贵"观念的引导下，人就难以采取过激举动，不愿张扬个性，这就会削弱人的棱角，变得较为圆滑。

再次是助长和事佬作风。和事同中和、和解最大的不同在于它不讲原则，掩盖矛盾，为和而和。可是和事又同儒家的社会中和有着许多共同点：都是在承认差异和矛盾的前提下去解决矛盾，都试图将不同性质的东西整合起来，都是化解矛盾和冲突的方式等。这就使得中和之道同和事之间界限难以划清，加上其他因素的干扰，就会使中和之道变成和事的病因。当两个人发生矛盾和纠纷时，调解人就会充当中间人的角色，为了表示不偏不倚，各打五十大板；为了一团和气，尽快消除冲突，就可能不问对错，加以调和。

第九章 儒家社会理想与中国梦的圆成

中国梦本质上是关于中国社会未来发展繁荣与现代化的科学构想，是中国走向富裕、民主、文明、和谐的合理设想，是当代中国人希望更好生存、发展和享受的社会理想。习近平总书记指出："自古以来，中国先贤在对待民族、邦国的关系上……以"天下大同"即共同社会理想为追求目标。""实现中国梦必须走中国道路。这就是中国特色社会主义道路。这条道路……是在对中华民族5000多年悠久文明的传承中走出来的，具有深厚的历史渊源和广泛的现实基础。"这就赋予中国梦以深刻的传统文化内涵。

中国古代社会理想思想作为观念形态的传统文化，内容丰富，积淀深厚，主要可以分为四个方面：一是自然主义社会理想思想，代表人物是老子和庄子；二是人文主义社会理想思想，代表人物主要为先秦三大儒孔子、孟子和荀子，以及洪秀全、康有为、孙中山，他们主要提出了大同社会和小康社会理想模式；三是专制主义社会理想思想，韩非可谓是集大成者；四是启蒙主义社会理想思想，其典型代表是李贽。

中国传统社会理想思想彼此之间存在不同的特色内容、价值观和历史规定性，如果说自然主义社会理想思想重自然之为，人文主义社会理想思想重仁礼教化（名教）、天下为公，专制主义社会理想思想重君主专制和法治的话，那么，启蒙主义社会理想思想重自由个性。不同种类的社会理想思想之间，既存在相互竞争、相互排斥甚至相互斗争，又存在相互吸收、相互会通和相互转化，例如儒道会通。同时，不同类型的社会理想模式之间也表现出至少三点共同的社会价值取向。一是接纳道德。且不说以儒家为代表的人文主义社会理想讲究仁道，即使是其他社会理想思想也固守道德，不论是老子、庄子、韩非，抑或是李贽，也并不排斥道德。二是公私分明。倘若说自然主义社会理想思想讲究自处、自知、自强、自胜、自富和自由，启蒙主义社会理想思想追求个性、私利、私产，那么人文主义社会理想思想和专制主义社会理想思想重视"为公"，只是人文主义社会理想思想追求道德之"公"，专制主义社会理想思想追求政治之"公"。三是崇古崇圣。除李贽、孙中山等极少数晚近社会思想家外，绝大多数中国社会思想家都假托上古、三代及六圣的描述，来阐发自己的社会理想。

儒家开创了中国人文主义社会理想传统，它以"大同"与"小康"为典型范式，具有层次有序、伦理为本和与时俱变的基本特征。儒家社会理想思想提出了中和致平、安贫乐道、明分使群、等差有分、礼义有序、重义轻利和富而后教等达到理想社会目标的方略，它对于中国梦的圆成具有多种启示和意义，主要表现在构建良好社会秩序、重视公正价值理想、注重道德文明发展、扬弃儒家社会理想和重构仁礼社会理想。

一、 儒家社会理想的内涵特征

由"国泰民安""政通人和""民康物阜""安居乐业"等内容所构成的理想社会，是千百年来中国人的梦想，也是历代儒家孜孜以求的社会理想。在儒家各种典籍中结合时代需要和历史特点对社会理想做了描述和设想，如《孟子·离娄上》提出"人人亲其亲、长其长而天下平"，《荀子》倡导"天下之大齐""上下俱富""尚贤，使能，等贵贱，分亲疏，序长幼"。当然最为重要、影响也最为深远的是《礼记·礼运》所提出来的"大同社会"和"小康社会"。《礼记·礼运》说：

> 大道之行也，与三代之英，丘未之逮也，而有志焉。大道之行也，天下为公。选贤与能，讲信修睦，故人不独亲其亲，不独子其子，使老有所终，壮有所用，幼有所长，矜寡孤独废疾者，皆有所养。男有分，女有归。货，恶其弃于地也，不必藏于己；力，恶其不出于身也，不必为己。是故，谋闭而不兴，盗窃乱贼而不作，故外户而不闭，是谓大同。

这段关于大同社会的经典描述，体现了儒家对理想社会的期盼与梦想。《礼记·礼运》不仅描述了"大同"，还借孔子之言，通过与"天下为公"

的对比，指出禹、汤、文、武、成王、周公"六君子"的统治为"小康"，构想了一种大同社会之后在"大道既隐"条件下出现的"小康社会"：

> 今大道既隐，天下为家。各亲其亲，各子其子，货力为己，大人世及以为礼。城郭沟池以为固，礼义以为纪；以正君臣，以笃父子，以睦兄弟，以和夫妇，以设制度，以立田里，以贤勇知，以功为己。故谋用是作，而兵由此起。禹、汤、文、武、成王、周公，由此其选也。此六君子者，未有不谨于礼者也。以著其义，以考其信，著有过，刑仁讲让，示民有常。如有不由此者，在势者去，众以为殃，是谓小康。

要搞清楚《礼记·礼运》大同社会的内涵，就必须从中国历史上的和同之辩说起。新时期以来，中国国内学者就《礼记·礼运》的大同理想也展开了论辩。杨朝明等学者并不把"大同""大和"视为一体，但指出"大同社会"的构想彰显了公、仁、信、和等价值观。在2014年10月24—26日尼山召开的"大同思想与人类文明"学术研讨会上，吴光先生凸显"和""同"的同一性，认为"大同"就是"大和"。

众所周知，孔子强调："君子和而不同，小人同而不和。"① 这意味着孔子所推崇的道德人格典范——君子求和非同，这似乎与《礼运篇》的"大同"并不完全吻合。反过来，尚贤尚同、节用节葬、非乐非命、尊天事鬼、兼爱非攻构成了墨子思想的核心内容，他将"尚同"列为"十事"不断加以宣扬。有的人据此认为《礼运篇》的"大同"即是墨子的"尚同"。

我认为，断言"大同"就是"大和"在一定意义上具有合理性。它确实区别于为和而和的"小和"，和谐也的确是大同理想的重要元素和基本表征。但是，我不同意吴光先生把"大同"归结为"大和"。墨家本出自儒家，在思想主旨上两者有异也有同，《礼记·礼运》的大同说的确是汉儒借用了墨家"尚贤""尚同""兼爱""交利""贵义""非攻"等思想成素，但从总体上还是体现了孔儒的社会理想。

其一是史伯的和同。对"和同"揭示最为深刻、影响最大的莫过于史伯"和实生物，同则不继"的和同论。《国语·郑语》并记述了史伯关于和

---

① 《论语·子路》。

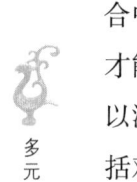

同的论述。史伯认为阴阳和而万物生，完全相同的东西则无所生。可见和合中包含了不同事物的差异、矛盾多样性的统一，只有"和"，才能生物，才能发展。显而易见，史伯所言的"和"，是讲将不同质态的成分、方面加以混合、调和，使事物处于相辅相成、相互协调的统一关系之中，它既包括对物质的整合，又包括人际关系和人的身心协调，同时还包括政治上的和合。

其二是晏婴的和同。晏婴在同齐景公的一次对话中论述了"和与同异"观点。齐君觉得他与臣子梁丘据的关系是"和"。晏婴表示不同意，认为"据亦同也，焉得为和"。他从调羹讲起，认为只有各种佐料、火候等相互交融，才有味道；然后，指明在政治上只有君臣所说的话都有否有可，互有商讨，才能做到政平民和，反之，如果臣一味附和君，不能提出任何反对的建设性意见，就只是为和而和的"同"，而非真正意义上的"和"。他从日常生活、艺术活动和政治行为多种角度说明"和"与"同"异——"和"是指将不同质态因素加以整合。

其三是儒家的和同。在处理人与人之间的关系时，孔子强调："君子和而不同，小人同而不和。"[1] 所谓"和而不同"，意思是说，君子注重从事物差异和矛盾中去把握统一和平衡，而小人则追求绝对的无原则同一、专一、单一，这就从道德人格角度说明了孔子推崇的是那种包容、调和、和解的君子型人格。既承认差异，又和合不同的事物，通过互济互补，达到统一、和谐，这与"同而不和"、取消不同事物的差异的专一观念形成对照。

其四是墨家的和同。墨子所谓的"同"实为"尚同一义"。《墨子·尚同》篇中的"义"大多体现的是意见、看法、观念、思想以至意志的规定性，如"唯能以尚同一义为政，然后可矣""若苟义不同者有党，上以若人为善，将赏之，若人唯使得上之赏，而辟百姓之毁，是以为善者，必未可使劝，见有赏也"等所说的"同义"即为"共同思想""共同意志"，可以说《尚同》篇所彰显的"天下之欲同一天下之义"，实质上即是追求保持天下思想观念的统一。

"和"到底作何解呢？《说文解字》解释说："和，相应也。"根据段玉

---

[1]《论语·子路》。

裁《说文解字注》,"和"同"禾""盉"等可以互训,表示音乐、味道和禾苗的调和及和谐。《尔雅》认为"和"与"谐"具有同一性,二者可以互训,它解释道:"谐,和也。"《尚书》提出了"协和万邦""燮和天下"和"神人以和"等论断。它们特别强调"和"并不是指完全统一、一团和气,而是指事物多样性的有机统一。以儒家为主的先秦诸子百家还从不同层面开创性地提出了与"和"有关的和谐、和合、和同以及太和、乐和、政和、德和、人和、群和、中和等一系列范畴和"礼之用,和为贵"等思想观念并做了奠基性的解释。

那么,"同"的内在意蕴又是什么?"同"的原始含义与居住、饮食等日常生活有关,为共同参与、聚集之意,实质是同吃、同住。许慎《说文解字》云:"同,合会也。从凡口。""凡,重覆也。"清段玉裁《说文解字注》云:"㡆帐所以覆也。"而"口"意味着"人所以言、食也"。由此看来,"同"的大体意思是共同的生活圈子。顾名思义,"大同"即是将此"同"的生活范围或空间推向更为广泛的人群。

对《礼记·礼运》的大同理想和小康理想是否表达了孔子儒学的真精神和社会理想,自古以来就有人存疑,至今仍见仁见智。早在宋代吕祖谦就不赞同胡安国认为孔子作《春秋》意在"天下为公"的"大同"之世,他致信朱熹说:"(《礼运篇》所讲)自昔前辈共疑之,以为非孔子语。盖不独亲其亲、子其子,而以尧、舜、禹、汤为小康,其真是老聃、墨氏之论。"[①] 清代学者俞樾、王祖畬,民国以来学者冯友兰、梁漱溟、顾颉刚、蔡尚思、张岱年、李泽厚等都认为大同说源自墨家。

在我看来,墨家本出自儒家,在思想主旨上两者有异也有同,《礼记·礼运》的大同说的确是汉儒借用了墨家"尚贤""尚同""兼爱""非攻"等思想,但从总体上还是体现了孔儒的社会理想。

围绕如何理解"大同"至今仍有三大焦点问题。一是"天下为公"到底所指为何。这下面我再做说明。二是"三代之英"到底所指为何。有的认为它是指夏、商、周三代英明君王,也就是禹、汤、文、武、成王、周

---

① 吕祖谦:《与朱侍讲元晦》,载《全宋文》第 261 册,卷 5872,上海辞书出版社、安徽教育出版社 2006 年版,第 90 页。

公"六君子";有的认为它是指尧、舜、禹三位先贤。不论是从孔子"从周"的社会志向来说,还是从字面意义和《礼记·礼运》的语境来讲,吴光先生的解释较为合理,他认为"三代之英"的"三代"不是"五帝"时代,而是指尧、舜、禹的"三王时代",所谓的"三代之英"应理解为夏、商、周三代之前的尧、舜、禹三位英明君王。三是"大同"到底所指为何。吴光先生认为"大同"即"大和",即"太和",即"太平",其重要依据之一是郑玄《礼记注》在"是谓大同"句下注曰:"同犹和也,平也。"根据上面对"同"的梳理,我认为,"大同"是在大道广泛推行的大背景下,以天下和睦、天下为公、互惠互利为基本特征的人类命运共同体,它包含和、大和、和睦、和平、和处等内涵,在特定意义上可以说"大同"即"大和",但"大同"的内容更为丰富,因而二者不能完全等同。

下面我试图对"大同"社会与"小康"社会进行对比性分析,以此表明大同本质上反映的是儒家的社会理想。

"大道之行"与"大道既隐"。大同社会最根本的是大道得到了普遍推行,而小康社会则是大道隐没不彰(并非无道);表现在社会状态上,大同社会是谋闭不兴、盗窃乱贼不作、外户而不闭,小康社会则是谋用是作、兵由此起。北宋李清臣说:"尝观《礼运》,虽有夫子之言,然其冠篇言大道与三代之治,其语尤杂而不伦。……故大道、小康之说,果夫子之遗言,则是圣人之道有二也。"殊不知,夫子之道诚然一以贯之,但在实际实行上毕竟有普遍推行和隐没不彰之分,故此,《礼记·礼运》有关"大同"与"小康"的设想并没有将"道"加以分裂为二,只是表明道体呈现出殊异的显用性态。

公天下与家天下。"大同社会"处境下的所谓"天下为公",即是天下为所有人所有,而不是私天下;而"小康社会"中的所谓"天下为家",即是天下为一人、一家所独有。"天下为公"既包括经济上的原始公有制,也包括政治上的民主制;"天下为家"体现了奴隶社会私有制的时代特点。"天下为公"之"公"还有公正无私之意。

围绕"大同"与"小康"的设想,中国历代思想家提出了"三世"说。《春秋公羊传》认为孔子写《春秋》"所见异辞,所闻异辞,所传闻异辞"。据此董仲舒提出"《春秋》分十二世以为三等,有见有闻有传闻"。东汉公羊学家何休认为孔子著《春秋》是取春秋时期242年"著治法式",因而明确提出"衰乱世、升平世、太平世"的历史形态进化"三世"学说。升平世和太平世可谓治世,"升平世"类似于《礼运》篇中的"小康"社会,"太平世"则与"大同"社会相当。

清朝嘉庆、道光年间,经学家刘逢禄等人着重阐发"公羊"的"张三世"等微言大义,说"春秋起衰乱,以近升平,由升平以极太平"。明清之际的启蒙思想家黄宗羲在《明夷待访录》中根据"天下之治乱,不在一姓之兴亡,而在万民之忧乐"的思想理念,以三代之治为范式,构建了"公天下"的社会理想。龚自珍把历史"公羊"的"三世"与《礼记·礼运》联系起来,断言人类整个历史"通古今可以为三世"。

康有为为了推动变法革新,认为大同之制是人类公理,实现大同必须破除"九界",而要"去九界",必须废君权、兴民权、行立宪,从而将孔子描述的"大同社会"理想、基督教和佛教的博爱教义、近代进化论思想和资本主义国家统治的政治现实以及空想社会主义结合起来,提出了由君主专制到君主立宪再到民主共和的"大同社会"的建构模式,试图为中国近代社会的改革转型提供理论基础和建构方案。谭嗣同也构造了独特的世界大同理想王国,孙中山则用"天下为公"的大同理想阐释三民主义。

仁爱与专爱。小康社会的"各亲其亲,各子其子,货力为己"表达的是一种对亲与子的带有私有成分的爱。这种杨朱式的专爱显然为儒家和墨家所不取。众所周知,儒家主张差等之爱,墨家主张兼相爱,这样"人不独亲其亲,不独子其子"更接近墨家兼相爱的价值理念,许多人正是据此断定"大同社会"的设想出自墨家之流。孔子尽管讲究亲亲之爱,可他也要求"弟子入则孝,出则弟,谨而信,泛爱众,而亲仁"[1];孟子尽管讲"人人亲其亲、长其长而天下平"[2],但他也倡导"君子之于物也,爱之而弗仁;于民也,仁之而弗亲。亲亲而仁民,仁民而爱物"[3] 以及"老吾老,以及人之老;幼吾幼,以及人之幼"[4] 的推恩说。"人人亲其亲、长其长"并

---

[1]《论语·学而》。
[2]《孟子·离娄上》。
[3]《孟子·尽心上》。
[4]《孟子·梁惠王上》。

不能等同于"人独亲其亲,独子其子",孔孟的"泛爱众""亲亲而仁民"同"人不独亲其亲,不独子其子"的基本精神本质上是一致的。

不必为己与货力为己。儒学有时被称为"修己安人之学"及"为己之学",有的论者据此否定儒学是"为人之学"。殊不知,儒学既强调"为己"又强调"为人"。儒家提倡"为(wéi)己",其"克己""求诸己"实为修己、克己,是己为和依靠自身,而不是为(wèi)己,是为了尽个人对自身的责任(发展才智、保存生命、追求权力……),为了追求个人自我价值的实现;儒学的为(wéi)己既是为(wéi)人(做人),又是为(wèi)人,即助人利人,其修己、为己缺乏自足性目的,而只是作为一种手段,是为了达至安人、安百姓、齐家治国平天下的社会性目的。

仔细分析墨子"兼相爱,交相利"的逻辑,发现它具有三个层次。第一个层次是"利人"。墨子认为,凡是亏人自利就是不义,而且,亏人自利愈多就愈不义。如果说"兼相爱,交相利"为墨子思想的基本原则的话,那么,"兴天下之利,除天下之害"则为墨子实现这一基本原则的根本宗旨。而不管是"行义"还是"爱人",归宿点不过是"利人",依靠"利人"来实现。

第二个层次是反对利己。如果仅仅是主张"利人""利民",那么,儒家的"仁爱"与墨家的"兼爱"就没有本质的区别,因为儒家的"仁爱"也主张"泛爱众""推己及人""亲亲而仁民""成人之美""与人为善""天下一体之仁"等。问题在于,儒家的"仁爱"包含着自爱,而墨子"兼相爱,交相利"则延伸到了第二个层次,这就是从消极意义上反对"自爱""自利"。不过,墨子试图用"互爱互利""己他两利""对等取利"来弥补由于否定自爱自利造成的空想不足。

在互惠互利的基础上,墨家进一步推出了作为第三个层次的"兼相爱,交相利"这一伦理政治总纲,而主张追求普天同利(天下之利),这一带有理想主义特征的合理功利主义实际上又具体包含"自我之利""他人之利"和"天下之利"三个层面。这就是作为第三层次的"兼以易别":"视人之国若视其国,视人之家若视其家,视人之身若视其身。"[1] 由此可以看出,

---

[1]《墨子·兼爱中》。

墨家的"交相利"内在地包含着"不必为己"的大同行为价值原则，而与"各亲其亲，各子其子，货力为己"的小康社会状态相甄别。

在儒家文献中，"己"是指自我化的个人，有时在"己—他"关系范式中使用，有时则在"己—公"关系范式中使用。就前者而言，大同理想的"不必为己"同样展现了儒家一贯倡导的成己成人、成己成物、成人之美、与人为善、己立立人、己达达人等利他主义价值理想，小康理想的"货力为己"则体现了一种建立在私有制基础上的利己主义价值观。就后者而言，大同理想的"不必为己"同儒家彰显的公而去私、循公灭私、公义胜私欲、灭私欲明天理等价值理想和行为规范是内在一致的。

清代学者俞樾以孔孟圣人推私及公、有私无公为杨子之"为我"、有公无私则为墨子之"兼爱"为由，否定大同理想与儒家根本理念的同一性，实质上过于牵强附会、以偏概全。要知道，儒家在认识和处理公私关系上往往分为推私及公、公私两利、公而去私、循公灭私等不同境界。《礼记·礼运》所描写的"三代"大同社会难道不是公私均有吗？

二、儒家社会理想的基本特征

（一）层次有序

《礼记·礼运》所构想的"大同"与"小康"具有两方面的同一性。一是均有平安意味。东汉郑玄解释说："同，犹和也，平也。"所以"大同"也就是"大和"与"太平"，也就是和谐社会与太平盛世。按《说文解字》，"康"的本义有二：从广部，而"广"的本义是房屋，可见"康"同住房密切相关；从禾从米，这表明它和稻米饮食有关。"小康"一词最早见于《诗经·大雅·民劳》："民亦劳止，汔可小康。惠此中国，以绥四方。"这里的"小康"，意为"安养""休息"。东汉郑玄将"小康"释为"小安"。《尔雅》释"康"为乐，为静，为安，为宁，为五达之路。不难看出，"大同"与"小康"都具有平安和谐的内涵。二是传达思古怀旧。儒家历来就有慎终追远、古圣崇拜的思想传统，关于社会理想的设想也不例外。《礼记·礼运》构想的"大同社会"所憧憬的是"五帝""三代"带有原始民主制和公有制色彩的远古社会，而从实际内容上看，"大同社会"和"小康社会"并不是像朱熹所说的那样以五帝之世为"大道之行"、以三代以下为"小康"之世符合史实，它不过是孔子儒家为了挽救"礼崩乐坏"的社会混乱时局借"三代"和"六君子"而对未来社会的美好构想。

（二）伦理为本

坦率地讲，小康社会并不是儒家真正向往的理想社会，按照《礼记·礼运》的描述，"小康"具有人人为己、为亲、天下为家的非伦理行为，在这一社会里，人们只爱自己的父母子女，财货和人力仅为自己所有，天子诸侯把父子相传、兄弟相传作为礼制，并且充满奸诈、阴谋和战乱。那么，为什么人们一直把小康社会作为理想的社会形态加以推崇呢？这大概是因为儒家一直存在圣贤崇拜和崇古取向的历史情结，由禹、汤、文、武、成王、周公"六君子"治理下的社会尽管存在自私、奸诈、阴谋和战乱等不尽如人意的地方，但从总体上应当具有一定的礼治秩序，正因如此，孔子才表示信而好古："甚矣吾衰也！久矣吾不复梦见周公。"[①] 这从反面说明他推崇周公之道和周公之治。尤其是尽管小康社会从实然层面远不如大同社会，可《礼记·礼运》从应然层面用较大篇幅述说古圣先贤如何坚持以礼义道德治理国家，这就是"礼义以为纪，以正君臣，以笃父子，以睦兄弟，以和夫妇，以设制度，以立田里，以贤勇知"和"未有不谨于礼者也，以著其义，以考其信，著有过，刑仁讲让，示民有常"。重点则为以礼义作为纲纪去调节匡正君臣、父子、兄弟和夫妇之间的人伦关系，从而立足于伦理主义角度凸显了儒家所一贯推行的礼、义、正、笃、睦、和、立、贤、勇、知、仁、常等一系列重要德目，这些德目不仅仅是一种道德价值理性，更重要的是一种道德工具理性。

儒家社会理想思想从社会礼义伦理角度勾画小康社会的美好蓝图，使得把是否有仁德作为小康的目标来追求成为整个中华民族文化的悠久传统，后世许多思想家、文学家正是注重从道德维度去憧憬小康、追求小康。杜甫《壮游》云："君辱敢爱死，郝怒幸无伤。圣哲体仁恕，宇县复小康。"

---

① 《论语·述而》。

杜荀鹤《献池州牧》亦云："池阳今日似渔阳，大变凶年作小康。江路静来通客货，郡城安后绝戎装。分开野色收新麦，惊断莺声摘嫩桑。纵有逋民归未得，远闻仁政旋还乡。"由此可见，诗人主要从"仁政"角度展开对小康现实的描述和向往。众所周知，"仁"是儒家伦理体系的核心范畴，以之来赞美"小康"，足见"仁德"之于小康社会的重要性，足见儒家伦理同小康的内在相关性。

如上所述，《礼记·礼运》建构的大同社会是比小康社会更高级的理想社会形态，它更为充分地显示了伦理本位的特质，在某种意义上"大同社会"可谓"道德王国"。有的学者提出《礼记·礼运》的大同社会构想展现了公、仁、信、和四种价值。仔细体会可以想见，这四种价值都具有道德主义的意味。且不说"人不独亲其亲，不独子其子"本身即是儒家仁者情怀的外在流用，即便是"谋闭而不兴，盗窃乱贼而不作"和"外户而不闭"，它们不失为人们所向往的良风美俗，如果缺乏道德自律的支撑，这种优良的社会风尚恐怕难以达成。至于"天下为公"和"不必为己"更是鲜明地体现了儒家所倡导的社会本位主义精神。"三代之英"到底所指为何历来争论不休，有的认为它是指夏、商、周三代英明君王，也就是禹、汤、文、武、成王、周公"六君子"；有的认为它是指尧、舜、禹三位先贤。不论是从孔子"从周"的社会志向来说，还是从字面意义和《礼记·礼运》的语境来讲，把"三代之英"理解为夏、商、周三代英明君王更合理些。撇开"三代之英"的解释学分歧，《礼记·礼运》文本中的前几段话代表了孔子儒家效法上古圣贤之君的道德社会理想。儒家主张"举贤才"，墨家倡导"尚贤"，而《礼记·礼运》大同设想中的"选贤与能"则把道德之贤置于能力之上，从而凸显了儒家道德本位的思想理念。也许出于儒家重视仁政德治的悠久传统，也许基于儒家由内圣而外王的政治伦理化路线，也许据于儒家泛伦理主义的基本特质，民国时期的段中元在一系列有关大同的书籍中，一再强调唯有实行道德，推行中正之道、贞义之道，才能达到世界大同的目标。为此，他在当时全国许多地方创建了道德学社。

（三）与时俱变

《礼记·礼运》提出的"大同社会"与"小康社会"代表了人类对美

好前景的终极设想，体现了人类对社会未来发展趋势和进步方向的向往追求，作为中华民族的伟大梦想激励着一代又一代人为国家富强和人民幸福而努力奋斗。与此同时，不同时期的政治家、思想家根据所处的历史条件、价值需求、文化传统等，从不同的层面和角度对大同社会模型加以不断地补充、丰富和完善。

一是提出一些新的社会理想类型对大同社会理想进行补充。《春秋公羊传》认为孔子写《春秋》，"所见异辞，所闻异辞，所传闻异辞"。据此董仲舒提出"春秋分十二世以为三等：有见、有闻、有传闻"[①]。东汉公羊学家何休认为孔子著《春秋》是取春秋时期 242 年"著治法式"，因而明确提出"衰乱世、升平世、太平世"的历史形态进化"三世"学说。升平世和太平世可谓治世，"升平世"类似于《礼运》篇中的"小康"社会，"太平世"则与"大同"社会相当。清朝嘉庆、道光年间，经学家刘逢禄等人着重阐发"公羊"的"张三世"等微言大义，说"春秋起衰乱，以近升平，由升平以极太平"。明清之际的启蒙思想家黄宗羲在《明夷待访录》中根据"天下之治乱，不在一姓之兴亡，而在万民之忧乐"的思想理念，以三代之治为范式，构建了"公天下"的社会理想。龚自珍把历史"公羊"的"三世"与《礼记·礼运》联系起来，断言人类整个历史"通古今可以为三世"。除"三世"说外，东晋陶渊明还在《桃花源记》中虚构了一个没有战乱、没有罪恶、没有阶级、没有剥削、民风淳朴、自给自足、和平恬静、人人自得其乐的世外桃源，以同现世的困苦相对照，表达对现实的不满与反抗。

二是引入外来社会理想文化对大同社会理想进行重铸。1840 年鸦片战争使国门打开，伴随着东西方文化交流的日益增多，西学开始东渐，一些有识之士为了让中国走出困局实现民族复兴，注意吸收政治社会理论，建构了既承继儒家大同思想传统又有所创新、既具有历史具体性又具有更高的社会理想性、既批判资本主义社会现实又借鉴某些资本主义社会制度要素、既具有民族主义本土化色彩又具有世界主义的全球视野的社会图式。康有为了推动变法革新，认为大同之制是人类公理，实现大同必须破除

[①] 董仲舒：《春秋繁露·楚庄王第一》，张世亮、钟肇鹏、周桂钿译注，中华书局 2012 年版，第 10 页。

国界、级界、种界、形界、家界、产界等"九界",而要"去九界",必须废君权、兴民权、行立宪,从而将孔子描述的"大同社会"理想、基督教和佛教的博爱教义、近代进化论思想和资本主义国家统治的政治现实以及空想社会主义结合起来,提出了由君主专制到君主立宪再到民主共和的"大同社会"的建构模式,为中国近代社会的改革转型提供理论基础和建构方案。谭嗣同也构造了独特的世界大同理想王国:

> 地球之治也,以有天下而无国也。……人人能自由,是必为无国之民。无国则畛域化,战争息,猜忌绝,权谋弃,彼我亡,平等出;且虽有天下,若无天下矣。君主废,则贵贱平;公理明,则贫富均。千里万里,一家一人。……若西书中百年一觉者,殆彷佛《礼运》大同之象焉。

资产阶级民主革命先行者孙中山先生多次用大同理想阐释民族、民权、民生的三民主义,他试图把大同理想同近代西方的自由、平等、博爱理念结合起来,认为"民生主义就是社会主义,又名共产主义,即是大同主义"。

三是以反儒的面貌实现对大同社会理想的改造。太平天国运动表现出反孔倾向,把孔孟经书视为"妖书邪说"尽行铲除,但并不彻底,即使是洪秀全也没有放弃以"三纲五常"为核心的儒家基本伦理,他所构想的太平天国还熔铸了儒家和基督教的"人皆兄弟"观念。在一些人看来,洪秀全《天朝田亩制度》提出建立的"有田同耕,有饭同食,有衣同穿,有钱同使,无处不均匀,无人不饱暖"的理想社会,是把儒家大同思想与西方基督教教义结合起来而建构起来的社会理想。实际上,孔子所提出来的"不患寡而患不均,不患贫而患不安"[①]是针对"富者田连阡陌,贫者无立锥之地"的两极分化现象而提出来的相对平均主义,旨在缩小贫富差别,并不是"无处不均匀"的绝对平均主义。而且"无处不均匀"的太平天国梦也比大同社会"老有所终,壮有所用,幼有所长,矜寡孤独废疾者,皆有所养"的设想,带有更多空想主义成分,在当时积贫积弱的旧中国不失为乌托邦。

---

① 《论语·季氏》。

三、 儒家社会理想对实现中国梦的启示意义

老庄道家强调人要顺从自然、回归自然，主张天道自然，反对人的作为，以做到"天人合一"，这有助于保持人与自然的和谐，有利于保持生态平衡，进而有利于社会的和谐发展。尤其是庄子提出来的不求功名利禄、只求免祸得生的处世哲学在客观上有助于调整人际关系，促进社会秩序的稳定。老庄道家的自然主义社会理想虽然也有入世的、积极有为的一面，但它突出强调自然之为，致虚守静，知足常乐，少思寡欲，见素抱朴，反对"人定胜天"，就否定了人的主观能动作用，带有遁世主义和宿命论的倾向，这就无助于人去战胜自然的挑战，削弱社会的生机与活力，不会真正带来社会和谐、人民安康的物质文明基础。庄子认为，"有己"（有自我意识）和"有待"（人的需要和愿望的满足依赖于一定的主客观条件）是人生苦恼和不自由的根源，是社会不和谐的根源，这虽然揭示了人的欲望、需要和利益是社会和谐与否的主体原因，是造成个人同社会环境是否对立的根由，但是完全要求人人"无欲""无为""无争"，完全取消人的需要和欲望，完全取消人的主体意识，并不能产生较高层次的社会富裕和谐。要知道，实现中国梦并不排斥正当的人为和人欲，也不排斥某些合理的社会矛盾和社会冲突。而且，老庄主张"绝圣去智"，取消仁义法治，否定科学技术，显然是一种消极、倒退的反文明社会观，它并不会带来真正积极意义上的社会和谐富裕。

作为传统中国理想社会形态思想的主流，儒家人文主义社会理想思想家张载、二程、朱熹、陆九渊、王阳明等关于社会理想的设计与先秦人文主义社会理想蓝图大同小异。就现实政治运作而言，尽管封建统治者实际奉行的是"阳儒阴法"，并采纳了不少道家的"南面之术"，但是儒家的人文主义社会理想思想仍居统治地位。这一历久弥新的社会理想思想蕴含着实现中国梦多方面的深刻启示、丰富智慧和文化力量。

（一）构建良好社会秩序

儒家社会理想思想所倡导的正名知礼、等差有序、男分女归、明分使

群等启发我们构建良好的社会秩序。中国梦是一个安定有序的社会，它固然要建立在民主平等、自由个性、社会流动等基础之上，它的终极目标是实现人自由且全面的发展。但在当代，不论是建党100周年实现全面建成小康社会还是建国100周年基本实现现代化，都要立足于中国社会主义初级阶段的实际情况，防止陷入绝对平等自由和西方式大民主的迷雾之中，而应允许具有一定的角色分工、职业分工和等差秩序，允许某种身份等级和个人待遇的社会差别存在，要知道，只有人人各安其位、各尽其所、分工协作，才能维持社会总体上的均衡发展。中国必须是一个礼义之邦，必须强化礼乐教化。当前我国社会上出现的部分礼崩乐坏、社会脱序、行为失范、活动失轨等现象对和谐社会建设提出了严峻挑战，要求我们完善以礼为核心的规范体系，加强规范社会化或内化。应当认识到，礼乐制度下的社会就是要建立一个"群居而不乱""体情而防乱"，既有秩序又有自由的社会。每个人在合理的风俗习惯中，可以改过迁善，过着能把握自己又能融入群体的生活。而淳朴世风的形成，又少不了对民众的礼乐教化。通过礼乐教化，人自觉其作为人的存在，以富于人性的交流取代相互窥伺与欺骗。

（二）重视公正价值理想

儒家社会理想思想提出了"使老有所终，壮有所用，幼有所长，矜寡孤独废疾者，皆有所养"的构想。公平正义是实现中国梦的重要基石。习近平总书记在为我们描绘中国梦时也说："随时随刻倾听人民呼声、回应人民期待，保证人民平等参与、平等发展权利，维护社会公平正义，在学有所教、劳有所得、病有所医、老有所养、住有所居上持续取得新进展，不断实现好、维护好、发展好最广大人民根本利益，使发展成果更多更公平惠及全体人民，在经济社会不断发展的基础上，朝着共同富裕方向稳步前进。"这启示我们在实现中国梦的过程中，必须注意满足广大人民群众的基本需要，保护他们的财产、生存和发展权利。在当前我国社会，按照贡献、资本等的差异进行分配的原则，是符合人的利益驱动本性的，也有利于充分调动各社会成员的活力和潜能。不过，对中国梦的设计，固然要创造出有利于社会强势群体追求财富欲望的合理空间，但也要基于公正优先的原则将他们对财富的追求限定在社会可接受的公平、正义范围内。只有逐步建立以权利公平、机会公平、规则公平为主要内容的社会公平保障机制，才能确保全体中国人民"共同享有人生出彩的机会，共同享有梦想成真的机会，共同享有同祖国和时代一起成长与进步的机会"。一般来说，强势群体拥有社会资源方面的优势，在获取利益方面更容易得到制度设计、政策安排等方面的支持，相反，困难群体的生存权利更容易被忽视。因而，关注弱势群体的权利就更有必要。若没有对社会困难群体的利益或最基本生存权利的合理安排，要实现中国梦是不可能的。正如有的学者所指出的，只有转型期的制度设计使困难群体的起码生存得以维护，才有可能使在全社会的财富增进的同时，所有社会成员的生存境况亦随之改善，从而实现社会成员对整个社会秩序的认同，并形成社会协调发展的向心力量。[①]

(三) 注重道德文明发展

如前所述，儒家的大同理想和小康理想具有伦理本位特质，带有较为浓厚的道德理想主义色彩，历代儒家反复强调体道、识道、闻道、行道，以至形成了梁漱溟所讲的"以道德代宗教"的中国文化传统。在实现中国梦的伟大征程中，诚然要谨防道德一元主义和道德理想主义，避免重蹈过去那种道德至上和精神万能的覆辙。但是，较高的道德文明、良好的道德风尚与和谐的道德环境毕竟是中国梦不可或缺的内在组成部分，面对严峻的道德缺失现象，必须把以德治国和依法治国有机结合起来，致力于道德重建。从某种意义上说，小康社会不能是一个畸形社会，而必定是一个全面发展和全面进步的社会，不仅物质文明、政治文明要相对发达，精神文明、社会文明、生态文明也要相对繁荣。按照主流话语关于小康社会的构想，我国要集中力量全面建设惠及十几亿人口的更高水平的小康社会，使经济更加发展、民主更加健全、科教更加进步、文化更加繁荣、社会更加和谐、人民生活更加殷实；全面建设小康社会不仅要达到国内生产总值翻一番、社会差别不断缩小、人民过上更加富足的生活、基层民主更加健全、社会秩序良好、人民安居乐业等经济政治目标，还要实现全民族的思想道德素质、科学文化素质和健康素质明显提高等文化目标。这表明，小康社

[①] 湖北省社会科学院课题组：《和谐社会的思想资源及其启示》，载《光明日报》2005年1月11日。

会虽不会是一个君子之国，但必须是一个有"道"社会，是一个礼义社会，是一个"君子"越来越多的社会。据此，我觉得不仅可以提出经济小康、政治小康概念，还可以提出道德小康的范畴。中国梦必须是一个公平、仁爱、和合、诚信的社会。毋庸置疑，在由经济建设、政治建设、文化建设、社会建设和生态文明建设"五位一体"所组成的社会大系统工程中，贯彻儒家人文主义社会理想思想所提倡的仁、义、信、和、中等人生理念，有助于建立一种公正合理、互惠互利、诚实守信、和合一致、团结友爱的社会关系体系。用人对人的温情取代人对人的冷漠总是受欢迎的；无论是礼貌的问候，还是在家居生活中对他人存在的顾及，都足以成为中国梦的基本要素。

（四）大同与大和的有机统一

尽管我不赞成在大同与大和之间画等号，却认定当今社会的理想应当把两者有机结合起来，把"和而不同"和"和而有同"辩证联系起来，达到一个异同互见、多元一体、殊途同归的世界和谐的社会目标。

1. 仁爱与兼爱互补。

儒墨主体思想之间同异互见，二者共同推崇道德仁义，共同向往天下大同和政治一统，但墨家反对儒家所倚重的礼乐——实际上墨家不光非乐也非礼，而且，墨家虽然尚仁尚义却赋予"仁义"与儒家有所不同的思想内涵和时代特色。

儒墨同讲仁重仁，但儒家重"别"，墨家重"兼"（"兼以易别"）；儒墨均视"仁"为爱，但儒家重"等差之爱"和"亲亲之爱"，墨家则重"兼相爱""交相利"；儒墨都将"仁"导向他爱，而儒家之"仁爱"有时包括自爱，墨家则非；儒墨都视仁义一体、仁本义用，讲究仁义道德，但儒家思想重心和价值取向更突出"仁"，而墨家思想重心和价值取向更偏向"义"（"贵义"）。墨子虽然仁义并举，但常常以义训仁。在论述"兼爱"思想过程中，他指出，一些人认为"兼即仁矣、义矣"太理想化，只是一种美好的愿望，殊不知，体现"兼相爱、交相利"精神和原则的仁义之道，早在先圣六王那里就亲自践行过。

2. 为己与为人互补。

在人己关系问题的认识和处理上，无论是儒家抑或是墨家，都表现出某种辩证理性精神。

就行为指向的为己与为人而言，以上已经讲明，儒墨两家均既强调为己又强调为人。就道德修为的为己与为人而言，孔子曾经提出了"古之学者为己，今之学者为人"①、"君子求诸己，小人求诸人"②、"己欲立而立人，己欲达而达人"③等为己之学。这表明，一个人应像古圣君子一样注意修己、克己，注重学习与训练，注意培养自己多方面的品质，尤其要注重个人的心性修养。同时，儒家还发展出以有关人格理想、做人、待人以及个人的克己、修己等方面思想观点为主要内容的为人之学。在某种意义上说，儒学和墨学既是一种为己之学，又是一种为人之学。

由于像"人不为己，天诛地灭"之类的利己主义观念遭到了主流意识形态的批判与摒弃，与其使用易于引起误解的"为己之学"，不如顺应当代人的心理习惯而采用"为人之学"一语，如此更能体现中国传统文化创造性转化和创新性发展的指针。当然，最佳方案是在追求世界和平和大同理想的时代背景下，把为己与为人有机结合起来，既注重人的克己、修己、律己又注重人的利人、利他、利民。

3. "大公"与"大家"互补。

实现民族复兴，构建东亚共同体以至全球人类命运共同体，实现国与国之间、民族与民族之间的共融、共通、共建、共享，就应当建构起既承继儒家大同思想传统又有所创新、既具有历史具体性又具有更高社会理想性、既批判资本主义社会现实又借鉴某些资本主义社会制度要素、既具有民族主义本土化色彩又具有世界主义的全球视野的世界社会图式。为向大同理想社会不断过渡，在当前，无论是中国社会还是全球社会，就应致力于全面建设小康社会，而这不仅要重视无数个小家的健康发展，也要构建良好的以国家、民族乃至各种共同体为载体的"大家"；不仅要依据孙中山的"天下为公"理念和谭嗣同的"地球之治也，以有天下而无国也"理想

---

① 《论语·宪问》。
② 《论语·卫灵公》。
③ 《论语·雍也》。

主义思维，跨越狭隘的民族主义、国家主义而走向国际主义和世界和平主义，也要以一种"地球之治有天下有国家"的务实态度，致力于维护国家合理正当的利益，维护民族国家领土和主权的完整。

最后我想特别指出的是，康有为"去九界"的大同理想在当时的时代背景下是对儒家"大同社会"的过于理想主义的乌托邦解读，它构造的无差别、无私产、无阶级、无等级、无家庭的"大同"并非真正的"大同"，而是机械同一的"小同"，它已经脱离了《礼记》关于"大同"的真实描述；"大公无私"的大同社会只能作为人类远景加以向往和谋划，而作为近期、中期的人类社会理想只能是"公而有私"，一些新儒家极力宣扬所谓的新康有为主义，却忽视了康有为保教立国、"新世"制度的政治建制恰恰建立在虚妄不实的"大同理想"构想上，如此衍生出来的王道政治必定是无效的。

（五）扬弃儒家社会理想

以大同理想为核心的儒家社会理想与中国梦共同契合了中国人心灵深处的精神信仰和价值追求，两者具有某种异曲同工之处。当前实现中国梦的战略任务逻辑地要求我们从中国传统社会理想思想中汲取可资借鉴和利用的精神资源、生存之道和治国智慧。儒家社会理想思想所提出来的给人以求、制民恒产和安贫乐道、节俭反奢、重义轻利、天人合一等理念，有助于我们克制人类欲望的过度膨胀，防止对资源的掠夺性开发，促进循环经济、生态经济和节约型社会的发展，为中国梦的实现提供可持续的保障。不过，必须看到中国梦与儒家社会理想关系之间的根本差异。一是基本内涵不同。尽管到2050年中国基本实现的现代化仍会存在《礼记·礼运》所描绘的小康社会的某些弊端，同"大同社会"构想的目标综合考量也具有一定的差距，但是，中国梦的奋斗目标实现了传统大同、小康追求与现代社会主义的有机统一，实现了中国特色社会主义共同理想和共产主义远大理想的有机统一。二是依赖的社会主体不同。儒家往往把社会理想的圆成寄希望于圣君贤相，追求贤人政治，朱熹就认为"小康"之世只要像禹、汤、文、武、成王、周公这样的"大贤"出世，稍事努力便不难达到，至于"大同"之世只要有像尧、舜一样富有更大政治智慧的"圣人"就能达到。反之,正如习近平总书记所强调的:"中国梦归根到底是人民的梦,必须紧紧依靠人民来实现,必须不断为人民造福。"中国梦的依赖主体是广大人民群众,这能够整合好社会各阶层的主体性力量,激发整个社会追求中国梦的活力。三是到达的道路不同。孔子身处春秋以降礼崩乐坏、政权下移、民心不古的时代,他设想的大同社会理想的实现路径是回到带有原始民主制和原始公有制,走德治仁政王道之路。毛泽东同志在《论人民民主专政》一文中说:"康有为写了《大同书》,他没有也不可能找到一条到达大同的路。""经过人民共和国到达社会主义和共产主义,到达阶级的消灭和世界的大同。"这是一条真正的通往理想社会之路,也是通往国家富强、民族振兴、人民幸福之路。基于中国梦与儒家社会理想的上述"同"与"异",在当前实现中国梦的过程中,我们既要反对文化虚无主义,注意汲取儒家传统社会理想思想中天人合一、重仁崇义、礼教仁化、节俭反奢、君民同乐、福利保障等合理成分,又要反对文化保守主义,褪除等级专制、安贫乐道、重义轻利等消极落后因素,还要扬弃后世安平均富、绝对民主、消灭家庭、绝对自由等过于理想的要素。

(六)重构仁礼社会理想

鉴于仁与礼是儒家伦理思想系统中极为重要的德目,都具有为当代社会所能容纳的普遍性价值,儒家建构起了以"仁—礼"为核心的伦理体系,而且孔子也构想了"一日克己复礼,天下归仁"的社会,所以我们试图从仁与礼去阐释一下如何发挥儒家传统社会理想思想在实现中国梦过程中的作用。

一方面是构建礼法型的理想社会。在孔子那里,"礼"主要是指"周礼",亦即周初确定的典章、规矩、仪节、制度,同时包含着谦虚、恭敬、礼貌、辞让等意义。孟子则舍弃了"礼"的周制内容。很显然,用来调节人行为角色的"礼"(礼节、仪式、谦恭等)这样的规范,即使是在文明社会也是不可或缺的。然而我们又必须在小康社会构建中抛弃掉"礼"所蕴含的劣质成分（"吃人的礼教"）。例如，它对上下尊卑、等级长幼的严厉规定，对虚饰而形式化的繁文缛节的强调，对家长制、君主制和偶像崇拜的维护，对祖先的过分尊崇……历史证明，一个国家的现代化过程往往会出现"礼崩乐坏"的规范失控态势。中国一度开展的"文明礼貌月"活动、新加坡开展的"礼貌运动"及确定的"儒雅国家"目标，既表现了一个后发现代化国家或已经现代化国家对礼治秩序的向往，又说明了社会某种有序状态的缺失。中国过去是一个礼治（或人治、德治）国家，现在则要向一个法治国家迈进。然而，实现法制化、法治化并不是要全盘抛弃相沿成习的一些文明礼节、礼数等，恰恰相反，由于我国正处于由农业社会向工业社会、由机械联带社会向有机联带社会、由传统社会向现代社会、由欠发达社会向小康社会转变的"文化转型期"，要在一张压缩的时间表内走完西方发达国家经过几百年走过的路途，必定会产生脱序、失控现象。目前中国有些人的行为不规范，因此，我们不仅要大力加强法制建设，也要确立一些他人导向的道德规范，强化包括"礼"在内的各种社会规范的教育（礼化、德化），以维护社会的良好秩序。

另一方面是构建人道化的理想社会。从某种意义上说，"仁"是将外在规范的"礼"内化为个体自觉的心理状态。不过，"仁"本身也有内外之别。孔子说过"仁者爱人"，显然，爱不仅仅是一种内隐的爱心，或者用孟子的语言来表达就是"不忍人之心"（恻隐之心、同情心），而且按新精神分析大师弗洛姆的解释，爱是一种对他人的关心、体贴、尊重、忍让、帮助等。此外，"仁"也表示孝悌、事亲等外显行为。毋庸置疑，仁爱之心是为现代社会生活所需要的。然而，"仁"从一开始由于时代的烙印而使它带有先天缺陷。例如，孔子是以"礼"释"仁"——克己复礼为仁，为此"仁"的历史内容就必然会受到小农自然经济的纠缠，从而使之具有维护氏族统治体制、血缘亲属关系和等级制的滞后作用，这又正是为现代商品经济和平权政治所不容的。李泽厚认为"仁"是由血缘基础、心理原则、人道主义和个体人格组成，并以实践理性为总体特征的结构系统。① 不管这一提法是否有将古人思想现代化之嫌，它至少透示出"仁"所包含的积极和消极二重性，并提示我们必须对"仁"下一番去粗取精的转化功夫。

总而言之，对礼与仁他人导向型的规范文化要进行结构性调整，使之既能突显团体本位、他人至上、社会整合的价值目标，又能体现个体的独立人格、感性功利和自由自主等要求，为中国梦的实现提供强有力的精神资源。

---

① 参见李泽厚：《中国古代思想史论》，天津社会科学院出版社2004年版。

第十章　儒家文化的层次性与先进性

儒家文化并非铁板一块的僵硬体系，而是一个包括多个要素、多个层次、多元指向的层次有序的复杂系统。在漫长的历史长河中，它逐渐呈现出二重性、实用性、人情性、层次性和主位性，下面我着重谈谈它的层次性与先进性。

一、儒家文化的层次性

（一）儒家文化层次性的内涵与体现

1. 儒家理论结构的层次性。

作为一种曾经在中国传统社会长期占统治地位的思想文化形态，儒学无疑是儒家文化的主干部分，而它又是博大精深、源远流长的。从横向上说，它是由天人之学、人学（主要是人性论、人生哲学、人格论等）、伦理哲学、政治学、教育思想、宗教观（如"子不语怪、力、乱、神"）、文化思想（如"博学于文"）、审美思想（特别是乐论）、法律思想、经济思想（如孟子提出"井田制"）等所组成的庞大体系；从纵向上说，儒学既有先秦元典儒学、两汉经学、魏晋玄学，也有宋明理学、清代朴学以及现代新儒学。崔大华把儒学的理论形态主要分为天人之学、自然之学和性理之学，提出儒学的理论结构分成社会的理论层面、心性的理论层面和超越的理论层面三大部分。[①]

[①] 参见崔大华：《儒学引论》，人民出版社2001年版。

儒学发展史不同的思想形态，彼此之间有着共同的理论旨趣，如对仁义的倡导、对道德的持守、对经世致用的追求、对心性的强调，即使是被宋明理学视为儒家道统异端的荀学，也并没有因为它的性恶论而放弃讲"仁"。正是由于具有共同的学术指向和理论主张，才使两汉经学、宋明理学和清代朴学以及儒学的古今文经学、汉学与宋学、词章之学与义理之学均归于儒学大系统之中。不过，由于不同历史时期社会矛盾、民族关系、生产力发展水平、政治上层建筑、阶级斗争等的差异，以及思想家个人的致思方式、学术传统、价值取向、社会地位、学术修养等的不同，使不同的儒学形态在理论重点、思想观念、政治主张等方面有所不同。孟子、荀子分别从内在心性和外在礼义两个维度发展了孔学，而宋明理学则弱于外王强于内圣。毋庸置疑，后世儒学对前代儒学有发展、有创新，例如孟子对孔子仁学的阐发立足于"四端说"根基之上，提出了较为完整的仁政学说，宋明理学的心性理欲学说使儒学更加精致化、哲学化。然而，这并不等于说儒学的发展没有曲折，没有偏离。相反，前后相继的儒学形态，一方面表现出片面性发展的一面，譬如孟子就有些"剑走偏锋"，他把仁规定为"事亲"，把义规定为"敬长"，显然不符合孔子仁学的圆融性和普适性，因为在孔子那里，"敬老"同样是"仁"。再如，孟子把仁、义、礼、智对应于恻隐之心、羞恶之心、辞让之心和是非之心固然有其合理性，但这又同他的仁宅、义路、礼门存在矛盾。另一方面则是出现某些倒退，使儒家合理的命题走向非合理。拿"欲"来说，孔子认为只要符合"道"，那么就可以求。孟子倡导"寡欲"说，荀子主张"养欲"说，这应当说是正确的。可是到了宋明理学，它从十六字心法出发，把欲理对立起来，二程说"人心，私欲也，危而不安；道心，天理也，微而难得"[①] 要求"存天理，灭人欲"（尽管程朱做了修正和补充，认为人心不完全是"人欲"），且不说这一道德戒律的错误，由于封建专制主义对人个性的压抑、社会财富的短缺，以及人们对宋明理学的误读，使存理灭欲演化成消极落后的禁欲主义，成为"以理杀人"的思想基础。

在儒学理论逻辑结构中，儒家文化也显示出不同的层次。到底什么是

[①]《二程集·河南程氏粹言》卷第二，王孝鱼点校，中华书局2004年版，第1261页。

儒学的核心，学术界的观点充满歧异，有人认为是"仁"，有人认为是"礼"，还有人认为是"孝"，不一而足。儒学固然可以分为为人之道和为政之道，这在《论语》一书中表现得非常明显。不过，儒学的核心层应上升到伦理学说。这一点也得到了许多人的首肯。张岱年、程宜山虽然认为中国哲学即天人之学，但他们赞成伦理道德学说是中国古代哲学的核心。① 陈谷嘉指出："无论从儒学的内蕴社会价值，即创造一种和谐、融洽、互济的社会环境和氛围，或是从其表现形式，即致力于社会和谐而提出的'仁、义、礼、智'的社会规范，都说明伦理思想是儒学的基本内容，构成儒学体系的核心组成部分。"② 崔大华同样认为伦理道德思想成为儒学的核心："由春秋末期孔子确立，此后一直绵延不断地流变发展着的儒家学说，就其本身而言，是一个以伦理道德思想为核心，且有多层理论层面的观念体系。"③

为什么说伦理思想是儒学的核心呢？其一，从理论建构的目的来看，一方面，儒家关于阴阳五行、气与质、动与静、一与多、无极与太极、易与诚等关于宇宙的本体论思想，既是立足于人道、人极去推演天道、天极，也是为其伦理学说创立本体论根据，这大概是儒家天人之学何以发达的重要原因；另一方面，儒家通过建构一个庞大的包括心性、善恶、纲常、义利、己他等思想内涵的体系，以给人的处世之道和当权者的为政之道提供行为准则、道德规范，这就是以伦理为中心、为本位，然后将之外在化、社会化，达到政治伦理化和伦理政治化、主体伦理化和伦理主体化，可以说，儒家人学即是伦理人学，儒家政治学也就是伦理政治化，儒家政治学的根本即是德政、仁政，儒家人学就是使人做一个有道德的人。其二，从理论体系的主线来说，儒家往往把非伦理范畴加以道德改造，如儒家所讲的"贤"，还有气理、知行范畴，而且融事实与道德价值、是与应然于一体，在宋明理学那里，人的"心"本来可以纯然是是非之心，是一个知性范畴，但程朱却按伦理标准把它分为人心（和心）和道心。学术界分别把仁、礼、孝等范畴视为儒学的核心，殊不知，这些范畴正是儒家所大力倡

---

① 参见张岱年、程宜山：《中国文化论争》，中国人民大学出版社2006年版，第159—160页。
② 陈谷嘉：《儒家伦理哲学》，人民出版社1996年版，第1页。
③ 崔大华：《儒学引论》，人民出版社2001年版，第1页。

导的伦常范畴。其三，儒家伦理思想最丰富，影响也最大。许多人把孔学归结为仁学，足以说明"仁"在孔子思想中的地位。同时，"仁"也是孟子、荀子用力最多的范畴之一，在某种意义上可以说，先秦儒学建构了较为完整的仁学体系。不论是先秦儒学、两汉经学，抑或是宋明理学，主要是围绕道德本体、规范、工夫、教育、功能、人格等展开。儒家伦理也最为后来的学人所关注，黑格尔评价《论语》主要是一些道德箴言，虽然他完全否弃孔子形而上不可取，可他毕竟敏锐地洞悉到孔子学说实以伦理教化为轴心。当代人所关注的儒学与现代化关系问题也主要从儒家伦理角度去看待儒学是现代化的动力还是阻力。综上所述，如果用圆圈来表示的话，那么，可以认为伦理学说构成了儒家文化的核心层，人生学说和政治学说则为第二层，其他的则为第三层。

2. 儒家历史传统的层次性。

从孔子创立儒学之后，通过历代儒家不断地加以阐发，构成了历史悠久的文化传统，这一传统可以从不同角度分为不同的层次。

根据文化的内在结构，儒家文化具有物态文化、制度文化和精神文化的层次分别。所谓儒家物态文化是指为了宣传、推行、尊奉、传播儒家思想和儒家人物而建造的物态事物，如府学、文庙、乡校、私塾、碑刻、牌位、文物等。它们作为重要文化遗产，对于教化民众、传播知识、文化传承等都具有重要作用，是儒家文化的载体和象征。所谓儒家制度文化既包括有关儒家文化的制度化规定，如汉武帝的"独尊儒术"、隋唐宋元明清的科举考试制度，以及秦汉时期的博士制度和儒生制度，也包括制度儒学化层面的条例规定，如以孝治天下、礼制等，以及按照儒家思想所制订的乡规民约、家规族规、校训学规等。这些儒家制度文化是实现儒家齐家、治国、平天下理想向现实社会转化的重要途径和建制。据此，儒学才真正成为中华民族文化的主干。在文化学领域，有的还把行为文化单列出来而同物态文化、制度文化和精神文化相提并论。为简单起见，不妨将之归入广义的制度文化级别之中。据此，它包括体现儒家理念的风俗习惯、行为准则、规矩等。所谓儒家精神文化是以儒家思想为核心，以儒家观念、儒家信仰、儒家情感、儒家思维、儒家态度（如对儒学的认同或排斥）、儒家精神（如儒商精神）、儒教、儒学文艺、儒家道德等为主要内容的观念形态的综合体。在儒家文化的三个层次中，儒家精神文化最重要，影响也最大，属于核心层，儒家制度文化和物态文化乃是它外化的产物。

依据主体的不同，儒家文化可分成精英文化和平民文化，它们即为余英时所讲的大传统和小传统①。一方面，儒学是由文化精英所创造的，用杜维明的话说它是"士的自觉"的产物，它代表了士大夫阶层的精神追求、社会理想、价值观念，因而在某种意义上儒家文化即是士大夫文化，儒学也就是贵族儒学。同时，儒学又具有实用性特征，它致思的对象不离人伦日用，它的思想宗旨讲究经世致用，它不仅可以为统治者作为安邦定国工具所用，也为普通民众待人处世提供人生智慧、道德规范、行为准则和精神家园，因而通过统治者的推动以及社会教化，儒学逐渐转化到平民的文化心理结构之中，借助于生理性遗传和社会获得性遗传，成为代代相传的平民文化传统。这些平民文化传统既有如讲究婚礼和祭礼、注重敬祖、推崇孝道等，又包括重男轻女、人情往来等。这些日常生活文化构成了今人所说的"平民儒学"或"草根儒学"。另一方面，儒家内在精神上呈现贵族化特点，在其理论建构上倾向于重视社会精英，如"民可使由之，不可使知之""上智下愚不移""中人以上，可以语上也；中人以下，不可以语上也""礼不下庶人，刑不上大夫"等。但同时又具有以民为本的价值指向，强调"人皆可以为尧舜"、有教无类、君臣对等等人格平等观念。"它的最高价值是体现在人伦日用之间，自觉的程度不同，理解的程度就不同，这里的确有层次之分；但各种层次之间又有很明显的同构关系。因此，在传统的儒家思想中，特别是在孟学的思想中，有相当程度的'群众路线'。"②正是由于儒学的精英与平民层次的分立，尽管使平民能够现实地接受儒学的熏陶和指导，但儒家所代表的道德权威主义、精英主义导致"广大民众缺乏自觉、缺乏主体性、缺乏独立精神，习惯于被灌输、被统治，习惯于被动地生活。在这个意义上讲，所谓农民的坚韧性格，就常会体现为奴性，体现为呆板的螺丝钉精神"③。

依据儒家文化精细程度儒家文化可分成儒家高雅文化与儒家通俗文化。

---

① 参见余英时著、辛华等编：《内在超越之路》，中国广播电视出版社1992年版。
② 杜维明著、岳华编：《儒家传统的现代转化》，中国广播电视出版社1992年版，第121—122页。
③ 杜维明著、岳华编：《儒家传统的现代转化》，中国广播电视出版社1992年版，第119页。

精英文化与平民文化诚然大体相当，但毕竟不能完全等同。余英时指出，中国文化很早出现了"雅"与"俗"两个层次，恰好相当于大、小传统的分野，例如《论语·述而》讲："子所雅言，诗、书、执礼，皆雅言也。"中国大、小传统之间互相交流和渗透，汉代流行的《尔雅》与《方言》即是例证，孔子所说的"缘人情而制礼""礼失求诸野"以及"先进于礼乐，野人也；后进于礼乐，君子也"[1] 等也表明儒家已经自觉地意识到"雅"与"俗"的分立与沟通[2]。就儒家文化本身来说，它固然是一种雅文化，但它无论是理论上还是实践上总是追求敦风化俗、文治武功、安邦定国等入世目的，因而逐渐转变为民间的通俗文化——蒙书、家训、祭祖、卜筮、乡规、民约等。由于儒家文化在长期演变过程中发生了雅俗的分立，它们在表现方式、价值取向、人格要求、审美趣味等方面有所不同，因而对它们既不能偏废，又不能等而观之，必须区别对待。"如果只看到雅文化，而完全忽视俗文化，容易把中国文化理想化；如果只看到俗文化，特别是其中庸俗、腐朽的东西，必然把中国传统文化贬得一无是处。又如，居主导地位的儒家文化的价值观有严重偏颇，如贱力轻利，如果只看到这一点，以偏概全，忽略了还有与之相反相成的另一面，以为中国历史上只讲道德，不讲力量的培养和物质生活的提高，那就完全偏离了实际，变成了主观臆断。"[3]

3. 儒家学派人物的层次性。

如果说如上我讲的儒家文化类型属于客体性儒家文化的话，那么由儒家学派和人物所展现的不同文化可归之于主体性儒家文化。根据历史境遇、学术贡献、思想水平、创新程度、理论旨趣、人格境界等不同，可以把儒家文化分为不同学派、流派和人物。在这些各自不同的众多儒家流派和人物之中，有着纯粹和驳杂、精深和粗浅、完善和偏狭、先进与保守之分。

早在《论语·雍也》中，孔子就对子夏讲"女为君子儒，无为小人儒"。可见他把儒分为"君子儒"和"小人儒"两种类型，并对谨密有余、宏大不足的子夏提出了做"君子儒"的要求。孔子死后，儒家学派出现了

---

[1]《论语·先进》。
[2] 参见余英时著、辛华等编：《内在超越之路》，中国广播电视出版社1992年版。
[3] 张岱年、程宜山：《中国文化论争》，中国人民大学出版社2006年版，第118页。

分化。韩非子提倡"儒分为八":"自孔子之死也,有子张之儒,有子思之儒,有颜氏之儒,有孟氏之儒,有漆雕氏之儒,有仲良氏之儒,有孙氏之儒,有乐正氏之儒。……故孔、墨之后,儒分为八。"① 颜炳罡根据郭店楚简和上博简等新出土文献以及孔子所讲的孔门德行、言语、政事、文学四科,认为孔子之后的儒家可分为三大类型,即传道之儒(德行)、传经之儒(文学)和政事之儒(言语、政事)。传道之儒又可分为天道派、心性派、孝行派,颜氏之儒是天道派,思孟之儒是心性派,曾子、乐正氏之儒是孝行派;传经之儒可分为现实派和理想派,子夏之儒是现实派,子游之儒是理想派;子张之儒、孙氏之儒乃至子贡、宰我、冉有之门徒等是政事系。② 荀子则提出了贱儒、大儒、俗儒之说。他把子张、子夏、子游称为贱儒:"弟陀其冠,衶禫其辞,禹行而舜趋:是子张氏之贱儒也。正其衣冠,齐其颜色,嗛然而终日不言、是子夏氏之贱儒也。偷儒惮事,无廉耻而耆饮食,必曰君子固不用力:是子游氏之贱儒也。"③ 荀子称赞文、武、周公、孔子是大儒,肯定大儒"法先王,统礼义,一制度"④ 的政治主张,宣传大儒"谲德而定次,量能而授官"⑤ 的用人政策,赞扬大儒"志安公,行安修"⑥ 的道德品质,他批评"俗儒"是"不知法后王而一制度,不知隆礼义而杀诗书",称赞"雅儒"是"法后王,一制度,隆礼义而杀诗书……内不自以诬,外不自以欺,以是尊贤畏法而不敢怠傲"⑦,并以"儒"相期许。秦汉以后,有醇儒、杂儒、腐儒之说。

我认为,在儒林谱系之中,根据思想的原创性、丰富性、纯粹性、精深性等指标,可以把孔子、孟子、荀子、董仲舒、韩愈、张载、二程、朱熹、陆九渊、王守仁、王夫之等作为真正的大儒,他们是儒家文化的真正代表。当然,对中国文化心理结构、社会发展产生影响最大的应首推孔孟和朱熹。历史上不同时期还创造了多种多样的学派,而最值得重视的当为

---

① 《韩非子·显学》。
② 参见颜炳罡:《"儒分为八"的再审视》,载庞朴主编《儒林》第一辑,山东大学出版社2005年版。
③ 《荀子·非十二子》。
④ 《荀子·儒效》。
⑤ 《荀子·儒效》。
⑥ 《荀子·儒效》。
⑦ 《荀子·儒效》。

先秦儒学、两汉经学、程朱理学，次一位的则有荆公新学、清代朴学、王夫之之学、关学等。这些儒学代表性人物及其学派绝大多数属于体制外的学术精英，可谓理想化儒家，而同那些依附于现实政权、利用儒学作为政治工具去统治民众的政治化儒家是不同的，代表着社会良知、道德理想和崇高价值精神，应算是真儒。反之政治儒家许多是伪儒、小人儒，这两者应有所区别。

4. 儒学社会作用的层次性。

如果从社会作用角度加以透视，那么可以发现儒家文化又表现出先进文化、健康有益文化（为简单起见，不妨把先进文化、健康有益文化合称为优秀文化）、消极文化和腐朽文化四个层次，这四个层次在一定意义上涵盖了上述三个方面的儒家文化层次性。

从横向角度来说，儒家文化乃是一个由多种层次、多种因素所构成的复杂系统，它虽然以伦理为核心，以政治学说为基干，但又涉及人学思想、经济思想、法律思想、文化思想、管理思想等，可谓博大精深，而且它所提出来的每一个范畴（如忠、孝、仁、义、礼等）、每一个命题（例如重义轻利，万物皆备于我，人能弘道等）的复杂性、多样性决定了它的性质和作用不可能是单一的，而是多维的，不可能仅仅属于优秀文化或消极落后文化，而是同时蕴含着多种文化类别。一些现代新儒家如蒋庆把儒家文化完全归结为由尧、舜、禹、汤、文、武、周公、孔子所提出的尚德的"王道文化"（或君子文化），归结为无任何消极落后文化的优秀文化，虽然把握到了儒学的核心和本质，可毕竟是片面而偏狭的。在我看来，如果说为儒家所阐扬的以民为本、为政以德、有教无类、富民教民、给人以求、礼治教化等政治经济文化思想可以算是健康有益乃至先进文化的话，那么儒家所倡导的复井田、君权神授、家长制等观念恐怕就是消极落后的文化要素了。即便是为现代新儒家所极力推崇的儒家王道文化，也由于它将伦理道德普遍化、绝对化、一元化而带来泛伦理主义的弊端，以及过于理想化——秦汉时期正是因为儒学将政治过度伦理化更被视为"迂远而阔于事情"，从而使得儒家伦理难以列入优秀文化行列。作为儒家核心的"仁爱"尽管符合人之常情和血缘宗法社会现实，但它所突显的等差有序就其精神境界而言，应该说低于墨家的"兼相爱"和基督教的博爱。

从纵向角度来说，儒家文化毕竟是中国传统社会的创造物，历史的限定性决定了它势必存在许多过时的、落后的成分，甚至也不能完全排除它裹挟着某些腐朽成分。不错，固守儒家的道德标准和伦理传统而排斥近代西方功利主义，是只强调儒家文化的普遍性而忽视了它的特殊性，只肯定了儒家文化的历史延续性而忽视了它的可变性。优秀文化诚然不是一时的，包括儒家文化在内的中国传统文化有的具有普遍适用性，并不随着时间的流逝而成为落后的文化，它们仍是当代人可以汲取的重要资源，这正是我们始终坚持批判地继承中国传统文化的重要原因，也是它们在今后仍可称为优秀文化的重要前提。然而，真正的优秀文化必须是能够反映中国和世界未来发展，能够代表文化前进方向，具有前瞻性、导向性和理想性的文化。如果仅仅出于卫道的考虑而顽固保守、因循守旧、不思进取和夜郎自大，那么所谓的优秀文化就会同世界文化相比实际上会是落后的乃至腐朽的东西。要知道，传统的包括儒家道德文化在内的固有文化之所以被承认是健康有益以至先进的，也是因为它适应了当前乃至未来社会发展的需要，有些显示出后现代性的特质而能够解决现代性弊端。包括贺麟先生等新儒家在内的绝大多数人都认为由儒家所张扬的"三纲"已成为应被舍弃的封建杂质，唯有"五常"还可作为道德规范加以创造性转化而纳入社会主义道德体系之中。断言只有中国传统的儒家王道文化或君子文化是优秀文化或先进文化，而当代西方功利文化以及近代以来中国所推行的市场经济、民主法制、工业文明等是"小人文化"，是落后的霸道文化，这一论断显然缺乏历史发展的眼光，缺乏辩证分析的态度，缺乏向前看的卓识。虽然并不是一切现代文明均是先进的，但是从总体上现代文化应当高于建立在小农宗法社会基础之上的儒家文化。

不过，我们决不能因此走向文化虚无主义，因为不同历史时代由于人性结构、需求结构、实践结构、社会关系结构等的同质性，使得儒家文化具有超历史、超民族的普适性。正如蒋庆所言，中国古代虽然出现过主流文化的歧出与偏离，虽然在魏晋、唐等朝代出现过先进文化评定标准的模糊与混乱，但儒家的道德文化标准仍得到绝大多数主流知识分子的认同，只是到了近代西方文化进入后，即从晚清到现在，中国文化出现了彻底的歧出，带来了中国士大夫文化评判标准的模糊、混乱乃至完全颠倒，完全抛弃了建立在古圣人之道上的先进文化评判标准——儒家文化的评判标准，彻底接受了西方近代以来极端世俗化、庸俗化、霸权化的文化评判标准——功利主义与社会达尔文主义的文化评判标准。尤其是儒家伦理如同冯友兰所言既具有"殊相"又具有"共相"，使得儒家文化不仅可以适应于现代生活方式，而成为健康有益文化，还可以转换成后现代文化，而打上先进文化的成色。以儒家伦理为核心的儒家文化作为一种过去的传统绝对不能将其"博物馆"化，把它当成"死物"看待，而应视为今天仍具有生命活力的中华传统美德资源加以尊重和利用，并以此重建中国道德文化。

（二）儒家文化层次性的人文启示

根据儒家文化层次性的表现、内容和标准，我们在致力于继承、创新和发展儒家文化可以获取两方面的人文启示。

一方面区别对待儒家文化的不同层面。如前所言，以儒家文化为代表的中国传统文化可以分出不同层次和类型，如器物层、行为层、规范层（含制度层）和心理层（含精神层）、大传统（文化）与小传统（文化）、雅文化与俗文化、上位文化与下位文化等等。我们在阅读、析取传统儒家文化"文本"时，必须厘清不同层次、不同界域的文化问题，不然就可能造成思想错位，引致无谓的争论，产生不必要的思想混乱。

在20世纪的文化大讨论中，许多人只是局限于从儒家经典中寻章摘句去概括中国文化的基本特质，而很少顾及中国人的日常生活文化，有人讽之为"书斋文化学"。韦政通也注意到："《新青年》的反儒家言论，重点放在破坏孔教，破坏礼法，破坏旧伦理（忠、孝、节），破坏国粹，破坏贞节（见陈独秀《新青年罪案之答辩书》），大部分属于行动层次，偶然涉及物质层次（主张把经典丢入茅厕和打倒汉文），对儒家的理论层次，如仁、义、心、性等问题尚少提到。这种偏向，颇值注意，因'五四'以降的新儒家，维护儒家的立足点主要是站在理论层次上，这使得六十多年来反儒与拥儒者是站在不同层次上在争辩。"[①] 许多人之固执于复古与西化并相互攻讦，

[①] 韦政通：《现代儒家的挫折与复兴》，载封祖盛编《当代新儒家》，三联出版社1989年版，第85页。

一个重要思想根源或曰方法论失误的确就在于他们所立足的层次（或参考系）不一致。新文化保守主义开山祖之一的梁漱溟认为中国文化具有"向上之心强"和"相与之情厚"精神，与西方人不同，中国古人历来崇尚和谐。显而易见，梁漱溟更多地侧重于中国文化中关于理想人格的设计。而西化派代表胡适则攻击中国民族"成了一分象（像）人九分象（像）鬼的不长进民族""又愚又懒的民族"，因此他主张一种"健全的个人主义真精神"。显然，胡适所批判的对象是中国人的实有人格（民族性）。

不能否认，观念精神态文化与日常生活文化、事实文化与价值文化、应然与实然彼此可以相互影响、相互渗透，因而不能将它们决然分离，但是它们毕竟分属于理论和实际两个不同层次，不能混为一谈。绝对不能因为中国儒家文化注重人伦日用的实践理性，而将"少数圣贤的经典中所记载的理想"和"一般人日常生活中所表现的实际倾向"① 两大价值系统完全等同起来。在构建当代中国个体文化和社会文化时，同样要注意区分正当与应当、现有与应有、理论与实际、雅与俗、精英文化与大众文化等不同层次，既不能把理想形态的文化当成实有文化而盲目称颂，也不能一味认同现有文化而抹杀应有文化对人生的规范和提升价值。《中共中央关于社会主义精神文明建设指导方针的决议》中讲："在道德建设上，一定要从实际出发，鼓励先进，照顾多数，把先进性的要求同广泛性的要求结合起来。"

另一方面是个人文化和社会文化的创造性转化和创新性发展。

由于社会大系统是由人和社会（中义的）所构成的，人是社会的创造者、享有者，是社会的主体，文化是渗透在社会和个人之中的有机内容，因而文化可以在一定意义上分为个人文化和社会文化。个人文化主要是指由个人的思想观念、价值取向、人格操守、理想信仰、道德品性等组成的综合体，社会文化主要是指主流意识形态、公共文化、文学艺术、文化遗产等所构成的，它由人所创造，也是为了人的生存、发展和享受服务的。历史上，儒家文化的层次性体现在当代中国的个人文化和社会文化之中，据此必须有鉴别地对待儒家传统文化。

就个人文化的创造性转化和创新性发展而言，应主要关注以下三点。

---

① 余英时：《从价值系统看中国文化的现代意义》，时报文化出版公司1986年版。

一是由人情取向的规范系统同情感中立的现代社会交往准则的转化。在儒家文化的主导下，传统中国文化是一种伦理型文化，而这种伦理本位的文化正是一种由感情关系的亲疏远近决定行为取向的人情化、特殊化的道德符号系统。要构筑一种能够适应现代生活的新型人文主义伦理文化，既要吸收儒家文化中富有深厚人情味的文化要素，又不能不促使由特殊的感情取向占主导的传统自我化、特殊化道德文化向情感中立、普遍化的新道德文化转化。

二是由"依自不依他"的自我对待人生态度向注重社会监督和社会教育的现代生活样法的转化。尽管儒家文化所孕育的内在超越型的自我修养观念显示了人性的高贵、人格的独立及自我控制的尊严，因而它在某一方面能够顺应现代生活，为自律性人格的建构提供精神动力来源；但是，由于它过于突显人性善的一面，而且往往把仁、义、礼、智、信等外在规范混同于内在的价值之源，因此它必须吸收行为科学和规范伦理学等成果，用外在的规范去补救人性内在价值源泉的不足，使内在的个人修养与外在的社会规范制导达到平衡，做到自律与他律并举，以保证自我的心理健康和社会安定。

三是谦谦君子型理想人格与现代强者型人格的转化。儒家所构想人格范型分别是圣贤、大人、大丈夫、君子、成人外王等，如此人格较为道德化、理想化，在智慧、意志和情感人格三因素上，以儒学为主流的传统中国文化更强调道德（对应于道德化的感情）的力量。在当前社会面临一些道德困境、道德危机的情势下，理应深入挖掘其中的"合理内核"借以建构君子文化。不过，儒家文化所推崇的人格理想有些过于脱离人性定势而流入"空想"，难以落实到大众的日常行为中，故此为了适应现代化、世俗化潮流，应该自觉地促进中国人的人格现代化，总体方向应是知、情、意全面发展，真、善、美三位一体，协调与进取品格并行不悖。此外，要实现个人文化的创造性转化和创新性发展，还应做到：从注重直觉体验的综合思维方式向理性和分析为主的思维方式的转化，从侧重道德主体性抑制个人主体性、突现规范性和义务感忽视个人权利的社会关系结构向尊重人多方面的主体性、权利义务并重的社会关系结构转化，从"以理抑情""以理化情""人情至上""情理合一"（血缘亲情与实践理性合一）的情感方式向法情并重、普遍情感与不同理性一致的现代情感方式的转化，从只求和谐一致的人际关系向竞争与合作并行的人伦关系的转化，等等。

就社会文化的创造性转化和创新性发展而言，也应着力体现三点。

一是单纯垂直型社会文化结构与纵横交错的网络型社会文化结构的矛盾及其转化。在儒家文化的熏染下，传统中国社会结构立基于封建的小农自然经济和宗法制之上，由此决定了它是一个人分九等、尊卑有序、贵贱有别的金字塔式系统。生活在这样的分层式社会中的中国人，其官本位意识、等级观念、人身依附心理十分浓厚。只有彻底打破这种以牺牲个人自主性和正当权利为代价的纵向隶属型社会结构，才能向既有纵向分层又有横向流动和沟通的网络式社会结构转化，才能树立起人的商品观念、平等意识、权利意识和民主意识等。

二是家族主义与社会本位主义的矛盾及其转化。传统中国是一个典型的农耕民族，农耕民族的典型社会载体就是自给自足、守望相助的村落共同体，由此孕育出来的社会文化就是家族主义。作为中国主流文化的儒学所创立的道德哲学正是家族伦理。这种伦理观推崇"三纲五常"，推崇孝亲为大，推崇亲亲相隐，推崇家族至上。必须对它做结构性调整，以强化它在团体整合方面的功能，弱化它对个人的忽视；应尽可能打破家族界限，使之容纳更广泛更普遍的社会关系和不同的社会人群。

三是封闭型文化与开放型文化的矛盾及其转化。无疑，以儒家文化为主的中国传统文化具有开放性和包容性，但是，由于自给自足的小农经济的影响，由于传统中国长时期处于"君临一切"的优势文化地位，加之高山、沙漠和海洋等自然地理环境的阻隔，使得中国文化在一定意义上呈现闭锁性特点。特别是在文化思想、文化取向上传统中国注重协调性道德忽视进取性道德，提倡内敛式的"反求诸己"的处世态度，重视人伦秩序和宗法血缘纽带，突显"华夷之辨"的空间观念。当今世界，全球化、一体化的趋势逐步加强，"历史正向世界历史转变"，中国文化要想跟上世界潮流，要想不被淘汰，要想在激烈的文化竞争中脱颖而出，就必须超越自身、跨越限囿，有选择地拥抱异域文化，在各种文化尤其是精神文化方面大胆实行对外开放、兼容并蓄，从而建构起多元一体的当代中国文化形态。

二、儒家文化的先进性

21世纪初，中国共产党提出了"先进文化的前进方向"概念。国家屡屡强调，要大力发展先进文化，支持健康有益文化，努力改造落后文化，坚决抵制腐朽文化。在国内学术界和思想界，极少数人（例如个别主张中国文化本位的人士）认为"先进文化"概念是西方中心主义的产物，文化具有强烈的民族性和相对性，难以做出优劣高下之分，因而是一个不合理、不科学的范畴。绝大多数人则认可"先进文化"存在的价值和意义。自从"先进文化"作为主流意识形态话语被彰显出来之后，人们就在思考儒家文化同先进文化的关联性。迄今，围绕儒家文化是不是一种先进文化这一论题，大致形成了两种相反的观点。一是认为儒家文化不是先进文化。在许多人看来，儒家文化充其量算是健康有益文化。而有些人则径直指明，儒学是对封建小农经济和宗法社会的反映，它适应封建帝制和专制政治的需要，因此成为中国封建社会的统治思想近2000年，后来随着社会经济的历史性发展而出现的社会转型逐渐变得僵化、落伍，以致近代以来走向衰落，成为落后的乃至腐朽的文化。二是断言儒家文化是先进文化。20世纪20年代的东方文化派、30年代的本位文化派、现代新儒家等都认为东方文化优越、中国精神文明高、西方物质文明见长。国内持此观点的突出代表是近年力主实施儒家王道政治的著名儒家人物蒋庆先生。他在一次答问中就儒家文化是先进文化做了系统的阐发。[①] 其基本思想是：在文化"好"与"坏"的评判上，中国人在总体上没有含糊过，这就是认为"夏文化"优于"夷文化"，因为"夏文化"任德不任力、从道不从霸，优于任力从霸的"夷文化"，故"夏文化"在价值上"先进"于野蛮的"夷文化"。尽管中国历史上出现过多次文化的歧出与偏离，最终还是回到中国文化的正轨，因为歧出的文化背离了尧、舜、文、武、周公、孔子等确立的道统标准，道统标准的核心则是精神道德，而以功利或虚无作为评判文化的标准最后都得不到中国主流知识分子的认同；所谓"先进文化"，即建立在尧、舜、

---

① 2002年5月1日蒋庆答贵州师范大学刘先生等一行人问。

文、武、周公、孔子道统上的儒家文化,也就是尚德尚仁的"君子文化",是把善和公正放在第一位的文化,而不是近代西方(以美国文化为代表)那种尚力尚利的"小人文化",不是把强力、霸权、功利、效率、欲望放在第一位的文化。作为研究儒学的同道,我对蒋庆先生维护儒学道统的执着精神深表钦佩,并且坚决反对把儒家文化一概视为封建过时、消极落后乃至腐朽的东西而全盘加以否定的看法,坚决摒弃种种民族文化虚无主义,但对蒋庆先生不加分析地一古脑儿把儒家文化说成是先进文化的观点也不敢苟同。我认为,在源远流长、学派众多的儒家文化系统中,正如毛泽东所言,既有民主性精华,又有封建性糟粕;民主性精华或者为先进文化,或者为健康有益文化,封建性糟粕则既可能是消极落后的文化,又可能是带有腐朽色彩的文化。

(一) 从儒家文化的基本特性看

自从春秋时期孔子创立儒家文化以来,它经过 2000 多年的演变与发展,呈现出许多不同规定性,这些基本特质决定了它不可能尽为先进文化。

一是系统性。蒋庆先生把儒家文化归结为由尧、舜、禹、汤、文、武、周公、孔子所提出的尚德的"王道文化"(或君子文化),虽然把握到了儒学的核心和本质,可毕竟是片面而偏狭的。殊不知,儒家文化乃是一个由儒家制度文化、物质文化(如孔府、文庙、碑刻、府学、典籍等)、政治文化、精神文化、风俗文化等所组成的复杂系统。仅就作为观念形态的儒家学术文化而言,它是一个包括多种层次、多种因素的复杂系统,它虽然以伦理为核心,以政治学说为基本,但又涉及人学思想、经济思想、法律思想、管理思想等,可谓博大精深,而且它所提出来的每一个范畴(如忠、孝、仁、义、礼等)、每一个命题(例如重义轻利、万物皆备于我、人能弘道等)的复杂性、多样性,决定了它的性质和作用不可能是单一的,而是多维的;不可能仅仅属于先进文化或消极落后文化,而是同时蕴含着四种文化类别。如果说为儒家所褒扬的以民为本、为政以德、富民教民、礼治教化等政治经济文化思想可以算是健康有益乃至先进文化的话,那么儒家所倡导的复井田、君权神授、家长制等观念恐怕就是消极落后的文化要素了。即便是为蒋庆先生所极力推崇的儒家王道文化,也由于它将伦理道德普遍化、绝对化、一元化而带来泛伦理主义的弊端，以及过于理想化——秦汉时期正是因为儒学将政治过度伦理化被视为"迂远而阔于事情"，使得儒家伦理难以列入先进文化行列。作为儒家核心的"仁爱"尽管符合人之常情和血缘宗法社会现实，但它所凸显的等差有序就其精神境界而言，应该说低于墨家的"兼相爱"和基督教的博爱。

二是历时性。儒家文化作为一种过去的传统自然不能将其"博物馆"化，但它毕竟是中国传统社会的创造物。历史的限定性决定了它势必存在许多过时的、落后的成分，甚至也不能完全排除它裹挟着某些腐朽成分。同时，不同历史时代，由于人性结构、需求结构、实践结构、社会关系结构等的同质性，使得儒家文化具有超历史、超民族的普适性，特别是儒家伦理如同冯友兰先生所言，既具有"殊相"又具有"共相"，使得儒家文化不仅可以适应现代生活方式而成为健康有益文化，还可以转化成后现代文化而打上先进文化的成色。在蒋庆先生看来，中国古代虽然出现过主流文化的歧出与偏离，虽然在魏晋、唐等朝代出现过先进文化评定标准的模糊与混乱，但儒家的道德文化标准仍得到绝大多数主流知识分子的认同，只是近代西方文化进入后，即从晚清到现在，中国文化才出现了彻底的歧出，带来了中国士大夫文化评判标准的模糊、混乱乃至颠倒，完全抛弃了建立在古圣人之道上的先进文化评判标准——儒家文化的评判标准，彻底接受了西方近代以来极端世俗化、人俗化、霸权化的文化评判标准——功利主义与社会达尔文主义的文化评判标准。我认为，蒋庆先生如此固守儒家的道德标准而排斥近代西方的功利标准，显然只强调了儒家文化的普遍性而忽视了它的特殊性，只肯定了儒家文化的历史延续性而忽视了它的可变性。先进文化诚然不是纯粹的时间概念，过去的传统文化（包括儒家文化）有的具有普遍适用性，并不随着时间的流逝而成为落后的文化，它们仍是当代人可以汲取的重要资源，这也是它们在今后仍可称为先进文化的重要前提。然而，真正的先进文化必须是能够反映中国和世界未来发展，能够代表文化前进方向，具有前瞻性、导向性和理想性的文化。如果像蒋庆先生这样仅仅出于卫道的考虑而因循守旧和夜郎自大，那么所谓的先进文化同世界文化相比，实际上就会变成落后的乃至腐朽的东西。要知道，传统的包括儒家道德文化在内的固有文化之所以被承认是健康有益以至先进的，正是因为它适应了当前乃至未来社会发展的需要。再拿蒋庆先生所倚重的儒家尚德尚仁的"君子文化"来说，包括贺麟先生等新儒家在内的绝大多数人都认为由儒家所张扬的"三纲"已成为应被舍弃的封建杂质，唯有"五常"还可作为道德规范加以创造性转化而纳入社会主义道德体系之中。礼、仁、孝无疑是儒家文化的核心，它们都有为当代先进文化建设所能接受和容纳的一般规定性，同时又有需要加以褪去的特殊历史内容。显然，用来调节人行为角色的儒家之礼（礼节、仪式、规矩、典章等），即使是当代文明社会在致力于发展社会主义先进文化时也是可以吸纳的。但是，儒家之礼又有许多必须抛弃的劣质成分——对上下尊卑、等级长幼的严格规定，对虚饰而形式化的繁文缛节的强调，对家长制、君主制、祖先崇拜和偶像崇拜（圣王）的维护等。毋庸置疑，儒家所着力倡导并为其辩护的仁爱精神是为现代道德重建所需要发掘和弘扬的优秀文化元素，然而，"仁"由于时代的限囿从一开始就有着先天的落后缺陷，基于小农宗法社会的纠缠具有维护氏族宗族统治体制、血缘亲属关系和等级制的滞后作用，而这正是为现代市场经济和平权政治所不容的。儒家之"孝"作为"仁之本"，固然有着尊敬关怀长辈、促进代际和谐健康的有益一面，但同样蕴含着诸如讲求继嗣、服长丧等陈旧杂质，也因如此，当前有许多人倡导"新孝文化"。蒋庆先生认为只有中国传统的儒家王道文化或君子文化是先进文化，而当代西方功利文化以及近代以来中国所推行的市场经济、民主法制、工业文明等是"小人文化"，是落后的霸道文化，这表明他缺乏历史发展的眼光，缺乏客观分析的态度，缺乏向前看的卓识。辩证地看，虽然并非一切现代文明均是先进的，但从总体上看，现代文化应当高于建立在小农宗法社会基础之上的儒家文化。

　　三是民族性。任何文化都是民族的，都具有民族性，而任何民族文化都有先进、有益、落后和腐朽之分。换言之，中国的筷子文化同西方刀叉文化并无高低之分。蒋庆先生只肯认中国传统儒家文化的先进性而否定西方现代文化的进步性，明显有失偏颇。倘若说儒家文化适应了中国传统小农自然经济和宗法社会而具有先进特质的话，那么西方现代的科技、法治、民主、市场经济由于推动了西方社会的文明进步而对它们来说同样是先进的。蒋庆先生把中国儒家文化完全归结为道德文明，把西方文化完全归结为非道德的尚力尚霸的功利文明，是片面的，这不过是民族文化中心主义的表现而已。实际上，在西方当代文化系统中，同样蕴含着某些高于儒家君子文化的道德文明——至少西方的公共道德、普遍主义道德要比儒家的特殊主义血缘道德进步，同样包含着基督教伦理。人同此心，心同此理。人类共同的生存背景、实践结构、社会关系模式等使不同文化之间可以相互交流、相互借鉴、相互融通。儒家所提出来的许多伦理观念，如己所不欲勿施于人、贵和尚中、隆礼重教、节俭反奢等，今日由于其普遍性而得到众多西方人士的推崇。同样，西方的民主、科学、法治、功利、人权、平等、自由等观念也由于它们是社会现代化、工业化、市场化、城市化的重要动力，而作为先进文化得到近代以来中国一大批有识人士的认同。蒋庆先生不接受现代新儒家的称号，我认为是完全正确的。因为同极端民族文化保守主义立场不同，几乎所有现代新儒家在肯定儒家文化仍是有益文化的同时，也承认它落后的需要发展的方面，他们主张援西学入儒，以使儒学扬长避短、存优去劣、与时俱进。

（二）从儒家文化的价值效应看

在答问中，蒋庆先生谈得最多的是评判先进文化的标准问题。他指出，按照中国文化的评判标准，"先进文化"必须是把追求道德仁义放在第一位的文化，近代以来中国许多知识分子把评价先进文化的标准弄颠倒了，把一种典型的"霸道文化"和"功利文化"之类的西方"小人文化"视为先进文化；不论是西方的民主政治、市场经济、工业经济，还是其人权、自由、法治，均是功利性的，而这套文化追求的是强权政治，是武器先进者胜，是所谓人的利益最大化，是以力服人而不是以德服人，简言之，是"能打""能赚"的文化。由此可见，蒋庆先生是把伦理道德或善作为判定文化是否先进的唯一尺度，把儒家伦理视为最先进的文化样态。我认为，这一评判尺度的给定是不妥的，理由如下：

1. 先进文化必须追求价值最大化。

不论是经济体制、民主法治、科学技术之类的工具理性，还是审美、道德之类的价值理性，要成为先进文化，应体现人类价值的最优化和最大化。先进文化从一般意义上充分体现了真、善、美、利人类四种最基本价值的有机统一，具有极高的认识价值、伦理价值、审美价值和功利价值。健康有益文化属于价值相对较小的文化，它只是在一定程度和范围体现真、善、美、利这四种价值，不可能达到真、善、美、利的有机统一。而消极落后以至腐朽文化则是价值量较小甚至只有负面价值的文化。不可否认，儒家伦理许多不仅具有善的价值，具有追求真理（伦理真）、审美感受（人格美）的特性，同时还有致力于追求家庭和睦、政通人和、安邦定国这样的社会功效，如儒家的忠恕之道、孝亲之道、中和之道等。然而，且不说儒家伦理系统中许多由于时代的局限性而带有封建保守的杂质，如礼教、愚孝等，这些在今人看来不仅同真、善、美、利背道而驰，也是不美的，甚至是恶的，因而是消极落后以至腐朽的文化。真正的儒家并不像蒋庆先生那样只推崇善的价值，而是崇尚真、善、美、利的合一。作为儒家创始人的孔子就曾大力倡导"六艺"教育和诗教、乐教，并赞叹"韶乐"尽善尽美，以至发出"三日不知肉味"的慨叹。

2. 儒家伦理并不排斥功利。

诚然，从主导倾向上说儒家是主张重义轻利的，例如孔子说"君子喻于义，小人喻于利"（《论语·里仁》），而孟子认为当生和义二者不可得兼时，则应"舍生而取义"（《孟子·告子上》）。此外，儒家还提出了重道轻器、先义后利、见义勇为等价值观念。不过，利益毕竟是道德的基础，儒家伦理并不像蒋庆先生所说的那样完全不讲功利，它所反对的不过是不义之利、一己私利。首先，孔子承认人都有自利之心："富与贵是人之所欲也。"（《论语·里仁》）其次，孔子认为在治理国家时，应以富民为首务，为政应"因民之所利而利之"（《论语·尧曰》）。孟子认为在治民方面，应以利为先，使民有恒产。再次，儒家所说的义实质上是民族邦国之利、社会公利及他人之利，是正当之利，虽然"君子爱财，取之有道"是一位和尚提出来的，但它表达了儒家的财富观。最后，儒家的德治仁政主张作为一种工具理性，它的终极关怀正是国富民强、老安少怀、天下大同的民族国家大利；儒学不离"人伦日常"，实用理性发达，讲究"正德、利用、厚生"，因而有的学者断定儒家伦理是道德功利主义[①]。可见，儒家文化之所

[①] 参见肖群忠：《论"道德功利主义"：中国主导性传统伦理的内在运行机制》，载丁冠之等主编《儒家道德的重建》，齐鲁书社2001年版。

以被称为先进文化,并不仅仅因为它肯定"善"的价值,也在于它追求某种正当之利。

3. 西方文化不仅仅崇尚功利。

不可否认,近代以来西方文化的主流价值观是功利主义,但是它并不排斥真、善、美。撇开西方文化对真、善、美的追求不谈,它同样体现了某种道德合理性。西方文化系统中如前所述也推崇某种宗教伦理,并把利他主义作为重要原则加以倡导;西方文化中的民主、法治以及市场经济虽然也带来贿选、种姓歧视、剥削、两极分化等"恶",但正如马克思所指出的,"恶"是社会进步的一种重要动力,市场经济尽管会带来一定的道德负面作用,但它是迄今最好的经济体制,它以其对生产力的巨大推动作用给人类带来福祉而成就了"大善"。正因如此,我国才把市场经济作为一种先进文化用来建设中国特色社会主义。

(三) 从儒家文化的社会作用看

判断一种文化是否先进,主要看它能否对社会产生巨大的积极作用。蒋庆先生认为,近代中国之所以放弃儒家文化的王道理想,就在于丧失了"周孔之教"这个"体",以致在评价先进文化的标准上出现了歧出与错位。殊不知,历代儒家讲究的是体用无间,追求的是儒学的经世致用。中国近代以来儒家文化之所以衰落,之所以不再作为一种先进文化,就在于它在一定程度上阻碍了中国社会的发展,已经失去了"用"。如果只是空悬一个道德仁义而不追求实用,必定会被人们视为过时的、落后的文化。实际上,蒋庆先生一直追求由"心性儒学"发展为"政治儒学",力倡王道政治,不正好是致力于儒学之大用吗?我们判定儒家文化的性质应立足于当代中国社会实际,根据它对现实社会的作用来认识其文化类别。儒家文化抑或当代社会环境均是复杂多样的,这决定了儒家文化不会隶属于某种单一文化形态,而呈现出先进文化、健康有益文化和消极落后文化、腐朽文化并存的状态。在儒家文化系统中,有的社会效用表现为单纯积极的或消极的,例如"守三年之丧"在当代几乎只有负面意义;有些则显示出"好""坏"并举的文化悖论,例如儒家之重礼、隆礼;有的对于现代化而言则是中性的,例如儒家所倡导的起居礼仪。

下面从社会总体视角来分析儒家文化的性质和类别。由于社会是由狭义社会、文化和人三大子系统所构成的复杂系统，所以不妨从此三个方面加以诠释。

第一，对狭义社会的作用。

首先，看儒家文化是否有助于以及在多大程度上有助于促进社会的和谐稳定。为儒家所极力推崇的忠诚爱国精神、大同理想、"协和万邦"、和而不同、从仁不从霸、"和为贵"、"定于一"和居安思危等思想，不论是在过去还是现在均极大地维护和促进了中华民族的和平与稳定，因而可以被视为先进文化，至少可以列为健康有益文化。只是儒家所宣扬的愚忠观念（在传统中国社会，忠君与报国往往混为一体），则带有愚昧的消极成分。同时，自古忠孝不能两全。为儒家所张扬的"孝亲为大""百行孝为先"的宗族主义伦理，对国家而言乃为一种消解力量，因而不能不说是落后的文化。其次，看儒家文化是否有助于以及在多大程度上有助于推动社会经济的发展。很显然，儒家文化所蕴含的经世致用的人世情怀、自强不息的进取精神、节俭反奢的伦理品性、修身齐家治国平天下的社会理想、重民爱民的民本观念等，都能够对社会经济发展产生推动作用，都不失为社会进步的精神动力，因此应划入健康有益文化乃至先进文化之列，属于可以汲取的民主性精华。至于儒家人物倡行的"存理灭欲"的禁欲主义、"耻言利"的非利主义、"不患寡而患不均"的平均主义等，作为适应封建小农经济和宗法社会的产物，都在一定程度上会抑制市场经济的勃兴，彼此之间构成内在的张力，就此言之，它们都可谓消极落后文化。再次，看儒家文化是否有助于促进政治发展。在当代，政治发展主要显现为政治民主、自由、平等、法治、效率等方面水平的提高。虽然儒家文化中，诸如为政以德、正己以正人、民贵君轻、和而不同、举贤荐能、闻过则喜等思想观念，对现代政治建设能够起到借鉴、推动作用，理应作为健康有益文化乃至先进文化对待。但是，历代儒家所主张的"刑不上大夫，礼不下庶人""君为臣纲"等观念，"民可使由之，不可使知之"的愚民思想，以及君权神授观念，虽然也可做多种正面解释和辩护，但是在现实大众层面它们的确不利于现代政治建设，故它们应属于被剔除的封建性糟粕。

第二，对文化的作用。

为儒家所提倡的见利思义、执两用中、忠恕而行、舍身取义、讲信修睦、主忠信、孝亲敬长、仁义礼智等伦理精神，对于当前社会的敦风化俗及道德修养具有纠偏、教育、激励等积极作用，其中不乏同共产主义道德有相契合之处，以至于有人认为儒家伦理属于后现代，它可以消解现代工具理性主义和唯科学主义造成的某些弊病。不过，在儒家文化体系中，也存在一些陈旧保守的思想道德。例如繁文缛节、差等之爱、孝亲唯大等，这些特殊主义伦理显然同现代化所要求的普遍主义格格不入，因而应当加以转化性创造。儒家任德不任力、从道不从霸、重义轻利的所谓"君子文化"，如果说对于夺取政权和反对外来侵略而言，它们既无功利价值又无道德价值，因而属于消极文化的话，那么在特定的道德场合，它们就是应当加以大力倡导的健康有益文化，这是因为它们充分展现了人类对道德之善的追求。由孔子所开创、历代儒家所倡导的尊师重教、有教无类、不耻下问、学而不厌、诲人不倦等教育思想和学习态度，至今仍是我们发展现代教育和创建学习型社会加以遵行的有益文化准则。

第三，对人的作用。

一般说来，儒家文化对人往往会产生积极和消极的双重作用，呈现出"二律背反"的文化悖论。由儒家所提出和强调的天人合一、与仁与命、与天地合德、取仁于天、阴阳二分等宇宙论，往往使人多敬畏之情，易培养谦逊、诚信美德，但它们同时又使人相信命运，侧重玄想，不太注重向自然的进取开拓和科学探索。儒家所阐述的为政以德、孝治天下、礼治教化、等差有序、民贵君轻、尊王贱霸、正己正人、尊贤任能、内圣外王、富民保民等政治思想，有助于个人的职业分途和发展、道德品质的培养、人际关系的稳定、社会角色的合理定位，但也会限制人的个性，不利于人才流动，造成人的片面道德化发展，易滋生人的主—奴根性。同样，由儒家大力倡导的修己安人、克己制欲（存理灭欲）、仁者爱人、和善忠恕、恭宽信敏惠、义以为上、安贫乐道、厚德载物、孝悌尊亲、和合中庸、均平隆礼、严己宽人、见贤思齐等人生伦理思想，有利于人道德潜质的发掘（扬善抑恶）、伦理人格的完善、人性关系的建立，但不利于个人被发现，不利于个人摆脱家族樊篱而向外发展，不利于个性和公德观念的培养，多乡原而少进取精神。儒学具有个人本位和社会本位、人文主义与非人文主义、伦理主义与非伦理主义三大悖论,这三大基本文化特质均给人的发展带来正面和反面的二重影响,因而既具有健康有益文化和先进文化的方面,又蕴藏落后文化乃至腐朽文化的元素。首先,儒家的社会本位主义固然有助于人的社会性、合群性和社会关系的发展,可以提升人的仁爱心、利他心及树立集体主义观念,但以社会为本,也会削弱个人自我发展的动力和空间。而儒家的个人本位主义诚然为我们每个人的成长和发展提供了十分贴切的"为人之道"和"成人之道",但也会造就重世故的自私品格。其次,儒学对品性、才能、需要等的阐述将引导我们注意开发人的理智和道德潜质,塑造才智和德性兼备的人才,其重智、尚志、崇美的人学主张及其彰显的"成人之道",有助于启发我们培养德、智、体、美全面发展的人格,儒学的伦理至上主义有助于我们加强社会主体道德品质修养,纠正当前社会的过度物质化、功利化、金钱化、享乐化、个人化倾向,但也会导致大量片面的、畸形的"伦理人"。再次,儒家重人轻神、重人轻物、以民为本、重生爱生、内在超越、天人分立等人文主义理念,使我们重视人的生命存在,重视人的独特价值,提高人的地位,有助于人主体性能力的展现和综合素质的培养,而其非人文主义(宿命论、缺乏感性自然和世俗功利的诉求、人文自然化等)因素则易使人生成萎缩性人格,造成个人的不健康发展。